中山大学"一院一课"精品教材

终身体育：
体适能提升与健康促进

张新萍　屈萍　主编

中山大学出版社
·广州·

版权所有　翻印必究

图书在版编目（CIP）数据

终身体育：体适能提升与健康促进/张新萍，屈萍主编. —广州：中山大学出版社，2020.8（2023.11重印）

ISBN 978-7-306-06894-1

Ⅰ. ①终… Ⅱ. ①张…②屈… Ⅲ. ①体育—高等学校—教材②健康教育—高等学校—教材 Ⅳ. ①G807.4②G647.9

中国版本图书馆CIP数据核字（2020）第112186号

ZHONGSHEN TIYU：TISHINENG TISHENG YU JIANKANG CUJIN

出 版 人：	王天琪
策划编辑：	王旭红
责任编辑：	王旭红
封面设计：	曾　婷
责任校对：	叶　枫
责任技编：	何雅涛
出版发行：	中山大学出版社
电　　话：	编辑部 020-84110283，84111997，84110779，84113349
	发行部 020-84111998，84111981，84111160
地　　址：	广州市新港西路135号
邮　　编：	510275　　传　真：020-84036565
网　　址：	http://www.zsup.com.cn　　E-mail:zdcbs@mail.sysu.edu.cn
印 刷 者：	广东虎彩云印刷有限公司
规　　格：	787mm×1092mm　1/16　19.5印张　427千字
版次印次：	2020年8月第1版　2023年11月第2次印刷
定　　价：	49.00元

如发现本书因印装质量影响阅读，请与出版社发行部联系调换

本书编委会

主编： 张新萍　屈　萍

编委： 胡晓燕　刘靖东　肖　红

　　　　杨　茜　罗曦娟　李　寅

　　　　李　军　潘　锋　黄明华

　　　　王忠浩　江海霞

前　言

健康作为个人生存的基础状态、人类发展的必然要求、经济社会进步的根本条件，对于我们个人、社会甚至全人类具有极其重要的作用。在这次肆虐全球的新型冠状病毒疫情中，健康更是将其重要地位展现得淋漓尽致。世界卫生组织（World Health Organization，简称WHO）关于健康的定义为："健康乃是一种在身体上、精神上的完美状态，以及良好的适应力，而不仅仅是没有疾病和衰弱的状态。"这就是人们所指的身心健康，也就是说，一个人在躯体健康、心理健康、社会适应良好和道德健康四个维度都健全，才是完全健康的人。随着人类对于健康的追求逐渐由低层次的生理健全过渡到全新的"多维"健康观，实现健康的途径和手段更加科学化和多样化。

随着社会发展，体育运动不仅显示其增进身心健康、促进社会适应性的功能，同时还因其兼具休闲娱乐、教育的功能，受到各国广泛重视。2007年，美国运动医学学会联合美国医学学会发起了口号为"运动是良医"（Exercise Is Medicine，简称EIM）的倡议行动；2012年，我国正式加入EIM全球中心。2016年，我国全面开展"运动是良医校园行动"（Exercise Is Medicine on Campus，简称EIM-OC）项目，即在大健康、大群体的视野下，通过体育、教育与卫生部门合作的"体医融合"方式，大力推动校园健身。

2018年，中山大学本科教学质量工程设立"一院一课"精品教材项目，旨在树立核心通识课程标杆，推进各学院分别建设一门体现专业特色、提升学生素质的精品课程。为适应大学生终身体育、终身健康的要求，中山大学体育部将"终身体育：体适能提升与健康促进"作为"一院一课"精品课程进行建设，将本教材的编撰作为该课程建设的核心任务。

在中山大学"一院一课"精品教材项目建设的契机下，在"运动是良医校园行动"等背景推动下，《终身体育：体适能提升与健康促进》应运而生。本教材由中山大学体育部的拥有运动人体科学、体育人文社会学等相关专业博士学位且任教多年的教师编撰，部分优秀的研究生亦参与动作示范等工作。编委会注重理论与实践相结合，对运动与健康的前沿资讯进行分类梳理和凝练升华，根据理论体系，编写各热点领域的实践操作指引，旨在为学生群体或运动爱好者的科学锻炼提供指导，也为大学生的健康与终身体育奠定基础。

本教材分为上、下两编，分别是"体适能提升与健康促进理论"和"体适能提升与健康促进实践"。上编对运动与健康、大学生体育身体素养与终身体育、健康体适能与运动技能体适能进行理论总述，全面介绍终身体育的概念和体系；下编则从运动与体重管理、运动与体态管理、运动与心理健康、运动与力量训练、运动与筋膜训练、运动与慢性疾病预防六个方面，逐一介绍相关训练手段和方法、运动过程中可能遇到的热点问题与常见的锻炼误区等。

  本教材理论意义突出、信息涵盖面广、实践应用性强、专业特色突出，读者可以更好地了解体适能和健康相关理论，实践以体适能提升和健康促进为目标的运动锻炼，增强体质、增进健康。同时，通过编写该"一院一课"精品教材，也为高校体育教育的改革与发展提供参考。

张新萍　居薇

2020 年 5 月 25 日

目　　录

上编　体适能提升与健康促进理论

第一章　运动与健康 …………………………………………………………… 3
　　第一节　健康概念的演变 …………………………………………………… 3
　　第二节　运动促进健康 ……………………………………………………… 12

第二章　大学生身体素养与终身体育 ………………………………………… 23
　　第一节　体育与健康的概念 ………………………………………………… 23
　　第二节　身体素养的形成 …………………………………………………… 26
　　第三节　终身体育与终身教育 ……………………………………………… 31
　　第四节　终身体育与身体素养的评价方法 ………………………………… 37

第三章　健康体适能与运动技能体适能 ……………………………………… 47
　　第一节　体适能及其相关理论 ……………………………………………… 47
　　第二节　健康体适能的测试 ………………………………………………… 49
　　第三节　运动技能体适能的测试 …………………………………………… 69

下编　体适能提升与健康促进实践

第四章　运动与体重管理 ……………………………………………………… 91
　　第一节　关于肥胖症的常识 ………………………………………………… 92
　　第二节　肥胖症的干预与防治 ……………………………………………… 111
　　第三节　常见的运动干预训练 ……………………………………………… 117
　　第四节　饮食干预 …………………………………………………………… 130
　　第五节　常见减肥误区 ……………………………………………………… 144

第五章　运动与体态管理 ……………………………………………………… 149
　　第一节　认识体态管理 ……………………………………………………… 149

第二节　国内外研究现状 ………………………………………… 154
　　第三节　常见不良体态的纠正方法与注意事项 ………………… 155
　　第四节　评价方法 ………………………………………………… 173

第六章　运动与心理健康 ……………………………………………… 176
　　第一节　大学生心理健康 ………………………………………… 176
　　第二节　运动的心理效益 ………………………………………… 180
　　第三节　运动与心理疾病的预防 ………………………………… 188

第七章　运动与力量训练 ……………………………………………… 197
　　第一节　认识力量训练 …………………………………………… 198
　　第二节　训练的三个阶段 ………………………………………… 200
　　第三节　身体部位训练 …………………………………………… 202
　　第四节　多周力量训练计划 ……………………………………… 223
　　第五节　放松与拉伸 ……………………………………………… 227
　　第六节　增肌饮食 ………………………………………………… 231

第八章　运动与筋膜训练 ……………………………………………… 234
　　第一节　认识筋膜训练 …………………………………………… 234
　　第二节　筋膜的研究与应用 ……………………………………… 238
　　第三节　评价方法 ………………………………………………… 239
　　第四节　练习方法 ………………………………………………… 242

第九章　运动与慢性疾病预防 ………………………………………… 249
　　第一节　慢性疾病的概念及其特点 ……………………………… 249
　　第二节　慢性疾病的发病情况 …………………………………… 250
　　第三节　慢性疾病与体质健康 …………………………………… 252
　　第四节　运动在常见慢性疾病预防和治疗中的价值 …………… 255
　　第五节　慢性疾病的运动处方 …………………………………… 264

参考文献 ………………………………………………………………… 286

上 编　体适能提升与健康促进理论

第一章　运动与健康

> **学习提要**
>
> 健康是促进个人全面发展的前提条件，是经济社会发展的基础条件。实现国民健康长寿，是国家富强、民族振兴的重要标志，也是全人类的共同愿望。健康与遗传、环境、生活方式、医疗等因素有密切的关系，体育运动是促进健康的重要方式，但不当的运动也会损害健康。通过本章学习，学生可以全面了解健康的概念，树立正确的运动观。
>
> 本章介绍的主要内容包括：健康概念、亚健康概念、运动促进健康、运动的误区等。

第一节　健康概念的演变

健康对于我们个人、社会乃至全人类都具有极其重要的作用。由于健康涉及生物学、生理学、医学、社会学和心理学等多学科内容，使得在人类社会不同的发展阶段或同一阶段不同学者对于健康的认识存在很大差异。

一、健康概念

随着社会的发展和人类文明的进步，人们对于"健康"的认知和理解也在不断地发生改变，人类对于健康的追求也已经逐渐由低层次的生理健全过渡到全新的多维健康观。

（一）建立在疾病基础上的健康

健康是一个不断发展的概念，不同历史时期人们对健康的认识主要围绕着"如何抵抗疾病"这一核心，先后出现了依赖巫医、医疗治病、求长生之道和预防疾病等多种形式。

远古时期，生产力极其低下，人们对自然界的认知处于感性阶段，常用"上天和神灵的力量或惩罚"来认识疾病，形成了唯心的、不科学的健康观。随着生产力的迅速提高，医药学以及相关学科的不断发展，人们开始认识到健康是可以不依赖于"天命"的，并逐渐形成了"健康就是能正常工作或没有疾病的"机械唯物主义的健康观。

18世纪以来，不少学者提出了"健康就是没有疾病，疾病就是健康受损"的健康观，在形式上形成了健康的循环定义，但这只反映了健康的负向作用，是健康的消极定义。这类定义既没有回答健康的实质，也没有阐明健康的特征，只是借助健康的对立面——疾病来证明健康。这对于人们正确认识健康、谋求健康和评价健康实际意义并不大。

19世纪末，人们开始对疾病的原因有了一定了解，形成了"健康就是保持病原体、人体和环境之间的生态平衡"的健康观。同时，这一时期也出现了通过炼丹术等途径来预防疾病、求得长生不老的做法，反映了当时人们对健康的需求程度。

事实上，健康和亚健康以及疾病都是人体生命过程中不同的质态。从健康到亚健康再到疾病是一个由量变到质变的过程。这种建立在疾病基础上的健康概念不能满足人们的需求和健康的发展。

（二）三维健康观的提出

世界卫生组织（World Health Organization，以下简称WHO）于1948年宣告成立，在《世界卫生组织宪章》中把健康明确定义为："健康不仅是免于疾病和衰弱，更是保持体格方面、精神方面和社会方面的完美状态。"1978年9月，WHO在国际初级卫生保健大会上通过的《阿拉木图宣言》，又重申了健康的含义，指出："健康不仅仅是没有疾病或病痛，而且包括身体、心理和社会方面的完好状态。"WHO提出的健康定义，对健康做出了全面而深刻的阐述，得到了世界各国广泛的认同，是积极的健康观念。它主要有三个特点。

第一，改变了定义的指向。消极的健康定义是指向疾病的，而该定义则指向健康本身。

第二，拓宽了健康的内容，使之涉及人类活动的生物、心理、社会三个基本领域，把人当作整体的人看待，健康的内涵和外延都扩大了。

第三，不仅考虑到人的个体，同时也考虑到人的家庭和群体。WHO提出的三维健康观得到人们的普遍认同，在这种观念的影响下，人们对疾病产生原因认识的不断深化，医学模式发生了重大变化，由原来的"生物医学模式"（biomedical model）转变为今天的"生物—心理—社会医学模式"（bio-psycho-social medical model）。

在提出三维健康定义的基础上，WHO又进一步提出了衡量健康的十条标志：
①精力充沛，能从容不迫地应付日常的工作和生活，工作效率高。
②处事乐观，态度积极，勇于承担责任。
③睡眠良好，休息充分。
④应变能力强，能适应环境的各种变化。
⑤对感冒和传染病有一定的抵抗力。
⑥体重适当，体形匀称，站立时头、肩、臂位置协调。
⑦眼睛明亮，反应敏锐。
⑧牙齿清洁，无空洞、无出血、无痛感，牙龈颜色正常。

⑨头发有光泽，无头屑。
⑩肌肉丰满，皮肤富有弹性，走路、活动轻松协调。

（三）四维健康新概念的出现

进入20世纪中期，健康的内涵不断发展，由过去单一的生理健康（一维）发展到生理、心理健康（二维），又发展到生理健康、心理健康和社会适应性良好（三维）。

1989年，WHO进一步定义了四维健康新概念，即"一个人在身体健康、心理健康、社会适应健康和道德健康四个方面皆健全"①。

据WHO统计，全球至少有5亿人存在各种精神问题和心理问题，约占世界总人口的10%，其中2亿人患有抑郁症。② WHO专家预言，到21世纪中叶，没有任何一种灾难能像心理危机那样给人们带来持续而深刻的痛苦。人类已进入"心理疾病时代"。被列为当今人类十大死因之一的自杀，大多是由心理疾病引起的。

医学专家指出，在未来的10年里，老年痴呆症、抑郁症、精神分裂症、青少年和大学生的心理问题，将是危害我国人民健康的最大精神疾病。所以，专家们把"能正确处理心理危机"定为健康的新标志。③

良好的心理状态能促进人体分泌更多有益的激素、酶类和乙酰胆碱等，这些物质能把血液的流量、神经细胞的兴奋调节到最佳状态，从而增强机体的抗病能力，促进人们健康长寿。

WHO把道德修养纳入了健康的范畴，并将道德修养作为精神健康的内涵。其内容包括：健康者不以损害他人的利益来满足自己的需要，具有辨别真与伪、善与恶、美与丑、荣与辱等是非观念，能按社会行为的规范准则来约束自己及支配自己的思想行为。巴西医学家马丁斯经过十年的研究发现，屡犯贪污受贿罪行的人易患癌症、脑出血、心脏病、神经过敏等病症而折寿。④ 善良的品格、淡泊的心境是健康的保证，与人相处善良正直、心地坦荡，遇事出于公正，凡事为别人着想，这样能减少烦恼，利于保持心理平衡，有利健康。

四维健康新概念是WHO对全球21世纪医学发展动向的展望和概括，要求当前的生物医学模式必须向生物—心理—社会新模式改革发展；要求由单纯治疗疾病（cure medicine）转变为预防、保健、养生、治疗、康复相结合（care medicine）；要求药物治疗与非药物、无药物治疗相结合，与环境自然和谐发展，与科学和社会协调协同可持续系统化发展。

---

① Mechanic D, "Social Policy, Technology, and the Rationing of Health Care," *Medical Care Research & Review*, 1989, 46(2), pp. 113 – 120.
② 王琳：《精神障碍的社会心理因素研究现况》，载《中国公共卫生》2006年第2期，第130 – 131页。
③ 田伟娜：《学生心理解压手册》，光明日报出版社2007年版，第2页。
④ 潘云广：《健康新概念——道德健康》，载《秘书之友》1999年第2期，第49页。

(四) 五维健康观的提出

随着科技发展，学界对健康的认识也在不断深入。从 1979 年起，美国政府每隔 10 年发布一份国民健康报告，并提出此后 10 年的国民健康目标。在 2000 年发布的《2010 健康的人民：关于健康促进和疾病预防的国家目标》中，美国政府对健康做了这样的解释："尽管没有疾病对良好的健康来说是十分重要的，但健康不仅仅是没有疾病，健康是创造高水平生活质量和工作成就的能力，这种能力包括智力、社会适应力、情感力、精神力和身体能力。"[①] 这就是人们说的五维健康观，体现了当代科学文化对人自身健康认识的新进展。

(五) 大健康观

所谓大健康观，即基于健康概念的内涵与外延与时俱进表现出的拓展与深化，着重于强化全社会树立全面健康的理念，将健康融入所有政策，全社会人人参与、人人尽力，适应社会需求、疾病谱和医学模式的转变，以及生产力和人类知识积累系统思维谋发展。大健康观是从社会整体的角度全息性理解健康，以系统论思维认识人体生命这样一个开放、复杂的系统。人体生命经历着出生、成长、发育、衰老、死亡的过程，而且具有不可分割性与还原性，稳定的自组、自稳、自控机制，以及整体开放性、物质与精神双重性的特点，始终处于新陈代谢过程中，以维系着人体生命整体的生机与活力。它是用辩证思维创新，以谋求的需要，实现共建共享、全人群、全生命周期健康而提出的全局性战略理念。它既是时代的产物，又是历史发展的必然趋势，也是社会发展的客观要求。

长期以来，我们把健康视为一种"无病"状态，并将其作为健康的原点，事实上，这偏离了健康的本质。大健康观对人的健康本质的认识，是注重发挥生命全要素促进健康的整合力及其自我调节平衡或自控自愈能力，能够自我保持人应当具有的躯体健康、心理健康、精神健康、社会健康、智力健康、道德健康、环境健康等一种相对平衡和健康自我实现的状态与活力。这一本质特征，是有机统一的整体，是构成以人民健康为中心的现代医学模式及构建大健康战略的基本依据。[②]

大健康观把立足点从"以疾病为中心"转向"以保障人民健康为中心"，并将其作为追求健康理想状态的核心要素，立足于从健康本质的社会视角和社会价值维度、关系维度，创新思维认识，解决所面临的健康需求和健康问题，改善和促进健康公平。[③]

---

① Deborah A W, Gregory J W, William R C, et al., *Concepts of Fitness and Wellness* (New York: McGraw-Hill, 2006), p. 10.
② 参见张立平《以大健康观为引领 以慢病防控为重点 积极推进健康老龄化中国建设步伐》，载《成都医学院学报》2015 年第 6 期。
③ 参见张立平《大健康概念的内涵与特征探讨》，载《人民军医》2017 年第 1 期。

大健康是根据时代发展、社会需求与医学模式的改变，提出的一种全新健康理念。大健康围绕着人的衣食住行和生老病死，关注各类影响健康的危险因素和解决关系健康的重大及长远问题，提倡全民健康建设，是在健康服务全覆盖、优质公平可持续的健康理念指导下提出来的。其追求的不仅是个体身体健康，还包含精神、心理、生理、社会、环境、道德等方面的完全健康。提倡的不仅有科学的健康生活，更有正确的健康消费，实现健康与经济社会良性协调发展。

二、亚健康概念

（一）亚健康概念的提出

亚健康是近年来国际医学界提出的新概念。20世纪70年代末，医学界依据疾病谱的改变，将过去单纯的生物医学模式，发展为生物—心理—社会医学模式。1978年，WHO给健康提出了一个多维度的新定义："健康是身体、心理、精神和社会适应的完好状态，是动态的，而不仅仅是没有疾病和虚弱。"20世纪80年代中期，N. 布赫曼教授在生物—心理—社会医学模式观点的基础上，首次提出了健康和疾病之间存在着"第三状态"，即亚健康状态（Sub Health），也就是诱病状态。他指出人的身体状态一般分为健康状态、病理状态及亚健康状态。WHO称这种亚健康（诱病）状态为"第三状态"，我国西医界称之为"神经官能症、自主神经功能紊乱"，在日本多指"神经症、半健康"。

亚健康的基本特征是：身体无明显疾病，但体力下降，适应能力减退，精神状态欠佳，各种身体不适的症状可以间断出现，也可持续存在。这些症状通常不能由现代医学做出疾病诊断，却往往困扰着人们的生活。亚健康状态在临床物理、化学或实验室检查通常无明显的异常。

在我国，学者王育学首先提出"亚健康"这一名词。[①] 亚健康的范围非常广泛，有别于慢性疲劳综合征，是以严重疲乏或虚弱、休息不能缓解为特征的一种"疲劳亚健康"的表现形式。许多学者对正常状态、亚健康状态、疾病状态进行了研究，指出正常状态指"没有明显的自觉或检查的临床症状和体征"的个体，亚健康状态是指人的身心处于疾病与健康之间的一种健康低质状态，是机体虽无明确的疾病，但在躯体上、心理上出现种种不适应的感觉和症状，从而呈现活力和对外界适应力降低的一种生理状态。这种状态多由人体生理机能或代谢机能低下所致，严重影响人的工作能力和生存质量。

对于亚健康的定义，国内学者有不同侧重点的描述，但主要关注身体的状态。王育学认为：亚健康状态就是不健康但又没有疾病的状态，是介于健康与疾病状态之间的一种中间状态，是一种动态过程，又是一个独立的阶段。主要指人体开

[①] 王育学：《亚健康状态》，江西科学技术出版社2002年版，第18页。

始有病理信息，直到形成"已病"之前的各种状态，虽有症状，甚或体征，但未达到疾病的诊断标准。在多数情况下，健康、亚健康、疾病状态是一个不间断的连续过程，亚健康状态居中，其上游部分与健康状态重叠，其下游部分又与疾病状态相重叠，在重叠部分可能与健康或疾病状态模糊而难以区分。王琦认为：所谓亚健康状态是指人的身心处于疾病与健康之间的一种低质状态，机体虽无明确的疾病，但在躯体上、心理上出现种种不适应的感觉和症状，从而呈现活力和对外界适应力降低的一种病理生理状态。① 冯志广等认为：亚健康状态通常是指机体虽无明显的疾病诊断，却表现出自体生活能力降低，社会适应能力减退，并且显现出了各种身体不适的症状。②

王艳君等也对亚健康的表现进行了描述，认为亚健康状态常指机体虽无明确的疾病诊断，却过早表现出活力降低、适应性减退，是介于健康与疾病之间的一类生理功能低下状态。③ 是由于心理、社会、生物三种因素导致机体的神经系统、内分泌系统、免疫系统整体协调失衡、功能紊乱而致。主要表现有：精力下降、食欲不振、疲劳无力、心慌、气短、失眠、多梦、抑郁、惊恐、身体虚弱、更年期综合征和疾病的恢复期等。

也有不少学者把亚健康等同于慢性疲劳综合征（chronic fatigue syndrome，简称 CFS）。何以蓓等认为：亚健康就是处于健康与疾病之间的状态，找不出实质性病变却有种种不适感。④ WHO 提出亚健康是一组临床症状，特征是体虚困乏、易疲劳、失眠、休息质量不高、注意力不易集中，甚至不能正常生活和工作、情绪不稳定、抵抗力差等，但在医院进行全面、系统检查时往往找不到确切的病因所在。目前美国疾病控制与预防中心已正式将其命名为慢性疲劳综合征。刘祖平等认为：慢性疲劳综合征是指无器质性病变，但呈现出疲劳，活力、反应能力、适应力减退，创造能力较弱，自我感觉有种种不适症状的一种生理功能低下的状态。又称"亚健康状态""第三状态"或"灰色状态"，因其主诉症状多样而且不固定，也被称为"不定陈述综合征"。赵瑞芹等亦认为亚健康状态也称"慢性疲劳综合征"。⑤

---

① 参见王琦《调治亚健康状态是中医学在21世纪对人类的新贡献》，载《北京中医药大学学报》2001年第2期，第1-4页。
② 参见冯志广、杨建宇、任安静《中医对亚健康的认识》，载《中华实用中西医杂志》2005年第17期，第938-940页。
③ 参见王艳君、胡朝阳《从亚健康看中医诊疗现代化发展趋向》，载《安徽中医学院学报》2002年第4期，第1-4页。
④ 参见何以蓓、寿芳、张秀峰《亚健康的中医认识及防治措施》，载《浙江中医学院学报》2001年第6期，第13-14页。
⑤ 参见赵瑞芹、宋振峰、侯锡花《中国居民亚健康状态的分析研究》，载《医学研究通讯》2001年第4期，第55-57页。

（二）亚健康的特征及临床表现

亚健康的主要特征包括：身心不适应的感觉所反映出来的种种症状，如疲劳、虚弱、情绪改变等，其状况在相当时期内难以明确；与年龄不相适应的组织结构或生理功能减退所致的各种虚弱表现；微生态失衡状态；某些疾病的病前生理病理学改变。

亚健康的临床表现多种多样。躯体方面可表现有：疲乏无力、肌肉及关节酸痛、头昏头痛、心悸胸闷、睡眠紊乱、食欲不振、脘腹不适、便溏便秘、性功能减退、怕冷怕热、易于感冒、眼部干涩等；心理方面可表现有：情绪低落、心烦意乱、焦躁不安、急躁易怒、恐惧胆怯、记忆力下降、注意力不能集中、精力不足、反应迟钝等；社会交往方面可表现有：不能较好地承担相应的社会角色，工作、学习困难，不能正常地处理好人际关系、家庭关系，难以进行正常的社会交往等。

（三）亚健康概念在实践中的应用

在医学领域，专家们认为亚健康的概念比较模糊，对于疾病确诊帮助不大，但对于防治疾病有一定的作用。

亚健康的主要特征是身体的不适状态或适应能力显著减退，这种状态如果持续出现3个月不能缓解即可认为是亚健康状态。如果偶尔出现或出现持续时间不长即可缓解消除，应属于身体的正常反应，不必认为是亚健康，应该说是对健康与亚健康做的一个界定。其中3个月的约定主要是根据与亚健康相关的主要表现，如疲劳、失眠以及情绪方面变化的临床实际与基础研究的结果。在人体持续出现不适和能力减退时，首先应该进行疾病的排除，通过各种相关的检查排除器质性或明确功能性的病变。从特殊致病因素或病理变化诊断疾病来看，并非所有的不适状态或能力下降都与明确诊断的疾病有直接因果关系，如局限性的神经性皮炎、陈旧性的胃溃疡、痔疮等。所以在亚健康诊断时如果存在明确的非重大的疾病，还需要认真界定已有的疾病是否是造成这种不适状态或能力下降的直接原因。如果不是直接原因就可从疾病诊断中排除，而界定为亚健康状态。

我国很多学者都提出过亚健康的评价方法或诊断标准，其中陈国元、陈青山、刘保延、陶茂萱等学者提出的评价方法或诊断标准具有一定的影响力。2007年，中华中医药学会发布了《亚健康中医临床指南》，从中医的角度对亚健康的概念、常见临床表现、诊断标准等进行了明确描述，产生了较为广泛的影响。《亚健康中医临床指南》指出，亚健康是人体处于健康和疾病之间的一种状态。处于亚健康状态者，不能达到健康的标准，表现为一定时间内的活力降低、功能和适应能力减退的症状，但不符合现代医学有关疾病的临床或亚临床诊断标准。

三、影响健康的因素

影响健康的因素是多方面的,主要有行为因素和生活方式、环境因素、生物学因素和卫生医疗保健。其中,环境因素起重要作用,其次为生活方式、卫生医疗保健,遗传因素虽影响较小,但一旦出现遗传病,则不可逆转。各因素彼此又有相互依存关系。

(一)行为因素和生活方式

因自身不良行为和生活方式,直接或间接给健康带来的不利影响。如糖尿病、高血压病、冠心病、结肠癌、前列腺癌、乳腺癌、肥胖症、性传播疾病、精神性疾病、自杀等均与行为和生活方式有关。

1. 行为因素

行为是影响健康的重要因素,几乎所有影响健康因素的作用都与行为有关。例如吸烟与肺癌、慢性阻塞性肺病、缺血性心脏病及其他心血管疾病密切相关。酗酒、吸毒、婚外性行为等不良行为也严重危害人类健康。

2. 生活方式

生活方式是指人们长期受一定文化、民族、经济、社会、风俗、家庭影响而形成的一系列生活习惯、生活制度和生活意识。人类在漫长的发展过程中,虽然很早就认识到生活方式与健康有关,但由于危害人类生命的各种传染病一直是人类死亡的主要原因,就忽视了生活方式因素对健康的影响。直到19世纪60年代以后,人们才逐步发现生活因素在全部死因中的比重越来越大。例如,1976年美国全年死亡人数中,50%的人的死因与不良生活方式有关[1],由于生活方式和不良行为导致了慢性非传染性疾病及性传播疾病的迅速增加。2006年,我国城市居民前三位的死因顺位是恶性肿瘤、脑血管疾病、心脏病,三种慢性疾病死亡人数占居民死亡总人数的62.01%。[2]

(二)环境因素

强调人体与自然环境和社会环境的统一,强调健康、环境与人类发展问题不可分割。

1. 自然环境

保持自然环境与人类的和谐,对维护、促进健康有着十分重要的意义。若破坏了人与自然的和谐,人类社会就会遭到大自然的报复。

---

[1] 参见韩见知《老年个人卫生习惯与死亡率》,载《国外医学(社会医学分册)》1986年第1期。
[2] 参见孙琳、肖骞、李学云等《我国主要慢病死亡分析与相关危险因素干预》,载《中国公共卫生管理》2009年第4期。

2. 社会环境

包括社会制度、法律、经济、文化、教育、人口、民族、职业等，社会制度确定了与健康相关的政策、法律、法规等。

环境对人类健康影响极大，无论是自然环境还是社会环境，人类一方面要享受它的成果，另一方面要接受它带来的危害。自然界养育了人类，也存在和传播着危害人类健康的各种有害物质。气候、气流、气压的突变，不仅会影响人类健康，还可能给人类带来灾害。在社会环境中，政治制度的变革、社会经济的发展、文化教育的进步都与人类的健康紧密相连。例如：经济发展的同时带来了废水、废气、噪音、废渣，对人类健康有一定危害。不良的风俗习惯、有害的意识形态也有碍人类的健康。

（三）生物学因素

在生物因素中，影响人类健康最重要的是遗传因素和心理因素。

1. 遗传因素

据卫生部 2012 年 9 月发布的《中国出生缺陷防治报告（2012）》，我国出生缺陷发生率与世界中等收入国家的平均水平接近，约为 5.6%，每年新增出生缺陷数约 90 万例，其中出生时临床明显可见的出生缺陷约有 25 万例。[①] 遗传还与高血压病、糖尿病、肿瘤等疾病的发生有关。根据科学家统计，人们已认识到的单基因病及异常性状，从 1958 年的 412 种，增加到 1998 年的 8587 种，而到 2004 年 3 月 31 日，这个数字增加到了 15249 种。[②] 240 多年间，遗传病的病种增加了 30 多倍。因此，重视遗传对健康的影响具有特殊意义。

2. 心理因素

心理因素对疾病的产生、防治有密切关系，消极心理因素能引起许多疾病，而积极的心理状态是保持和增进健康的必要条件。医学临床实践和科学研究证明，消极情绪如焦虑、怨恨、悲伤、恐惧、愤怒等可以使人体各系统机能失调，可以导致失眠、心动过速、血压升高、食欲减退、月经失调等症状；积极的、乐观的、向上的情绪，能经得起胜利和失败的考验。

（四）卫生医疗保健

指社会卫生医疗设施和制度的完善状况。WHO 把卫生保健服务分为三个级别，分别是初级、二级和三级，实现初级卫生保健是当代世界各国的共同目标。

---

① 参见张世琨、王巧梅、沈海屏《中国免费孕前优生健康检查项目的设计、实施及意义》，载《中华医学杂志》2015 年第 3 期。

② 参见张鹤《遗传与人体健康》，载《医学理论与实践》2007 年第 9 期。

第二节 运动促进健康

一、体质与健康

在日常生活中，一个人是否健康，通常采用"体质"和"健康"两个角度来表达衡量。体质和健康之间有着一定的联系。

随着社会的进步，科学技术的发展，人民生活水平不断提高，学生体质健康得到了改善。但与此同时，学生的体能素质指标并不如意，如肺活量下降、肥胖增多、近视眼患病率仍居高不下。这些现象表明，提高体质与健康作为体育工作者追求的目标和学校体育改革的新方向和新思路，是值得我们关注的问题。

（一）体质的概念及评价指标

"体质"是中国体育界关注和研究健康问题的一个独特视角。体质和健康属于人类自身所拥有的基本属性，人类的先天遗传因素和后天生存环境因素均会对其产生影响。

体质的概念通常可从医学、人类学、体育学三个科学角度来理解。在医学领域，可分为传统医学和现代医学界体质观。对于体质的研究，早期中国医学学者研究的体质为形体与质地、身体素质及气质，将体质定义为某一个体的一切生物学特征的总和。在人类学的领域内，体质研究是基础科目。体质研究阐述了体质的形态结构特征、新陈代谢特征以及对体质有深度影响的相关心理学内容。[①] 目前，人类学对于体质的定义还没有一致的看法，主要是研究人类起源与进化以及不同体质特征的形成与发展、遗传与变异等问题。在体育学领域，对于体质的定义是比较明确的，认为体质是人体的质量，它是在遗传性和获得性基础上表现出来的人体形态结构、生理功能和心理因素的综合且相对稳定的特征。

体质主要包括身体发育水平、身体功能水平、身体素质以及运动能力水平、心理发育水平和适应能力五个方面。身体发育水平，主要是指体型、营养状况、体格以及身体成分等，不同的年龄阶段和性别的身体发育水平标准是不一样的，根据不同年龄阶段人群的骨龄、身高、体重和第二性特征发育状况等进行评定。除了先天性遗传因素，后天或者说外环境因素也决定身体发育水平是否良好。身体功能水平，主要是指机体的新陈代谢和各器官、系统的功能。身体素质以及运动能力水平，指机体的速度、力量、耐力、灵敏性、协调性，除此以外，还有走、跑、跳、投、攀越等身体的基本活动能力。心理发育水平，主要是智力、情感、

---

① 参见李莹《浅谈体质与健康体适能测试指标的比较》，载《当代体育科技》2013 年第 3 期，第147 - 149 页。

行为、感知觉、个性、性格和意志等。适应能力，是指人体对外界各种环境、压力的一种适应能力，此外，还包括对疾病和其他损害健康因素的抵抗和调控能力等。

身体的形态结构、生理功能、体能、心理状况及对内外环境的适应能力是构成体质不可分割的五个重要因素。各因素相互依存、相互影响、相互制约。其中，身体形态结构是物质基础，生理功能、体能和心理状况是体质的主观与客观表现，对内外环境的适应能力是体质的综合反映。身体具有一定的形态结构，必然表现为一定的生理功能，体能又是各器官系统的机能在人体运动过程中的客观反映；发展和提高机能的过程，会引起机体一系列形态结构、生理功能的变化；而伴随着形态结构、生理功能的变化及体能的发展提高，又会产生一定的心理过程和个性心理特征，从而促进人的心理发展。所以在评价体质时，除形态指标受先天性遗传因素影响较大之外，机能指标、心理指标等都是受体育锻炼等后天获得的因素影响，也就是说体育锻炼能够改变体质的可能性很大。

（二）体质与健康的关系

体质和健康涉及人体的形态发育、生理机能、运动能力和心理状况及对社会（包括人际关系）的适应能力等方面。它们既有所不同，又有所联系。体质是生命活动的最基本要素，也是健康的物质基础。从研究角度看，体质侧重于体格、体型、身体素质、运动能力等，而健康则侧重于研究人体的心、肝、脾、肺、肾及血管组织结构和生理功能、疾病和死亡。体质从"外观"上研究人体，健康从"内部"研究人体。体质是人体的质量，健康则是体质状况的反映和表现，所以在评价体质和健康状况时，很难说哪些指标是纯属检测体质的指标，哪些指标是纯属健康检查的指标。

一个人的身体总是处在不断发展的过程中，生、老、病、衰是人生的必然规律，谁也阻挡不了。各种不同年龄的人，实行"健康投资"和"健康储蓄"是增强体质、延缓衰老、促进健康，获得高质量的工作和生活品位与获得长寿最积极有效的途径。

二、运动促进生理健康

在健康方面最应该得到重视的领域之一就是体育运动。体育运动在维系人类健康方面起到至关重要的作用，与医疗卫生相比有三个特点。第一，作为一种非医疗的健康干预，体育运动采取的是主动促进健康的方式，而医疗卫生往往是在人们罹患伤病后不得已而为之的被动应对。第二，体育运动是群体性的身体活动，是多人参与、共享的，带有很强的社会属性，相对成本较低；而医疗健康干预一般是针对具体的特定个人的医学活动，其社会成本呈逐步升高的趋势。第三，体育运动给人们带来的心理感受往往是愉悦的，是在快乐的心境下解决人的健康问题，不同于得病后在痛苦的心理压力下去解决健康问题。[①]

(一) 对新陈代谢的影响

1. 改善糖代谢能力

体育锻炼能促进体内组织细胞对糖的摄取和利用能力，增加肝糖原和肌糖原储存。体育锻炼还能改善机体对糖代谢的调节能力。如在长期体育锻炼的影响下，胰高血糖素分泌表现对运动的适应，即使在同样强度的运动情况下，胰高血糖素分泌量减少，其意义是推迟肝糖原的排空，从而推迟衰竭的到来，增加人体持续运动的时间。

2. 促进脂肪分解能力

脂肪是在人体中含量较多的能量物质，它在体内氧化分解时释放能量，约为同等质量的糖或蛋白质的两倍，长期坚持体育锻炼能提高机体对脂肪的动用能力，为人体从事各项活动提供更多的能量来源。

(二) 对运动系统的影响

坚持体育锻炼，对骨骼、肌肉、关节和韧带都会产生良好的影响。经常运动可使肌肉保持正常的张力；通过肌肉活动给骨组织以刺激，促进骨骼中钙的储存，预防骨质疏松；同时使关节保持较好的灵活性；使韧带保持较佳的弹性。锻炼可以增强运动系统的准确性和协调性，保持手脚的灵便，使人可以轻松自如，有条不紊地完成各种复杂的动作。

(三) 对心血管系统的影响

适当的运动是心脏健康的必由之路。有规律的运动锻炼，可以减慢静息时和锻炼时的心率，这就大大减少了心脏的工作时间，增强了心脏功能，保持了冠状动脉血流畅通，可更好地供给心肌所需要的营养，可使心脏病的危险率降低。

1. 增强心脏功能

经常参加体育锻炼可使心肌细胞内的蛋白质合成增加，心肌纤维增粗，使得心肌收缩力量增加，这样可使心脏在每次收缩时将更多的血液射入血管，导致心脏的每搏输出量增加。长时间的体育锻炼可使心室容量增大。

2. 增加血管壁的弹性

这对人体健康的远期效果来说是十分有益的。随着年龄的增加，血管壁的弹性逐渐下降，可诱发高血压病等退行性疾病，通过体育锻炼，可增加血管壁的弹性，预防或缓解高血压症状。

[①] 参见卢元镇《将体育运动纳入〈"健康中国2030"规划纲要〉中，是中国社会的巨大进步——全民健身：健康中国的有力支撑》，见《中国人口报》2016年10月31日，第3版。

3. 促进新陈代谢

体育锻炼可以促使大量毛细血管开放,从而加快血液与组织液的物质交换,加快新陈代谢的水平,增强机体能量物质的供应和代谢物质的排出能力。

4. 改善血脂

体育锻炼可以显著降低血脂(胆固醇、三酰甘油等)含量、改变血脂质量,有效地防治冠心病、高血压病和动脉粥样硬化等疾病。

5. 改良脉搏与血压

体育锻炼还可以使安静时脉搏徐缓和血压降低。

(四) 对呼吸系统的影响

1. 增加肺活量

经常参加体育锻炼,特别是做一些伸展扩胸运动,可以使呼吸肌力量加强,胸廓扩大,有利于肺组织的生长发育和肺的扩张,使肺活量增加。经常性的深呼吸运动,也可以增加肺活量。大量实验表明,经常参加体育锻炼的人,肺活量值高于不常运动的人。

2. 增加肺通气量

体育锻炼加强了呼吸力量,可使呼吸深度增加,有效增加肺的通气效率。研究表明,不常运动的人在运动时肺通气量约为 60 升/分,有体育锻炼习惯的人运动时肺通气量可达 100 升/分以上。

3. 提高获氧能力

不常运动的人在进行体育活动时只能利用其氧气最大摄入值的 60% 左右,而经过长期体育锻炼后可以使这种能力大大地提高,体育活动时,即使氧气的需要量增加,也能满足机体的需要。

(五) 对消化系统的影响

由于消化道的运动和消化腺的分泌,主要是受运动中枢神经和体液的调节,当肌肉运动时,在这些调节的作用下,消化系统的机能也随之产生一系列的生理变化。因而,经常从事体育运动,对消化器官的机能有着良好的促进作用。它可使胃、肠的蠕动力增强,消化液的分泌增多,促进消化和吸收的能力提高。使人的食欲增加,精力旺盛,促进人体生长发育和增强体质,提高人体健康水平。

(六) 对中枢神经系统的影响

体育锻炼能改善神经系统的调节功能,提高神经系统对人体周围环境变化的判断能力,并做出及时、协调、准确、迅速的反应。研究表明,经常参加体育锻炼,能明显提高脑神经细胞的工作能力。反之,如缺乏必要的体育活动,大脑皮层的调节能力将相应地下降,造成平衡失调,甚至引起某些疾病。

三、运动促进心理健康

不能简单地把心理分为健康与不健康两种。心理状态是一个极为复杂的动态过程,具有连续性,如潮水起落,人总会间歇性出现心理不健康状态。经济压力、情感受挫、理想与现实的差距等都会引起心理不健康状态。

心理状态有时就像人的身体,生大病的次数不多,可一年之中小打小闹的感冒头痛总少不了几回。关键是找到有效的治疗方法,不让小病积成大病。如果让偶尔的烦恼发展成抑郁、失眠或狂躁症,治疗起来就比较困难了。调节心理有很多方法,体育运动是其中一种。体育运动是一种积极的主动活动过程,可以有效塑造人的行为方式,也能促进个体的心理健康。

(一) 心理健康的具体表现

1. 智力正常

也就是说有敏锐的观察力、思维灵活、想象力丰富、注意力集中、记忆力强等都是心理健康的重要组成部分。

2. 有安全感

心理健康的人能够接纳自己的各个方面,很少受情绪的支配,能承受挫折、恐惧和不幸,不会惶惶不可终日。

3. 情绪稳定,心情愉快

心理健康的人总是快乐的,满意、宁静等积极情绪多于忧伤、痛苦等消极情绪;能够调节控制情绪的变化,经常保持乐观开朗,不会狂喜狂怒、忽悲忽喜。

4. 意志健全

心理健康的人有决心、有信心、有恒心、有理想,不怕困难,不畏艰险,勇于克服人生征途上的种种困难。

5. 正确的自我认知

对自己有充分的了解,并能作出恰当的自我评价。也就是说能够客观地、正确地、全面地认识自己,摆对自身的位置。

6. 具有较强的适应能力

心理健康的人,不怕到新的环境去学习、工作和生活,能够积极主动地适应环境的变化。能够面对现实,正视问题,乐于学习,勤于工作,适度社交,不逃避现实,正确客观地对待和处理所遇到的困难、麻烦等现实问题。

7. 人际关系和谐

心理健康的人乐于帮助人,关心人,也能相应地得到别人的帮助和关心。讲话有人听,做事有人帮,与周围的人相处融洽愉快。

8. 人格健全完整

不偏执,少疑心,通情达理,友善亲切。

9. 睡眠正常

不会为一些烦恼纠缠不休，入睡顺利，很少失眠。

10. 有良好的生活习惯

起居正常，适度运动，不酗酒，不赌博，饮食有规律。

11. 心理和行为与年龄相适宜

人有日历年龄、生理年龄和心理年龄三种年龄。日历年龄是不能改的，但生理和心理年龄可以通过体育锻炼而变得年轻。

（二）体育运动对大学生心理健康的影响

1. 促进身体发展，为心理健康发展提供坚定的物质基础

心理的健康发展，必须以正常发展的身体，尤其是以正常健康发展的神经系统和大脑为物质基础。通过体育运动，促使身体正常、健康地发展，为心理发展提供坚实的物质基础。这是心理发展的重要条件。

2. 促进智力发展

体育运动是一种积极、主动的活动过程，在此过程中，练习者必须集中自己的注意力，有目的地知觉（观察）、记忆、思维和想象。因此，经常参加体育运动能改善人体中枢神经系统，提高大脑皮层的兴奋和抑制的协调作用，使神经系统的兴奋和抑制的交替转换过程得到加强。从而改善大脑皮质神经系统的均衡性和准确性，促进人体感知能力的发展，使得大脑思维的灵活性、协调性、反应速度等得以改善和提高。经常参加体育活动还能使人在空间和运动感知能力等方面得以发展，使本体感觉、重力觉、触觉、速度觉和高度觉等更为准确，从而提高脑细胞工作的耐受能力。

3. 促进大学生自我意识的发展

体育运动有助于大学生认识自我。体育运动大多是集体性、竞争性的活动，自己能力的高低、修养的好坏、魅力的大小，都会明显地表现出来，使个体对自我有一个比较符合实际的认识。体育运动还有助于自我教育。在比较正确地认识自我的基础上，便会自觉或不自觉地修正自己的认识和行为，培养和提高社会所需要的心理品质和各种能力，使自己成为更符合社会需要，更能适应社会的人。

4. 增进人际关系和谐

体育运动有利于形成和改善人际关系。随着社会经济的发展以及生活节奏的加快，生活在大城市的人普遍缺乏与社会的沟通联系，人与人之间的关系较为冷漠。体育运动成为增进人与人交往的最好方式。通过参加体育运动，人与人之间互相产生亲近感，使个体社会交往的需要得到满足，丰富人们业余生活，有利于个体忘却工作、生活带来的烦恼，消除精神压力和孤独感。在体育运动中，容易获得志趣相投的知音，为个体带来心理收益，有利于改善和形成良好的人际关系。

5. 消除疲劳

疲劳是一种综合性感觉，与人的生理和心理因素有关。当一个人从事活动时情绪消极，或当任务的要求超出个人的能力时，生理和心理都会很快地产生疲劳。然而，如果在从事体育运动时保持良好的情绪状态和保证中等强度的活动量，就能减少疲劳。有研究表明，体育运动能提高诸如最大输出和最大肌肉力量等生理功能，从而减少疲劳感，长期坚持体育运动对神经衰弱具有显著的改善作用。

6. 促进行为协调、反应适度

行为协调是指人的行为是一贯的、统一的，反应适度指既不异常敏感，也不异常迟钝，刺激的强度与反应的强度之间有着相对稳定的关系。

7. 培养良好的意志品质

体育运动大多在规范要求下进行，每位运动员都会受到规则约束，因此，体育运动对培养人良好的行为规范有着重要和积极的作用。运动一般都具有艰苦、疲劳、激烈、紧张、相对抗以及竞争性强的特点。学生在参加体育锻炼时，总是伴随着强烈的情绪体验和明显的意志努力。因此，通过体育运动，有助于培养学生勇敢顽强、吃苦耐劳、坚持不懈、克服困难的思想作风，有助于培养团结友爱、集体主义和爱国主义精神，有助于培养机智灵活、沉着果断、谦虚谨慎等意志品质，使学生保持积极健康向上的心理状态。

（三）体育运动对心理机能的影响

1. 提高本体运动感知觉，使人对自身更加了解

本体运动感知觉是运动者对自身各部分运动和位置变化的感知，它是人们在日常生活中必备的一种基本能力。无论是在日常的生活中还是人们在学习和完成运动操作过程中，都需要良好的本体运动感知觉参与，才能完成精确复杂的操作。只有具备了良好的本体运动感知觉能力，才能在学习和完成精确复杂的操作过程中收到事半功倍的效果，达到能源的"节省化"。通过运动训练，可以提高本体运动感知觉能力，对提高个体应变能力有重要意义。

2. 通过运动表象，提高认知和记忆能力

运动表象是指在人脑中重现出来的动作形象。运动表象是通过视觉表象进行的，反映动作在一定时间、空间和力量方面的特点，如身体的位置、动作的力量、幅度、方向、速度等。运动记忆是一种复杂的心理过程，是指对运动动作和完成动作过程的记忆，它包括身体位置的记忆，运动形式、方向、速度的记忆，以及复杂成套技术要领和系统完整科学知识的记忆，运动表象是运动记忆的基础。在多次重复运动中，通过运动表象，可以训练认知和记忆能力。

3. 适量运动对思维发展有良好的促进作用

具体表现在三方面。通过运动形象、想象、模仿和直觉思维及空间判断活动，提高右脑机能；通过运动时多种感知觉的参与，从整体角度对信息进行综合及进行决策和应答、对对手的意图及可能采取的行动作出判断和预测，与同伴的战术配合，提高操作思维和直觉思维能力；通过视觉的快速搜索（球和同伴的位置）、准确预测（球的落点）、决策与反应选择（必须决定作出何种应对反应，为行动留出时间）、快速有力的始发动作（起跑）、完成动作（协调、适宜、有效地支配身体完成动作）等活动，提高心理敏捷性。

4. 适量运动对人的情绪有良好的影响

具体表现在五方面。通过克服困难、竞争、冒险、把握机会、追求不确定结果，达到目标、控制、成功及挫折等过程，产生丰富的情绪体验；适量运动具有宣泄、中和、抵消和对抗不愉快（负性）情绪的作用；适量运动可适应和对抗应激刺激，提高心理应激能力；适量运动后可出现良好的心境状态；适量运动有兴奋和充满活力的特点，有抗抑郁的作用。

5. 适量运动可使运动者产生特殊的体验

主要体现在三方面。高峰表现——运动者有时可出现超出正常机能水平的行为表现；流畅体验——运动过程中有时可出现理想的内部体验状态，表现出忘却、投入、乐趣、享受和控制感；跑步者高潮——跑步者在跑步时出现瞬间的欣快感。

6. 适量运动可促进心理建设

主要表现在四方面。人在适量运动中一次次证明自己的能力，使自我概念发生积极变化；适量运动可促进人的社会化过程；适量运动可培养人的自信心；适量运动可培养人的进取精神。

四、运动是良医

在古今中外的医学发展过程中，运动促进健康的理念均得到了广泛的关注和重视，而"运动是良医"倡议（Exercise Is Medicine，简称EIM）的提出，为运动促进健康理念的全面推广提供了更大的发展契机和空间。

（一）倡议行动的提出

2007年，美国运动医学学会联合美国医学学会发起了口号为"运动是良医"的倡议行动，并组建EIM中心，致力于推动大众积极参与体育锻炼，并努力促使体力活动评估和运动处方成为疾病预防和治疗过程中的常规部分之一。[①] 两年后，美国EIM中心发展为EIM全球中心，截至2018年，已有43个国家加入了EIM倡议行动，并分别组建了区域性EIM中心，以促进和推动体力活动与疾病预防和治疗的整合。

2012年，由中国疾病预防控制中心牵头组织，我国也正式加入EIM。在开始

---

① 参见王正珍、冯炜权、任弘等《Exercise Is Medicine：健身新理念》，载《北京体育大学学报》2010年第11期，第1-4页。

阶段（2010—2013 年），EIM 全球行动计划的重点在于增强各国医疗服务机构对体力活动重要性的认识，并建立国家工作组。

EIM 解决方案是一个科学的标准化的方法，包含医院、社区和健康技术三大模块。[①] 医院模块分为三个步骤，第一步为体力活动评估，第二步为运动处方和生活方式咨询，第三步为体力活动自我管理或指导；社区模块包含发展和建立基于社区的体力活动指导网络；健康技术模块是指将移动智能健康技术整合至医院和社区，使用加速度计等客观监控和评估体力活动。

（二）在校园推广

2016 年，《"健康中国 2030"规划纲要》明确提出要通过"广泛开展全民健身运动，加强体医融合和非医疗健康干预，促进重点人群体育活动"等方式提高全民身体素质。该纲要强调加强"体医融合"和非医疗健康干预，为促进健康提供了新模式和途径。"体医融合"是将体育学科与医学学科两者有机融合，运用医学严谨的思路和方法使体育运动更加科学化和合理化，真正发挥体育运动对人体健康的有利作用。在"体医融合"新时代背景下，体育与医学结合，共同促进全民健康成为一种新的体医结合实践模式，为"运动是良医"的推广提供了新的发展方向。

2016 年 1 月 6 日，运动是良医校园行动国际论坛在北京体育大学召开。开展"运动是良医校园行动"（Exercise Is Medicine on Campus，简称 EIM-OC）项目，在大健康、大群体的视野下，探讨"体医融合"具有现实意义，是体育、教育和医学融合的一种创新性实践。项目旨在通过体育、教育与卫生部门合作，大力推动校园科学健身。"运动是良医校园行动"项目聚焦现实议题，推行以预防为中心的"主动、自主型"健康干预理念和方式，为学校教职工、学生以及周边社区居民提供科学健身指导服务，培养良好的运动习惯，以期达到早期预防和控制多种慢性非传染性疾病，促进青少年大学生、高校教职员工和社区居民身心健康，降低国家医疗负担的目的。

"运动是良医校园行动"项目在中国启动以来，已有 40 所高校申请成为成员单位。入盟高校将共同开展项目推广和实践工作，建设高校"健康体适能实验室"，组织进行健康宣教，建立教职工健康档案，开展"体质健康校园行"活动等。

[①] 参见李红娟、王正珍、隋雪梅等《运动是良医：最好的循证实践》，载《北京体育大学学报》2013 年第 6 期，第 43-48 页。

五、有关运动锻炼的错误观念

(一) 只要运动了,就有益于健康

运动有益于健康的前提是科学锻炼,需要在合适的时间、合适的身体状态、选择合适的运动方式进行运动。如果运动方法不当,不仅不会促进健康,反而有可能产生各种各样的问题,损害健康。

比如:晨练或傍晚锻炼时,如果采用高强度运动,容易对身体产生过度刺激,出现不适反应;体重过大的人,如果采用跑步来控制体重,却可能造成膝关节损伤;患急性疼痛、发热性疾病时,如果还要继续运动,不但不能去除疾病,还可能加重病情;发生运动损伤之后,尚未完全康复,如果进行大强度运动等可能导致二次受伤。

运动处方是指导人们有目的、有计划、科学地锻炼的一种方法,是确保运动促进健康的有效途径。对从事体育锻炼者或病人,康复医师或体疗师根据医学检查资料(包括运动试验和体力测验),按其健康、体力以及心血管功能状况,用处方的形式规定运动种类、运动强度、运动时间及运动频率,列出运动中的注意事项。运动者在科学指导下进行运动,以获取最大的健康收益。

(二) 运动易受伤,不动更安全

看到有关运动后猝死的报道,有些人就认为运动风险太大,还是不运动比较安全。事实上,运动中猝死多与运动者自身的潜在性疾病有关,猝死风险可防可控,而缺乏运动造成的健康损害却是巨大的。

运动是消耗能量的肌肉活动,包括休闲与健身运动、竞技体育运动、职业劳动、其他运动形式。"运动不足"是介于不运动与经常运动之间的一种运动形态,在当今脑力劳动为主的社会生产中,人们"运动不足"现象非常普遍。以美国为例,成年人不运动和运动不足的比例分别是14%和38%;欧洲各国成年人不运动和运动不足的比例之和也高达70%。WHO指出,无论发达国家,还是发展中国家,全球大约有60%~85%的成人运动不足,三分之二以上的儿童运动不足,运动不足已经成为公共健康问题。[①]

与百年前相比,人类的运动不足比例大幅提高。由于工业革命产生的机器体系中,机器操作代替手工操作,人力被机器所取代,人类体质的弱化不可避免。在知识经济、信息化社会时代,体力与劳动彻底剥离,人类机体的生理属性长期得不到锻炼。而体育生活方式尚未进入多数个体的日常生活当中,运动缺失成为必然,进一步导致机体机能衰退,"文明病"蔓延。

[①] 参见王志鹏、章莺《健康新概念及其运动促进研究》,载《体育文化导刊》2015年第5期。

2012 年，柳叶刀体力活动工作组发表系列文章指出，体力活动不足是世界范围内的重要公共卫生问题。[1] 慢性疾病已成为全球公共健康领域的焦点问题，体力活动不足和静坐少动的生活方式成为当今慢性疾病发生的第一独立危险因素，也是 21 世纪最大的公共卫生问题。[2]

（三）运动量越大，锻炼效果越好

运动是强身健体，调养身心的好武器。这一点是毫无疑问的，但过量运动却对健康有害无益。由于运动过量使健康受损的案例举不胜举，越来越多的人认识到，高强度的体育锻炼对普通人的健康其实没有什么好处。锻炼需要量力而为，需要循序渐进，需要周期性开展。

课堂练习
1. 五维健康观是什么？
2. 判断题：只要运动就有益于健康。

课后作业
1. WHO 提出的"三维健康观"包含哪三维？
2. 亚健康的特征及其临床表现是什么？
3. 体育运动对大学生心理健康有哪些影响？

---

[1] Lee I M, Eric J S, Felipe L, et al., "Effect of Physical Inactivity on Major Non-communicable Diseases World-wide: An Analysis of Burden of Disease and Life Expectancy," *Lancet*, 2012, 380(7).

[2] Blair S N, "Physical Inactivity: The Biggest Public Health Problem of the 21st Century," *Br J Sports Med*, 2009, 43(1).

第二章 大学生身体素养与终身体育

> **学习提要**
>
> 在经济全球化、知识信息化的背景下，培养更多德才兼备、具有领袖气质和家国情怀的优秀人才是现代化建设的必然要求。教育需要面向现代化、面向世界、面向未来。"发展体育运动，增强人民体质"是我国全民健身指导方针。"健康第一"是我国体育教育的第一教育目的，也是人生的基础。终身体育是现代社会发展进步到一定阶段的必然产物，反映的是人类发展的需要。终身体育是整体而长远的体育思想与精神追求，体育应该贯穿人生始终，与人生不可分割。可以说，终身教育、终身体育都是学习型社会的必然趋势。从整个国民体质健康发展和优生优育的角度来看，终身体育势在必行。

第一节 体育与健康的概念

体育作为一种社会文化现象，对其功能与价值的研究已跨越了中华人民共和国成立、改革开放、北京亚运会、北京奥运会、新时期新征程等几个重要时期。发掘不同的历史特点与时代特色，以全民健身战略的升级与努力提高人民健康为中心的"大健康"导向，以及全民健身与全民健康的必然连接，意味着新时期的体育具有更深层的历史责任与担当，体现不同的功能与价值。

一、体育的功能

在不同的历史时期，关于体育功能的表达也不同。改革开放以前，人们对于体育功能的认识仅限于体育的生物功能，主要体现为增强体质。党的十三届三中全会以后，解放思想激发了人们对体育内涵、属性、功能的讨论。特别是党的十八大之后，围绕新时期社会发展的现代化进程与全面建成小康社会的奋斗目标，体育的功能特征正在进一步得到关注。其功能主要包括健身、娱乐、个体社会化、社会感情、教育、政治、经济。[①] 体育功能有以下的特征。

（一）休闲娱乐性

休闲是体育功能服务化转变的标志。体育应完成从"应用工具"到"通识玩具"的功能转变，体育休闲具有增进健康、娱乐与享受、宣泄与减压、加强凝聚

---

① 参见胡爱本《体育管理学导论》，高等教育出版社2004年版。

力、促使休闲产业发展的功能。①

(二) 社会适应性

体育的功能是与社会的发展相适应的,只有具备相应的社会条件,体育功能才会表现出来。② 物质条件的丰裕能够促进体育的社会服务功能与服务层次内容的发展。社会发展的结构特征,也决定了体育的功能体现。在现代化社会中,体育功能就不仅仅是锻炼的需求,而且会变成社交的一种新型形态,变成一种时尚、一种超级文化符号等,这与社会的经济发展、现代人的思维行为方式密不可分。人类社会的现代化发展也促使体育以一种新的生活方式和形态体现其功能。

(三) 教育性

体育的教育功能随人本教育思想不断变革与升华,体育参与的扩大激发经济功能的升级与强化,精神凝聚、休闲娱乐、科技与环保、人文影响促进了体育隐藏功能的挖掘与发展。③ 体育作为文化形态,具有传承的价值。它不仅拥有身体姿态上的生物教育的价值,而且具有很高的精神内涵教育意义。

二、体育的价值

对体育价值的探讨,能够有效揭示体育活动在发展过程中的重要意义,加深对其本质和作用的了解,有利于根据自身需要充分挖掘和利用体育的多种属性,促进人的全面发展以及社会发展。

(一) 自然价值

从人类起源理论的角度来看,身体对抗自然界的能力是人类生存和发展最基础的能力。这是以生存方式存在的一种体育最为原始的价值。随着人类的认知、学习的迭代,创造使用工具的能力增强,在不断的演进中,人类的生存安全已经逐步得到更好的外在保障;但在人类自身的发展上,人类需要不断地寻求健康的生活方式,此时体育锻炼的价值是获得健康。这是体育的自然价值,不可替代。

(二) 社会价值

体育与社会生活的各个方面都有联系,涵盖的范围也很广。社会中存在的很多问题,都会以不同的方式折射到体育活动中来。换句话说,体育包罗了很多社会现象的缩影。参与体育运动的各利益群体会因利益的追逐和分配产生种种矛盾,

---

① 参见田雨普《新时期体育功能的辩证认识论》,载《体育文化导刊》2003年第8期,第14-16页。
② 参见王德喜《社会转型与体育功能的重构》,载《北京体育大学学报》2009年第12期,第13-15页。
③ 参见杨晓生《21世纪体育功能的转变》,载《体育学刊》2004年第1期,第129-131页。

一些群体可能会采用不合理甚至违法的手段谋求利益。

(三) 人文价值

体育人文精神是以人为核心,是以维护人的健康权利、肯定人的健康在其生命过程中的意义与价值为宗旨。这是体育的多样形式、体育现象产生的根源,是体育从巫术与宗教活动及生产劳动中显现和独立出来的主要动因,是体育文化得以延续和发展的动力源泉。它追求的目标,是评价体育效果的根本尺度和指引体育健康发展的航标,是体育终极价值的本源与核心。

三、运动与体能

(一) 运动

运动(physical activity)又称体力活动,泛指通过肌肉收缩和消耗能量完成的任何形式的身体活动,是神经肌肉、能量代谢、呼吸循环等身体机能系统活动的综合性表现。成人的运动通常分为休闲性、职业性、家务性和交通性等多种形式的身体活动。如图2-1所示。

图2-1 成人运动的形式

[资料来源:Charles B C, Ruth L, *Physical Fitness* (Brown & Benchmark Publishers, 1997)]

(二) 体能

"体能"一词译自英文的 physical fitness,泛指人体有效完成体力活动的身体能力。1958年,美国健康体育休闲协会(American Association of Health, Physical Education and Recreation,简称AAHPER)在其提出和设立的"National Youth Fitness Test"中最早正式使用"体能"一词,用以整体反映青少年从事体力活动有关的各种身体活动的能力。1996年,美国健康与人类服务部在总结以往研究的基础上,依据体能各构成要素及其与健康状态和竞技运动能力的关系进一步将其区分为生理体能（physiological fitness）、健康体能（health-related physical fitness）和运动体能（performance or skill related physical fitness），其中生理体能也被称为生理适应能力。1999 年，美国学者 Rikli 和 Jones 因长期研究老年人体能而提出老年人功能体能的新概念。体能的分类如图 2-2 所示。

生理体能	健康体能	运动体能	功能体能
·代谢	·身体成分	·灵敏性	·心血管功能
·形态	·心血管能力	·平衡性	·肌肉耐力
·骨骼	·柔韧能力	·协调性	·柔韧性
·其他	·肌肉耐力	·爆发力	·灵敏性
	·肌肉力量	·速度	·平衡性
		·反应时	
		·其他	

图 2-2 体能的分类

［资料来源：Charles B C, Ruth L, *Physical Fitness* (Brown & Benchmark Publishers, 1997)］

第二节 身体素养的形成

一、身体素养的概念

1938 年，美国的《健康与体育教育杂志》（*Journal of Health and Physical Education*）刊登的文章提出"身体素养"（physical literacy，简称 PL）一词。[1] 82 年过去了，公立学校在教育过程中应对学生的身体素养和心理素养进行有计划的培养提升。尤其是在学校体育领域，身体素养理论正在承担和履行能够使其突破发展瓶颈的重要使命。欧美国家将"具身认知""存在主义""身心一元论"等理论作为身体素养的理论基础，将其定义为"身体素养是为了生活而重视并承担参与身体活动的责任所需要的动机、信心、身体能力及知识与理解"[2]；我国则将 physical literacy 翻译成"身体素养"或"体育素养"。[3]

---

[1] 倪思贵：《北京后奥运体育功能多元化的哲学审视》，载《广州体育学报》2010 年第 5 期，第 13-17 页。
[2] ICSSPE, *International Position Statement on Physical Education* (2010).
[3] 参见高海利、卢春天《身体素养的构成要素及其理论价值探微》，载《体育科学》2019 年第 39 期，第 7 页。

(一) 身体素养的意义

体育已成为人们社会文化生活中不可或缺的组成部分。然而，国内外体育领域共同面临着如下困境：大多数人在离开了学校以后，便不再进行体育运动了；久坐型的生活方式与日俱增；体力劳动在当代人们日常生活中所占比例越来越少；肥胖者增加且容易产生紧张情绪而影响健康；在学校体育和其他体育领域中，过去和现在依然将"锦标主义"理念置于首位，唯竞技成绩至上。上述种种情况，很难在短时间内得到改善。借助于不断地反思和实践，我们惊讶地发现，随着人们物质生活水平不断提高，身体的主体性和主体幸福感却不尽人意。体育改善人的身体状况、提高生命质量的初衷，在追逐现代体育的种种工具性价值、目标的过程中变得愈加微不足道。近年来，身体素养在国际体育界开始流行，并通过发展具有了重大的影响力。身体素养成为一个统领当代体育改革与发展的理念。身体素养是一种以"具身认知"观为指导，着眼于身体活动和积极生活的关系，基于人的整体发展，在情感、认知和身体等相互关联的多重维度上，培养能力，激发动机以促成终身参与身体活动的行为习惯。

提出身体素养这一理念，不仅旨在解决因身体活动缺失带来的日趋严重的全球健康问题，而且有力地推动体育融入生活，全面提高生活质量。身体素养对既有的终身体育、学校体育、大众体育和高水平竞技运动等各领域均有全面而深刻的影响，推动了这些领域的改革，并为体育的统合发展提供了改革的基础。

(二) 身体素养的核心要素

"身体素养"一词最早被用于与智力素养、语言素养等词相提并论，共同用于诠释人的综合素养，"突出身体的主体存在性和能动性，将身体认知、身体能力、身体体验、身体行为4个构成要素集合统一在身体之中，以身体之为践行身体素养之旅，每个要素缺一不可，或缺一项则难以形成、发展身体素养"。[①] 如图2-3所示。

身体是身体素养的载体，身体和身体所具有的与生俱来的运动技能，如攀、爬、跑、跳、投等基本活动能

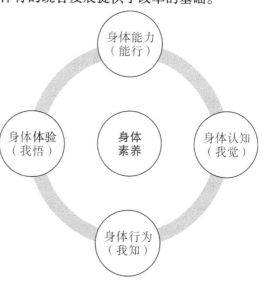

图2-3 身体素养的4个核心要素

---

① 参见英国IPLA体育协会官网（https://www.physical-literacy.org.uk）。

力是身体素养存在、发展的前提。这里所指的身体能力是身心一体的"具身认知"身体能力。人的身体具有极大的可塑性。虽然个体之间身体能力存在差异,但是,任何的个体都能通过身体与其所处的环境场所进行互动,与其他个体进行交流,实践人的主观能动性。身体体验是发展身体素养的内在感应器。没有身体体验,人们便难以品鉴身体和身体活动所彰显的主体存在性,也难以感知其所蕴涵和诠释的美感,更难以融入身体所处的环境场所当中。身体体验是个体在发展身体素养过程中主体性存在的表现,更是身体活性的流露。① 身体认知是身体素养存在、发展之魂。没有身体认知,身体素养的呈现便是空洞的,缺乏内在文化品性的。身体行为是保持、发展身体素养的根本所在。没有身体行为的实践,身体素养的保持、发展便只是一纸空谈。

二、身体素养的国内外发展概况

(一) 身体素养在国外的发展

"身体素养"的概念自提出以来已获得较高评价和认可,澳大利亚、加拿大、美国、英国等国已付诸实践。加拿大等国家甚至将其倚为国家体育政策的基石;澳大利亚、加拿大、美国等国家已将身体素养理念纳入学校体育。

澳大利亚:2005 年,澳大利亚政府针对小学生启动了"积极的课后社区"体育计划 (Active After-school Communities, AASC),遵循执行的理念是"为生活而玩耍"(playing for life philosophy)。2015 年,该计划更名为"体育学校"(Sporting Schools),仍保持原理念,有 6000 多所学校参与。②

加拿大:2013 年,加拿大针对中小学师生身体素养状态评估开始实施"生活通行证"计划 (Passport for Life),在 3~6 年级体育课中进行。评估包括 4 个方面:积极参与 (active participation)、生活技能 (living skills)、健身技能 (fitness skills) 和活动技能 (movement skills)。③

英国:2013 年,英格兰青年体育基金会 (Youth Sport Trust) 开始推行《小学身体素养框架》(Primary School Physical Literacy Framework),"主要在为培养每个小学生的身体素养提供支撑"。此项计划提出"在学校环境中,身体素养为体育教育 (physical education) 和学校竞技运动 (school sport) 的根基。身体素养不仅仅是一项计划,而且是有组织的、可持续发展的体育教育和竞技运动产生的结果"。2017 年 4 月,英国又将身体素养的培育提前到婴幼儿阶段,制定了《幼儿身体素养框架》(Early Years Physical Literacy Framework),将相关的早期培育内容分配在

---

① 参见杨大春《身体的神秘:法国现象学的一个独特维度》,载《学术月刊》2010 年第 10 期,第 35-38 页。
② 参见澳洲运动协会官网 (https://sportingschools.gov.au/about)。
③ 参见加拿大运动健康教育官网 (http://passportforlife.ca/what-is-passport-for-life)。

0～11、8～20、16～26、22～36、30～50和40～60月等婴幼儿的各个时期。①

美国：2014年，美国修订了《K-12体育教育国家标准与等级》（SHAPE America's National Standards & Grade-Level Outcomes for K-12 Physical Education），确认体育教育（Physical Education）的目标是培养具有身体素养的人，拥有享受终身健康的身体活动的知识、能力和自信，并对"具有身体素养的人"提出相应的5项标准。②

（二）身体素养在国内的发展

我国在新时期的学校体育育人理念中是要坚持"健康第一"的指导思想，确立"身体素养"引领学校体育改革发展的基本理念，明确"三维育人"的价值取向，培养一代新人。③

"身体素养"是近年来国际体育界流行并具有重大影响的理念。任海教授在《体育科学》2018年第3期发表的《身体素养：一个统领当代体育改革与发展的理念》一文，拉开了中国学者对"身体素养"研究的序幕。他认为，"身体素养是着眼于身体活动与积极生活方式的契合关系，立足于人的整体，在情感、认知和身体等相互关联的多种维度上激发动机，培养能力，促成终身参与身体活动的行为习惯"。④ 2018年，习近平总书记在全国教育大会指出，要树立健康第一的教育理念，开齐开足体育课，帮助学生在体育锻炼中享受乐趣、增强体质、健全人格、锤炼意志。⑤ 这构建了"四位一体"的学校体育目标，标志着中国学校体育已经进入了一个全新的时代。基于身体素养理念和"四位一体"目标的引领，明确学校体育"三维育人"的价值取向，从而为实现"两个一百年"奋斗目标和中华民族伟大复兴而培养拥有强健体魄、健全心理、高尚人格的一代新人。

《"健康中国2030"规划纲要》明确提出要加大学校健康教育力度。健康育人就是将健康理念、知识、手段、方法等与学校体育政策、教育体系有机地结合在一起，从思想、理论、实践等多层面、多维度强化学校健康教育，以丰富学校体育的外延性和内在价值，促进青少年学生心理健康，实现健康育人的目标。

---

① 参见国际身体素质协会官网（https：//www.physical-literacy.org.uk）。
② 参见SHAPE America's National Standards & Grade-Level Outcomes or K-12 Physical Education，见网页（http：//www.shapeamerica.org/standards/pe/）。
③ 参见董翠香、郑继超、刘超等《新时代中国学校体育落实总书记有关重要论述的发展战略研究》，载《北京体育大学学报》2018年第11期。
④ 参见任海《身体素养：一个统领当代体育改革与发展的理念》，载《体育科学》2018年第3期，第3—11页。
⑤ 体育产业发展研究院：《在"四位一体"目标下成长——学校体育落实全国教育大会精神观察》，见搜狐网（https：//www.sohu.com/a/340983426_505619）。

三、身体素养的发展阶段

身体素养不是一个固定的状态，也不是形成之后便可终身保持的状态，而是一个动态过程。英国学者 Whitehead 提出"身体素养之旅"（physical literacy journey），并指出身体素养之旅始于摇篮，终于坟墓。[①] 身体素养是终身的财富，能够在人生的各个阶段丰富生活，提高生命质量；但它更是一种特质，需要被不断地滋养和保持，否则将消失。从这一角度而言，将身体素养视为一种旅行——永远在路上，永无终点，直至生命的停止，是非常恰当的。身体素养的发展阶段见表 2-1。

表 2-1 身体素养的发展阶段——从出生到生命终结

项目	学前	小学	中学、大学	初离学校	成年	老年
发展身体素养的重点	培养、支持和鼓励动作发育	培养身体素养的要素：动机、信心、知识和理解	在一系列身体活动和语境中，确立身体的要素。接驳校外身体活动	主动参与选定的身体活动，将其作为生活方式组成部分来巩固身体素养的各个方面	身体素养确立，将合理而有效的身体活动融入生活方式。改善身体能力以提高生活质量，促进健康。保持参与身体活动的兴趣	调整身体素养以适应年龄变化，继续适当的身体活动，加深对老龄体能和健康变化及积极生活方式的认知和理解
影响身体素养习得和保持的人员	父母及家庭其他重要成员	教师、父母、家庭、同伴、教练、俱乐部和休闲设施服务人员		同伴、家庭、工作场所的同事、以下领域的专业人员：医疗、俱乐部、健身行业、休闲设施、夜校（教练，体育促进人员）		
促进、建立并保持身体素养的系统、场合与环境	家庭、当地环境、日托机构、托儿所、学前活动俱乐部	学校体育、课外活动、体育/活动俱乐部、家庭、当地环境、乡村、地方设施		地方和国家体育设施及人员质量和数量、政府政策及优先事项、雇主政策、医疗环境、媒介环境		

资料来源：Whitehead M, *Stages in Physical Literacy Journey*, Bulletin, 2013。

[①] 参见王则珊《学校体育应奠定学生终身体育的基础》，载《学校体育》1987年第1期，第46页。

第三节 终身体育与终身教育

一、终身体育的概念与特点

(一) 终身体育的概念

终身体育是指一个人的一生主动接受体育指导、教育，参与体育锻炼。这是现代人追求生活乐趣、提高生活质量的重要途径之一，其核心是体育贯穿人的一生。[1] 终身体育要求受教育者不仅在学校（含学前家庭体育）时接受体育、增强体质、增进健康，形成体育学习和锻炼的意识、习惯和能力；毕业后仍能坚持体育学习和锻炼，并得以终身受益。这种对终身体育的界定既从过程的视角阐明了终身体育的本质含义，又从学校体育与社会体育相衔接的观点，阐述学校体育对社会体育的积极作用以及终身体育对学校体育改革的要求。[2] 以上这些对终身体育的解释涵盖了人的自然发展与社会发展需要的"全景画面"。可以这样理解，终身体育是伴随人从出生到死亡的自然发展的全过程，也是一个动态迭代不断习得的过程。

(二) 终身体育的特点

终身体育的特点包括如下五个方面。

1. 多层次结构立体化

终身体育是一个三维结构组成的完善体系。纵向的年龄层次结构，包括婴幼儿体育、青少年体育、中老年体育；按体育场域划分结构，终身体育是由相互联系、相互影响的家庭—学校—社会体育构成，此中既有制度体系化、学制正规化的体育教学与指导形式，也有非制度体系化、非学制正规化的电视网络、书报杂志、体育线上讲座等体育学习渠道；从体育形式价值结构来看，通过制度体系化和非体系化的体育，达到促进身心和谐发展，丰富文化生活，沟通与融洽人际关系，提高生活质量的目的。

2. 全生命维度，内容丰富

终身体育具有生命维度时空的广延性特点。从时间维度来看，在人生的奠基起步阶段——婴幼儿期便有意识地开始培养对体育的兴趣、热情，使之逐渐成为与生命相伴的日常习惯，成为人的第二天性，这是终身体育的一个重要环节。更早地开始、更久地持续，是终身体育的理想与追求。终身体育各阶段体育教育的

---

[1] 参见王则珊《把握体育课程教学改革的正确方向需考虑的几个问题》，载《哈尔滨体育学院学报》2005年第3期，第6—7页。

[2] 参见陈琦《从终身体育思想审视我国学校体育的改革与发展》，北京体育大学博士学位论文，2002年。

任务与方法,见表2-2。

表2-2 终身体育各阶段的内容

阶段	年龄/岁	体育教育的任务与方法
婴幼儿	0~2	幼儿保育、体育
儿童	3~11	保育、锻炼小学体育知识:儿童保健操,户外活动,活动性游戏
少年	12~17	发育、锻炼中学体育知识技能:运用在校时所学的运动方法
青壮年	18~50	健身、锻炼健身体育知识:三大球、三小球、水上运动、冰上运动等各种锻炼方法
中年	51~65	养生、锻炼健身体育知识:散步、气功、健身跑、按摩、门球、网球、太极拳、健身操等方法可供选择
老年	65岁以上	保健、锻炼养护体育知识:散步、太极拳、气功、按摩、门球等小负荷及慢速度的各种活动

资料来源:刘秀俊《终身体育的阶段性和影响因素》,载《兰州商学院学报》1994年第2期,第90-91页。

从空间维度来看,终身体育活动不受限于特定的场馆设施,临近的广场空地、室内外的自然空间都可加以利用;从专业指导人员来看,随着终身体育活动的广泛开展,体育社会指导员这一职业应运而生,他们来自体育经验丰富的人群;从终身体育的运动项目来看,终身体育涉及多种多样、分类齐全的运动项目。由于终身体育伴随漫长的动态生命过程,在选择体育项目时,应该充分考虑个体差异,如年龄、体力、兴趣、习惯和经济状况、职业特点等诸多因素。

3. 自组织的方式

终身体育是自动自觉的教育,终身体育内容、方法和组织形式等都具有自发自主的特点。终身体育始终贯穿人从幼年到老年的一生,不仅因形式多样的运动项目呈现着多元特性,伴随着个体年龄、体力、心境、环境与观念的变迁,多元特性的侧重点还会发生阶段性推移。如:幼年期以"游戏"为体育活动的特性,青春期则张扬"竞争性",成人期较多关注体育中的"社交性",而人至暮年则对于健康长寿倾注更多热忱。

4. 教育共性,突出个性

终身体育是立足现实、着眼长远的教育过程,具有很强的教育性。终身体育关注整个人生,关怀人的发展,强调在不同阶段满足个体需要,充分体现终身体育的个性化。全民健身计划的出台,让体育的内容充实了人们的日常生活,引导人们余暇文化生活朝着文明健康的方面发展。在我国,独生子女较多,住单元楼的家庭日益增多,这就使得孩子的交往圈变得越来越小,不利于孩子的社会交往。

经常参加体育活动，可使人们的交往方式发生一定的变化；体育活动的群体性和竞争性，有利于孩子的心理健康、提高社会适应能力。

5. 终身学习，健康管理

人的健康是多维动态的过程，不局限于在学校教育阶段学到的体育知识、技能。这些基本的知识难以满足工作和生活的体育需要。每一个人在对自身的健康进行管理的过程中，要终身学习、终身体育健身，保持身心健康。大力发展大众体育，使人们形成正确的健康观，引发大众的健康意识，唤醒其内在需求动力，从而进一步增加自觉参与和终身参与的高质量的体育人口以达到终身体育的目标。总而言之，终身体育是要为国家培养身体健硕、心理健全、人格完整、适应能力强的健康人群。

二、终身体育的发展

（一）国外终身体育发展概述

在20世纪七八十年代，国外学校体育中就开始贯彻终身体育的动向，在体育教学中，特别注重培养学生的体育锻炼习惯和掌握科学的体育锻炼方法。见表2-3。

表2-3 早期国外终身体育的内容

国家	年份	终身体育的内容
美国	1970	针对学生终身体育运动的兴趣和能力培养方面提出了要求，学校体育要为群众体育和竞技体育运动打下良好的基础
苏联	1970	教育部门提出，学校体育教育要培养学生具有独立的体育锻炼技能和习惯，在高年级对学生组织比赛和裁判的能力进行培养，使学生步入社会后能长久保持体育锻炼的习惯，并具有参与和组织社会体育活动的能力
法国	1978	实施《继续职业教育组织法》和《职业继续教育改革法》等一系列的法律法规，推动终身体育的发展
日本	1980	十分重视体育的教育，采取一系列的有效措施开展体育交流活动、不断扩充和完善体育设施、举办不同年龄层的国民体育大会等来保证终身体育运动的开展
英国	1982	制定"大众体育年振兴计划"和"青少年锻炼战略发展计划"，同年还公布了"面向年代的体育运动规划"等一系列有利于增进国民体质的终身体育政策和方针

对于体育教育思想与目标方面，世界各国都充分发掘个体价值，进一步促进

学生在身体、认识、情感等方面的发展，培养学生的运动兴趣和主动参与的积极性，逐步树立终身体育的思想，更好地服务社会。在终身教育思想的影响下，近十多年来，终身体育正在被更广泛地接受。

（二）国内终身体育发展概述

终身体育的思想，在我国早已有之。马约翰先生是我国著名的体育教育家。对于终身体育，马先生曾谈道："我在体育的普及中，特别强调一种精神——奋斗到底，决不半途而废的精神（fight to finish and never give in）。"[1] 这体现了他提倡终身体育的执着之情。我国对终身体育的系统研究始于20世纪80年代中期。最早是由北京体育大学王则珊教授提倡终身体育思想，并进行终身体育的理论研究，他身体力行，长年不断地坚持体育学习、研究和锻炼。王则珊教授在其许多著作和学术期刊中，深刻论述了终身体育产生的背景、依据、意义、终身体育的基本途径等核心问题。20世纪80年代，国家体育运动委员会（以下简称：国家体委）提出了"以青少年为重点、以全民健身为基本内容的群众体育与以奥运会为最高层次、以训练竞赛为主要手段的竞技体育协调发展"的战略思想。随着学校体育改革的不断深入和终身体育思想的普及，人们对作为终身体育关键环节的学校体育自然地提出了新的要求，"为学生终身体育打好基础"逐渐成为人们的共识。[2]

我国最早关于终身体育研究的著作是1990年王则珊教授主编的《群众体育学》，这是一本全国体育学院通用教材。在其中一个核心篇章中，王教授论述了终身体育，倡导在学校体育教育中，始终要以终身体育思想为主线，全方位、多层次地对学校体育教育进行改革设计。[3]

1995年3月，在第八届全国人民代表大会第三次会议上通过的《政府工作报告》中明确提出："体育工作要坚持群众体育和竞技体育协调发展的方针，把发展群众体育，推行全民健身计划，普遍增强国民体质作为重点。"同年6月，国务院颁布实施《全民健身计划纲要》。同年8月，《中华人民共和国体育法》颁布并明确"国家推行全民健身计划"。2002年，《中共中央国务院关于进一步加强和改进新时期体育工作的意见》强调："开展全民健身活动，增强人民体质，是体育工作的根本任务，是利国利民、功在当代、利在千秋的事业。体育工作一定要把提高全民族的身体素质摆在突出位置。"2009年，国务院批准每年的8月8日为"全民健身日"。2011年，国务院印发《全民健身计划（2011—2015年）》，指出全民健身关系人民群众身体健康和生活幸福，是综合国力和社会文明进步的重要标志，是社会主义精神文明建设的重要内容，是全面建设小康社会的重要组成部分。2014

---

[1] 吴嘉玲、平越、许泷：《马约翰与钱伟长：我国学校体育教与学的典范》，见中国大学生田径协会《第十五届全国高校田径科研论文报告会论文专辑》，中国大学生田径协会，2005年，第270-272页。
[2] 参见解毅飞、张悦东《终身体育研究概况及展望》，载《山东体育科技》1994年第4期，第9-12页。
[3] 参见王则珊主编《群众体育学》，人民体育出版社1990年版，第178页。

年,国务院印发《关于加快发展体育产业促进体育消费的若干意见》,首次提出将全民健身上升为国家战略。① 2016 年,在《"健康中国 2030"规划纲要》提出"普及健康生活、优化健康服务、完善健康保障、建设健康环境、发展健康产业、健全支撑与保障、强化组织实施"的战略任务,对推进健康中国建设作出全面部署。党的十九大报告明确指出"实施健康中国战略"。这是以习近平同志为核心的党中央从长远发展和时代前沿出发,作出的一项重要战略安排。②

对于学校体育教育改革,国内的学者主要从两个方面来进行研究。一方面,从学校体育改革中,对贯彻终身体育思想的研究角度来看。第一,从终身体育的阶段效益与长远效益的角度,陈琦认为,终身体育思想在学校体育的改革中,产生了深刻而积极的影响,因此,学校体育的人才培养不应只着眼于现在,更重要应该放眼未来。③ 终身体育指导思想务必要与现实的体育教育相结合,明确课程目标,完善体育课程评价体系。第二,从体育教学模式、体育教学的组织形式、教师在课程中的角色、体育教学的评价和考核方式、教授学生体育运动技能等角度,培养并强化学生的终身体育意识与能力,让他们走出校园以后还能够自主享受快乐、健康的生活并且终身受益。第三,从终身教育理念的角度,学校应该作为终身教育的一个非常重要的环节,在培养学生终身教育的意识方面发挥着重要的作用,而且将终身体育纳入终身教育体系当中,体育教学改革应当对学生在终身体育意识方面的培养起着决定性作用。另一方面,从在学校体育中如何培养学生终身体育意识的研究角度来看。第一,从体育兴趣培养的角度,王则珊认为,学校体育的作用在体育教学中应得到进一步的扩展和发挥,体育教师要想办法充分利用自身的主导作用,来保证体育教育的系统性。④ 第二,从体育教师的主导角度,体育教师在教学过程中要从理论与实践方面,让学生理解运动,从体育运动中获得良好体验感,感知运动带来的乐趣,进一步培养学生的体育情感,使他们清晰目标、有主动意识地选择适合自己的锻炼项目,这样能促使他们在离校后,仍能习惯性地进行体育锻炼,为终身体育发展奠定基础。⑤ 第三,从学生身心发展的目标来看,在掌握体育经典理论知识的基础上,逐步培养他们的自主锻炼意识、兴趣,为将来终身体育打好身体物质基础,从而养成终身锻炼的习惯。教学中要

---

① 参见《"全民健身"走过二十年——从"纲要"到"国家战略"》,见人民网(http://www.scio.gov.cn/xwfbh/xwbfbh/wqfbh/2015/33922/xgbd33929/document/1459716/1459716.htm)。
② 参见《全面实施健康中国战略》,见中新网(http://www.chinanews.com/ll/2018/12 - 25/8712005.shtml)。
③ 参见张细谦、韩晓东、叶强华《中、日、美、英体育教学发展共同趋向研究》,载《北京体育大学学报》2003 年第 3 期,第 358 - 360 页。
④ 参见王则珊《把握体育课程教学改革的正确方向需考虑的几个问题》,载《哈尔滨体育学院学报》2005 年第 3 期,第 6 - 7 页。
⑤ 参见李鸿《论全民健身与普通高校学生终身体育意识的培养》,载《武汉体育学院学报》2003 年第 2 期,第 109 - 111 页。

运用多种形式的体育教育,培养学生的团队协作能力、超强的意志品质和坚韧的集体主义精神,提升整体国民素质,以便他们将来更好地为社会做出贡献。

综上所述,从国内外对终身体育的研究现状来看,有关终身体育意识、学校体育课程改革的研究比较多。学者们深刻认识到终身体育的发展无论对个人、社会还是国家都有长远的重大意义,为终身体育与体育课程的理念提供了非常多的宏观体育理论和思想建设性意见。但我国现阶段在体育教育中,仍然存在"工具主义""锦标主义"的思维定式,很难实现对学生人文关怀和个性化的发展。对学校如何在终身体育思想的指导下,落实终身体育鲜有研究。这不仅需要我们把重点放在如何建立起终身体育在学校体育中的长效机制上,而且要关注教师、学生、课程"三位一体"的终身教育主体,通过三个部分的有机结合、合理衔接,协调在终身体育发展中的各要素,落实培养学生的体育运动兴趣,使之能够从主观意愿上参与到终身体育锻炼的实践中来。这样,落实学校体育教育中的终身体育思想与实践才不会只是一句空话。

三、终身教育与终身体育的关系

(一) 终身教育的概念

终身教育是一个动态的过程,人的发展始终是一个接受教育的过程。教育有多种多样的形式,人在与社会的广泛接触过程中,获取信息和知识的过程是广义的一种教育,是人类不断自我认知和自我更新的一种途径。蔡元培提出教育有功利但又要超功利,有入世又要有出世追求,重视教育的终极目标。其教育思想上的可贵,就在于提出教育的使命是给人以价值,教育的理想是追求教育的超越性。这对我们今天思考中国的教育如何确立自己的价值理想、如何办好教育、如何确立教育的目标具有相当大的启示。①

(二) 终身教育与终身体育的关系

英国哲学家洛克说:"健全的精神寓于健全的身体。"② 他强调了精神与身体两者之间的协调发展。我国早有"活到老,学到老"的教育格言。终身体育可以说是终身教育的基础教育,在学校体育教育的系统理论中,加强体育基础理论教学,提高学生对体育的多维度认识,对体育理论知识与实践活动的普及和推广是改善体育教学内容单调、乏味、层次低、脱离实际、缺乏时代气息等现状的有利举措。终身体育完全符合时代的需求和健康的内在需求。现实表明,终身体育对人们来

---

① 参见张雪蓉《蔡元培的世界观教育思想及其现实启示》,载《宁波大学学报(教育科学版)》2003年第4期,第45-48页。

② [英] 洛克:《教育漫画》,傅任敢译,教育科学出版社1992年版,第2-3页。

说已经不再是"需不需要"的问题,而应该是对于自身的健康管理、品性塑造、心理建设的必然途径。终身体育多层次的协调融合也在不断自我完善和科学发展,是适应新时代全人发展观的体育思想。终身体育思想的形成不断扩展和补充着终身教育的内涵。终身体育思想的提出是对终身教育思想体系的基础建构,两者相互包容、和谐共生。终身教育与终身体育的关系如图2-4所示。

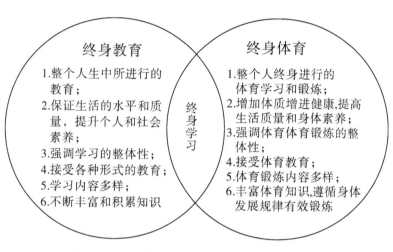

图2-4 终身教育与终身体育及终身学习的关系

从图2-4可以看到,第一,终身教育和终身体育,强调的都是人生中一个连续学习的过程,学会学习,持续终身。第二,终身教育和终身体育都以提高生活质量为目标,不断地自我完善。第三,终身教育包括了教育的多方面,是人生生活经验中所遇到的教育机会与社会所提供的教育机会的统一,终身体育亦是如此。第四,终身教育包括了正规教育和非正规教育,可以通过各种教育形式来进行,方法不局限于一种或几种。终身体育同样是以多种形式的体育运动来达到终身从事的目的。第五,终身教育和终身体育思想都把教育目标放在一个动态的过程中,对传统学校中呆板僵化的组织形式、教学内容和教学手段进行改变,采用多样灵活的学习形式。第六,终身教育和终身体育的知识获取过程都是循序渐进,不断积累的,更加注重的是学习和体育的自主性、过程性。

第四节 终身体育与身体素养的评价方法

一、终身体育要素体系

终身体育由庞杂的系统构成,包括人群、空间、习惯、能力。终身体育多维度要素如图2-5所示。

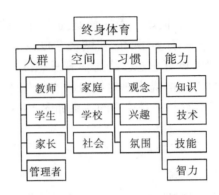

图 2-5 终身体育多维度要素

(一) 终身体育的人群结构

从终身体育的构成人群来看，分为教师、学生、家长、管理者等。管理者们通过多种多样的手段和方法，为终身体育人群提供参与锻炼的机会、增强锻炼动机、提高锻炼能力，从而为保障终身体育更好地发展提供前提条件。

教育是教师本职性能力体现，分为教和育两个方面。教，是通过自身的经验与实践传递知识的过程；育，是如何从自身出发，发挥自己专业能力创造社会价值，将学生培养成德、智、体、美、劳全面发展的人才。因此，教师是终身体育思想的实施主体。学生是祖国未来的建设者和创造者，"少年强则国强"；教师是开启学生心智之门的引路人，形成终身教育思想是教师与学生共同修行的过程，也是全社会共同参与的过程，终身体育亦是如此。

(二) 终身体育的空间特征

从锻炼的空间角度来看，一个人的成长过程中通常拥有家庭、学校和社会三个维度的生活空间，终身体育的发展始终贯穿于其中。

学校是个体接受体育教育最久、最系统的地方，所以，在家庭、学校和社会中，学校这一空间是主体。而学校中的体育教学又是由教师、学生和课程有机结合而成。体育习惯和体育运动能力更多的是由主体人群学生和老师通过教学活动来完成。所以说，学校中的体育教学是终身体育发展的关键时期，在这一时期内如何加强教师教学能力，提升体育观念的认识，通过课程培养学生体育锻炼的兴趣，调动学生体育锻炼的积极性，使学生具备体育锻炼能力，合理而有效地保证教学这一实践活动是保证体育理论付诸实践的关键。

(三) 终身体育的习惯特征

从习惯养成过程来看，体育观念、体育兴趣、体育氛围是终身体育的发展过程中主要的关注点，应该注重观念的提升、兴趣培养和习惯的养成，最终形成良好的锻炼习惯，将终身体育的理论更好地付诸实践。

（四）终身体育的能力特点

体育能力，是指人在完成某一运动项目时所表现的身心统一、协调配合的能力。与其他能力相比，体育能力具有一定的特殊性，更突出由知识、技术、技能和智力多方面协调构成的一种个体特殊的身心品质综合体。个人成长和发展的关键期还是在学校教育中获得，学生通过体育教学中所获得的除了健康身体、健美体格以外，还掌握了为社会贡献服务的技能本领，这将对家庭发展和社会进步做出贡献。

二、身体素养的构成要素

身体素养是重新审视人的身体认知的一种能力。这种能力包括认识、理解、解释、创造、反应和沟通，在一个广泛的内容和情境当中应用，进而体现人的存在。

（一）身体素养的构成要素

身体素养一词的兴起、传播以及使用，使得人们在当下的发展进化过程中，关照其与生俱来的人的属性，进行具身性的身体阅读、解释和交流。身体素养是可以通过学校的体育课程进行塑造，学生可以通过理性与感性双向认知理论与实践结合的过程中获得，其构成要素如图2-6所示。

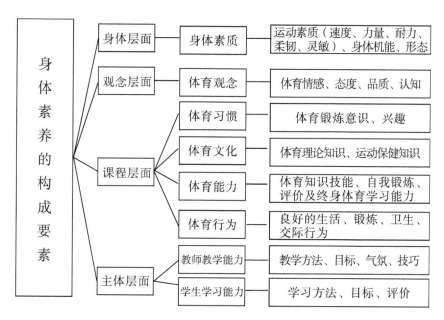

图2-6　身体素养的构成要素

（二）身体活动动因

身体活动动因是身体素养发展的动力所在，也是健康素养的基础。没有身体活动动因，身体素养的产生、发展便缺少内在的动力机制，身体也将仅是客观的存在物而已。健康素养也就缺少了物质基础。身体活动动因的构成如图 2-7 所示。

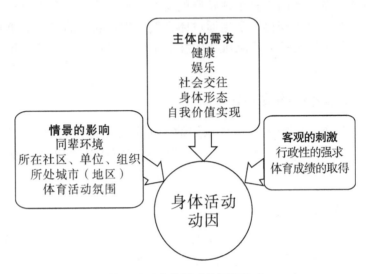

图 2-7 身体活动动因的构成

（三）身体活动信心

身体活动信心是自身在参与体育运动或者享受身体活动的能力。① 身体活动信心反映的是个体对自己是否具备能力，成功完成指定性、明确性身体活动的信任程度的心理特性，是一种极有效地表达自我价值、自我尊重、自我理解的意识特征和心理状态。身体活动信心的建立既需要多样的、体贴的外在场域，更需要家长、监护人、教练、体育教师、同伴等人在身体素养培养过程中给予悉心的鼓励与支持。②

三、身体素养与终身体育的关系

身体素养是终身参加体育活动的基础和结果，其本质就是个体在整个生命过程中维持身体活动所需的综合能力，身体素养是终身参与体育、享受体育的前提。

---

① 参见任海《身体素养：一个统领当代体育改革与发展的理念》，载《体育科学》2018 年第 3 期，第 3-11 页。

② Angela, "Helping Young Children in the Early Years to Foster a Lifelong Love of Being Physically Active," *ICSSPE Bull*, 2013(10).

在理想条件下，身体素养的培养始于童年，完善于整个生命过程。身体素养既驱动运动员争金夺银，又奠定了人们积极健康生活的基础。身体素养可通过竞技运动以外的体育活动，如体育教育和游戏来学习提升，因此，它打通竞技体育与大众体育之间的观念认识壁垒、推动当代体育融入生活，并在生命过程中持续追求体育运动的意义和价值。身体素养为参与体育入门、体育娱乐、学校体育和竞技运动这四种体育形态都提供了基础，为终身体育提供工具方式，在体育获得的过程中得到切实可行的目标方法。

四、身体素养测评体系

（一）身体素养测评体系简介

身体素养的测评是一个客观动态的系统，属于身体（体能）、认知（知识与理解）、行为（终身参与体育活动）和情感（动机与信心）范畴，并没有超出身体范围。

加拿大 Kriellaars 博士与多名专家于 2009 年开始研制青少年体育素养测评体系（the physical literacy assessment for youth，以下简称 PLAY 测评体系），之后由加拿大致力于终身体育的非营利性机构——体育人生组织（Canada Sport for Life，简称 CS4L）在 2014 年正式发布。它是适合 7 岁以上儿童青少年身体素养测评体系。对 PLAY 测评体系的内涵进行界定：是促进学习的工具，能够反映真实身体素养水平，是制定提高目标的辅助性工具和提升的标准，是研究评估和咨询的综合性体系；不是评估运动成绩的指标，不是行为性评价指标，也不是评奖的依据。PLAY 测评体系清晰的内涵为使用这一体系提供了客观、准确的用途，其首要用途是对学生参与体育活动的形成性评价，次要用途是对学生体育活动的参与意识测评。[①] PLAY 测评体系的维度见表 2-4。

表 2-4 PLAY 测评体系的维度

针对人群	测评形式	测评内容与等级		测评时长	测评人员	测评场所与器材
		内容	等级			
7岁以上	客观测试	基本运动技能	发展、获得	不确定，但最少4课时	训练专家	体育场、体育馆球、标志桶和棍
		理解能力	提示、模仿、描述、演示			
		信心	低、中、高			

---

① Lodewyk K R, Mandigo J L, "Early Validation Evidence of a Canadian Practitioner-Based Assessment of Physical Literacy in Physical Education: Passport for Life," *Physical Educator*, 2017, 74(3).

对于身体（体能）、认知（知识与理解）、行为（终身参与体育活动）和情感（动机与信心）指标的测评内容见表2-5。

表2-5 PLAY测评体系的内容

项目	内容
身体	(1) 速度、耐力、爆发力、上肢力量、下肢力量、平衡、稳定； (2) 身体控制等5个维度和方形跑（3×3米）、折返跑（5米）、急行跳远、交叉步抛（5米）； (3) 高抬腿跑、冲刺跑、单脚跳、立定跳远、过肩扔球、击球、单手接球、运球、踢球、带球、平衡移动测试（前行）、平衡移动测试（后退）、立卧撑、胯下传球等多个关键指标组成
认知	测评分为提示、模仿、描述、演示4部分，要求测试者记录青少年在完成过程中是否出现请求他人提示流程、模仿他人动作、请求描述动作要领、请求他人演示动作等行为
行为	要求选出在过去12个月的闲暇时间（不包括学校时间和工作时间）参加活动种类，包括轮滑、攀岩、体操等专门的体育活动，也包括做家务、做农活等家庭活动，还包括看电视、看电影、演奏乐器等休闲活动，共有91项常见活动，能够更直观地反映1年内青少年课余时间活动倾向
情感	(1) 信念层面需观察青少年在完成运动时的自信程度（分为低、中、高3档）； (2) 在自我测试中还包括自我效能维度测试，即个体对自己是否能够成功地进行某一成就行为的主观判断，反映了个体对该领域的自信程度； (3) 主要测试题目有：学习新技能时并不感觉费力；已经储备较多的基本运动技能，能够满足不同项目需要；我认为生命在于运动；我认为运动使我更开心；参加任何喜欢的运动都很简单；身体能够适应任何选择的项目；学习新技能、新项目会使我产生焦虑；能够较快理解教练专业术语；对体育运动感到自信；我喜欢尝试新的运动；我经常在运动中做到班级最好；我认为自己善于运动

PLAY测评体系具有多维性、广泛性和长期性特点。多维性即该测评体系包括了专业版、专业基础版、父母版等共6个版本，每个版本针对不同的人群。使用对象包括青少年、教练、父母等不同角色，且每个版本都能单独使用，能够实现从不同角度进行评价。广泛性即该测评体系针对人群是7岁以上，测评体系对象范围较广。长期性即该测评体系能够进行追踪测评，身体素养的形成和发展不是一蹴而就，该测评体系提供了独特的立体化测评。

（二）PLAYself 调查

PLAYself 调查表包括环境、自我效能、素养比较、状态4个维度。得分只能用来纵向比较同一个体不同时期的情况，不建议用于横向比较不同的个体。

1. PLAYself 的环境维度调查

环境维度调查共有7个问题，其中6个量表式问题、1个双项选择题（表2-6）。6个量表式问题要求青少年自评在健身房、水中/水上、冰上、雪上、户外、操场6种环境下的运动能力。如果测试者选择了"非常好"或"特别好"选项，表示他们很有信心且有能力开展该类运动；如果测试者选择了"从未尝试""不好"或"一般好"选项，则需要努力提高该类运动能力。

表2-6 PLAYself 环境维度调查

序号	项目	感受的选项与得分				
		从未尝试（0分）	不好（25分）	一般好（50分）	非常好（75分）	特别好（100分）
1	健身房					
2	水中/水上					
3	冰上					
4	雪上					
5	户外					
6	操场					

选择题：我更喜欢在_____季节运动（可在四季选择2个选项）。

资料来源：赵雅萍、孙晋海《加拿大青少年体育素养测评体系PLAY解读及启示》，载《首都体育学院学报》2018年第2期，第145-150页。

2. PLAYself 的自我效能维度调查

自我效能是个体对自己是否能够成功地进行某一成就行为的主观判断，反映了个体在该领域的自信程度。[1] 换句话说，人们都会尽量避免从事自我效能低的活动。在PLAY测评体系中，PLAYself自我效能维度调查表见表2-7。

---

[1] 参见赵雅萍、孙晋海《加拿大青少年体育素养测评体系PLAY解读及启示》，载《首都体育学院学报》2018年第2期，第145-150页。

表 2-7 PLAYself 自我效能维度调查

序号	题目	完全不符合 (0 分)	经常不符合 (33 分)	符合 (67 分)	完全符合 (100 分)
1	在学习新的体育、运动技能时,我并不感觉费时				
2	对于想做的运动,我认为自己具备足够的运动技巧				
3	我认为生命在于运动				
4	我认为运动使我更愉悦				
5	对于我选择的运动,我认为都容易开展				
6	对于我选择的运动,我的身体都可以接受				
7	尝试新的运动使我感到焦虑				
8	对教练和体育老师常说的术语我能听懂				
9	我对运动充满自信				
10	我喜欢尝试新的运动				
11	我经常在运动中做到班级最好				
12	我认为自己善于运动				

资料来源:赵雅萍、孙晋海《加拿大青少年体育素养测评体系 PLAY 解读及启示》,载《首都体育学院学报》2018 年第 2 期,第 145-150 页。

自我效能评价总分为 1200 分,分为 4 个等级:900~1200 分、600~900 分、300~600 分及 0~300 分。工作手册中针对每个等级给出了一定的解释和建议。

3. PLAYself 的素养比较维度调查

青少年分别对读写素养、数学素养和体育素养 3 种素养在学校、在家、和朋友在一起这 3 种环境下的重要程度做出判断(表 2-8)。这 3 种素养对于青少年来讲都是非常重要的,3 种素养的比较得分可以看出青少年对待体育素养的重视程度。

表 2-8 PLAYself 素养比较维度调查

环境	素养维度	态度选项与得分			
		强烈不同意 (0 分)	不同意 (33 分)	同意 (67 分)	强烈同意 (100 分)
在学校	读写				
	数学				
	体育				

（续上表）

环境	素养维度	态度选项与得分			
		强烈不同意（0分）	不同意（33分）	同意（67分）	强烈同意（100分）
在家	读写				
	数学				
	体育				
和朋友在一起	读写				
	数学				
	体育				

资料来源：赵雅萍、孙晋海《加拿大青少年体育素养测评体系PLAY解读及启示》，载《首都体育学院学报》2018年第2期，第145-150页。

4. PLAYself 的状态维度调查

此项维度反映了个人生理和心理状态，用于判断青少年是否具备积极开展体育运动的状态。见表2-9。

表2-9 PLAYself 状态维度调查

我有良好的状态参加所选择的运动	态度
心血管健康程度	不同意/同意
体力	不同意/同意
耐力	不同意/同意
灵活性	不同意/同意
身体成分（骨骼、肌肉、脂肪）	不同意/同意

资料来源：赵雅萍、孙晋海《加拿大青少年体育素养测评体系PLAY解读及启示》，载《首都体育学院学报》2018年第2期，第145-150页。

综上所述，PLAYself调查表有两类。第一类，标记得分表（单次使用），涉及每个题目的选项、得分，每一维度得分小计、总分以及百分制总分；第二类，跟踪表（多次使用），可重复多次记录每一维度得分小计，以及百分制总分。

课堂练习

1. 课前回忆自己从学前（幼儿园）教育到小学三年级阶级，是否喜欢参加户外活动？是否喜欢参加集体性项目？

2. 中考体育你是怎么备考的,成绩怎样?哪项运动是你一直坚持或擅长的体育项目?

3. 对自己的课堂表现进行自我效能评价,写入运动日志。

课后作业

1. 依据 PLAY 量表,在课前给自己选修的体育运动项目打分。
2. 以周为单位记录一个学期的体育课程感受,包括身体与心理两方面。
3. 对每周的课外体育活动进行记录,准备分享自己的建议。

第三章 健康体适能与运动技能体适能[*]

> **学习提要**
> 本章系统地介绍了体适能及其相关概念、体适能的分类,以及体适能各要素的国际前沿权威测试方法、体适能评价标准等。通过本章的学习,可以更好地理解体适能及其相关内容。本章可为读者自我评估或相关人员实施评估时,提供丰富、可靠的参考资料;为我国学生体质评估与测试提供借鉴。

第一节 体适能及其相关理论

一、体适能的概念

"体适能"一词从英语单词"physical fitness"翻译过来,我国学者曾将其翻译为"体能""体质""身体适应性"等词语。WHO将体适能定义为,个人在应对日常工作之余,身体不会感到过度疲倦,还有余力去享受休闲生活以及应对突发事件的能力。美国卫生与公共服务部(United States Department of Health and Human Services,简称HHS)认为,体适能是人们具有的或者获得的与其完成体力活动能力有关的一组身体要素;具有良好体适能的人通常能够以旺盛的精力执行每天的事务而不会过度的疲劳,以充足的活力去参加闲暇时间的各种休闲活动并能适应各种突发事件。中国台湾学者林正常认为,体适能是指身体适应能力,是心脏、血管、肺脏与肌肉效率运作的能力,是指能完成每天的活动而不致过度疲劳,且尚有足够体能应付紧急情况。[①]中国香港学者钟伯光认为,体适能就是指身体对外界的适应能力。体适能属于适能的一部分,可分为健康体适能(health-related physical fitness)和竞技运动体适能(sport-related physical fitness)。[②]

根据美国运动医学学会(American College of Sports Medicine,简称ACSM)的分类标准,体适能一般包括健康体适能(health-related physical fitness)和运动技能体适能(skill-related physical fitness)两大类。体适能分类与各相关指标如图3-1所示。

---

[*] 本章动作示范:李军、王继才。
① 台湾师范大学学校体育研究与发展中心:《教师体适能指导手册》,台湾"教育部"印行1987年版,第46-59页。
② 钟伯光:《Keep fit手册》,香港博益出版集团有限公司1996年版,第11页。

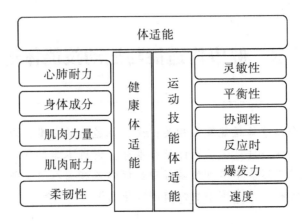

图 3-1 体适能分类与各相关指标

二、健康体适能的概念

健康体适能指的是一般人为了促进健康、预防疾病，提高日常生活、工作和学习效率所追求的体适能。① 良好的健康体适能可让身体应付日常工作、余暇活动以及突发事情。② 健康体适能通常包括心肺耐力（cardiorespiratory fitness）、身体成分（body composition）、肌肉力量（muscle strength）、肌肉耐力（muscle endurance）以及柔韧性（flexibility）。

三、运动技能体适能的概念

运动技能体适能指的是运动员在竞赛中，为了夺取最佳成绩所需要的体适能。③ 运动技能体适能可以确保运动员运动表现和成绩的能力，其目的在于取胜及创造纪录。④ 运动技能体适能通常包括灵敏性（agility）、平衡性（balance）、协调性（coordination）、反应时（reaction time）、爆发力（power）以及速度（speed）。

---

① 杨静宜、徐峻华：《运动处方》，高等教育出版社2005年版，第16页。
② 钟伯光：《Keep fit 手册》，香港博益出版集团有限公司1996年版，第11页。
③ 杨静宜、徐峻华：《运动处方》，高等教育出版社2005年版，第16页。
④ 钟伯光：《Keep fit 手册》，香港博益出版集团有限公司1996年版，第11页。

第二节 健康体适能的测试

一、心肺耐力

(一) 测量意义

心肺耐力也称为有氧能力（aerobic endurance），是指全身大肌肉进行长时间运动的持久能力，是使体内心肺系统供养给身体各细胞及其用氧的能力。从事心肺耐力训练会促进人体的心血管系统、呼吸系统以及细胞提高氧气利用率。

心肺耐力是通过估算最大摄氧量（VO_{2max}）来评估的。VO_{2max}反映了呼吸系统、心血管系统和肌肉系统在运动过程中吸收、运输和使用氧气的最大速率，是反映一个人的心肺耐力与身体细胞利用氧能力强弱的重要性指标。

心肺耐力锻炼已被证明可以降低患高血压病、冠心病、肥胖、糖尿病、代谢综合征和某些癌症的风险。[1]

常用心肺耐力测量方法包括：渐进式有氧心血管耐力跑、3分钟台阶测试、哈佛台阶测试。此外还有其他的方法，例如：1英里步行、12分钟跑、1.5英里跑、自行车测试等。

(二) 测量方法与评价标准

1. 渐进式有氧心血管耐力跑（progressive aerobic cardiovascular endurance run，以下简称 PACER）

PACER 测试是由 Léger 和 Lambert 于1982年设计出来的一项逐步递增复合运动的心肺耐力测试，也称为渐进性心血管有氧耐力跑，是目前国外常用的心肺耐力评估方法。[2] PACER 测试时，要求受试者在两条相距20米的往返线之间根据测试音频的节奏来回奔跑（图3-2）。刚开始时，音频的节奏较慢，受试者以相应较低的速度奔跑；随着测试的持续进行，音频的节奏逐渐加快，受试者的奔跑速度也应随之加快。

---

[1] 参见谢敏豪、李红娟、王正珍等《心肺耐力：体质健康的核心要素——以美国有氧中心纵向研究为例》，载《北京体育大学学报》2011年第2期。

[2] Léger L A, Lambert J A, "A Maximal Multistage 20-m Shuttle Run Test to Predict VO_{2max}," *Eur J Appl Physiol Occup Physiol*, 1982, 49(1); Vincent S D, Barker R, Clarke M, et al., "A Comparison of Peak Heart Rates Elicited by the 1-mile Run/Walk and the Progressive Aerobic Cardiovascular Endurance Run," *Research Quarterly for Exercise Sport*, 1999, 70(1).

图 3-2 PACER 测试示意

（1）器材：若干雪糕桶、测试音频、"PACER 测试个人记录表"（表 3-1）。

（2）步骤。

①雪糕桶间距 20 米沿往返线摆放，先让受试者进行热身活动，受试者认真听测试人员的讲解。

②测试时，受试者需在两条相距 20 米的往返线之间来回奔跑，从一条线跑到另一条线计为完成一趟（次）。（见图 3-2）跑步的速度和节奏由测试音频来控制，音频会间隔发出"哔"的声音；受试者争取在测试音频下次发出"哔"声时，到达另一侧的雪糕桶处；测试难度不断升级，每过 1 分钟，两次"哔"声响起的时间间隔缩短，受试者跑步的速度也应随之加快（每一级别大概持续 62 秒；从第一级开始，完成第一级的速度要求是 8.5 千米/小时，之后每提升一级速度提升 0.5 千米/小时）；在每个级别提升前，会连续响 3 次"哔"声，提醒受试者要提高自己的速度。

③受试者为了顺利完成测试，在"哔"声响起时，受试者的任意一只脚须跨过或踩到距离起跑线 20 米远的往返线，否则将受到 1 次"警告"。

④如果受试者连续两次未能在"哔"声响起前抵达往返线则测试结束。

⑤每人仅测试 1 次，测试人员应鼓励受试者全力坚持，测试完成后受试者可通过慢走和拉伸进行适当放松。

⑥测试时，使用"PACER 测试个人记录表"对受试者的测试过程进行记录，并将测试的最终结果填写好。

表 3-1 PACER 测试个人记录表

编号：_____   姓名：_____

等级	趟（次）数												
1	1	2	3	4	5	6	7						
2	8	9	10	11	12	13	14	15					
3	16	17	18	19	20	21	22	23					
4	24	25	26	27	28	29	30	31	32				

(续上表)

等级	趟（次）数												
5	33	34	35	36	37	38	39	40	41				
6	42	43	44	45	46	47	48	49	50	51			
7	52	53	54	55	56	57	58	59	60	61			
8	62	63	64	65	66	67	68	69	70	71	72		
9	73	74	75	76	77	78	79	80	81	82	83		
10	84	85	86	87	88	89	90	91	92	93	94		
11	95	96	97	98	99	100	101	102	103	104	105	106	
12	107	108	109	110	111	112	113	114	115	116	117	118	
13	119	120	121	122	123	124	125	126	127	128	129	130	131
14	132	133	134	135	136	137	138	139	140	141	142	143	144
15	145	146	147	148	149	150	151	152	153	154	155	156	157

跑道：_____ 受试者签名：_____ 完成的趟（次）数：_____

资料来源：The Cooper Institute, *FITNESSGRAM/ACTIVITIGRAM Test Administration Manual*, 4th ed. (Champaign, IL: Human Kinetics, 2010)。

注：一趟（次）长20米。

（3）注意事项。当受试者出现以下情况时，视为1次违规并给予"警告"，当两次违规时，应示意受试者停止测试；如果受试者连续两次没有在"哔"声响起前越过往返线，那么之前完成的最高级别就是受试者在此测试中的最终水平（如在第60次中结束停止，则记录59次，查表3-1可得等级为7）。

（4）评价标准（表3-2）。

在受试者完成PACER测试后，依据下述国际通用的Léger公式[①]计算最大摄氧量：

VO_{2max} = 31.025 + 3.238 × 最大跑速 - 3.248 × 年龄 + 0.1536 × 年龄 × 最大跑速

其中，最大跑速为：

最大跑速 = 8 + 0.5 × 最终强度等级

最后，将计算得到的最大摄氧量对照表3-2的数据来评价受试者的健康情况。

[①] Léger L A, Mercier D, Gadoury C, et al., "The Multistage 20-metre Shuttle Run Test for Aerobic Fitness," *Journal of Sports Sciences*, 1988, 6 (2): 93-101.

表3-2　PACER测试评价标准

单位：mL/（min·kg）

年龄/岁	男性			女性		
	具有健康风险区	需要提高健康区	健康区	具有健康风险区	需要提高健康区	健康区
10	≤37.3	37.4～40.1	≥40.2	≤37.3	37.4～40.1	≥40.2
11	≤37.3	37.4～40.1	≥40.2	≤37.3	37.4～40.1	≥40.2
12	≤37.6	37.7～40.2	≥40.3	≤37.0	37.1～40.0	≥40.1
13	≤38.6	38.7～41.0	≥41.1	≤36.6	36.7～39.6	≥39.7
14	≤39.6	39.7～42.4	≥42.5	≤36.3	36.4～39.3	≥39.4
15	≤40.6	40.7～43.5	≥43.6	≤36.0	36.1～39.0	≥39.1
16	≤41.0	41.1～44.0	≥44.1	≤35.8	35.9～38.8	≥38.9
17	≤41.2	41.3～44.1	≥44.2	≤35.7	35.8～38.7	≥38.8
>17	≤41.2	41.3～44.2	≥44.3	≤35.3	35.4～38.5	≥38.6

资料来源：The Cooper Institute, *Fitnessgram & Activitygram*: *Test Administration Manual*, 4th ed. (Champaign, IL: Human Kinetics, 2010)。

注：10岁及以上人员适用。

2.3分钟台阶测试（3 mins step test）[①]（图3-3）

（1）器材：12英寸（约30.48厘米）台阶或者平台、节拍器、秒表。

（2）步骤。

①在受试者准备进行测试前，先设置节拍器节奏为每分钟96次。按照节拍"上上下下"口令进行运动，时间为3分钟，即24次"上上下下"为1分钟。受试者每次踏上平台后要求膝盖完全伸直，下落的时候要求先踏上的脚先落地。

②测试完成后（5秒内），马上测试受试者的1分钟心率，并记下数据。

③通常情况下，测试完成后心率越低，意味着

图3-3　3分钟台阶测试示意

---

① Golding L A, Myers C R, Sinning W E, *Y's Way to Physical Fitness*: *The Complete Guide to Fitness Testing and Instruction* (Champaign, IL: Human Kinetics, 1989).

受试者的心肺功能越好。

（3）评价标准（表3-3）。

表3-3 3分钟台阶测试评价标准

单位：次/分钟

性别	年龄	欠佳	尚可	一般	良好	优秀
男	18～55	>115	105～114	98～104	89～97	<88
	26～35	>117	107～116	98～106	89～97	<88
	36～45	>119	112～118	103～111	95～102	<94
	46～55	>122	116～121	104～115	97～103	<96
	56～65	>119	112～118	102～111	98～101	<97
	65+	>120	114～119	103～113	96～102	<95
女	18～55	>125	117～124	107～116	98～106	<97
	26～35	>128	119～127	111～118	98～110	<97
	36～45	>128	118～127	110～117	102～109	<101
	46～55	>127	121～126	114～120	103～113	<102
	56～65	>128	118～127	112～117	104～111	<103
	65+	>128	122～127	115～121	101～114	<100

资料来源：LAWRENCE A，COLDIN G，*YMCA Fitness Testing and Assessment Manual*（Champaign, IL: Human Kinetics, 2000）。

3. 哈佛台阶测试（Harvard step test）

哈佛台阶测试是由Brouha等人[1]于第二次世界大战期间在哈佛大学疲劳实验室设计的。该测试的特点是操作简单，所需器材设备少。

（1）器材：20英寸（约50.80厘米）高的平台（或台阶）、秒表、节拍器。

（2）步骤。

①受试者跟随节拍器的节奏，以每分钟30步（每步2秒）的速度在平台上进行"上上下下"移动，持续时间为5分钟（或未满5分钟却精疲力竭[2]）。受试者完成测试后立即休息，进入恢复期。在进入恢复期的60秒后开始测量其接下来的心跳总次数。

②如果受试者不能坚持5分钟的测试，则使用短型的健康指数测试公式，即测

---

[1] Brouha L, "The Step Test: A Simple Method of Measuring Physical Fitness for Muscular Work in Young Men," *Res Quart*, 1943, 14(1).

[2] 这里的精疲力竭指受试者不能跟上节拍器节奏的时长达15秒。

量其恢复期第 61～90 秒的心跳总次数。

③如果受试者测试时间超过 5 分钟，则使用长型的测试公式。需要测量受试者的 3 组心跳数据：其一，测量其恢复期第 61～90 秒的心跳总次数；其二，测量其恢复期第 121～150 秒的心跳总次数；其三，测量其恢复期第 181～210 秒的心跳总次数。

（3）评分（表 3-4）。

健康指数有短型、长型两种，计算公式分别如下：

健康指数（短型）=（100×测试持续时间）÷（5.5×恢复期第 61～90 秒的心跳总次数）

健康指数（长型）=（100×测试持续时间）÷（2×恢复期 3 组心跳数据总和）

注：公式中用的是区间的心跳总次数，而不是在此期间的心率（每分钟心跳次数）；测试持续时间以秒为单位。

例如，如果总测试时间为 300 秒（即完成 5 分钟测试），恢复期第 61～90 秒的心跳总次数为 90，第 121～150 秒的心跳总次数为 80，第 181～210 秒的心跳总次数为 70。

那么，该受试者的健康指数得分 =（100×300）÷[2×（90+80+70）] = 62.5。

表 3-4　哈佛台阶测试（长型）评价标准

等级	健康指数（长型）
优秀	≥ 96
良好	83～96
普通	68～82
尚可	54～67
欠佳	≤ 54

资料来源：Wood R, "Harvard Step Test," Topend Sports Website (https://www.topendsports.com/testing/tests/step-harvard.htm)。

（4）缺点。测试台阶的高度是固定的，身高较高或与体重较轻的受试者可以消耗更少的能量走上台阶。因此，他们在测试中占有一定优势。

4. 安德森测试（Andersen test）

安德森测试是由 Andersen 等人[①]于 2008 年设计出来的。测试的目的是让受试者跑尽可能远的距离，跑 15 秒，然后休息 15 秒，重复这个过程达 10 分钟。受试者在 20 米长的跑道上进行测试。该测试经过研究对评估人体的心肺耐力具有良好

---

① Andersen L B, Andersen T E, Andersen E, et al., "An Intermittent Running Test to Estimate Maximal Oxygen Uptake: The Andersen Test," *Journal of Sports Medicine Physical Fitness*, 2008, 48(4).

的信效度。[①]

（1）器材：秒表、卷尺、标记锥。

（2）步骤。

①标出相距20米的两条平行线。测试包括尽可能快地沿着20米长跑道来回跑步（或行走）。

②受试者须折返跑步15秒，然后暂停15秒，总共20个间隔（间隔包括15秒跑步及15秒暂停）。

③测试人员每15秒吹口哨或喊出一次，以指示受试者何时开始和停止跑。在每个15秒的跑动之后，受试者尽可能快地停止并且在停止信号发出时所在的位置向后退几步。

④受试者在20米跑道的两端折返时，必须用一只手触地。在10分钟结束时，计算完成的总距离。

⑤当测试完成时，受试者可用测试数据代入公式（其中男性＝0，女性＝1）计算自身的健康评分：

评分 = 18.38 + (0.03301 × 以米为单位的跑步距离) − (5.92 × 性别)

⑥对照安德森测试得分评价标准（表3−5）评价自身的心肺耐力健康情况。

表3−5　安德森测试得分评价标准

性别	等级	20～29岁	30～39岁	40～49岁	50～65岁
男	欠佳	< 39	< 35	< 31	< 26
	尚可	39～43	35～39	31～35	26～31
	普通	44～51	40～47	36～43	32～39
	良好	52～56	48～51	44～47	40～43
	优秀	> 57	> 52	> 48	> 44
女	欠佳	< 29	< 28	< 26	< 22
	尚可	29～34	28～33	26～31	22～28
	普通	35～43	34～41	32～40	29～36
	良好	44～48	42～47	41～45	37～41
	优秀	> 49	> 48	> 46	> 42

资料来源：Wood R, "Andersen Fitness Test," Topend Sports Website (https://www.topendsports.com/testing/tests/andersen.htm)。

[①] Andersen L B, Andersen T E, Andersen E, et al., "An Intermittent Running Test to Estimate Maximal Oxygen Uptake: The Andersen Test," *Journal of Sports Medicine Physical Fitness*, 2008, 48(4); Aadland E, Terum T, Mamen A, et al., "The Andersen Aerobic Fitness Test: Reliability and Validity in 10-year-old Children," *PLOS One*, 2014, 9(10).

二、身体成分

（一）测量的意义

身体成分是描述人体脂肪、骨骼和肌肉相对比例的指标。[①] 身体成分的准确测量对于评价人体的肥胖程度具有重要的意义。由于身体所含有的肌肉量和脂肪量不同，即使体重相同的人的肥胖程度也不一定相同。因此，身体成分对于自身的健康和体重的控制是很重要的。

（二）测量方法与评价标准

常用的测量身体成分的方法包括：身体质量指数法、腰臀比、皮脂厚度测量法、生物电阻抗分析法。此外还有其他的方法，例如：GIRTH 围度测量法、水下称重法、气体置换分析法、双能 X 射线吸收分析法、计算机断层扫描和磁共振成像和近红外光谱仪等。

1. 身体质量指数（body mass index，以下简称 BMI）

BMI，亦称体重指数。因为其测试方法操作简单，是评价身体成分常用的指标之一。BMI 可用于评估患 2 型糖尿病、高血压病和心血管疾病的风险。

BMI 的国际单位为千克/米^2，其计算公式为：

$$BMI = 体重（千克）\div 身高的平方（米^2）$$

（1）评价标准。由于不同地区国家间的人群体质的差异性较大，不同地区、不同国家 BMI 的评价标准也就不一致。常用的 BMI 评价标准见表 3-6。

表 3-6 BMI 评价标准

等级	WHO 标准	亚洲标准	中国标准	相关疾病发病危险性
偏瘦	<18.5			增加
正常	18.5～24.9	18.5～22.9	18.5～23.9	平均水平
超重	≥25	≥23	≥24	不确定
偏胖	25.0～29.9	23～24.9	24～27.9	增加
肥胖	30.0～34.9	25～29.9	≥28	中度增加
重度肥胖	35.0～39.9	≥30		严重增加
极重度肥胖	≥40			非常严重增加

资料来源：国家体育总局《科学运动 健康减肥》，人民体育出版社 2017 年版。

[①] 美国国家体能协会：《美国国家体能协会体能测试与评估指南》，人民邮电出版社 2019 年版，第 15 页。

（2）注意事项。BMI 适合于评估 18～65 岁人群的整体肥胖程度。因为 BMI 不能客观测量出人体的体脂含量，所以在某些人群中，将 BMI 作为身体脂肪的测量可能是不准确的。BMI 不适用于孕妇、哺乳期妇女、老人及运动员。例如，身材高大、肌肉发达的运动员，他们的 BMI 可能很高，常被误认为是肥胖。

2. 腰臀比（waist to hip ratio，简称 WHR）

腰臀比是将腰部周长与臀部周长相比的值，是衡量身体脂肪分布的指标，也是一种用来评价整体健康的指标。[1] 有研究证明，腰臀比数值高对于疾病有预警作用。腰臀比的计算公式为：

$$腰臀比 = 腰围（厘米）\div 臀围（厘米）$$

（1）器材：软尺。

（2）步骤。

①测量腰围时，应选择在肚脐向上 2.54 厘米的部位，即在腰部最细的地方进行测量。

②测量臀围时，应选择在臀部围度最大的部位进行测量。

③通常测量 3 次，要求每次测量数值之间的误差小于 0.6 厘米。

（3）评价标准（表 3-7）。

表 3-7 腰臀比风险对照

性别	年龄/岁	风险程度			
		低	中	高	超高
男	20～29	<0.83	0.83～0.88	0.89～0.94	>0.94
	30～39	<0.84	0.84～0.91	0.92～0.96	>0.96
	40～49	<0.88	0.88～0.95	0.96～1.00	>1.00
	50～59	<0.90	0.90～0.96	0.97～1.02	>1.02
	60～69	<0.91	0.91～0.98	0.99～1.03	>1.03
女	20～29	<0.71	0.71～0.77	0.78～0.82	>0.82
	30～39	<0.72	0.72～0.78	0.79～0.84	>0.84
	40～49	<0.73	0.73～0.79	0.80～0.87	>0.87
	50～59	<0.74	0.74～0.81	0.82～0.88	>0.88
	60～69	<0.76	0.76～0.83	0.84～0.90	>0.90

资料来源：Heyward V H, *Applied Body Composition Assessment*, 6th ed. (Champaign, IL: Human Kinetics, 2010), p. 222。

---

[1] 美国国家体能协会：《美国国家体能协会体能测试与评估指南》，人民邮电出版社 2019 年版，第 22 页。

3. 皮脂厚度测量法

皮脂厚度测量是测定人体脂肪组成的一种常用方法，即通过测量皮肤厚度估计体脂水平。[1]

（1）器材：皮褶卡钳、油性笔、软尺。

（2）步骤。

①测量可以选取全身的3～9个不同的标准解剖部位。为了便于操作，通常选用肱三头肌、腹部以及小腿3个部位进行测量。为了达到一致性，一般只需测量受试者的右侧部位。

②测试者定位和标记受试者所需测量的位置时，用左手的拇指和食指抓住并提拉起皮肤和皮下脂肪组织（不是肌肉）。

③将皮褶卡钳垂直于皮肤，在所需测量部位提起皮肤，并在下方1厘米处，保持2秒钟，随后读出测量结果。测量值以毫米为单位，精确到小数点后1位。每个部位测量2次，取2个测量值的平均值；如果2个测量值相差超过3毫米，那么应该进行第3次测量，然后取中间值。

（3）测量部位。

①肱三头肌：测量肱三头肌肌层的右臂后部，位于肘部和肩胛骨肩峰突之间（图3-4）。为了方便操作，建议用一根绳子标记两个骨性标志之间的长度和位置，然后找到中点。

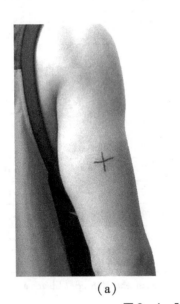 

（a） （b）

图3-4 肱三头肌皮脂厚度测量

---

[1] Stewart A D, Marfell-Jones M, Olds T, et al., *International Standards for Anthropometric Assessment* (Wellington, New Zealand: International Society for the Advancement of Kinanthropometry, 2012).

②腹部：应在肚脐侧 3 厘米、脐下 1 厘米处测量。皮肤的折痕应是水平的，测量时受试者应保持腹壁放松以确保测量的准确（图 3-5）。

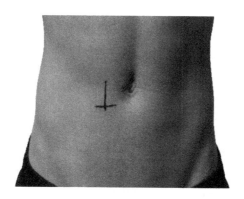

图 3-5　腹部皮脂厚度测量

③小腿：在右小腿内侧最大周长处测量。右脚平放在高处，膝盖弯曲呈 90°角。抓住刚好在小腿最大周长水平之上的垂直皮肤进行测量（图 3-6）。

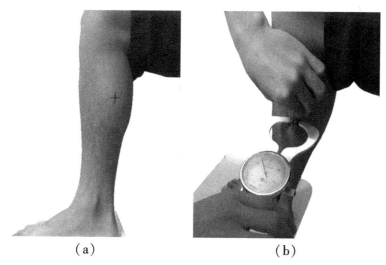

图 3-6　小腿皮脂厚度测量

（4）注意事项。

①在测试前应该将皮褶卡钳两个接点间的恒定压力校准为 10 克/平方毫米。

②皮脂厚度测量法适用于所有人群，但有时很难对肥胖人群进行可靠的测量。

③使用皮褶卡钳测量并不能有效地预测身体脂肪的百分比，但是它们可以作为一种监测设备来显示身体成分随时间的变化。因此，卡钳的正确校准很重要。

④根据测试人员的技能和经验，测量的可靠性可能因测试人员的不同而有所不同。

⑤皮脂厚度测量法被广泛用于评估身体成分。它比水下称重法、生物电阻抗分析法、气体置换分析法和许多其他身体成分测量技术简单得多，且成本低。

⑥一些受试者在测试者面前脱衣服时可能会感到不舒服，因此应避免与受试者单独相处，并让同性测试人员来测试受试者。选取测量受试者的优势侧（常见于右侧），尽管在某些情况下可能需要测试左侧。如果是这样，测试人员必须记录下来。该测试尽量由同一位测试人员进行。

4. 生物电阻抗分析法（bioimpedance analysis，简称 BIA）

生物电阻抗分析法原理是通过测量人体对电流的阻力来估计人体成分。原理为肌肉的含水量比脂肪高。肌肉较多的身体会有较多的全身水分，该身体的电阻相对较低。这是由于体内脂肪越多，体内的水分总量就越少，对电流的抵抗力就越强。

生物电阻抗分析法可以比皮褶测试更快地估算人体成分，而且不需要特定的技能或经验，因此，生物电阻抗分析仪是学校、医院和健身房测量身体成分的常用设备。这种方法的侵入性也比皮肤褶积测试小，更容易被受试者接受。

（1）器材：生物电阻抗分析仪。

（2）步骤：受试者赤脚站生物电阻抗分析仪上，双手握住仪器的电极，仪器就能自动分析计算出受试者的体脂百分比、肥胖程度以及体重等。

三、肌肉力量和肌肉耐力

美国运动医学学会（American College of Sport Medicine，简称 ACSM）将肌肉力量和肌肉耐力统称为肌肉骨骼体适能，与身体成分、心肺耐力和柔韧性构成健康体适能。

肌肉力量是指一块肌肉或一组肌群对抗外部阻力而产生力的能力，肌肉力量的范围通常在零到最大力量之间，通常情况指的是肌肉在一次收缩时所能产生的最大力量。①

肌肉耐力指肌肉持续收缩的能力或者重复收缩的次数；或者是某一部分肌肉或肌群，在从事反复被动收缩动力时的一种持久能力；或是指肌肉维持某一固定用力状态的持久时间。②

通常情况下，测试肌肉力量和肌肉耐力分为三部分进行。

①腹部力量与耐力（abdominal strength and endurance）。

---

① 美国国家体能协会：《美国国家体能协会体能测试与评估指南》，人民邮电出版社2019年版，第147-149页。

② 同上。

②躯干伸肌力量与柔韧性（trunk extensor strength and flexiblity）。

③上半身力量与耐力（upper body strength and endurance）。

（一）腹部力量与耐力

良好的腹肌力量和耐力对于促进人们正确的姿势和骨盆对齐是很重要的。常用卷腹（curl-up）测试来测量腹部力量与耐力。[①]

卷腹测试要求受试者按照设定的节奏尽可能多地完成卷腹。测试时，根据受试者的年龄大小需要用到两种不同宽度的测量带，其中较窄的测量带是3英寸（7.62厘米）宽，用于测试5~9岁的受试者；对于年龄大于9岁的受试者，测量带是4.5英寸（11.43厘米）宽。

（1）器材：垫子、测试音频、测量带。

（2）步骤。

①受试者先仰卧在垫子上，膝盖弯曲约140°，双脚平放在地板上，双腿微微分开，双臂伸直平行于躯干，手掌放在垫子上。让受试者将手指伸直，头部接触垫子，确保受试者的脚平放在地板上，并尽可能伸展腿使脚远离臀部（图3-7）。脚与臀部的距离越近，动作就越困难。将测量带置于受试者腿下的垫子上，使受试者的指尖刚好停留在测量带最近的边缘。

②受试者保持脚跟与垫子接触，开始慢慢地做卷腹，将手指滑过测量带，直到指尖到达测量带的另一边；然后再躺回去，直到头部接触垫子（图3-8）。测试过程中不允许受试者出现耸肩的动作。

③正确的卷腹动作：脚跟与垫子始终保持接触，头部在每次卷腹后应落回垫子上。测试过程中，必须按照音频的节奏进行卷腹，每次卷腹"起"时，指尖必须接触测量带的远侧。

④测试过程中，要求动作平稳，测试音频的节奏为每分钟20个卷腹动作。

⑤受试者规范地完成75个卷腹，可停止测试。其中，若受试者出现以下任一情况时，视为一次违规，测试者发出一次警告指令，测试中两次违规应停止测试。

◇受试者精疲力竭（例如受试者无法保持既定的节奏）。

◇脚跟离地（或者膝盖动了，腿远伸）。

◇头部没有回到垫子。

◇指尖没有到达测试带的远端。

⑥测试要求：此测试相对较累，应鼓励受试者全力坚持。每人测试1次。测试人员需要非常严格，第一次警告提醒，第二次停止测试，并记录停止时所完成的总个数。

---

① Cooper Institute for Aerobics Research, *The Prudential FITNESSGRAM Test Administration Test Manual* (Dallas, TX: The Cooper Institute, 1992).

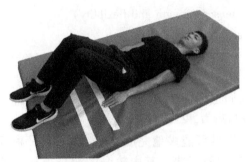
图3-7 卷腹起始位置

图3-8 卷腹测试位置

(3) 评价标准：规范完成卷腹的次数就是受试者该项测试的得分，对照进行达标评价（表3-8）。

表3-8 卷腹健康达标评价标准

单位：个

年龄/岁	5	6	7	8	9	10	11	12	13	14	15	16	17	17+
健康男性完成数量	≥2		≥4	≥6	≥9	≥12	≥15	≥18	≥21	≥24				
健康女性完成数量	≥2		≥4	≥6	≥9	≥12	≥15	≥18						

注：若没有专门的测量带可以自行制作，用两条胶带相隔11.43厘米平行贴于垫子上以代替测量带。

（二）躯干伸肌力量与耐力

研究结果表明，躯干伸展、躯干伸展耐力、躯干耐力、躯干长度、体重、躯干强度和柔韧性都对躯干伸展能力有影响。躯干伸展[1]（trunk lift）测试不是测量肌肉最大力量，而是测量人体竖脊肌在俯卧姿势主动提起躯干以对抗重力的力量。[2] 此处介绍该测试。

（1）器材：垫子、长于15英寸（38.10厘米）的直尺。

---

[1] Cooper Institute for Aerobics Research, *The Prudential FITNESSGRAM Test Administration Test Manual* (Dallas, TX: The Cooper Institute, 1992).

[2] Patterson P, Rethwisch N, Wiksten D, "Reliability of the Trunk Lift in High School Boys and Girls," *Measurement in Physical Education and Exercise Science*, 1997, 1(2).

(2) 步骤。

①受试者俯卧在垫子上（面部朝下），双脚伸直，脚趾朝后，双手紧贴身体两侧（图3-9）。在地板上放一枚硬币或一个标记物。

②在测试过程中，受试者的注意力不能离开地上的硬币或标记物。受试者用非常缓慢和可控的方式将上半身抬离地面（图3-10），最高可达12英寸（约30.48厘米）。

③头部应与脊柱保持中立（直线）对齐。受试者需在此位置保持一定时间，测试人员将尺子放在受试者面前的地板上，并确定从地板到受试者下巴的距离（图3-11）。

④尺子应该放在受试者下巴前至少1英寸（约2.54厘米）的地方，而不是直接放在下巴下方。测量完成后，受试者以可控的方式返回起始位置。

⑤测试分数以英寸（或者厘米）计数。12英寸（约30.48厘米）以上的距离均记录为12英寸（约30.48厘米）。允许进行2次测试，记录最好成绩。

(3) 注意事项。

①要求受试者在测试过程中缓慢可控地进行测试，不允许出现上半身弹起动作。

②不要鼓励受试者的上半身抬起高度超过12英寸（约30.48厘米）。该测试以12英寸（约30.48厘米）为终点。若超过，背部过度拱起可能导致椎间盘受到压迫。

③将注意力集中在地板上的硬币或者标志物上，有助于保持头部在中立位置。

④为了避免读数时出现误差，测试人员在读出受试者下巴距离地面的距离时，应保持视线、对应的尺子刻度以及受试者的下巴在同一水平线上。

图3-9 躯干伸展起始示意

图3-10 躯干伸展测试示意

图3-11 躯干伸展读数示意

（三）上半身力量与耐力

上半身肌肉的力量和耐力对于维持日常生活、保持身体机能健康、促进良好体态具有重要作用。随着年龄的增长，上半身力量在维持身体机能方面的作用越来越明显。

1. 90°俯卧撑（90° push-up）

俯卧撑是一项非常普及的运动形式。由于不需辅助器材且不受场地限制，俯卧撑适合不同年龄段人群，被广泛用于体质评估、上肢力量训练或康复等。90°俯卧撑是"美国总统青少年健身计划"（FITNESSGRAM）测试项目中的一项测试。[1]

（1）器材：垫子，测试音频（节奏为每分钟20个90°俯卧撑）。

（2）步骤。

①受试者俯卧在垫子上，双手置于肩下或略宽于肩，手指伸直且指尖朝前，双腿伸直略分开。

②受试者用双臂撑起躯干，直到双臂伸直，保持双腿和背部伸直。在整个测试过程中，背部应该从头到脚保持一条直线。

③测试时听着音频的节奏，每3秒完成1个90°俯卧撑。正确的动作应从准备动作开始，将身体降低直到肘部弯曲90°，且上臂与地面平行。然后手臂发力向上推身体，直到双臂伸直。

④测试过程中受试者允许出现1次动作错误：出现第1次动作错误时警告1次，当出现第2次动作错误时停止测试。记下受试者所能正确完成的俯卧撑次数。

⑤如果受试者感到极度不适或疼痛，应终止测试。

⑥男性和女性遵循相同的测试标准。

（3）错误动作。

①测试过程中，停下来休息或不能跟上音频节奏。

②在身体下降时，肘部不能达到90°。

③背部与身体没有呈一条直线。

④在身体上升时，双臂没有完全伸展。

2. 改进型引体向上（modified pull-up）

改进型引体向上测试（以下简称：引体向上）是适合于力量不足的人们进行上肢力量测试的一种可靠的测试方法。[2]

（1）器材：引体向上支架、垫子、橡皮筋。

（2）步骤。

---

[1] Cooper Institute for Aerobics Research, *The Prudential FITNESSGRAM Test Administration Test Manual* (Dallas, TX: The Cooper Institute, 1992).

[2] Pate R R, Ross J G, Baumgartner T A, et al., "The Modified Pull-up Test," *Taylor & Francis Group*, 1987, 58(9).

①受试者双手伸直,平躺于垫子上。在距离受试者双手 1～2 英寸 (2.54～5.08 厘米) 高的位置放置一根横杆,在横杆下方 7～8 英寸 (17.78～20.32 厘米) 的位置平行放置一根橡皮筋。

②受试者双手握杆(掌心向上)。引体向上从"下"的姿势开始(图 3-12),手臂和腿伸直,臀部离开地面,只有脚跟接触地面;受试者向上拉(图 3-13),直到下巴超过橡皮筋,然后将身体降低到"向下"的位置。动作有节奏地进行。

③当错误动作出现 2 次时,停止测试;该测试没有时间限制,但动作要有节奏、连续。测试过程中,受试者不应该停下来休息。

④测试分数为正确做引体向上的次数。如果受试者感到极度不适或疼痛,应终止测试。

⑤男性和女性遵循相同的测试标准。

图 3-12　引体向上起始位置示意　　图 3-13　引体向上测试示意

[资料来源:The Cooper Institute, *Fitnessgram Administration Manual*: *the Journey to MyHealthyZone* (Champaign, IL: Human Kinetics, 2017), pp. 70-73]

(3) 错误动作。

①停下来休息或不能保持原有的节奏。

②下巴没有抬过橡皮筋。

③不能保持笔直的身体姿势,不能保持只有脚跟与地面接触。

④在向下的位置没有完全伸展手臂。

3. 屈臂悬挂（flexed arm hang，简称 FAH）

屈臂悬挂已经被用于评估手臂和肩带的力量 40 余年了。[1] 屈臂悬挂是对上半身力量和耐力的静态测试，也是最常用的测试之一。[2] 该测试不受年龄、性别限制，都可以进行屈臂悬挂测试（图3-14）。

（1）器材：水平杆、秒表。

（2）步骤。

①受试者手掌朝外握住水平杆。在一名或多名测试人员的帮助下，受试者将身体抬离地面，使下巴高于栏杆，肘部弯曲，胸部靠近栏杆的位置。

②受试者一旦做出上述这个姿势，测试人员开始计时。

③在测试过程中，受试者的身体不能摆动。

④测试得分是受试者能够保持正确悬挂位置的秒数。

（3）发生下列情况之一时，测试停止。

①受试者的下巴触碰到杆。

②受试者把头往后仰，仅保持下巴在杆上。

③受试者的下巴落在横杆以下。

图 3-14 屈臂悬挂测试示意

[资料来源：CLEMONS J M, DUNCAN C A, BLANCHARD O E, et al.，"Relationships Between the Flexed-arm Hang and Select Measures of Muscular Fitness," *Journal of Strength and Conditioning Research*，2004，18(3)，pp. 630-636]

---

[1] Clemons J M, Duncan C A, Blanchard O E, et al.，"Relationships Between the Flexed-arm Hang and Select Measures of Muscular Fitness," *Journal of Strength and Conditioning Research*，2004，18(3).

[2] Baumgartner T A, Jackson A S, *Measurement for Evaluationin Physical Education and Exercise Science*(New York: McGraw-Hill, 1998).

四、柔韧性

(一) 测试意义

柔韧性指的是身体各关节能有效地活动到最大范围的能力[1],即关节在其正常活动范围内畅通无阻地做全幅度活动的能力。影响柔韧性的因素有关节囊的延展性、韧带和肌腱的顺应性,以及充分的准备活动和肌肉的黏滞性等。

(二) 测试方法与评价标准

1. BSR 体前屈测试[2]（back-saver sit and reach,简称 BSR)

传统坐位体前屈测试是专门测试下背部和腿后肌群的柔韧性。下背部与腿后肌群的松紧程度与腰椎前凸、前骨盆倾斜和腰痛也有一定关系。

BSR 体前屈测试是传统体前屈测试的改进版本,其优点是能分别测量左右腿后肌群的柔韧性,帮助了解受试者左右两侧柔韧性的差异,为纠正不良体态提供依据,可有针对性地加强锻炼柔韧性较弱的一侧。

(1) 器材：坐位体前屈测试仪。

(2) 步骤。

①受试者脱掉鞋子,一只腿完全伸直,脚底贴紧体前屈测试仪（图 3-15)。测试过程中,受试者弯曲的腿距离另一条腿 2～3 英寸（5～8 厘米),且弯曲腿的脚掌全程必须踩实地面,不可抬起或移动。

②受试者双手上下叠放,手掌心向下。双臂均匀用力将标尺平稳、缓慢向前推动（图 3-16)。应避免猛然发力或使用惯性。

③尽最大能力向前推,并保持终止位置和姿势 2 秒钟,然后回到起始坐姿。

④测试完一侧腿后,换另一侧腿进行测试。

图 3-15　BSR 体前屈测试起始坐姿　　图 3-16　BSR 体前屈测试终止姿势

---

[1] 阮伯仁、沈剑威：《体适能基础理论》,人民体育出版社 2018 年版,第 8 页。
[2] Patterson P, Wiksten D L, Ray L, et al., "The Validity and Reliability of the Back Saver Sit-and-reach Test in Middle School Girls and Boys," *Research Quarterly for Exercise and Sport*, 1996, 67(4); Morrow Jr J R, Falls H B, Kohl III H W, *FITNESSGRAM: The Prudential FITNESSGRAM Test Administration Manual*(Dallas: The Cooper Institute for Aerobics Research, 1994).

(3) 注意事项。

①弯曲腿的膝盖向一侧移动,允许身体越过膝盖,但是脚底必须保持在地板上。

②测试过程中,受试者应该保持背部挺直,头部向上。

③测试腿的膝盖应该保持伸直。测试人员可以将一只手放在受试者的膝盖上,帮助其保持膝盖伸直。

④受试者的双手应均匀地用力同时向前推。

⑤如果双手用力不均匀或膝盖弯曲,应重复测试。

(4) 评价标准(表3-9)。

表3-9 BSR体前屈健康达标评价标准

单位:英寸

年龄/岁	5	6	7	8	9	10	11	12	13	14	15	16	17	17+
健康女性完成标准			9					10				12		
健康男性完成标准							8							

资料来源:The Cooper Institute, *Fitnessgram Administration Manual*: *the Journey to My Healthy Zone*(Champaign, IL: Human Kinetics, 2017), pp. 74-76。

(5) 与传统坐位体前屈的区别。我国大学生体质测试采用传统坐位体前屈测试身体柔韧性。传统坐位体前屈是在双腿伸直的情况下,测试身体整体的柔韧性。而 BSR 体前屈能分别测量受试者左、右侧的柔韧性,帮助受试者了解两侧柔韧性的差异,从而可以有针对性地对柔韧性较弱的一侧加强锻炼。

2. 肩部伸展测试[①] (shoulder stretch)

肩膀伸展是一个测量上臂和肩带的柔韧性的测试。该测试过程简单,不需要任何器材。

(1) 器材:无。

(2) 步骤。

①受试者处于站立位置进行测试,左、右肩部柔韧性需分开进行测量。

②测量左肩的柔韧性时,首先双手手指伸直,将左手抬起从背部往下伸,左手掌心向着背部,同时右手从背部由下往上伸,右手掌心方向与左手相反,双手的手指试图在背部相互接触(图3-17)。

---

① Cooper Institute for Aerobics Research, *The Prudential FITNESSGRAM Test Administration Test Manual*(Dallas, TX: The Cooper Institute, 1992).

③测量右肩柔韧性时,测试方法与左肩一样,左、右互换即可(图3-18)。

图3-17 肩部伸展(左侧)　　图3-18 肩部伸展(右侧)

(3)评价标准。左、右肩部测试时,双手均能在背部相互接触,才被视为健康。即测试右肩柔韧性时,双手在背部能够接触;左肩测试时,双手在背部也能够接触。任何一侧肩部测试时,若双手手指未能相互接触,则表明肩部柔韧性未能到达健康状态。

第三节　运动技能体适能的测试

一、灵敏性

(一)测量意义

在受到刺激时,迅速、准确地改变整个身体运动方向的能力称为灵敏性。灵敏性一般也被定义为快速变向的能力[①]。良好的灵敏性需要速度、加速度、平衡、力量和协调的结合,加上良好的反应能力。灵敏性是许多团队运动中重要的组成部分。常见的灵敏性测试方法包括:伊利诺斯灵敏性测试、T测试、3标志桶测试、侧步测试、埃德格伦侧步测试(Edgren side-step test)、六边形跳测试(hexagon test)等,在这里介绍前4种。

---

① Altug Z, Altug T, Altug A, "Research Application: A Test Selection Guide for Assessing and Evaluating Athletes," *Strength and Conditioning Journal*, 1987, 9(9).

1. 伊利诺斯灵敏性测试（Illinois agility test，简称 IAT）

伊利诺斯灵敏性测试起源于 1942 年[①]，作为一项对运动能力的评估方法，它主要用于评估非残疾人的跑步和躲避灵敏性的测试（图 3-19）。

（1）器材：雪糕桶若干、秒表、皮尺。

（2）步骤。

①测试区域应平坦防滑，长度为 10 米，宽度为 5 米。使用 4 个雪糕桶分别标记起点、终点和 2 个转弯点。另外，再用 4 个雪糕桶以相等的距离放置在中央。中央的 4 个雪糕桶相隔 3.3 米。

②受试者应俯卧于起跑线（开始线）后方的地面上，双手曲肘，撑于身体两侧的地面上，头看向自己或面朝前方。在"开始"口令下，开始用秒表计时，受试者以最快的速度站起来，沿着指定的方向绕着跑道跑，不允许撞到雪糕桶，以最快的速度冲过终点线，此时计时停止。

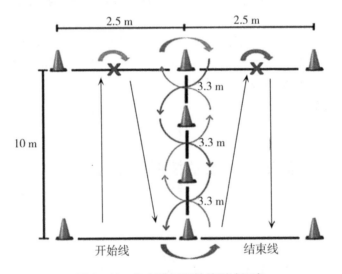

图 3-19 伊利诺斯灵敏性测试示意

［资料来源：Raya M A, Gailey R S, Gaunaurd I A, et al., "Comparison of Three Agility Tests with Male Servicemembers: Edgren Side Step Test, T-Test, and Illinois Agility Test," *Journal of Rehabilitation Research and Development*, 2013, 50(7)］

[①] Cureton T K, "General Motor Fitness Characteristics and Strength of Champions," *Physical Fitness of Champion Athletes*, 1951(2); Cureton T K, *Physical Fitness Workbook: Fit for Democracy – Fit to Fight* (Champaign, IL: Stipes, 1944).

(3) 评价标准（表 3-10）。

表 3-10　伊利诺斯灵敏性测试评价标准

单位：秒

等级	男性	女性
优秀	< 15.2	< 17.0
良好	15.2～16.1	17.0～17.9
普通	16.2～18.1	18.0～21.7
尚可	18.2～19.3	21.8～23.0
欠佳	> 19.3	> 23.0

资料来源：Davis B, Bull R, Roscoe J, et al., *Physical Education and the Study of Sport* (London: Mosby, 2000)。

(4) 优点：本测试简单，测试方便管理，所需器材少，可测量受试者在不同方向和不同角度上的转向能力。

(5) 缺点：受试者的鞋和测试区域的表面条件，对测试成绩影响较大。

2. T 测试[①]（agility T-test）

T 测试是一种简单的灵敏性跑步测试[②]，包括向前、横向和向后的动作，适用于各种各样的运动。测试时，受试者应尽快地完成全过程。为防止疲劳产生，影响测试准确性，每位受试者的测试次数不超过 3 次。

(1) 器材：皮尺、雪糕桶、秒表。

(2) 测试设置：放置 5 个雪糕桶，如图 3-20 所示。

[①] Pauole K, Madole K, Garhammer J, et al., "Reliability and Validity of the T-test as a Measure of Agility, Leg Power, and Leg Speedin College-aged Men and Women," *Journal of Strength & Conditioning Research*, 2000, 14(4); Semenick D, "Testsand Measurements: The T-test," *Strength & Conditioning Journal*, 1990, 12(1).

[②] Semenick D, "Tests and Measurements: The T-test," *Strength & Conditioning Journal*, 1990, 12(1).

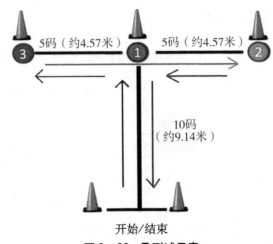

图3-20 T测试示意

[资料来源：Raya M A, Gailey R S, Gaunaurd I A, et al., "Comparison of Three Agility Tests with Male Servicemembers: Edgren Side Step Test, T-Test, and Illinois Agility Test," *Journal of Rehabilitation Research and Development*, 2013, 50(7)]

（3）步骤。

①受试者在开始地点准备就位。在听到测试人员的"开始"口令后，受试者冲向1号雪糕桶，并用右手触摸1号雪糕桶的底部。

②接着受试者向左移动，侧滑步到3号雪糕桶，用左手触碰3号雪糕桶底部。然后向右侧滑步到2号雪糕桶，用右手触碰2号雪糕桶底部。

③然后侧滑步回到1号雪糕桶，用左手触摸其底部，随即后退跑回到开始地点。当受试者经过"开始/结束"地点时停表。安全起见，应该安排一位测试人员在"开始/结束"地点后面几米的位置进行保护，以防受试者后退跑过终点时摔倒。

（4）注意事项。

①在测试过程中，受试者始终身体朝前，在侧滑步过程中，不允许采用交叉步的方式移动。

②从3号雪糕桶侧滑至2号雪糕桶时，身体不能触碰到1号雪糕桶。

③每位受试者测试2～3次，每次测试之间休息3～5分钟，让体力充分恢复。采用成功测试中的最佳成绩（精确到0.1秒）。

④出现以下情况之一，则测试失败。

◇采用交叉步移动。

◇手未触摸雪糕桶底部。

◇在整个测试过程中，脸未朝前。

（5）评价标准（表3-11）。

表3-11 T测试评价标准

单位：秒

等级	男性	女性
优秀	< 9.5	< 10.5
良好	9.5～10.5	10.5～11.5
中等	10.5～11.5	11.5～12.5
差	> 11.5	> 12.5

资料来源：Wood R, "T-Test of Agility," Topend Sports Website (https://www.topendsports.com/testing/tests/t-test.htm)。

3.3 标志桶测试 (3-cone shuttle drill test)

3标志桶测试是常用的灵敏性测试之一，主要用于测量受试者的转向能力。① 由于测试时雪糕桶布局的形状与英文字母"L"相似（图3-21），该项测试有时也被称为L测试。美国职业橄榄球联盟（National Football League，简称NFL）也是用该测试对运动员的灵敏性进行评估，因为在该运动中，灵敏性被认为是运动员成功的关键。②

（1）器材：秒表、卷尺、3个雪糕桶。

（2）测试设置：放置3个雪糕桶于平整防滑的测试区域，形成一个"L"形，雪糕桶在角落和两端，分别相距5码（约4.57米）。

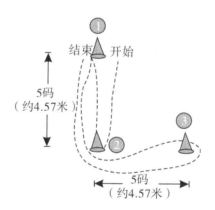

图3-21 3标志桶测试示意

[资料来源：Wood R, "3-Cone Shuttle Drill Test," Topend Sports Website (https://www.topendsports.com/testing/tests/3-cone-drill.htm)]

---

① Hoffman J R, Ratamess N A, Klatt M, et al., "Do Bilateral Power Deficits Influence Direction-specific Movement Patterns?" *Research in Sports Medicine*, 2007, 15(2).

② Robbins D W, Goodale T, "Evaluation of the Physical Test Battery Implemented at the National Football League Combine," *Strength & Conditioning Journal*, 2012, 34(5).

(3)步骤。

①3个雪糕桶放置的位置不同,形成一个"L"形,相距5码(约4.57米)。

②受试者在1号雪糕桶旁边开始准备。在听到开始口令后,跑到2号雪糕桶,弯腰并用右手接触2号雪糕桶底部。

③然后转身跑回1号雪糕桶,弯下腰,用右手接触1号雪糕桶底部。随后跑回到2号雪糕桶,并在2号雪糕桶的外面绕过。跑到3号雪糕桶前,顺时针绕过3号雪糕桶,接着围绕2号和3号雪糕桶的外面跑回1号雪糕桶,结束并停表。

(4)注意事项。

①该测试要求受试者身体始终朝前跑,不允许倒着跑。

②每位受试者测试2~3次,每次测试之间休息3~5分钟,让体力充分恢复。采用成功测试中的最佳成绩(精确到0.1秒)。

(5)评价标准:无。

4. 侧步测试(side-step test)

侧步测试是一个简单的灵敏性健康测试,测试时间为1分钟。

(1)器材:卷尺、秒表。

(2)步骤。

①在有画线的平整防滑地板上,受试者站在中心线上,然后向一侧(如右侧)跳30厘米,用最近的脚触碰直线,再跳回中心线,然后向另一侧跳30厘米,再跳回中心线。这是一个完整的循环。受试者试着在1分钟内完成尽可能多的循环。

②每位受试者测试2~3次,每次测试之间休息3~5分钟,以待体力充分恢复,采用成功测试中的最佳成绩。

(3)得分:用1分钟重复的次数表示,一个完整的循环记录为1,半个循环记录为0.5。

(4)评价标准(表3-12)。

表3-12 侧步测试评价标准

单位:次/分钟

性别	欠佳	尚可	普通	良好	优秀
女性	<33	34~37	38~41	42~45	46+
男性	<37	38~41	42~45	46~49	50+

资料来源:Wood R, "Side-Step Test," Topend Sports Website (https://www.topendsports.com/testing/tests/sidestep.htm)。

二、平衡性

（一）测试意义

美国体能协会认为平衡能力是指在不移动的条件下维持重心在支持面内的能力。[1]《运动生理学》一书中指出，平衡能力是指身体所处的一种姿态，以及在运动或受到外力作用时能够自动调整并维持身体稳定姿势的能力。[2] 几乎所有的运动项目，都需要运动员进行平衡能力训练，尤其常见于竞技运动比赛中单脚较多的运动项目。

平衡可细分为动态平衡和静态平衡。[3] 静态平衡指人体在静止条件下保持身体稳定姿势的能力。[4] 动态平衡则指人体在运动状态下或受到外界因素影响时，能自我调整维持姿势稳定的一种能力。[5]

（二）测试方法与评价标准

常见的评估平衡性的测试方法包括：单足站立平衡测试、星型偏移平衡测试、平衡误差评分系统、不稳定平台测试、功能伸展测试等。这里介绍前2种。

1. 单足站立平衡测试（stork balance sand test）

单足站立平衡测试[6]是评价人体静态平衡能力常用的测试方法之一。该测试要求受试者单腿站立的时间越长越好。

（1）测试目的：评估人体静态平衡能力。

（2）器材：秒表、纸、笔。

（3）步骤。

①在平坦、防滑的地面，受试者脱鞋并且双手放在胯部上，然后单腿站立，将非支撑的脚放在支撑腿的膝盖内侧（图3-22）。

②受试者有1分钟时间进行平衡练习。受试者提起脚跟在前脚掌上保持平衡。

③当受试者脚后跟离开地面时，按下秒表开始计时。出现以下任何一种情形，停止计时。

◇手（无论单手还是双手）离开臀部。

---

[1] Horak F B, Nashner L M, "Central Programming of Postural Movements: Adaptation to Altered Support-surface Configurations," *Journal of Neurophysiology*, 1986, 55(6).

[2] 参见王瑞元、苏全生《运动生理学》，人民体育出版社2010年版，第346-347页。

[3] 参见王瑞元、苏全生《运动生理学》，人民体育出版社2010年版，第346-347页；全国体育学院教材委员会：《体育测量评价》，人民体育出版社2008年版，第153页。

[4] 参见全国体育学院教材委员会《体育测量评价》，人民体育出版社2008年版，第153页。

[5] 参见杨芳芳《普拉提对中年女性平衡能力影响的实验研究》，成都体育学院硕士学位论文，2015年。

[6] Simon D K, Koku A M, "A Comparative Study of Motor Skill Performance Levels of Students with Hearing-impairment and Students Without Hearing-impairmentin the Hohoe Municipality," *Khel Journal*, 2017(1).

◇支撑脚在任何方向上旋转或移动（跳跃）。
◇非支撑脚离开支撑脚的膝盖内侧。
◇支撑脚的脚后跟触地。
④每位受试者测试3次，取最佳成绩作为测试成绩，结果精确到0.1秒。

(a)　　　　　　　　　　　　　　(b)

图3-22　单足站立平衡示意

（4）评价标准（表3-13）。

表3-13　单足站立平衡测试评价标准

单位：秒

水平	国内大学生评价标准		国外评价标准
	男大学生	女大学生	
优秀	≥51	≥28	>50
良好	37～50	23～27	40～50
普通/中等	15～36	8～22	25～39
尚可	5～14	3～7	10～24
欠佳	0～4	0～2	<10

资料来源：全国体育学院教材委员会《体育测量评价》，人民体育出版社2008年版，第155页；Johnson B L, Nelson J K, *Practical Measurements for Evaluation in Physical Education* (Minneapolis: Burgess Publishing Company, 1969)。

2. 星形偏移平衡测试（star ecursion balance test，简称SEBT）

在各种姿势的转化运动中以及在受到外界（推、拉等）干扰时，动态平衡性对于人体维持和恢复稳定状态尤为重要。星形偏移平衡测试是评估人体动态平衡能力的重要方法之一。①

（1）器材：刻度尺、不透明胶带、大头笔。

（2）测试方法。

①测试时，受试者单腿支撑站立于8点星形图的中央，用非支撑腿向分别间隔45°的8个方向尽可能地伸远（图3-23）。这8个方向分别是：前（anterior，简称ANT）、外前（anterolateral，简称ALAT）、外（lateral，简称LAT）、外后（posterolateral，简称PLAT）、后（posterior，简称POST）、内后（posteromedial，简称PMED）、内（medial，简称MED）、内前（anteromedial，简称AMED）。

②受试者都先以右腿为支撑腿开始测试（图3-24），完成所有8个方向的3组测试后，休息5分钟，再换左腿支撑进行测试。两腿测试时均以12点钟方向为起点，左腿支撑时，以逆时针方向进行；右腿支撑时，以顺时针方向进行。每次移至下一方向测试前，受试者都需要将伸远腿移回圆心，恢复到双脚站立，并休息3秒钟，以免影响身体平衡，降低测试的准确性。在各方向上用脚能够到最远的部分轻触一下。

③分别记录受试者每1次到达星形偏移平衡图谱上的刻度，最多重复测试5次，取其中3次最佳成绩的平均数进行数理统计。

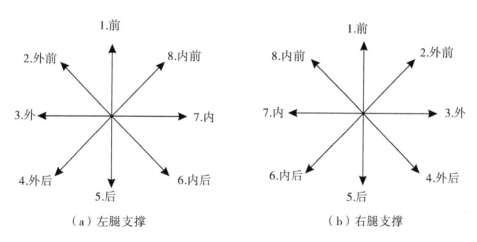

（a）左腿支撑　　　　　　　　（b）右腿支撑

图3-23　星形偏移平衡图谱

---

① Hertel J, Miller S J, Denegar C R, "Intratester and Intertester Reliability During the Star Excursion Balance Tests," *Journal of Sport Rehabilitation*, 2000, 9(2).

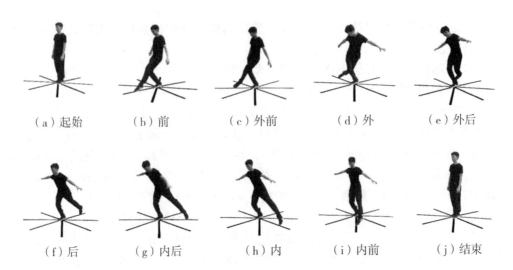

图 3-24 星形偏移平衡测试（右腿支撑）

(3) 注意事项。

①当在外和外后方向时（如图 3-24 的 d 和 e 所示），受试者应将测试腿绕到支撑腿后方来完成动作。

②每组之间至少休息 5 分钟，以保证充分恢复。

③当对侧脚伸至最远处轻触地面时，应尽量地轻，以免改变支撑重心。

④记录脚最远的部分所到达的刻度。

(4) 出现以下情况，则测试数据无效，应予以删除或重测。

①任何情况下，受试者的伸远腿参与支撑。

②任何情况下，身体重心失去平衡。

③支撑腿从圆心上移开，偏离圆心。

④保持开始和结束姿势短于 1 秒。

⑤受试者在测试过程中或测试后感到疲劳。

(5) 评价标准（表 3-14）。

表 3-14 星形偏移平衡测试常模

单位:%

研究者	Lanning		Gribble	
研究对象	大学生运动员		健身爱好者	
性别	男	女	男	女
前	—	—	79.2±7.0	76.9±6.2
后	—	—	93.9±10.5	85.3±12.9

(续上表)

研究者	Lanning		Gribble	
研究对象	大学生运动员		健身爱好者	
内	—	—	97.7±9.5	90.7±10.7
外	—	—	80.0±17.5	79.8±13.7
外前	—	—	73.8±7.7	74.7±7.0
内前	103±3	102±6	85.2±7.5	83.1±7.3
外后	—	—	90.4±13.5	85.5±13.2
内后	112±4	111±5	95.6±8.3	89.1±11.5

资料来源：Lanning et al. 2006，Gribble and Hertel 2003，expressed as a percentage of leg length。

三、协调性

(一) 测试意义

德国学者葛欧瑟认为协调性是人体各种能力的综合表现，包括：灵活性、学习能力、空间定向能力、反应能力、节奏、平衡准确等。[①] 田麦久、刘大庆认为协调素质是运动员机体不同系统、不同部位、不同器官协同配合完成技术动作的能力，协调能力是形成运动技术的重要基础。[②] 协调性通常是通过手、眼或脚、眼的协调性测试来测量，比如投球、接球、弹跳或击打物体。

协调是一项复杂的技能，需要良好水平的其他健康要素，如平衡、力量和灵敏性。在运动场上，协调性好的运动员更有可能有良好的运动表现。协调性主要是通过早期生命的发展而获得的，也是一项很难教授的技能。

(二) 测试方法以及评价标准

这里介绍棍式翻转测试和对墙交替手抛球测试。

1. 棍式翻转测试 (stick flip coordination test)

棍式翻转测试是一种协调性和通用运动技能测试。受试者试图用两根木棒翻转另一根木棒（图3-25），以此评估手眼协调和敏捷性。

[①] 参见［德］曼弗里德·葛欧瑟《运动训练学》，田麦久译，北京体育学院教务处1983年版。
[②] 田麦久、刘大庆：《运动训练学》，人民体育出版社2012年版，第164页。

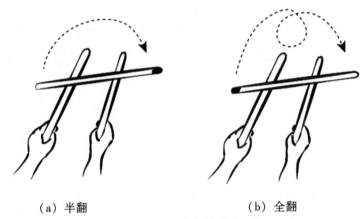

(a) 半翻　　　　　　　(b) 全翻

图3-25　棍式翻转测试示意

[资料来源：Wood R, "Stick Flip Coordination Test," Topend Sports Website (https://www.topendsports.com/testing/tests/stick-flip.htm)]

(1) 器材：每位受试者需要3根木棒，每根木棒长约60厘米、直径2厘米，各木棒均有一端用胶带或油漆包裹住作为标记。

(2) 步骤。

①测试分为两个部分，一部分是在半翻投掷中尝试5次，另一部分是在全翻投掷中尝试5次。每部分测试前允许练习3次。

②半翻：受试者每只手拿1根木棒在腰部位置，即保持木棒在水平状态。测试人员将第3根木棒放在受试者2根手持木棒上。然后，受试者试着翻转木棒，使其旋转一半，落在2根手持棒上。受试者应尝试5次半翻，每次成功翻转得1分。如果在半旋转过程中木棍没有翻转或掉落到地板上，则翻转不成功，不得分。

③全翻：起始位置与测试的半翻转部分相同。在第二部分中，将尝试1次完整的翻转。木棒必须经过一个完整的旋转和平衡落在其他2根木棒上，以相同的方向作为起点的位置（使用油漆末端的木棒作为标记）。每一次成功的尝试可得2分。

(3) 得分：每次成功的半翻得1分，每次成功的全翻得2分。将两部分测试部分的分数相加，最大可能的分数是15。

(4) 评价标准（表3-15）。

表3-15　棍式翻转测试评价标准

单位：分

等级	男性总得分	女性总得分
优秀	14～15	13～15
良好	11～13	10～12
普通	5～10	4～9

（续上表）

等级	男性总得分	女性总得分
尚可	3～4	2～3
欠佳	0～2	0～1

资料来源：Corbin C B, Lindsey R, *Concepts of Fitness & Wellness as Cited in Jacaranda Outcomes 1 PDHPE Preliminary Course*, 5th ed. (Hoboken, New Jersey: Wiley, 1994)。

2. 对墙交替手抛球测试（alternate hand wall toss test）

对墙交替手抛球测试[①]是一项手眼协调能力的测试。要求受试者由下往上用一只手将球抛向墙壁，然后用另一只手接住球。在规定时间内成功接住球的次数越多，表明协调性越好（图3-26、3-27）。

（1）器材：网球，光滑、坚固的墙，标记带，秒表。

（2）步骤。

①将标记带放置在离墙2米的地方。受试者站在标记带后，面对着墙。

②一只手抓网球由下往上的方向扔向墙壁，试图用另一只手接住。然后再将球抛回墙上，用第一只手接住，循环往复地左右手交替接球、抛球进行下去。

③通常情况下，该测试时间为30秒钟，计算受试者能成功抛接球的次数。

④得分：30秒内成功接球次数即是其得分。

图3-26 右手抛球　　图3-27 左手接球

（3）评价标准（表3-16）。

[①] Simon D K, Koku A M, "A Comparative Study of Motor Skill Performance Levels of Students with Hearing-impairment and Students Without Hearing-impairment in the Hohoe Municipality," *Khel Journal*, 2017(1).

表 3-16　交替手对墙抛球测试评价标准

单位：次/30 秒

等级	测试结果
优秀	> 35
良好	30～35
普通	20～29
尚可	15～19
欠佳	< 15

资料来源：Wood R, "Alternate Hand Wall Toss Test," Topend Sports Website（https://www.topendsports.com/testing/tests/wall-catch.htm）。

四、反应时

（一）测试意义

反应时（reaction time，简称 RT），指从信号（刺激）发出到反应产生之间的时间间隔。例如：在短距离游泳比赛中，从发令枪响到运动员的脚蹬离跳台之间的时间间隔就是反应时。反应时可分为三种类型，简单反应时、选择反应时、辨别反应时。

简单反应时（simple RT）：指测试情境中只包含单一刺激并要求受试者只做出单一反应动作，这时所测得的反应时为简单反应时。简单反应时主要涉及手眼迅速和注意力。[1]

选择反应时（choice RT）：指测试情境中包含两个或两个以上的信号，每个信号需要特定的反应形式，这时测得的反应时为选择反应时。[2]

辨别反应时（discrimination RT）：指测试环境中包含两个或两个以上的信号，但受试者只需对其中一个做出反应，对其他信号不做反应。这时测得的反应时为辨别反应时。[3]

（二）测试方法以及评价标准

这里简介尺子反应时测试（reaction time ruler test）。
（1）器材：长尺（材质及长度没有特殊的要求，方便测试即可）。
（2）步骤。

---

[1] ［美］玛吉尔：《运动技能学习与控制》，中国轻工业出版社 2006 年版，第 20 页。
[2] 同上。
[3] 同上。

①受试者坐在桌子旁边，把惯用手肘置于桌子上，使受试者的手腕伸展到桌子的一边。测试人员垂直地拿着尺子在空中，尺子悬在受试者的大拇指和食指之间，但不能被触碰到。受试者的手指上沿要与尺子零刻度对齐。

②当受试者准备好时，应该向测试人员表明。测试人员在没有任何警告的情况下，松开尺子，让它以自由落体掉下来，受试者必须在看到尺子掉下来的时候以最快的速度抓住它。

③以厘米为单位记录尺子落下的距离。重复多次测试（例如10次），取平均得分。

（3）注意：因为左手和右手的测试结果可能会不同，所以该测试仅测量优势手，并在记录表上记下受试者哪侧手为优势手。

（4）评价标准：无。

五、爆发力

（一）测试意义

爆发力是指肌肉高速收缩克服阻力的能力。爆发力对于篮球、排球以及短跑等项目运动员的运动能力具有非常重要的作用。①

（二）测试方法以及评价标准

本处介绍立定跳远和纵跳两种测试方法。

1. 立定跳远（standing broad jump）

立定跳远是一种常见的腿部爆发力测试方法。该测试也是美国国家橄榄球联盟的体能测试项目之一。立定跳远曾是奥运会的比赛项目，也是英国体育馆比赛的项目，还是力量四项全能和跳远十项全能评估的一部分。

（1）器材：防滑、平整、软硬适度的地面。

（2）步骤。受试者站在地上的起跳线后面，双脚微微分开。双脚起跳，手臂摆动，膝盖弯曲，提供向前驱动力。受试者试着跳得越远越好，双脚着地而不向后摔倒。允许3次尝试。

（3）得分。测量从起跳线到受试者着陆时最近的接触点（鞋跟后部）的距离。记录跳得最远的距离，取3次测试中最远的1次。

（4）评价标准（表3-17、3-18）。

---

① 参见彭延春、毕秀淑《篮球运动员爆发力训练手段的应用研究》，载《体育科学》2000年第6期，第22-24页。

表 3-17 男生立定跳远评价标准

单位：厘米

等级	单项得分	初一	初二	初三	高一	高二	高三	大一、大二	大三、大四
优秀	100	225	240	250	260	265	270	273	275
	95	218	233	245	255	260	265	268	270
	90	211	226	240	250	255	260	263	265
良好	85	203	218	233	243	248	253	256	258
	80	195	210	225	235	240	245	248	250
及格	78	191	206	221	231	236	241	244	246
	76	187	202	217	227	232	237	240	242
	74	183	198	213	223	228	233	236	238
	72	179	194	209	219	224	229	232	234
	70	175	190	205	215	220	225	228	230
	68	171	186	201	211	216	221	224	226
	66	167	182	197	207	212	217	220	222
	64	163	178	193	203	208	213	216	218
	62	159	174	189	199	204	209	212	214
	60	155	170	185	195	200	205	208	210
不及格	50	150	165	180	190	195	200	203	205
	40	145	160	175	185	190	195	198	200
	30	140	155	170	180	185	190	193	195
	20	135	150	165	175	180	185	188	190
	10	130	145	160	170	175	180	183	185

资料来源：教育部关于印发《国家学生体质健康标准（2014 年修订）》的通知。

表 3-18 女生立定跳远评价标准

单位：厘米

等级	单项得分	初一	初二	初三	高一	高二	高三	大一、大二	大三、大四
优秀	100	196	200	202	204	205	206	207	208
	95	190	194	196	198	199	200	201	202
	90	184	188	190	192	193	194	195	196

(续上表)

等级	单项得分	初一	初二	初三	高一	高二	高三	大一、大二	大三、大四
良好	85	177	181	183	185	186	187	188	189
	80	170	174	176	178	179	180	181	182
及格	78	167	171	173	175	176	177	178	179
	76	164	168	170	172	173	174	175	176
	74	161	165	167	169	170	171	172	173
	72	158	162	164	166	167	168	169	170
	70	155	159	161	163	164	165	166	167
	68	152	156	158	160	161	162	163	164
	66	149	153	155	157	158	159	160	161
	64	146	150	152	154	155	156	157	158
	62	143	147	149	151	152	153	154	155
	60	140	144	146	148	149	150	151	152
不及格	50	135	139	141	143	144	145	146	147
	40	130	134	136	138	139	140	141	142
	30	125	129	131	133	134	135	136	137
	20	120	124	126	128	129	130	131	132
	10	115	119	121	123	124	125	126	127

资料来源：教育部关于印发《国家学生体质健康标准（2014年修订）》的通知。

2. 纵跳

纵跳测试不仅简单易行，且测试结果可以直接应用于很多涉及跳跃或对下肢爆发力要求较高的项目（例如举重）。可以使用电子纵跳仪进行测试，其原理是通过测量人体滞空时间计算跳跃高度。

（1）器材：电子纵跳测试仪。

（2）步骤。

①受试者站在纵跳测试仪踏板上，尽量垂直向上跳起。每位受试者测试2次，取最大值记录，以厘米为单位，保留小数点后一位。

②测试过程中，受试者在起跳前不能助跑，且双脚不能移动或有垫步动作。

③落地时，禁止故意收腹屈膝。

（3）评价标准（表3-19）。

表 3-19 纵跳评价标准

单位：厘米

年龄/岁	性别	1分	2分	3分	4分	5分
20～24	男	19.9～24.8	24.9～32.3	32.4～38.4	38.5～45.8	>45.8
	女	12.7～15.8	15.9～20.5	20.6～24.7	24.8～30.0	>30.3
25～29	男	19.6～23.9	24.0～31.3	31.4～36.8	36.9～43.6	>43.6
	女	12.4～15.0	15.1～19.7	19.8～23.4	23.5～28.5	>28.5
30～34	男	18.4～22.3	22.4～29.3	29.4～34.7	34.8～41.1	>41.1
	女	12.0～14.5	14.6～18.7	18.8～22.6	22.7～27.7	>27.7
35～39	男	17.8～21.4	21.5～27.9	28.0～33.0	33.1～39.5	>39.5
	女	11.5～13.7	13.8～17.8	17.9～21.3	21.4～26.1	>26.1

资料来源：国家体育总局《国民体质测定标准手册：成人部分》，人民体育出版社2003年版。

六、速度

（一）测试意义

速度指的是在完成特定距离的运动时，所需要花费的最短时间。在不考虑方向因素的情况下，速度与速率是相同的。

（二）测试方法以及评价标准

这里简介40码跑[1]（40 yards dash）。

（1）器材：卷尺，秒表，雪糕桶，长度至少60码（约54.86米）的平坦和畅通的草地或者跑道。

（2）步骤。

①测试主要内容是受试者以最快的速度跑完40码（约36.58米），并记录时间（图3-28）。

②开始测试前受试者应该进行彻底的热身；起跑姿势可选择四点式起跑或者三点式起跑，选择的起跑姿势应是受试者惯用姿势。

③测试开始前，受试者的前脚必须在起跑线上或后面。起跑前，应保持此姿势3秒，身体可前倾过起跑线，不得晃动；测试过程中，测试人员应提示受试者要

---

[1] 美国国家体能协会：《美国国家体能协会体能测试与评估指南》，人民邮电出版社2019年版，第255-259页。

尽最大努力跑过终点线。

④每位受试者进行2～3次测试,每次测试之间需要安排3～5分钟的休息时间,便于受试者充分恢复。

⑤测试时间记录到小数点后两位;终点计时应以受试者的胸部越过终点线时为结束。

图3-28 40码跑示意

[资料来源:Wood R, 40 Yard Dash, Topend Sports Website (https://www.topendsports.com/testing/tests/sprint-40yards.htm)]

(3)其他。测试者可以根据专项来调整测试距离,如篮球运动员采用30码(约27.43米)跑、棒球运动员采用60码(约54.86米)跑。测试的距离可以自行选择,但并不是所有的距离都有测试标准。

例如:10码(约9.14米)跑、60码(约54.86米)跑。10码跑测试的优点是测试时受试者的疲劳因素影响会更小,因此受试者能进行多次测试。60码跑测试的亮点在于能够测量出受试者加速、速度保持与最大速度的能力。

课堂练习

简述健康体适能与运动技能体适能分别适用于评估哪些人的体适能状态?为什么?

课后作业

1. 何谓体适能?简述体适能的分类。
2. 心肺耐力测试的测试方法有哪些?
3. 简述柔韧性测试方法的具体内容。
4. 动态平衡和静态平衡的定义是什么?简述动、静态平衡测量方法的主要内容。

下 编 体适能提升与健康促进实践

第四章　运动与体重管理*

> **学习提要**
>
> 随着《"健康中国2030"规划纲要》的出台，提升人民健康水平、培养健康生活方式已经成为当前体育与教育工作者的工作重点之一。做好体重管理，是保持健康的第一步。肥胖症作为现代社会中一种常见的"富贵病"，在大学生群体中尤为常见，它不仅对身体发育、社交等具有一定影响，更易挫伤学生的自信心，从而引发一系列的心理疾病。
>
> 因此，如何科学合理地减肥，成为多数大学生密切关注的健康问题。然而，频繁出现的减肥广告，易对大学生造成误导。采用不当的减重方法，对身体健康会造成伤害。
>
> 本章从肥胖症的基础知识入手，介绍肥胖症产生机制及特点、危害、干预与防治方法。同时，将理论与实践相结合，针对诸如传统有氧运动、空腹有氧运动、高强度间歇训练等社会热门减脂运动干预方式，以及代餐、生酮饮食、轻断食、低脂饮食、地中海饮食法等流行的膳食搭配方法进行介绍与对比。本章可供了解引发肥胖的多种因素，找到适合自身的体重管理方法，也为大学生提供体重管理理论参考、选择依据及案例借鉴。

肥胖症已成为全球性流行病，最新数据显示，全球已有超过40%的成年人出现超重或肥胖，其中有超过13%的人肥胖，4200万5岁以下的儿童出现超重[①]，1.55亿的5～17岁儿童、青少年出现超重或肥胖[②]。

肥胖病症的流行已对人类健康构成严重威胁。过去几十年中，超重和肥胖人群的数量呈迅猛增长的态势。肥胖的流行性是全球经济发展和不良生活方式流行的结果，超重和肥胖的患病率在发达国家和发展中国家迅速增加，已成为全球性的重大公共卫生问题。[③]

以2017年1月的统计数据来看，中国已成为世界上肥胖和超重人数最多的国家，42%的成年人和16%的儿童、青少年存在肥胖或超重的现象。[④] 在"中国居

---

* 本章动作示范：黄明华。

① Swinburn B A, Sacks G, Hall K D, et al. , "The Global Obesity Pandemic: Shaped by Global Driversand-Local Environments," *The Lancet*, 2011, 378(9793).

② 参见马文军、许燕君、郭汝宁《超重肥胖流行病学研究进展》，载《国外医学（社会医学分册）》2002年第3期。

③ 参见王友发、孙明晓、杨月欣《中国肥胖预防和控制蓝皮书》，北京大学医学出版社2019年版。

④ 参见国家体育总局《科学运动　健康减肥》，人民体育出版社2017年版。

民健康与营养调查"项目1991—2011年20年间的8轮调查结果显示,成年居民中,男性超重肥胖粗率从15.8%提高到46.9%,女性超重肥胖粗率从22.8%提高到44.1%,男性、女性表现为相同的规律。①

近期,《2020年中国健身趋势调查报告》由上海体育学院与美国运动医学院（American College of Sports Medicine,以下简称ACSM）联合发布。通过学术调研,上海体育学院和ACSM预测在2020年,中国排在前五的健身趋势分别为减重运动、青少年体育、力量训练、健身饮食和广场舞。其中,减重运动位列首位。

相较于2018年的第19名,减重运动的排名迅猛飙升,确切地说明了减肥已成为我国居民健康管理的第一刚需。随着减肥需求的不断增长,关于减肥的运动方式、饮食方式和相关商品层出不穷,为人们提供了越来越多的选择。当然,这也导致了减肥偏方、过度运动、偏激饮食法的出现,对人们减肥的过程产生误导。如何正确、有效地减肥,成为普罗大众的热议话题。

《"健康中国2030"规划纲要》提出了"到2030年,人均预期寿命达到79.0岁"的目标,并将符合国家体质健康标准的居民比例提高到92.2%。肥胖症作为患病人数增长最快、发病率非常高的疾病之一,其有效预防与控制,对实现"健康中国2030"的目标至关重要。"少年强则国强。"大学生是祖国的未来,其精神面貌与体质素养水平对一个民族的文明传承起着重要影响。所谓"家国情怀",便是对历史使命与民族责任感之推崇。

大学时光是一段黄金历程,在这个阶段,树立健康意识,养成良好的体重管理习惯,不仅有助于优美体态的塑造,更有利于增强自信心,对人生道路有着积极影响。

健康第一步,做好体重管理。一起高质、高效燃脂,你准备好了吗?

第一节 关于肥胖症的常识

一、肥胖程度的评价指标

关于肥胖与否及程度的判定,通常参考2个指标——身高标准体重、BMI。②

1. 身高标准体重

体重与身高密切相关,身高标准体重是反映和衡量正常体重的重要指标。WHO计算标准体重的公式（公式中身高的单位用厘米）如下:

---

① 马玉霞、张兵、王惠君:《社会经济地位及膳食相关因素对我国九省区成年居民超重肥胖的影响研究（1991—2011）》,见中国营养学会、亚太临床营养学会、中国疾病预防控制中心营养与健康所等《营养研究与临床实践——第十四届全国营养科学大会暨第十一届亚太临床营养大会、第二届全球华人营养科学家大会论文摘要汇编》,2019年,第229—230页。

② 参见中国肥胖问题工作组数据汇总分析协作组《我国成人体重指数和腰围对相关疾病危险因素异常的预测价值:适宜体重指数和腰围切点的研究》,载《中华流行病学杂志》2002年第1期。

男性身高标准体重 =（身高 – 80）×70%
女性身高标准体重 =（身高 – 70）×60%

身高标准体重 ± 10%，为正常体重；身高标准体重 ± 10%～20%，为体重过重或过轻；身高标准体重 ± 20% 以上，会被判定为肥胖或体重不足。[1]

2. BMI

BMI 是国际上常用的衡量人体胖瘦程度、健康水平的一个重要指标。从统计学的角度，BMI 可以用于人体的脂肪成分的间接测量、超重与否的判定。[2] 其测量方法与评价标准见本书第三章。

根据 WHO 制定的 BMI 判别肥胖标准，BMI > 25 即可判定为超重，BMI > 30 为肥胖。对于亚洲人种而言，若 BMI > 23 即为超重。对此，中国肥胖问题工作组特别制定了中国参考标准。

根据中国参考标准，若 BMI≥24，患冠心病、脑卒中、高血压病、糖尿病和血脂异常等疾病的概率也将随之上升。[3] 因此，中国肥胖问题工作组将 24 作为判定肥胖的数值节点。[4]

对于当代大学生而言，男生 BMI 以控制在 16.9～23.9 为宜，女生则是 16.2～23.9。[5]（表 4 – 1）

表 4 – 1　大学生 BMI 的评价标准

单位：千克/米^2

单项得分	等级	大学生 BMI 男生	大学生 BMI 女生
100	正常	16.9～23.9	16.2～23.9
80	低体重	≤16.8	≤16.1
	超重	24.0～27.9	24.0～27.9
60	肥胖	≥28.0	≥28.0

资料来源：袁守龙、武文强、尹军主编《大学体育与健康：图解示范 + 视频指导》，人民邮电出版社 2019 年版。

在全球范围，BMI 均广泛地用于间接判断成人和儿童的超重与肥胖状态，但也

---

[1] 参见国家体育总局《科学运动　健康减肥》，人民体育出版社 2017 年版。
[2] 参见王文绢、王克安、李天麟等《体重指数、腰围和腰臀比预测高血压、高血糖的实用价值及其建议值探讨》，载《中华流行病学杂志》2002 年第 1 期。
[3] 参见国家体育总局《科学运动　健康减肥》，人民体育出版社 2017 年版。
[4] 参见中国肥胖问题工作组数据汇总分析协作组《我国成人体重指数和腰围对相关疾病危险因素异常的预测价值：适宜体重指数和腰围切点的研究》，载《中华流行病学杂志》2002 年第 1 期。
[5] 参见袁守龙、武文强、尹军《大学体育与健康：图解示范 + 视频指导》，人民邮电出版社 2019 年版。

存在以下局限性①：

①不同种族人群身体成分存在差异，同等 BMI 水平下，体脂含量可能不同。

②类似运动员的肌肉型个体体重较重，易被误诊。

③BMI 与体脂含量、比例的相关性存在性别差异，尤其在青春期发育阶段。人体 BMI 的变化与肌肉、骨骼等密切相关，而与体脂含量呈负相关。

二、肥胖程度的测量与评估方法

（一）围度测量

体脂的含量、身体分布与健康密切相关。通过简单快捷的围度测量，我们可以了解身体脂肪的分布情况。测量指标有腰围、腰臀比和腰围身高比，其中前2个较常用。②

1. 腰围（waist circumference，简称 WC）

腰围是衡量脂肪在腹部堆积（即中心性肥胖）程度简单且实用的指标。③ 体脂分布情况，尤其是腹部脂肪堆积的程度，与肥胖相关性疾病有更强的关联。BMI 指数不太高者，腹部脂肪大于临界值，即被判定为处于危险状态。④

根据 WHO 的标准，成年男性以腰围＞94 厘米为肥胖判断标准，女性则以腰围＞80 厘米为肥胖判断标准，但这一标准仅适用于欧洲人。对于亚洲人种，男性腰围通常以腰围≥85 厘米为肥胖，女性腰围则以腰围≥80 厘米为判定临界点。⑤

至今为止，腰围测量部位仍未有明确标准，WHO 推荐采用最低肋骨下缘与髂嵴最高点连线的中点作为测量点，受试者在平静呼气状态下笔直站立，软尺水平以松紧合适的程度环绕于测量部位。⑥ 测量过程中，应避免吸气。

2. 腰臀比（waist-to-hip ratio，简称 WHR）

腰臀比即腰围和臀围的比值，是判定中心性肥胖的重要指标，可推断患有肥胖相关疾病的概率。⑦ 女性理想的腰臀比为0.67～0.80，男性为 0.85～0.95。无论男女，臀围大于腰围者，体型优美，健康长寿；腰围大于臀围者，体态臃肿，

---

① 参见国家体育总局《科学运动　健康减肥》，人民体育出版社2017年版。
② 参见王文绢、王克安、李天麟等《体重指数、腰围和腰臀比预测高血压、高血糖的实用价值及其建议值探讨》，载《中华流行病学杂志》2002年第1期。
③ 参见中国肥胖问题工作组数据汇总分析协作组《我国成人体重指数和腰围对相关疾病危险因素异常的预测价值：适宜体重指数和腰围切点的研究》，载《中华流行病学杂志》2002年第1期。
④ 参见国家体育总局《科学运动　健康减肥》，人民体育出版社2017年版。
⑤ 参见王文绢、王克安、李天麟等《体重指数、腰围和腰臀比预测高血压、高血糖的实用价值及其建议值探讨》，载《中华流行病学杂志》2002年第1期。
⑥ 参见张钧、何进胜《运动健康管理》，复旦大学出版社2019年版。
⑦ 参见王文绢、王克安、李天麟等《体重指数、腰围和腰臀比预测高血压、高血糖的实用价值及其建议值探讨》，载《中华流行病学杂志》2002年第1期。

健康状况不容乐观。① 腰臀比测量与疾病风险对照见本书第三章。

3. 腰围身高比（waist-to-height ratio，简称 WHtR）

腰围身高比指腰围除以身高的数值，反映内脏脂肪堆积程度，适用于不同身高和种族人群。研究显示，将腰围控制于一般身高水平以下（WHtR<0.5），可减少患相关疾病的风险。近年来，有学者建议将 WHtR<0.5 作为中心性肥胖的筛查标准。②

（二）测量体脂率的方式

生活中，称量体重、围度测量是我们常用的肥胖判定的方法，但这些方法具有一定的局限性，因为它们不能够细化体脂、肌肉和骨骼的比例。除此之外，用 BMI 数值来估计体脂含量，也会出现 ±5% 的平均误差。③ 因此，采用正确方法测评体脂率，将有助于我们在减肥过程中实现"对症下药"。

1. 体脂率的定义

体脂率又称体脂百分比，指人体内脂肪重量占总体重的比例，反映了体内脂肪含量水平。④ 成年女性体脂率正常范围是 20%～25%，男性为 15%～18%。若体脂率过高，且体重超过正常值的 20%，就会增大患肥胖症的风险。⑤

体脂率是身体成分测量评价中，用于判断肥胖与否、评估肥胖程度的常用指标⑥，计算公式为：

$$体脂率（\%）=身体脂肪总量 \div 体重 \times 100\%$$

2. 常见测量方式

（1）皮褶厚度测量（skinful-thickness measurement，简称 STM）。

皮褶厚度是推断全身脂肪含量及皮下脂肪发育状况的一项重要方式，常用工具包括 X 光机、超声波仪器、皮褶卡钳等。⑦ 皮褶厚度测量是基于一个假设，即认为人体 50% 的脂肪存在于皮下。皮下脂肪的厚度与体脂总量有一定的比例关系，中国成年人皮褶厚度回归方程如下⑧：

男性身体密度=1.0991－0.0005×腹部皮褶（毫米）－0.0004×肩胛下皮褶（毫米）－0.0005×大腿皮褶（毫米）－0.0003×年龄（岁）

---

① 参见国家体育总局《科学运动　健康减肥》，人民体育出版社 2017 年版。
② 参见张钧、何进胜《运动健康管理》，复旦大学出版社 2019 年版。
③ 参见王文绢、王克安、李天麟等《体重指数、腰围和腰臀比预测高血压、高血糖的实用价值及其建议值探讨》，载《中华流行病学杂志》2002 年第 1 期。
④ 参见国家体育总局《科学运动　健康减肥》，人民体育出版社 2017 年版。
⑤ 参见张钧、何进胜《运动健康管理》，复旦大学出版社 2019 年版。
⑥ 参见袁守龙、武文强、尹军《大学体育与健康：图解示范＋视频指导》，人民邮电出版社 2019 年版。
⑦ 参见张薇、徐冬青、赵斐、陈家琦《皮褶厚度法间接测定中国人身体脂肪含量公式的初步建立》，载《天津体育学院学报》1999 年第 1 期。
⑧ 同上。

女性身体密度 = 1.0937 - 0.0004 × 三头肌皮褶（毫米） - 0.0004 × 腹部皮褶（毫米） - 0.0004 × 大腿皮褶（毫米） - 0.0003 × 年龄（岁）

因此，皮褶厚度的测量不仅可以反映体脂分布情况，而且可以从不同部位的皮褶厚度推算出体脂总量，以测量身体特殊部位的脂肪厚度。[①] 通过皮褶厚度法推算出的体脂率，与用精密仪器测量的数值较为接近。常用的测量方法是卡钳测量，详见本书第三章。

(2) 水下称重法（under water weighting，简称 UWW）。

水下称重法是依据人体密度来计算人体的脂肪百分比的一种身体成分测量法，流程包括体重测量、肺活量测量、水下称重和数据分析四个阶段。[②] 人体脂肪和非脂肪成分的比重不同，因而在水中的浮力也不同。根据阿基米德原理，测定受试者体重及水下体重，计算出人体密度。水下称重法通过人体在水中和陆上的体重变化来计算人体体积和密度，从而推算出体脂百分比、去脂体重。[③]

该方法由 R. Akers 在 1969 年提出，该方法简单易操作，得出结果更为精确，同样适合作为人体脂肪含量的测量标准。然而，此种方法对于使用仪器的精确性、专业性要求很高。[④]

(3) 空气置换法（air displacement method，简称 ADM）。

空气置换法的测量原理与水下称重相同。[⑤] 当被测者进入空气置换仓内几秒钟，感受器通过压力值测算出人体所排出空气量，通过数学公式分析身体成分。[⑥]

(4) 双能 X 线法（dual energy X-ray absorptiometry，简称 DXA）。

双能 X 线法是一种无创、准确、重复性好和辐射低的测定新方法。近 20 年来，该方法被视为身体成分测量的金标准。[⑦] 其原理是通过利用两种可透过不同能量的 X 射线或光子，在穿过不同密度的组织后，其衰减光子能量的程度不同。[⑧] 通过记录两种光子能量被衰减的程度，即可获得体脂率、脂肪分布情况和骨密度。这种方法被运动科学专家视为评估身体成分的标准技术。[⑨]

DXA 法精确度高，可测量全身和局部的脂肪量。[⑩] 当测量全身体脂时，受试者

[①] 参见袁守龙、武文强、尹军《大学体育与健康：图解示范+视频指导》，人民邮电出版社 2019 年版。
[②] 参见张钧、何进胜《运动健康管理》，复旦大学出版社 2019 年版。
[③] 参见国家体育总局《科学运动 健康减肥》，人民体育出版社 2017 年版。
[④] 李进：《水下称重法测量人体脂肪百分含量》，载《亚太教育》2016 年第 2 期，第 126 页。
[⑤] 参见国家体育总局《科学运动 健康减肥》，人民体育出版社 2017 年版。
[⑥] Ball S D, "Interdevice Variability in Percent Fat Estimates Using the BOD POD," *European Journal of Clinical Nutrition*, 2005, 59(9).
[⑦] 韦远欢：《双能 X 线吸收法和生物电阻抗法测量儿童及成人体成分一致性分析 2》，见《中国营养学会第十三届全国营养科学大会暨全球华人营养科学家大会论文汇编》，中国营养学会 2017 年版，第 116 页。
[⑧] 参见国家体育总局《科学运动 健康减肥》，人民体育出版社 2017 年版。
[⑨] 参见张钧、何进胜《运动健康管理》，复旦大学出版社 2019 年版。
[⑩] 参见国家体育总局《科学运动 健康减肥》，人民体育出版社 2017 年版。

应呈仰卧体位,双能 X 线探头沿人体长轴方向进行扫描。①

(5) 生物电阻抗法 (bioelectric impedance analysis,简称 BIA)。

生物电阻抗原理是基于身体不同组成成分的导电性不同。在人体表面经过低电流时,含水 70% 以上的肌肉组织是良好导体,而含水较少的脂肪组织近似为绝缘体,因此,通过测出抗阻值可计算出身体成分。②

测量方法为测试者给予测试身体通以安全电流,观察从手腕到脚腕的电流路径。人体组织中非脂肪部分含水量较多,具有比脂肪组织更小的电阻抗。③ 因此,当交流电主要通过人体的非脂肪组织时,脂肪含量高的人,电流通过身体的速度(电阻抗值)要大于脂肪含量低的人。④ 因测试仪器本身体积小、方便携带、对受试者无损伤、方法简单,被健身场所、体检中心广泛使用。⑤

根据美国运动医学会的研究结果,影响身体成分的主要因素有 5 个,分别为年龄、性别、身高、体重和电阻。如将生物电阻抗所测得数据与其他 4 个因素的统计值综合考虑,可获得更准确的身体成分参考值。⑥

三、肥胖的分类

肥胖分为不同类型,不同类型的肥胖应采取相应的减脂方案。

(一) 按病因和发病机制划分

1. 体质型肥胖

幼年起病型肥胖病。由于在婴幼儿时期,营养摄入过量,从而导致脂肪细胞增生。特点为:自幼肥胖,饮食运动疗效不明显,多半有遗传史,脂肪细胞增生肥大且在全身分布。⑦

2. 单纯型肥胖

单纯型肥胖即为非疾病引起的肥胖,该类型在肥胖人群中占比约 95%⑧,全身的脂肪分布比较均匀,无内分泌紊乱现象和代谢障碍性疾病,其家族往往有肥胖

---

① 参见胡佩青、李卫国《脂肪细胞与代谢型肥胖症概述》,载《生物学教学》2019 年第 6 期。
② 参见王育才、杨景林、李清亚、傅根铭《利用生物电阻抗测量人体脂肪的研究》,载《营养学报》1994 年第 1 期。
③ 参见马文军、许燕君、郭汝宁《超重肥胖流行病学研究进展》,载《国外医学(社会医学分册)》2002 年第 3 期。
④ 参见王育才、杨景林、李清亚、傅根铭《利用生物电阻抗测量人体脂肪的研究》,载《营养学报》1994 年第 1 期。
⑤ 参见国家体育总局《科学运动 健康减肥》,人民体育出版社 2017 年版。
⑥ 参见胡佩青、李卫国《脂肪细胞与代谢型肥胖症概述》,载《生物学教学》2019 年第 6 期。
⑦ 参见国家体育总局《科学运动 健康减肥》,人民体育出版社 2017 年版。
⑧ 参见马文军、许燕君、郭汝宁《超重肥胖流行病学研究进展》,载《国外医学(社会医学分册)》2002 年第 3 期。

史①。单纯性肥胖会导致患者沉重的精神压力、心理冲突和对自信心的打击②，对他们的个性、气质、潜能开发，以及日后各种能力的发展、人际交往等都带来长远的影响。

单纯性肥胖又分为体质性肥胖和过食性肥胖两种。③ 体质性肥胖大多因遗传性机体脂肪细胞数目较多而造成；过食性肥胖又称获得性肥胖，由有意识或者无意识的过度饮食造成。④

3. 继发型肥胖

此种肥胖类型是以某种疾病为病源的症状性肥胖⑤，人数约占肥胖者的5%。包括下丘脑性肥胖、垂体性肥胖、甲状腺功能低下性肥胖、库欣综合征性肥胖和高胰岛素性肥胖等⑥。病症表现为性腺功能低下、多囊卵巢综合征。如女性绝经期及少数多囊卵巢综合征引起的肥胖。⑦

4. 顽固型肥胖

又称西洋梨型肥胖，主要表现为通过食物及药物治疗，体重仍无明显下降。⑧此类肥胖患者由于腹部、腰部、大腿、臀部的皮下脂肪积蓄过多，造成下半身围度大于上半身，状似梨形。顽固型肥胖会降低患者的生活质量，影响劳动力，易患皮炎、静脉曲张。更甚者，会出现行走困难、劳动力丧失的现象。除此之外，顽固型肥胖加重身体器官负荷，从而使身体器官趋向衰竭。⑨

5. 营养型肥胖

营养型肥胖属成年起病型肥胖病⑩，大多是由成年以后营养过剩引起⑪。表现为在20～25岁之间出现肥胖症状，脂肪细胞单纯肥大而无增生，以四肢肥胖为主。通常采用饮食、运动方式进行干预，可获得较好疗效。⑫

6. 淀粉型肥胖

这是肥胖基因群表现出的脂肪燃烧代谢异常造成的肥胖类型，容易在男性腹

---

① 参见国家体育总局《科学运动 健康减肥》，人民体育出版社2017年版。
② 参见张钧、何进胜《运动健康管理》，复旦大学出版社2019年版。
③ 参见国家体育总局《科学运动 健康减肥》，人民体育出版社2017年版。
④ 参见袁守龙、武文强、尹军《大学体育与健康：图解示范+视频指导》，人民邮电出版社2019年版。
⑤ 参见马文军、许燕君、郭汝宁《超重肥胖流行病学研究进展》，载《国外医学（社会医学分册）》2002年第3期。
⑥ 参见国家体育总局《科学运动 健康减肥》，人民体育出版社2017年版。
⑦ 参见袁守龙、武文强、尹军《大学体育与健康：图解示范+视频指导》，人民邮电出版社2019年版。
⑧ 参见国家体育总局《科学运动 健康减肥》，人民体育出版社2017年版。
⑨ 参见马文军、许燕君、郭汝宁《超重肥胖流行病学研究进展》，载《国外医学（社会医学分册）》2002年第3期。
⑩ 参见张钧、何进胜《运动健康管理》，复旦大学出版社2019年版。
⑪ 参见国家体育总局《科学运动 健康减肥》，人民体育出版社2017年版。
⑫ 参见胡佩青、李卫国《脂肪细胞与代谢型肥胖症概述》，载《生物学教学》2019年第6期。

部、女性下腹部、臀部及大腿堆积脂肪，形成中广型下半身肥胖症。① 淀粉型肥胖者由于摄入淀粉食物比例较高，容易患上糖尿病等慢性疾病。②

7. 脏器型肥胖

又称苹果型肥胖、腹部型肥胖、向心型肥胖、内脏型肥胖③，是一种因内脏脂质代谢异常而造成的肥胖类型。④ 患者主要表现为腹部皮下及腹腔内囤积脂肪。内脏聚集脂肪过多，易导致内脏中毒，引发代谢综合征。⑤

8. 代谢型肥胖

即通常所指的中心型肥胖，代谢型肥胖人群按身高及体重标准虽未达到肥胖标准，但体内脂肪代谢异常⑥，且腰腹部脂肪堆积明显。通常表现为新陈代谢缓慢、血脂升高。⑦

（二）按年龄与性别划分

以下三个阶段最容易发生肥胖：5岁以前（含婴幼儿期）、青春发育期、40岁以后。此外，成年后妇女以妊娠哺乳期和绝经期容易出现肥胖⑧；男性多在40岁以后成家立业，生活稳定、活动量少，容易出现肥胖⑨。

（三）按脂肪分布划分

分为全身性（均匀性）肥胖、向心性肥胖、上身或下身肥胖、内脏脂肪性肥胖、皮下脂肪性肥胖。⑩

（四）按脂肪细胞大小和数目的差异划分

1. 周围型肥胖

脂肪细胞数目增多，从儿童期开始，终身肥胖。

---

① 参见国家体育总局《科学运动 健康减肥》，人民体育出版社2017年版。
② 参见王文绢、王克安、李天麟等《体重指数、腰围和腰臀比预测高血压、高血糖的实用价值及其建议值探讨》，载《中华流行病学杂志》2002年第1期。
③ 参见马文军、许燕君、郭汝宁《超重肥胖流行病学研究进展》，载《国外医学（社会医学分册）》2002年第3期。
④ 参见国家体育总局《科学运动 健康减肥》，人民体育出版社2017年版。
⑤ 参见张钧、何进胜《运动健康管理》，复旦大学出版社2019年版。
⑥ 参见胡佩青、李卫国《脂肪细胞与代谢型肥胖症概述》，载《生物学教学》2019年第6期。
⑦ 参见马文军、许燕君、郭汝宁《超重肥胖流行病学研究进展》，载《国外医学（社会医学分册）》2002年第3期。
⑧ 参见王文绢、王克安、李天麟等《体重指数、腰围和腰臀比预测高血压、高血糖的实用价值及其建议值探讨》，载《中华流行病学杂志》2002年第1期。
⑨ 参见袁守龙、武文强、尹军《大学体育与健康：图解示范+视频指导》，人民邮电出版社2019年版。
⑩ 参见中国肥胖问题工作组数据汇总分析协作组《我国成人体重指数和腰围对相关疾病危险因素异常的预测价值：适宜体重指数和腰围切点的研究》，载《中华流行病学杂志》2002年第1期。

2. 中央型肥胖

脂肪细胞数目不增加，储存脂肪量增多，从中年开始。[①]

（五）按生活习惯划分

1. 进食过量型肥胖

因热量摄入过高所导致的肥胖。此类人群通常喜食高油脂、口味重的食物，如奶油制品、甜食、炸物等，而不考虑其营养价值。[②] 他们常食量毫无节制，且经常边看电视边吃零食、外出就餐。[③]

2. 进食不科学型肥胖

此类肥胖人群往往缺乏健康意识与正常饮食规律。对于减肥，仅有想法，却缺乏科学意识和毅力。日常状态通常为三餐不规律、进食速度快。三餐之中，晚餐通常是最丰盛的，而减肥时易走极端——节食。[④]

3. 缺乏运动型肥胖

此类肥胖人群，一般工作、生活都比较稳定，但不喜欢运动。日常状态通常为：通勤时，乘电梯多于爬楼梯，乘汽车多于骑自行车或步行；上班时，久坐多于走动；不愿参加任何体育活动。[⑤]

4. 情绪致胖型肥胖

部分人喜欢通过享用美食来缓解不良情绪，对于他们而言，吃什么、吃多少与情绪好坏直接挂钩。当不良情绪、繁重压力出现时，易出现暴饮暴食现象。[⑥]

5. 代谢不足型肥胖

基础代谢（basal metabolism，简称BM）是指人体维持生命的所有器官所需要的最低能量需要。它是人体消耗能量最多的途径，占每日能量消耗总量的60%～70%。基础代谢率（basal metabolic rate，简称BMR）是指人体在清醒而又极端安静的状态下，不受肌肉活动、环境温度、食物及精神紧张等影响时的能量代谢率。正常人的基础代谢率比较恒定，一般男性稍高于女性，儿童和青年高于成年，成年后逐渐降低。[⑦]

基础代谢率对减肥有非常大的影响，每天适量的运动有助于提高身体的基础代谢率，而不科学的节食（极端是绝食）会降低人的基础代谢率。

[①] 参见胡佩青、李卫国《脂肪细胞与代谢型肥胖症概述》，载《生物学教学》2019年第6期。
[②] 参见张钧、何进胜《运动健康管理》，复旦大学出版社2019年版。
[③] 参见国家体育总局《科学运动 健康减肥》，人民体育出版社2017年版。
[④] 参见马文军、许燕君、郭汝宁《超重肥胖流行病学研究进展》，载《国外医学（社会医学分册）》2002年第3期。
[⑤] 参见张钧、何进胜《运动健康管理》，复旦大学出版社2019年版。
[⑥] 参见胡佩青、李卫国《脂肪细胞与代谢型肥胖症概述》，载《生物学教学》2019年第6期。
[⑦] 参见国家体育总局《科学运动 健康减肥》，人民体育出版社2017年版。

因此,基础代谢率低的人需要更多的运动锻炼和科学控制饮食量。此类人群通常表现为长期睡眠不足、身体肌肉含量少,有过度节食的减肥史,存在会引起基础代谢率降低的内分泌疾病。①

四、肥胖症病理学及其特点

(一) 肥胖症病理学

从根本原因上看,当人体摄入热量超过了机体所消耗的热量,多余热量转变为脂肪在体内大量储存时,易引发肥胖症。② 人体消耗的能量主要来自糖与脂肪的分解代谢,肥胖者更多地依赖糖氧化供能,这有可能与肥胖者脂类氧化能力降低、脂肪储存过多有着密切关系。如经常摄入过多的中性脂肪及糖类,会促使脂肪合成加快,直接导致肥胖。在活动过少的情况下,如体育锻炼少或因病卧床休息、产后休养等,都易引发肥胖。③

一般情况下,人体每日热量摄入有差异,取决于年龄、身高、劳动性质等因素。正常神经内分泌的精密调节,使人体体重能够保持相对稳定,从而避免肥胖。根据科学家近年研究,肥胖症产生机制可分为在神经中枢机制、高胰岛素血症和褐色脂肪组织三方面异常。④

1. 神经中枢机制异常

肥胖形成的中枢机制中,有一个重要的调定点假说。该假说认为神经中枢(下丘脑)有体重调定点。正常情况下,当体重大于调定点时,食物摄入量会减少,整个机体代谢水平升高;当体重值低于调定点时,能量消耗降低,食物摄入量迅速增加。

2. 高胰岛素血症

近年来,高胰岛素血症在肥胖发病中的作用引发人们关注。肥胖症常与高胰岛素血症并存,胰岛素可显著促进脂肪蓄积,一定程度上可作为肥胖的检测因子。⑤ 通常认为,高胰岛素血症引起肥胖、过度摄食,高胰岛素血症通常是肥胖发生的重要因素。⑥

---

① 参见马文军、许燕君、郭汝宁《超重肥胖流行病学研究进展》,载《国外医学(社会医学分册)》2002年第3期。
② 参见张钧、何进胜《运动健康管理》,复旦大学出版社2019年版。
③ 参见袁守龙、武文强、尹军《大学体育与健康:图解示范+视频指导》,人民邮电出版社2019年版。
④ 参见国家体育总局《科学运动 健康减肥》,人民体育出版社2017年版;胡佩青、李卫国《脂肪细胞与代谢型肥胖症概述》,载《生物学教学》2019年第6期。
⑤ 参见王友发、孙明晓、杨月欣《中国肥胖预防和控制蓝皮书》,北京大学医学出版社2019年版。
⑥ Swinburn B A, Sacks G, Hall K D, et al., "The Global Obesity Pandemic: Shaped by Global Drivers and Local Environments," *The Lancet*, 2011, 378(9793).

3. 褐色脂肪组织异常

褐色脂肪组织是近年来发现的一种新型脂肪组织[①]，主要分布于肩胛间、颈背部、腋窝部、纵隔及肾周围，外观呈浅褐色，细胞数量多且体积变化较小。功能上，褐色脂肪组织可以产热，当机体摄食或受寒冷刺激时，细胞内脂肪燃烧，参与体内热量总调节的过程，它能够将体内多余热量散向体外，使机体能量代谢平衡。部分肥胖者存在褐色脂肪组织异常症状，即产热功能障碍。[②]

肥胖发生的机制相当复杂，它的发生应该是一个整体的、连锁的反应，因此，在肥胖的研究中，不仅要考虑其单一因素的作用，更要考虑其整体的效应。[③]

（二）肥胖症的特点

肥胖者的特征是体型矮胖浑圆，脸部上窄下宽、颈粗短，头部后仰，颈部皮褶明显。[④] 胸圆，双乳因皮下脂肪厚而增大，肋间隙模糊。站立时，腹部前突且高于胸部平面，脐孔凹陷明显。[⑤]

一般肥胖者呈体重缓慢增加趋势（女性分娩后除外），如短时间内出现体重迅速增加现象，应视为继发性肥胖。[⑥] 继发性肥胖症状，男性脂肪分布以颈项部和躯干部为主，而女性则以胸部、腹部及臀部为主。[⑦]

短时快速肥胖者在下腹部两侧、双大腿和臀部内侧、臀部外侧可见紫色、白色纹路，褶皱处易磨损，引发皮炎、皮癣。手指、足趾粗短，手背因脂肪增厚而使掌指关节凸出处皮肤凹陷，骨突出不明显。[⑧]

肥胖者多有进食过多、运动不足的习惯，且伴有家族肥胖史。轻度至中度原发性肥胖者无任何自觉症状；重度肥胖者则有怕热、活动能力降低的症状[⑨]，甚至活动时会出现轻度气促、睡眠时打鼾，易患高血压病、糖尿病、痛风等疾病。[⑩]

[①] 参见国家体育总局《科学运动　健康减肥》，人民体育出版社2017年版。
[②] 参见姚旋、张颖、单仕芳、应浩《褐色脂肪组织研究的最新进展和科学意义》，载《中国细胞生物学学报》2011年第3期。
[③] 同上。
[④] 参见国家体育总局《科学运动　健康减肥》，人民体育出版社2017年版。
[⑤] 参见胡佩青、李卫国《脂肪细胞与代谢型肥胖症概述》，载《生物学教学》2019年第6期。
[⑥] 参见马文军、许燕君、郭汝宁《超重肥胖流行病学研究进展》，载《国外医学（社会医学分册）》2002年第3期。
[⑦] 参见张钧、何进胜《运动健康管理》，复旦大学出版社2019年版。
[⑧] 参见马文军、许燕君、郭汝宁《超重肥胖流行病学研究进展》，载《国外医学（社会医学分册）》2002年第3期。
[⑨] 参见王文绢、王克安、李天麟等《体重指数、腰围和腰臀比预测高血压、高血糖的实用价值及其建议值探讨》，载《中华流行病学杂志》2002年第1期。
[⑩] 参见王友发、孙明晓、杨月欣《中国肥胖预防和控制蓝皮书》，北京大学医学出版社2019年版。

五、肥胖症的产生因素

肥胖的成因较为复杂，除遗传等不可改变的因素外，最主要的原因是不良生活习惯。主要表现为高脂肪、高热量、高密度的不科学膳食搭配，以及静坐少动的不健康生活方式。[1]

通过深入、全面地了解肥胖症的产生因素，找出自身的肥胖成因，可以对症下药地制定科学减肥计划。

（一）遗传因素

肥胖受多种因素影响。大量家族聚集性以及双生子试验结果皆证明了遗传因素是肥胖的主要原因之一。遗传因素占肥胖影响因素40%～70%。[2] 另外，有研究证明，遗传因素可对21%的BMI变异程度进行解释。[3] 遗传因素对肥胖的影响是多方面的，主要表现在以下4个方面。

（1）遗传因素影响肥胖的程度与脂肪分布类型，会影响皮下脂肪厚度及内脏脂肪组织，对内脏脂肪的影响尤为显著。[4]

（2）过度进食后，个体体重增加的敏感性是由遗传因素决定的。[5]

（3）遗传可影响个体的基础代谢率、食物和运动的热效应，个体间能量收支的差别可达40%以上。[6]

（4）人们摄入蛋白质、糖类和脂肪的比例，以及习惯性的体力活动水平受遗传因素的影响。[7]

（二）个人生活习惯

1. 饮食与作息

（1）不良饮食习惯。

不良饮食习惯是造成肥胖的主要因素之一，主要表现在以下4个方面。

①快食。表现为食物未充分咀嚼，无法完整敷贴于胃壁表面，使胃壁依然处

---

[1] 参见张钧、何进胜《运动健康管理》，复旦大学出版社2019年版。
[2] 王从容、杨锡让：《肥胖发生机制的生理学分析（文献综述）》，载《北京体育大学学报》1994年第1期，第39-45页。
[3] Swinburn B A, Sacks G, Hall K D, et al., "The Global Obesity Pandemic: Shaped by Global Drivers and Local Environments," *The Lancet*, 2011, 378(9793).
[4] 参见张薇、徐冬青、赵斐、陈家琦《皮褶厚度法间接测定中国人身体脂肪含量公式的初步建立》，载《天津体育学院学报》1999年第1期。
[5] 参见张钧、何进胜《运动健康管理》，复旦大学出版社2019年版。
[6] 参见马文军、许燕君、郭汝宁《超重肥胖流行病学研究进展》，载《国外医学（社会医学分册）》2002年第3期。
[7] 参见王友发、孙明晓、杨月欣《中国肥胖预防和控制蓝皮书》，北京大学医学出版社2019年版。

于饥饿状态。虽进食许多,但未有饱腹感。另外,咀嚼过快,易使迷走神经仍处于过度兴奋状态,引发食欲亢进。①

②零食。部分零食,如点心、果脯、油炸小食品、糖果、巧克力等,含糖量高,易于被人体吸收,易刺激脂肪生成所需酶的活性,促进胰岛素的分泌,从而导致肥胖。②

③夜食。睡前进食易使大量热能积蓄,从而转化为脂肪,导致肥胖。③

④偏食。偏食会导致营养素摄取不平衡,不合理的饮食结构会诱发肥胖。近年来,科学家们大力提倡富含多种维生素和膳食纤维营养摄入的健康饮食。④富含膳食纤维的食物,包括纤维素、木质素、抗性低聚糖、果胶、抗性淀粉等,因其脂肪含量少、能量密度小,可控制膳食能量的摄入。⑤

研究发现,肥胖人群普遍存在多种维生素与矿物质缺乏的现象,但它们是否与肥胖有着确切因果关系,至今尚无定论。已有大量研究证实,维生素 D 的缺乏与肥胖密切相关,多补充维生素 D,能够抑制前脂肪细胞分化过程,预防肥胖的发生。⑥

(2) 作息不规律。

随着工业化和城市化的进程加快,传统的生活方式正在改变,快节奏、高压力的学习生活方式使得成年人睡眠时间不断减少。⑦睡眠时间与肥胖的发生呈 U 型相关,已有研究表明,每晚睡眠平均时间达到 7.7 小时,BMI 指数会呈现最低值;而睡眠时间低于或高于 7.7 小时,BMI 值会升高。⑧

睡眠不足会导致瘦素、脂联素水平降低,内脂素、促炎因子水平升高,还会对新型脂肪因子视黄醇结合蛋白 4(retinol-blinding protein 4,简称 RBP4)产生影响。长期睡眠不足,易引发肥胖症的流行。⑨

2. 体力活动过少

体力活动减少是导致现代人肥胖症流行的重要原因之一⑩,主要表现为活动从户外游戏转向室内娱乐。看电视、互联网和电脑游戏等新型娱乐方式,电子屏幕

---

① 参见国家体育总局《科学运动 健康减肥》,人民体育出版社 2017 年版。
② 参见王文绢、王克安、李天麟等《体重指数、腰围和腰臀比预测高血压、高血糖的实用价值及其建议值探讨》,载《中华流行病学杂志》2002 年第 1 期。
③ 参见马文军、许燕君、郭汝宁《超重肥胖流行病学研究进展》,载《国外医学(社会医学分册)》2002 年第 3 期。
④ 参见张钧、何进胜《运动健康管理》,复旦大学出版社 2019 年版。
⑤ 参见袁守龙、武文强、尹军《大学体育与健康:图解示范+视频指导》,人民邮电出版社 2019 年版。
⑥ 参见中国肥胖问题工作组数据汇总分析协作组《我国成人体重指数和腰围对相关疾病危险因素异常的预测价值:适宜体重指数和腰围切点的研究》,载《中华流行病学杂志》2002 年第 1 期。
⑦ 参见袁守龙、武文强、尹军《大学体育与健康:图解示范+视频指导》,人民邮电出版社 2019 年版。
⑧ 参见国家体育总局《科学运动 健康减肥》,人民体育出版社 2017 年版。
⑨ 参见马文军、许燕君、郭汝宁《超重肥胖流行病学研究进展》,载《国外医学(社会医学分册)》2002 年第 3 期。
⑩ 同上。

使用时间增加,极大减少了体力活动量。使用电子产品过多,使得人们养成久坐习惯,不利于多余能量的消耗;使机体肌肉量不足,基础代谢降低,出现能量摄入大于能量消耗的情况。多余能量以脂肪的形式在体内储蓄,导致肥胖。① 除减少体力活动量之外,电子产品的过度使用还助长不良饮食习惯的养成,从而导致肥胖人数增多。②

(三) 社会文化影响

导致肥胖产生的社会因素有很多,包括社会经济状况、人民受教育程度、民族与宗教信仰、大众传媒 4 个部分。③

社会经济状况方面。国内、外多项研究显示,不同经济地位、收入水平、文化程度的人群,肥胖的发生存在明显差异。贫困家庭的少年儿童,在成年后发生肥胖的概率会增加,即社会经济状况较差的人群肥胖率比较高。④

人民受教育程度方面。文化程度高的人群中,超重和肥胖发生概率越低。文化程度较高者,更了解超重和肥胖会带来危害,更容易接受各种防治知识,改变自身不良生活习惯,消费对身体健康有益的食物,如蔬菜、水果等,因此,发生肥胖的概率较低。⑤

民族和宗教信仰方面。各民族由于生活习惯、地理位置、经济状态、遗传信息的不同,会导致各个民族之间的社会心理以及生活习惯存在差异,从而影响肥胖发生率。⑥

大众传媒方面。对舆论和思想起引导作用的大众传媒,会对人们的观念、知识和行为产生较大影响,对肥胖相关心理问题的发展起助推作用。电视食品广告中,大多数时段播放的是推销高脂、高糖、高盐食品的广告,食品厂商、零售商利用食品包装、商业广告和促销手段,使一些缺乏营养知识的人过多购买消费此类食品,商家获利的同时会导致肥胖的蔓延。⑦ 当今社会,互联网虽已普及,但其宣传内容未受到严格监管和审核,导向不准确的营养信息随处可见,对人们饮食

---

① 参见武阳丰、马冠生、胡永华等《中国居民的超重和肥胖流行现状》,载《中华预防医学杂志》2005 年第 5 期;Swinburn B A, Sacks G, Hall K D, et al., "The Global Obesity Pandemic: Shaped by Global Drivers and Local Environments," *The Lancet*, 2011, 378(9793)。

② 参见倪国华、张璟、郑风田《中国肥胖流行的现状与趋势》,载《中国食物与营养》2013 年第 10 期。

③ 参见王友发、孙明晓、杨月欣《中国肥胖预防和控制蓝皮书》,北京大学医学出版社 2019 年版。

④ 同上。

⑤ 参见袁守龙、武文强、尹军《大学体育与健康:图解示范+视频指导》,人民邮电出版社 2019 年版。

⑥ 参见武阳丰、马冠生、胡永华等《中国居民的超重和肥胖流行现状》,载《中华预防医学杂志》2005 年第 5 期。

⑦ 参见马文军、许燕君、郭汝宁《超重肥胖流行病学研究进展》,载《国外医学(社会医学分册)》2002 年第 3 期。

与健康观念造成巨大危害。①

（四）心理因素

当代青年人生活、工作和学习压力不断加大，越来越多人因承受压力或其他原因而患有抑郁症。② 2019 年 WHO 的统计结果显示，全球已有超过 3.5 亿的抑郁症患者，近十年同比增速约 18%，而在我国，泛抑郁人数已超过 9500 万人。据统计，全球青少年、儿童群体精神障碍增长 50%，抑郁障碍发病率将高达 2%～8%。③

治疗抑郁障碍的方法主要有药物治疗、心理治疗和物理治疗，而抗精神疾病类药物易导致体重增加。近年来，儿童和青少年的抑郁障碍发病率有所提升，相关药物的使用增多。使用精神治疗药物数量增加也是导致肥胖症出现概率不断提高的重要原因之一。④

六、超重和肥胖症的危害

（一）超重和肥胖症引发的相关疾病

肥胖症既是一个独立的疾病，也是多种疾病的危险因子（表 4-2），它被 WHO 列为导致疾病出现的十大危险因素之一。⑤

表 4-2 不同 BMI 水平下的肥胖相关疾病的相对危险度

BMI	24～27.9	≥28
高血压病	2.5	3.3
2 型糖尿病	2.0	3.0
血脂异常	2.5	3.0
BMI	24～27.9	≥28
冠心病	2.2	2.8

资料来源：中国营养学会编著，王友发、孙明晓、杨月欣主编《中国肥胖预防和控制蓝皮书》，北京大学医学出版社 2019 年版。

注：相对危险度指肥胖者发生相关疾病的患病率相对于正常体重者对该病患病率的倍数。其中，1～2 为稍高，2～3 为中等偏高，超过 3 为很高。

---

① 参见武阳丰、马冠生、胡永华等《中国居民的超重和肥胖流行现状》，载《中华预防医学杂志》2005 年第 5 期。
② 参见张钧、何进胜《运动健康管理》，复旦大学出版社 2019 年版。
③ 抑郁研究所：《2019 年中国抑郁症领域白皮书》，见中国发展简报官网（http：//www.chinadevelopmentbrief.org.cn/news-23787.html）。
④ 参见倪国华、张璟、郑风田《中国肥胖流行的现状与趋势》，载《中国食物与营养》2013 年第 10 期；国家体育总局《科学运动 健康减肥》，人民体育出版社 2017 年版。
⑤ 参见中国肥胖问题工作组数据汇总分析协作组《我国成人体重指数和腰围对相关疾病危险因素异常的预测价值：适宜体重指数和腰围切点的研究》，载《中华流行病学杂志》2002 年第 1 期。

1. 高血压病

高血压病已成为发病率最高的一种心脑血管疾病。导致高血压病出现的原因之一，就是人体长时间处于肥胖状态，导致血管壁出现斑块、动脉粥样硬化等问题。此外，多数肥胖者患有高胰岛素血症，该病会促进远端肾小管对钠元素的再吸收，引发高血压病。①

研究证实，肥胖症患者的肾上腺皮质功能活跃，皮质醇转换率、皮质酮和脱氧皮质酮羟化增强，引发血压升高。因此，肥胖是导致高血压病的重要危险因素。②

BMI 也是判定高血压罹患风险的指标之一。调查显示，BMI 值小于 20 者，高血压患病率为 7.55%；BMI 值在 24～26 范围内，高血压患病率为 20.26%。BMI 值大于 28 时，高血压患病率高达 36.89%。③

2. 2 型糖尿病和代谢综合征

（1）2 型糖尿病。

肥胖症、胰岛素抵抗与 2 型糖尿病关系密切。环境和遗传因素的综合作用会引起胰岛素抵抗（insulin resistance）和高胰岛素血症（hyperinsulinemia）。④ 其中，胰岛素抵抗是引发 2 型糖尿病的重要因素，当胰岛 B 细胞功能代偿，胰岛素抵抗时，就会出现血糖异常升高现象，糖耐量受损，最终引发 2 型糖尿病。⑤

美国糖尿病协会的研究报告显示，大约 85% 的肥胖者患有 2 型糖尿病，肥胖者发生 2 型糖尿病的危险性是正常体重者的 2～10 倍。⑥ 肥胖持续的时间越长，发生 2 型糖尿病的危险性就越大，而肥胖与 2 型糖尿病均是导致慢性肾脏病的危险因素。⑦

（2）代谢综合征。

代谢是人体内用于维持生命的一系列有序化学反应的总称，可被认为是生物

---

① 参见阳秀英、李新影《青少年超重、肥胖与抑郁和行为问题的关系》，载《中国心理卫生杂志》2016 年第 7 期。

② 参见赵连成、武阳丰、周北凡等《不同体重指数和腰围人群的血压均值及高血压患病率调查》，载《中华流行病学杂志》2003 年第 6 期。

③ 参见王文绢、王克安、李天麟等《体重指数、腰围和腰臀比预测高血压、高血糖的实用价值及其建议值探讨》，载《中华流行病学杂志》2002 年第 1 期。

④ 参见王文绢、王克安、李天麟等《体重指数、腰围和腰臀比预测高血压、高血糖的实用价值及其建议值探讨》，载《中华流行病学杂志》2002 年第 1 期；中国肥胖问题工作组数据汇总分析协作组《我国成人体重指数和腰围对相关疾病危险因素异常的预测价值：适宜体重指数和腰围切点的研究》，载《中华流行病学杂志》2002 年第 1 期。

⑤ 参见赵连成、武阳丰、周北凡等《不同体重指数和腰围人群的血压均值及高血压患病率调查》，载《中华流行病学杂志》2003 年第 6 期。

⑥ 参见王文绢、王克安、李天麟等《体重指数、腰围和腰臀比预测高血压、高血糖的实用价值及其建议值探讨》，载《中华流行病学杂志》2002 年第 1 期。

⑦ Foster M C, Hwang S J, Larsone M G, et al., "Overweight, Obesity and the Development of Stage 3 CKD: The Framingham Heart Study," *Am J Kidney Dis*, 2008, 52(1).

体不断进行物质和能量交换的过程。① 这些反应进程使得生物体可正常生长和繁殖，保持其结构，对外界环境做出有效反应。当一种物质发生异常时，虽可通过其他物质进行补偿，但代偿行为会以增加健康风险作为代价。②

代谢综合征（metabolize syndrome，简称 MS）表现为患者体内同时具备的一组危险因素的集合，包括腰围增加、血压升高，三酰甘油（甘油三酯）升高和高密度脂蛋白胆固醇含量降低，以及血糖水平升高。③

当人体热量摄入多于消耗时，多余热量会以脂肪形式储存于体内，达到一定限度时会演变为肥胖症。伴随肥胖所致的代谢、内分泌发生异常，易引发多种疾病。例如，糖代谢异常易引发糖尿病，脂肪代谢异常会引起高脂血症，核酸代谢异常导致高尿酸血症等。④

中国成年人的超重肥胖率和血脂异常率较高，尤其是城市男性人群，超重肥胖率和血脂异常率高达 38% 和 38.6%。⑤ 无论男性还是女性，随着年龄增加都呈递增态势。50 岁之前，男性的 MS 患病率高于女性；50～70 岁女性，MS 的患病率持续增加，70 岁以后有所下降；而男性 MS 患病率在 50 岁以后基本处于平稳的状态。⑥

3. 血脂异常

血脂异常症俗称高血脂，是指血液内的脂质成分含量过高的一种疾病。⑦ 肥胖与血脂异常有着密切关系。当人肥胖时，机体对游离脂肪酸的利用减少，血液中的游离脂肪酸积累，血脂容量升高。因此，肥胖者易患高血脂。⑧

血浆胆固醇、甘油三酯的升高与肥胖程度成正比。⑨ 体重下降会使血浆胆固醇与甘油三酯降低，对于动脉粥样硬化和冠心病的防治有重要意义。⑩

---

① 参见国家体育总局《科学运动　健康减肥》，人民体育出版社 2017 年版。
② 参见张钧、何进胜《运动健康管理》，复旦大学出版社 2019 年版。
③ 参见中国肥胖问题工作组数据汇总分析协作组《我国成人体重指数和腰围对相关疾病危险因素异常的预测价值：适宜体重指数和腰围切点的研究》，载《中华流行病学杂志》2002 年第 1 期；胡佩青、李卫国《脂肪细胞与代谢型肥胖症概述》，载《生物学教学》2019 年第 6 期；马文军、许燕君、郭汝宁《超重肥胖流行病学研究进展》，载《国外医学（社会医学分册）》2002 年第 3 期。
④ 参见姚旋、张颖、单仕芳、应浩《褐色脂肪组织研究的最新进展和科学意义》，载《中国细胞生物学学报》2011 年第 3 期。
⑤ Swinburn B A, Sacks G, Hall K D, et al., "The Global Obesity Pandemic: Shaped by Global Drivers and Local Environments," *The Lancet*, 2011, 378(9793).
⑥ 参见武阳丰、马冠生、胡永华等《中国居民的超重和肥胖流行现状》，载《中华预防医学杂志》2005 年第 5 期。
⑦ 参见赵连成、武阳丰、周北凡等《不同体重指数和腰围人群的血压均值及高血压患病率调查》，载《中华流行病学杂志》2003 年第 6 期。
⑧ 参见中国肥胖问题工作组数据汇总分析协作组《我国成人体重指数和腰围对相关疾病危险因素异常的预测价值：适宜体重指数和腰围切点的研究》，载《中华流行病学杂志》2002 年第 1 期。
⑨ 参见张钧、何进胜《运动健康管理》，复旦大学出版社 2019 年版。
⑩ 参见陈燕子、刘莉、付晓丽等《肥胖与癌症的关系的知识图谱分析》，载《中华疾病控制杂志》2016 年第 6 期。

4. 冠心病和其他动脉粥样硬化性疾病

相关资料表明，冠心病患者的平均体重高于非冠心病患者，肥胖者冠心病的发病率较高，尤其是短期内发胖或重度肥胖者。① 原因在于肥胖者热量摄入过多，体重增加的同时，心脏负荷和血压也随之升高，心肌耗氧量增加。高热量的饮食习惯，使胆固醇、甘油三酯、血压升高，促使冠状动脉粥样硬化的形成和加重。加之大多数肥胖者体力活动较少，妨碍了冠状动脉粥样硬化侧支循环的形成。②

肥胖会使胰岛素的生物学作用被削弱，机体对胰岛素产生抵抗作用，从而引发糖尿病。糖尿病、高脂血症、高纤维蛋白原血症，都是引发动脉粥样硬化的危险因素，它们都会导致冠心病发作。③

5. 脑卒中

脑卒中又称急性脑血管疾病，根据不同性质，可分为缺血性脑卒中和出血性脑卒中。该疾病的致残率和致死率极高，会给患者的生活质量、心理健康带来严重影响，给患者家庭和社会带来负担。④

在世界范围内还没有确切证据表明肥胖可直接增加脑卒中的危险性，但肥胖症属于预防脑卒中的可控因素之一。⑤ 脑卒中是基因和环境共同作用的结果，肥胖症也与基因和环境有关，故二者可能在诱发因素上存在相关性。伴有超重或肥胖症的脑卒中患者，常被发现大脑中动脉平均血流速度下降，伴有重度颈动脉硬化狭窄迹象。除此之外，肥胖症患者更容易出现睡眠呼吸暂停低通气综合征。以上种种因素，都属于脑卒中发生的危险因素。⑥

6. 某些癌症

大量的前瞻性流行病学研究证实了肥胖与癌症之间存在因果关系，结果一致显示：肥胖与各类癌症引发的危险性之间呈剂量-反应关系，该结果足以证明肥

---

① 参见冯静、刘欢、许丹等《肥胖 2 型糖尿病患者合并血脂异常和高血压情况分析》，载《中国全科医学》2019 年第 S1 期。
② 参见马文军、许燕君、郭汝宁《超重肥胖流行病学研究进展》，载《国外医学（社会医学分册）》2002 年第 3 期；王友发、孙明晓、杨月欣《中国肥胖预防和控制蓝皮书》，北京大学医学出版社 2019 年版。
③ 参见中国肥胖问题工作组数据汇总分析协作组《我国成人体重指数和腰围对相关疾病危险因素异常的预测价值：适宜体重指数和腰围切点的研究》，载《中华流行病学杂志》2002 年第 1 期；赵连成、武阳丰、周北凡等《不同体重指数和腰围人群的血压均值及高血压患病率调查》，载《中华流行病学杂志》2003 年第 6 期。
④ 参见中国肥胖问题工作组数据汇总分析协作组《我国成人体重指数和腰围对相关疾病危险因素异常的预测价值：适宜体重指数和腰围切点的研究》，载《中华流行病学杂志》2002 年第 1 期；冯静、刘欢、许丹等《肥胖 2 型糖尿病患者合并血脂异常和高血压情况分析》，载《中国全科医学》2019 年第 S1 期。
⑤ 参见王友发、孙明晓、杨月欣《中国肥胖预防和控制蓝皮书》，北京大学医学出版社 2019 年版。
⑥ 参见马文军、许燕君、郭汝宁《超重肥胖流行病学研究进展》，载《国外医学（社会医学分册）》2002 年第 3 期；姚旋、张颖、单仕芳、应浩《褐色脂肪组织研究的最新进展和科学意义》，载《中国细胞生物学学报》2011 年第 3 期。

胖是这些癌症发病的主要影响因素。①

肥胖与机体多个部位癌症有关，已有部分流行病学证据表明，中心性肥胖会增加患结肠/直肠癌、胰腺癌、（绝经期）乳腺癌、子宫内膜癌、肝癌和胆囊癌的风险。②

美国癌症协会发现，体重比同龄人高出10%以上者，患子宫内膜癌的概率是常人的5.5倍，患胆囊癌的概率是常人的3.9倍，患子宫肌瘤的概率比常人高2.4倍。③

7. 其他疾病

脂肪的增加引起脂肪分解代谢增强，导致体内的脂肪酸增多，血液中的大量游离脂肪酸就会不断运往肝脏，多余的脂肪易引发脂肪肝。对于女性而言，肥胖症患者容易患多囊卵巢综合征，卵泡不易成熟，从而导致不孕。④ 除此之外，肥胖症还易引发哮喘、骨关节炎、尿失禁、胃食管反流等疾病，严重影响个人生活。⑤

（二）超重和肥胖导致的社会与心理问题

1. 社会问题

肥胖者由于体型和外观的原因，在求学与就职方面经常受到歧视和侮辱，遭受极大的精神伤害。⑥ 国外的研究表明，肥胖者特别是女性肥胖者，职业收入和婚姻状况会明显不如非肥胖者，且多数伴有抑郁等精神障碍。此外，由于频繁控制体重，易导致进食障碍（神经性厌食和贪食症等），此类病症在年轻肥胖女性群体中的比例远远高于正常体重者。⑦

2. 心理问题

肥胖对心理发育存在多方面的影响，而且会随着年龄增长而不断加大。常表现为肥胖者自信心不足，因身体形态导致对自我形象不满，自尊心受损。⑧ 同时，肥胖者还会受到歧视和讥笑，被排斥于团体之外。由于孤独和寂寞，被迫以大量

---

① 参见赵连成、武阳丰、周北凡等《体质指数与冠心病、脑卒中发病的前瞻性研究》，载《中华心血管病杂志》2002年第7期。
② 参见中国肥胖问题工作组数据汇总分析协作组《我国成人体重指数和腰围对相关疾病危险因素异常的预测价值：适宜体重指数和腰围切点的研究》，载《中华流行病学杂志》2002年第1期。
③ 参见王友发、孙明晓、杨月欣《中国肥胖预防和控制蓝皮书》，北京大学医学出版社2019年版。
④ 参见姚旋、张颖、单仕芳、应浩《褐色脂肪组织研究的最新进展和科学意义》，载《中国细胞生物学学报》2011年第3期；国家体育总局《科学运动 健康减肥》，人民体育出版社2017年版。
⑤ 参见武阳丰、马冠生、胡永华等《中国居民的超重和肥胖流行现状》，载《中华预防医学杂志》2005年第5期。
⑥ 参见王友发、孙明晓、杨月欣《中国肥胖预防和控制蓝皮书》，北京大学医学出版社2019年版。
⑦ Swinburn B A, Sacks G, Hall K D, et al., "The Global Obesity Pandemic: Shaped by Global Drivers and Local Environments," *The Lancet*, 2011, 378(9793).
⑧ 参见阳秀英、李新影《青少年超重、肥胖与抑郁和行为问题的关系》，载《中国心理卫生杂志》2016年第7期。

进食作为安慰。① 而且，肥胖者不得不面对以上因素所造成的社交压力，这种压力往往会转变为情绪障碍，使得他们拒绝参加团体社交活动，消极和对立情绪明显增加，长期不重视，易引发抑郁症。②

第二节 肥胖症的干预与防治

一、干预原则

（一）坚持预防为主

治疗肥胖症应坚持以预防为主，处于儿童、青少年阶段的人群，应从预防超重入手，树立终身防治的意识。③ 日常生活中，采取综合措施预防、控制肥胖症的发生，养成健康生活方式，包括养成科学合理饮食习惯、适度体力活动、矫正不良习惯等。④

（二）纠正不良生活方式

不良生活方式是指人类受周围社会文化、经济、风俗、家庭影响，形成的一系列对身心健康有害的生活习惯、制度和意识。⑤ 随着我国经济的快速发展，人们的物质生活越来越丰富，饮食结构也发生了变化，摄入过多高热量、高脂肪的食物，易造成营养过剩，从而导致肥胖。摄入高糖食物，会促进胰岛素分泌，使脂肪蓄积而引发肥胖。除此之外，过度吸烟、酗酒和不规律作息等也是易导致肥胖的不良生活方式。⑥

纠正不良习惯，养成健康、规律的生活方式，不仅有助于预防肥胖的发生，更有利于树立积极向上的乐观心态。⑦

（三）减少能量摄入

保持体重恒定应遵循能量平衡原理，即以能量消耗与能量摄入保持动态平衡

---

① 参见乔来明《对肥胖大学生体质与心理健康状况的调查》，载《现代预防医学》2008年第15期。
② 参见阳秀英、李新影《青少年超重、肥胖与抑郁和行为问题的关系》，载《中国心理卫生杂志》2016年第7期。
③ 参见王友发、孙明晓、杨月欣《中国肥胖预防和控制蓝皮书》，北京大学医学出版社2019年版。
④ 参见邬雪山、孙桂平、张晓艳《超重、肥胖与生活方式关系的分析》，载《现代预防医学》2011年第15期。
⑤ 同上。
⑥ 同上。
⑦ 参见武阳丰、马冠生、胡永华等《中国居民的超重和肥胖流行现状》，载《中华预防医学杂志》2005年第5期；倪国华、张璟、郑风田《中国肥胖流行的现状与趋势》，载《中国食物与营养》2013年第10期。

为前提，对饮食量和运动量进行控制。①

饮食方面，需平衡膳食，减少热量摄入。减脂期的健身者应多选择低热量、营养素全面的食物，如瓜果、蔬菜、瘦肉等。严格限制高热量、高糖分食物的摄入，如油炸食物、巧克力、糖等。与此同时，应控制零食的摄入，不要在睡觉前及非饥饿状态下进食。②

单纯控制饮食虽能达到减轻体重的目的，但可能会造成营养跟不上机体的实际需求。如不能及时补充足够的营养和能量，肌肉会变得无力，机体也会因能量供给不足而无法正常完成运动。因此，需根据自身情况做出灵活调整。③

（四）增加身体活动

缺乏运动会导致能量消耗降低，出现能量摄入大于能量消耗的现象，多余能量以脂肪的形式在体内积蓄，从而导致肥胖。④

体重的管理依赖于能量平衡，受能量摄入与能量消耗的影响。对于体重超重的人，适当减少体重对其健康会有显著的益处。要减轻体重，其能量消耗量需要超过摄入量。可采用控制饮食、搭配运动的方法，在减脂的同时，防止体重反弹。⑤

运动方面，应注意循序渐进，以大能量消耗的运动为主，但要避免过度疲劳。通过运动实现体重减轻，是身体脂肪减少的结果。有时体重变化虽不明显，但身体成分已发生变化。例如，肌肉增加，脂肪减少，运动能力提高。⑥

（五）坚持长期减肥计划

减脂的初级阶段，会出现肌肉增加、脂肪下降较为明显的趋势。伴随体脂率的下降，虽一定程度上可印证减肥的效果，但这只是成功的第一步。在减肥开始的前1～2周内，减脂健身者应保持心态平和，坚持执行运动减肥方案，科学监控减肥效果，必要时根据具体情况调整减肥方案。⑦

---

① 参见邬雪山、孙桂平、张晓艳《超重、肥胖与生活方式关系的分析》，载《现代预防医学》2011年第15期。

② 参见武阳丰、马冠生、胡永华等《中国居民的超重和肥胖流行现状》，载《中华预防医学杂志》2005年第5期。

③ 参见国家体育总局《科学运动 健康减肥》，人民体育出版社2017年版。

④ 参见张景琦、孟令超《本能减脂》，中信出版社2017年版；武阳丰、马冠生、胡永华等《中国居民的超重和肥胖流行现状》，载《中华预防医学杂志》2005年第5期。

⑤ 参见王友发、孙明晓、杨月欣《中国肥胖预防和控制蓝皮书》，北京大学医学出版社2019年版。

⑥ 参见国家体育总局《科学运动 健康减肥》，人民体育出版社2017年版；赵连成、武阳丰、周北凡等《不同体重指数和腰围人群的血压均值及高血压患病率调查》，载《中华流行病学杂志》2003年第6期。

⑦ 参见王友发、孙明晓、杨月欣《中国肥胖预防和控制蓝皮书》，北京大学医学出版社2019年版。

（六）防治相关疾病

预防肥胖，也需要同步预防与肥胖相关的疾病，将控制肥胖作为防治肥胖相关疾病的重要环节。[1] 与肥胖相关的疾病有许多种，包括糖尿病、心脑血管疾病、骨关节病、睡眠呼吸暂停综合征、脂肪肝等。因此，预防肥胖的第一步是定期做好体检，及时发现隐患。[2]

（七）保持健康体重

保持健康体重，应当树立健康体重的观念，避免落入减肥误区；还要了解自己的身体成分，即脂肪重量与其他组织重量的比例关系。[3] 这有利于通过体育锻炼或调节饮食来将自身体重控制在合理范围内，保持身体的适宜脂肪含量。[4]

正常人之所以能保持相对稳定的体重，主要是在神经系统和内分泌系统的调节下，合成代谢与分解代谢相对平衡的结果。[5]

二、干预策略与措施

（一）即时监测相关指标

1. 血液

肥胖症患者通常伴有高脂血症，减肥过程中需关注身体血清甘油三酯、胆固醇、高密度脂蛋白、低密度脂蛋白、C-反应蛋白的变化。通过监测上述指标，及时了解身体健康状况。[6]

2. 血压

多数肥胖者血脂浓度高、血液黏稠度大，伴有高血压病。随着体重得到控制，血压状况也会随之改善。因此，建议每周测量一次血压。[7]

3. 血糖

随着年龄的增长，许多肥胖者的肥胖程度也在不断增加，并伴随有不同程度的

---

[1] 参见中国肥胖问题工作组数据汇总分析协作组《我国成人体重指数和腰围对相关疾病危险因素异常的预测价值：适宜体重指数和腰围切点的研究》，载《中华流行病学杂志》2002年第1期。

[2] 参见国家体育总局《科学运动 健康减肥》，人民体育出版社2017年版。

[3] 参见张钧、何进胜《运动健康管理》，复旦大学出版社2019年版。

[4] 参见张薇、徐冬青、赵斐、陈家琦《皮褶厚度法间接测定中国人身体脂肪含量公式的初步建立》，载《天津体育学院学报》1999年第1期。

[5] 参见王月、成爽、乐严严等《大学生健身健美》，清华大学出版社2016年版。

[6] 参见赵连成、武阳丰、周北凡等《不同体重指数和腰围人群的血压均值及高血压患病率调查》，载《中华流行病学杂志》2003年第6期。

[7] 同上。

血糖升高，甚至形成糖尿病。在减肥过程中，建议每月测量一次血糖和胰岛素值。①

4. 力量素质

现实中有许多不科学的减肥方式破坏了身体的肌肉质量，导致机体力量素质明显下降，最终影响机体基础代谢水平②，不仅影响减肥效果，甚至容易引起患病。因此，肥胖症患者在进行减脂训练时，应关注训练方法是否符合自身实际情况与生理健康规律。③

5. 心理情绪

减肥干预后若出现精神疲惫、精力涣散、情绪低落、心理状态差的状况，患者需立即对该方式的科学性进行反思。④科学合理的减肥，应当对身心健康具有促进作用，参与者是乐在其中的。⑤

（二）运动干预

预防肥胖的一个重要途径就是参与运动，通过运动消耗适当的热能，使能量的摄入与消耗处于平衡状态。⑥

运动是达到能量负平衡的简便方法。运动过程中机体热量得到消耗，运动强度越大、时间越长，机体所消耗的能量就越多。⑦研究发现，运动者的代谢率在运动后很长一段时间都保持在比较高的水平，肌肉依然会继续燃烧卡路里。经常运动的人，在安静的时候消耗的能量比不运动的人多；运动的强度越大，在安静的时候消耗的能量越多。合理安排运动，能够使减肥过程事半功倍。⑧

我国卫生部门在2003年出台了《中国成人超重和肥胖症预防控制指南（试行）》。该指南建议，减肥者要根据自己的减肥目标，每天安排一定时间进行中等强度的体力活动。⑨中等强度体力活动进行时，心率应控制在130～150次/分钟之间；低等强度体力活动时，心率在80～100次/分钟之间。⑩预防肥胖的运动处方示例见表4-3。

---

① 参见王文绢、王克安、李天麟等《体重指数、腰围和腰臀比预测高血压、高血糖的实用价值及其建议值探讨》，载《中华流行病学杂志》2002年第1期。

② 参见国家体育总局《科学运动 健康减肥》，人民体育出版社2017年版。

③ 参见张钧、何进胜《运动健康管理》，复旦大学出版社2019年版。

④ 参见乔来明《对肥胖大学生体质与心理健康状况的调查》，载《现代预防医学》2008年第15期。

⑤ 参见邬雪山、孙桂平、张晓艳《超重、肥胖与生活方式关系的分析》，载《现代预防医学》2011年第15期。

⑥ 参见国家体育总局《科学运动 健康减肥》，人民体育出版社2017年版。

⑦ 同上。

⑧ 参见[美]霍利斯·兰斯·利伯曼《美国健美冠军12周减脂增肌健身计划》，潘婷译，人民邮电出版社2019年版。

⑨ 参见国家体育总局《科学运动 健康减肥》，人民体育出版社2017年版。

⑩ 参见王友发、孙明晓、杨月欣《中国肥胖预防和控制蓝皮书》，北京大学医学出版社2019年版。

表4-3 预防肥胖的运动处方

运动强度	心率130～150次/分钟
运动时间	60分钟
准备活动	5分钟，肩、肘、腕、髋、膝、踝的柔韧灵活练习
主体活动	快走+慢跑交替20分钟（5分钟一换）； 仰卧起坐30个+俯卧撑30个+提踵40次，10分钟； 开合跳2组，10分钟； 全身韧带拉伸，10分钟
整理活动	慢跑、快走、拉伸练习等

1. 什么是运动干预

肥胖预防中的运动干预，主要指通过主动改变生活方式，在日常生活中有计划、有规律地加强运动，并达到和保持一定的运动负荷和能量消耗，从而帮助达到体重管理和促进健康的目的。① 超重和肥胖的运动干预需要有效的流程规划和管理。这由一些重要环节共同构成：管理体重目标和制订运动计划、评估运动风险、实施运动计划、监控运动和科学管理，以及运动健康效果评价等环节。任何一个环节薄弱或者缺失，都会降低运动干预的效果。②

运动干预在肥胖预防中的主要作用有三点。运动消耗机体能量物质有助于减控体重，长期坚持低、中强度运动是消耗脂肪的快捷途径③；运动有益于身心健康，可让身体产生适应性变化，改善身体素质，促进心理健康；适宜运动搭配合理膳食，能够更好地发挥作用。④

运动干预作为预防肥胖的重要手段之一，通过宣传和教育，能够使更多人学会科学运动，保持合理体重。常见的运动干预训练见本章第三节。

2. 运动干预的原理

大多数的运动中，糖是供能主角，不管氧气是否充足，都可以给肌肉提供热量。脂肪只能在氧气充足的情况下，在肌肉中被氧气氧化，产生能量、二氧化碳和水（图4-1）。⑤

---

① 参见邬雪山、孙桂平、张晓艳《超重、肥胖与生活方式关系的分析》，载《现代预防医学》2011年第15期。

② 参见武阳丰、马冠生、胡永华等《中国居民的超重和肥胖流行现状》，载《中华预防医学杂志》2005年第5期。

③ Su L Q, Fu J M, Sun S L, et al., "Effects of HIIT and MICT on Cardiovascular Risk Factors in Adults with Overweight and/or Obesity: A Meta-analysis," *PloS One*, 2019, 14(1).

④ 参见国家体育总局《科学运动 健康减肥》，人民体育出版社2017年版。

⑤ 同上。

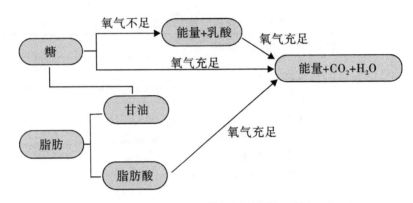

图 4-1 运动时机体如何利用糖、脂肪

不同强度与阶段的运动,身体供能的方式不同。开始运动的几十秒,机体主要依靠肌肉中的三磷酸腺苷快速分解供能,而后身体自身会调节糖和脂肪供能。运动强度大、时间短的运动,机体会以糖的无氧代谢作为主要供能手段。[1] 强度中等、时间长的运动,机体以糖和脂肪的有氧代谢作为主要供能手段,但是脂肪有氧代谢供能的比例随着运动时间的增加而增加,随着运动时间的延长,脂肪消耗量可达到总消耗量的 85%。[2]

运动时,人体能量消耗增加,对人体中脂肪和糖的利用率增高,多余的糖分被消耗,不会转化为脂肪。最终脂肪含量减少,达到减肥的目的。[3]

(三) 饮食干预

膳食控制体重的方法较常见且易执行。超重或肥胖个体认识到膳食种类、进食量对体重的影响并改变进食习惯,有助于他们保持健康的体重。在此基础上,还应评估个体当前食物摄入的基本情况,包括营养素是否充足,进食频次和进食时间是否得当等。

大量研究表明,科学合理的能量营养素来源比例应当参照如下标准:脂肪低于 30%,碳水化合物占 55%~60% 以上,蛋白质占 15%,个体每日摄入的总能量不应低于 1200 卡路里(约 5023 千焦)。[4]

减脂并非是个痛苦的过程,只要掌握科学的方法,减脂饮食完全可以健康、美味、饱腹感十足。本章第四节将介绍健康、高效的饮食干预方式。

---

[1] 参见邬雪山、孙桂平、张晓艳《超重、肥胖与生活方式关系的分析》,载《现代预防医学》2011 年第 15 期。
[2] 参见张钧、何进胜《运动健康管理》,复旦大学出版社 2019 年版。
[3] 参见国家体育总局《科学运动 健康减肥》,人民体育出版社 2017 年版。
[4] 参见马文军、许燕君、郭汝宁《超重肥胖流行病学研究进展》,载《国外医学(社会医学分册)》2002 年第 3 期。

第三节　常见的运动干预训练

根据能量利用率，运动可以分为有氧运动和无氧运动两大类。① 全球最热门的四大减脂运动模式包括低强度恒速有氧训练、空腹有氧训练、高强度间歇训练和力量训练等，不同的运动模式适合不同的人群，请根据实际情况，优先选择适宜自身的方法。

一、有氧运动

运动减肥的效果主要与体育锻炼的时间和体育锻炼的总量有关。有氧运动消耗的脂类物质较多，所以减肥的效果明显。以减肥为主要目的的体育锻炼以有氧运动为主要形式。②

有氧运动是指以有氧代谢为主的运动，即在运动过程中，人体吸入的氧气与需求相等。有氧训练的运动负荷强度适中，运动时间较长，以增强心血管系统和呼吸系统功能为主。③ 常见的有氧运动项目有步行、慢跑、滑冰、游泳、骑自行车、太极拳、健美操等，每一种锻炼都有特定的健身任务、负荷安排、完成方法和注意事项等，系统地掌握了不同项目的锻炼方法，健身的效果会事半功倍。④

当进行有氧运动时，心跳加速从而促进脂肪组织分解为脂肪酸和甘油。⑤ 与此同时，伴随着血液流通的加快，脂肪酸进入正在工作运行的肌肉中。在氧气充足的条件下，脂肪酸在肌肉中燃烧并产生能量、二氧化碳和水，体内的脂肪因此而逐渐被消耗。⑥

人的吸氧能力与体力呈正比，根据一个人的吸氧能力，可以判定其体力强弱。年龄的大小、体力的强弱都会导致吸氧能力的不同。⑦

在人的形态结构、生理机能、运动能力，以及遗传和环境影响等方面相同的情况下，适当地进行有氧锻炼，对脉搏、血压、肺活量、血糖含量、心排血量、体内脂肪等方面功能的改善都有重大功效。例如，提高身体的营养水平和代谢能

---

① 参见［美］霍利斯·兰斯·利伯曼《美国健美冠军12周减脂增肌健身计划》，潘婷译，人民邮电出版社2019年版。
② 参见王月、成爽、乐严严等《大学生健身健美》，清华大学出版社2016年版；邹雪山、孙桂平、张晓艳《超重、肥胖与生活方式关系的分析》，载《现代预防医学》2011年第15期。
③ 参见［美］霍利斯·兰斯·利伯曼《美国健美冠军12周减脂增肌健身计划》，潘婷译，人民邮电出版社2019年版。
④ 参见乔来明《对肥胖大学生体质与心理健康状况的调查》，载《现代预防医学》2008年第15期。
⑤ 参见国家体育总局《科学运动　健康减肥》，人民体育出版社2017年版。
⑥ 参见王月、成爽、乐严严等《大学生健身健美》，清华大学出版社2016年版。
⑦ 参见［美］霍利斯·兰斯·利伯曼《美国健美冠军12周减脂增肌健身计划》，潘婷译，人民邮电出版社2019年版。

力、增强血管的韧性、增加肌肉组织中的毛细血管网、改善不良情绪、提高免疫力和体能水平、延缓衰老等。①

国内外科研成果证明，运动强度65%～75%为宜。不同年龄的锻炼者在进行有氧锻炼时，需结合各年龄阶段生理特征。有氧训练以30～60分钟效果最明显，每周锻炼次数以3～5次为宜。②

用于减脂的有氧运动常见的有低强度恒速有氧训练、空腹有氧训练等。③ 接下来着重介绍这2种。

（一）低强度恒速有氧训练

低强度恒速有氧训练作为最古老、最传统的运动方式，它又称恒速有氧训练（steady state cardio，简称SSC），是一种以中—低训练强度（恒速），持续进行30～60分钟的有氧运动，可通过多种方式进行（表4-4）。像户外跑5千米，或是在泳池游10个来回、功率自行车骑行30分钟，都属于低强度恒速有氧训练。④ 低强度恒速有氧训练法对减脂有一定作用，同时也可以促进血液循环、增强免疫力、缓解日常压力、调节血糖和血压，难度较低、易于掌握，适合初级健身者、肥胖者、孕妇和中老年人等人群，为大众健身者所熟知的有氧运动。⑤

表4-4 低强度恒速有氧训练示例

序号	训练类型	使用速度	数量	单位
1	跑步机	8～10千米/小时	30～40	分钟
2	绕操场跑	恒定速度	8～10	圈
3	道路骑行	恒定速度	5～10	千米
4	椭圆机	恒定速度	45	分钟
5	蛙泳	恒定速度	3000	米

低强度恒速有氧训练有三个特点。训练强度较低，运动时心率为最大心率的50%～75%；恒速，如用8千米/小时的速度在跑步机上进行30分钟的运动；运动时间较长，通常为30～60分钟。⑥

为了更好地进行低强度恒速有氧训练，健身者们需要注意以下四个问题。训

---

① 参见张钧、何进胜《运动健康管理》，复旦大学出版社2019年版。
② 参见王月、成爽、乐严严等《大学生健身健美》，清华大学出版社2016年版。
③ 参见张景琦、孟令超《本能减脂》，中信出版社2017年版。
④ 同上。
⑤ 参见［美］霍利斯·兰斯·利伯曼《美国健美冠军12周减脂增肌健身计划》，潘婷译，人民邮电出版社2019年版。
⑥ 参见张钧、何进胜《运动健康管理》，复旦大学出版社2019年版。

练前需做充分的热身；每周训练3～5次，每次训练时间不要超过45分钟，将心率控制在最大心率的65%～75%范围内；如关节部存在劳损，建议以椭圆机、快走和游泳等方式代替跑步；训练前、中、后补充充足的水分，遵循训练前半小时饮水200～300毫升、训练中饮水每15分钟150～300毫升、训练后根据损失体重饮水500毫升的规律。①

低强度恒速有氧训练也存在着一些缺陷，除了耗时过长外（30～60分钟），它还存在两大致命缺陷。一方面，随着时间的推移，低强度恒速有氧训练燃烧的热量越来越少。长时间进行同等强度、相同方式的运动，身体会产生适应性，运动过程中消耗的热量就会越来越少。每天消耗的热量越低，减脂效果越差。另一方面，低强度恒速有氧训练无法提高运动后的热量消耗，运动后的热量消耗主要通过静止时的新陈代谢完成，这些热量主要用来维持人体的基本生理功能，如呼吸、消化食物等。②

许多健身者忽略的关键问题是：全天的热量消耗不仅包括运动中的热量消耗，还包括运动后（休息时或非运动中）的热量消耗，而低强度恒速有氧训练对提升运动后的热量消耗几乎没有帮助。③ 低强度恒速有氧训练虽可帮助健身者减脂瘦身，但由于其减脂效率较低，对于大多数城市白领和学生而言，该训练方式并不是最理想的减脂运动选择。④

（二）空腹有氧训练

空腹有氧训练（fasted cardio，简称FC），指人体在空腹状态下进行的有氧运动。其原理为：当人体处于空腹状态时，胰岛素含量相对较低，由于缺少碳水化合物的摄入，机体会调动更多脂肪，为运动提供所需的能量，该训练对消灭顽固部位脂肪非常有帮助。⑤ 空腹有氧训练（表4-5）是近几年非常流行的运动方式，相比低强度恒速有氧训练，耗时更短、减脂效率更高，适合初、中级健身者，在健身界甚至耐力运动员中广受欢迎。⑥

---

① 参见张景琦、孟令超《本能减脂》，中信出版社2017年版。
② 参见张景琦、孟令超《本能减脂》，中信出版社2017年版；［美］霍利斯·兰斯·利伯曼《美国健美冠军12周减脂增肌健身计划》，潘婷译，人民邮电出版社2019年版。
③ 参见国家体育总局《科学运动 健康减肥》，人民体育出版社2017年版。
④ 参见邬雪山、孙桂平、张晓艳《超重、肥胖与生活方式关系的分析》，载《现代预防医学》2011年第15期；［美］霍利斯·兰斯·利伯曼《美国健美冠军12周减脂增肌健身计划》，潘婷译，人民邮电出版社2019年版。
⑤ 参见袁守龙、武文强、尹军《大学体育与健康：图解示范+视频指导》，人民邮电出版社2019年版。
⑥ 参见国家体育总局《科学运动 健康减肥》，人民体育出版社2017年版。

表4-5 空腹有氧训练示例

序号	训练类型	使用速度	数量	单位
1	跑步机	6~8千米/小时	30	分钟
2	操场跑	恒定速度	6~8	圈
3	道路骑行	恒定速度	5~10	千米
4	椭圆机	恒定速度	30	分钟
5	划船机	恒定速度	25	分钟

发表在《英国营养学杂志》的一项研究显示,在清晨进行空腹有氧运动的受试者,相比其他时间的运动者,额外燃烧了20%的脂肪。英国伯明翰大学的研究人员针对空腹有氧训练,将受试者分为A、B两组,A组受试者在空腹状态下进行1小时的有氧运动,B组受试者在进食后进行了1小时的有氧运动。最终,A组受试者比B组受试者燃烧了更多脂肪。研究人员认为,进行空腹有氧训练时,因为人体没有多余的碳水化合物进行能量供应,所以更多的脂肪会被燃烧为身体供能。[1]

新西兰食品营养与人类健康中心(Institute of Food Nutrition and Human Health)的研究表明:空腹有氧训练可以有效提高最大摄氧量(VO_{2max})和肌糖原含量,从而促进力量和耐力的增长。[2]

大量研究表明,进行空腹有氧训练时,腹部的血流量会显著提升,儿茶酚胺更易与腹部脂肪中的β受体相结合,促进腹部脂肪燃烧。科学且合理的空腹有氧训练可以加速脂类分解,促进脂肪氧化,提高减脂效率。[3]

在空腹状态下,由于缺少碳水化合物的摄入,人体主要靠脂肪和蛋白质(肌肉)供能,所以空腹训练不仅会加速脂肪燃烧,也会加速肌肉消耗。人体的肌肉含量越多,新陈代谢越快,每天燃烧的热量也就越多。[4] 如果在空腹有氧训练中损失过多肌肉,就会对减脂造成不利影响。[5] 为了高质而有效地完成空腹有氧训练,我们为你提出如下建议。

其一,选择清晨作为空腹有氧训练的时间,经历了8小时的睡眠后,此时的你完全处于空腹状态;[6] 其二,空腹有氧训练前,不要摄入任何富含碳水化合物的食物,包括水果、全谷物和糖等,如有条件,可考虑食用3~5个蛋清,也可摄入咖

---

[1] 参见张钧、何进胜《运动健康管理》,复旦大学出版社2019年版。
[2] 参见张景琦、孟令超《本能减脂》,中信出版社2017年版。
[3] 同上。
[4] 参见[美]霍利斯·兰斯·利伯曼《美国健美冠军12周减脂增肌健身计划》,潘婷译,人民邮电出版社2019年版。
[5] 参见张景琦、孟令超《本能减脂》,中信出版社2017年版。
[6] 参见[美]霍利斯·兰斯·利伯曼《美国健美冠军12周减脂增肌健身计划》,潘婷译,人民邮电出版社2019年版;国家体育总局《科学运动 健康减肥》,人民体育出版社2017年版。

啡因（咖啡），促进脂肪燃烧；① 其三，在空腹有氧训练前半小时，需补充 200～300 毫升水。训练时，保持 150～300 毫升/15 分钟的饮水频率；② 其四，空腹有氧训练的持续时间以 20～30 分钟为宜，每周进行 3～5 次训练，训练强度为中—低等，心率为最大心率的 60%～70%。③ 在该强度和频率下进行空腹有氧训练，可以防止肌肉过量流失。④

以下人群不建议进行空腹有氧训练：存在已知心血管疾病、肺脏疾病、代谢疾病者，轻度活动出现眩晕或晕厥症状者，端坐呼吸或阵发性呼吸困难者，脚踝水肿、心律不齐、间歇性跛行和心脏杂音人群。⑤

相比高强度间歇训练、力量训练和循环训练，空腹有氧训练依然有美中不足之处。它对提升运动后的热量消耗几乎没有帮助，仅能提高运动中的热量消耗。⑥ 以全天燃脂量作为考核指标，空腹有氧训练并没有明显优势。此外，空腹有氧训练主要集中在清晨进行，对许多健身者而言，并不方便。⑦

因此，对于追求减脂明显和体魄强健的上班族、学生族来说，除非你具有足够坚定的意志力，否则空腹有氧训练方法的选择还是有待考量。⑧

以上运动方法均适用于不同类型的减脂人群，各位可根据自身实际情况进行选择和调整。并不是所有的人都适用于有氧运动，它存在一定局限性。有氧运动进行的过程中，全身大部分肌肉群都会参与其中，想通过有氧运动来减脂，运动时间以持续 40 分钟以上为宜，漫长的运动过程会略显乏味。⑨ 而且，运动时间过长，会磨损关节、降低体内雄性激素含量。⑩

对于减脂而言，有氧运动是在不改变身体基础素质的情况下进行单纯热量支出，但同时身体也在吸收更多的热量，以抵消运动消耗的脂肪。⑪ 长时间的有氧运动，在消耗脂肪的同时也在消耗肌肉，肌肉占据人体热量消耗的较大比例，因而直接影响人体的基础代谢。从锻炼形式来说，有氧运动耗时长，运动场所要求高，

---

① 参见张景琦、孟令超《本能减脂》，中信出版社 2017 年版。
② Swinburn B A, Sacks G, Hall K D, et al., "The Global Obesity Pandemic: Shaped by Global Drivers and Local Environments," *The Lancet*, 2011, 378(9793).
③ 参见国家体育总局《科学运动 健康减肥》，人民体育出版社 2017 年版。
④ 参见王友发、孙明晓、杨月欣《中国肥胖预防和控制蓝皮书》，北京大学医学出版社 2019 年版。
⑤ 参见张景琦、孟令超《本能减脂》，中信出版社 2017 年版。
⑥ 参见[美]霍利斯·兰斯·利伯曼《美国健美冠军 12 周减脂增肌健身计划》，潘婷译，人民邮电出版社 2019 年版。
⑦ 参见王月、成爽、乐严严等《大学生健身健美》，清华大学出版社 2016 年版。
⑧ 参见国家体育总局《科学运动 健康减肥》，人民体育出版社 2017 年版；张钧、何进胜《运动健康管理》，复旦大学出版社 2019 年版。
⑨ 参见张景琦、孟令超《本能减脂》，中信出版社 2017 年版。
⑩ 参见国家体育总局《科学运动 健康减肥》，人民体育出版社 2017 年版。
⑪ 参见张钧、何进胜《运动健康管理》，复旦大学出版社 2019 年版。

难以持续进行，且容易造成体脂反弹。①

二、无氧运动

无氧运动指的是以无氧代谢为主的运动，即在运动过程中，人体吸入的氧气不能满足机体的需要。通过进行适当强度的无氧运动，不仅可以提高肌肉力量、爆发力，还可以增加肌肉体积，提高运动的速度。② 与此同时，还能提高身体免疫力和骨质密度，增加肺活量，促进血液流通，降低疾病死亡风险。③

无氧运动的特点是强度大、瞬间性强、无法长时间持续。④ 常见的无氧运动项目有：短跑、举重、投掷、跳高、跳远、球类项目进攻和力量训练等。这些项目通常以增强力量、协调性、速度和爆发力等作为目标。无氧运动并不会直接消耗脂肪，但具有间接消耗脂肪的作用，使得机体在运动中、运动后的总能耗增加。⑤

常见且具有代表性的无氧运动有高强度间歇训练、力量训练等⑥，接下来着重介绍这 2 种。

（一）高强度间歇训练

高强度间歇训练（high-intensity interval training，以下简称 HIIT）。它也被称为高强度间歇运动（high-intensity interval exercise，简称 HIIE）或冲刺间歇训练（sprint interval training，简称 SIT）。⑦ 该方法运动耗时较短，不仅可以提高运动中的脂肪燃烧水平，还可以增强运动后的热量消耗，使脂肪在 24 小时内持续燃烧，提高身体的基础代谢率。⑧

HIIT 的起源，可追溯到 50 年前。早在 20 世纪 70 年代，田径教练彼得·科（Peter Coe）就开始采用 HIIT 对他的儿子塞巴斯蒂安·科（Sebastian Coe）进行训练，以提高其跑步成绩。⑨ HIIT 的核心特点是在训练中进行高强度运动（例如冲刺跑）和低强度运动（例如慢走或休息）的交替循环（图 4-2）。⑩ 进行 HIIT 时，应注意不要让身体适应同一训练强度。⑪

---

① 参见张景琦、孟令超《本能减脂》，中信出版社 2017 年版。
② 参见王月、成爽、乐严严等《大学生健身健美》，清华大学出版社 2016 年版。
③ 参见王友发、孙明晓、杨月欣《中国肥胖预防和控制蓝皮书》，北京大学医学出版社 2019 年版。
④ 参见国家体育总局《科学运动 健康减肥》，人民体育出版社 2017 年版。
⑤ 参见邹雪山、孙桂平、张晓艳《超重、肥胖与生活方式关系的分析》，载《现代预防医学》2011 年第 15 期。
⑥ 参见国家体育总局《科学运动 健康减肥》，人民体育出版社 2017 年版。
⑦ 参见王月、成爽、乐严严等《大学生健身健美》，清华大学出版社 2016 年版。
⑧ 参见张钧、何进胜《运动健康管理》，复旦大学出版社 2019 年版。
⑨ 参见张景琦、孟令超《本能减脂》，中信出版社 2017 年版。
⑩ 参见王月、成爽、乐严严等《大学生健身健美》，清华大学出版社 2016 年版。
⑪ 参见国家体育总局《科学运动 健康减肥》，人民体育出版社 2017 年版。

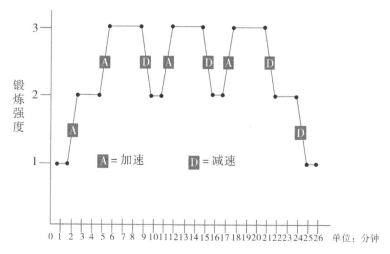

图 4-2　HIIT 运动强度变化示意

（资料来源：张景琦、孟令超《本能减脂》，中信出版社 2017 年版）

从 20 世纪 90 年代开始，HIIT 凭借其运动耗时少、减脂速率快的优势，获得诸多白领、学生的青睐，逐渐成为健身界的新宠。众多关于 HIIT 的针对性研究成果表明，进行适当的 HIIT，不仅可以同时提高无氧和有氧能力，快速达到减脂减重、增肌与塑形的目的，更能改善身体各项机能。[①] 追求快速高效、高质减脂的群体，HIIT 是一种理想选择。

1. HIIT 的优点

不少研究表明，HIIT 可以更好地增强血管功能、改善血管健康、提高最大摄氧量。关于 HIIT 的最早研究始于 1994 年，特朗布莱（Tremblay）等人对两组受试者进行了 15～20 周的调查与研究。研究表明，进行 HIIT（训练时间为 15 周）的受试者比进行 LISS（空腹状态下的低强度恒速有氧训练，训练时间为 20 周）的受试者减去了更多的脂肪，即进行 LISS 的受试者在运动过程中消耗了更多热量。该研究表明，提高运动后的热量消耗对减脂有着巨大的帮助。[②] 2011 年，加拿大西安大略大学的一项研究表明，相比 LISS，使用 HIIT 的健身者完全可以在更短的时间内减去更多的体脂，因为 HIIT 可以大幅度提高训练后的新陈代谢率，使健身者在运动后的 20 个小时内燃烧更多脂肪。[③]

参与 HIIT，可以有效提高心肺功能。心肺功能不仅对健康至关重要，还会影响机体的恢复力，是一项重要的健身指标。[④]

---

① 参见张景琦、孟令超《本能减脂》，中信出版社 2017 年版。
② 参见王友发、孙明晓、杨月欣《中国肥胖预防和控制蓝皮书》，北京大学医学出版社 2019 年版。
③ 参见张景琦、孟令超《本能减脂》，中信出版社 2017 年版。
④ 参见王月、成爽、乐严严等《大学生健身健美》，清华大学出版社 2016 年版。

HIIT 可以抑制食欲。减脂失败的主要原因之一就是摄入食物（热量）过多，而摄入食物过多的根源就是食欲过于旺盛。2014 年发表在《美国临床营养学》杂志上的一项研究表明，HIIT 可以增强大脑特定区域的神经反应，抑制健身者的食欲。[1]

HIIT 可起到预防糖尿病的作用，它可以提高健身者的胰岛素敏感度，胰岛素敏感度高，意味着更多的脂肪燃烧、更快的肌肉增长和更小的糖尿病患病概率，有效降低体内"坏胆固醇"（LDL-C）的含量。[2]

除此之外，HIIT 还可以防止肌肉流失，促进肌肉增长。HIIT 可以提高线粒体的合成率，细胞中的线粒体越多，脂肪燃烧越多，肌肉增长越快。HIIT 还可以促进睾酮分泌，而睾酮则是促进肌肉生长的关键荷尔蒙之一。[3]

2. HIIT 常用方式

HIIT 可以用多种方式进行，包括跑步、骑车、游泳、爬楼梯、跳绳、徒手训练（深蹲、俯卧撑、开合跳等）等运动项目，训练时间通常为 15～30 分钟。[4]

最常用的是标准 HIIT 模式。进行标准 HIIT 时，高强度和低强度运动的时间比通常为 2：1[5]，例如冲刺跑（高强度）和快走（低强度）交替的 15 秒循环。对健身新手而言，在刚开始进行标准 HIIT 时，高强度和低强度运动的时间比可以调整为 1：1 或 1：2，甚至 1：3，当训练水平逐渐提高后，再修改这一比例，并延长训练时间。[6]

以跑步为例，我们可以根据自己的实际情况，制定一套标准 HIIT 跑步训练计划（表 4-6），每周进行 3～5 次，可单独进行，也可安排在训练后。[7]

表 4-6 标准 HIIT 跑步训练计划（分段交替进行）

训练计划 1			训练计划 2		
时长：12.5 分钟 难度：初级 高强度与低强度运动时间比例：1：4			时长：约 14 分钟 难度：初级 高强度与低强度运动时间比例：1：3		
训练动作	单位时间/秒	总时长/秒	训练动作	单位时间/秒	总时长/秒
冲刺跑	15×10	150	冲刺跑	20×10	200
慢走	60×10	600	慢走	60×10	600

---

[1] 参见国家体育总局《科学运动 健康减肥》，人民体育出版社 2017 年版。
[2] 参见张景琦、孟令超《本能减脂》，中信出版社 2017 年版。
[3] 参见国家体育总局《科学运动 健康减肥》，人民体育出版社 2017 年版。
[4] 同上。
[5] 参见［美］霍利斯·兰斯·利伯曼《美国健美冠军 12 周减脂增肌健身计划》，潘婷译，人民邮电出版社 2019 年版。
[6] 参见张景琦、孟令超《本能减脂》，中信出版社 2017 年版。
[7] 参见国家体育总局《科学运动 健康减肥》，人民体育出版社 2017 年版。

（续上表）

训练计划 3			训练计划 4		
时长：15 分钟 难度：中级 高强度与低强度运动时间比例：1∶2			时长：15 分钟 难度：中级 高强度与低强度运动时间比例：1∶1		
训练动作	单位时间/秒	总时长/秒	训练动作	单位时间/秒	总时长/秒
冲刺跑	30×10	300	冲刺跑	30×15	450
慢走	60×10	600	慢走	30×15	450
训练计划 5			训练计划 6		
时长：17 分钟 难度：高级 高强度与低强度运动时间比例：2∶1			时长：30 分钟 难度：高级 高强度与低强度运动时间比例：1∶1		
训练动作	单位时间/秒	总时长/秒	训练动作	单位时间/秒	总时长/秒
冲刺跑	30×12	360	冲刺跑	60×15	900
慢走	60×11	660	慢走	60×15	900

注：跑步时长与速度可根据自身情况进行调节。跑动速度越快，时长越长，减脂效果越好。

所需器械：跑步机/户外跑道。

难度：中—高级。

方法：冲刺跑 200 米，重复 N 次，每次之间休息 30 秒。随着训练水平的提高，可以增加重复次数，总训练时间以不超过 30 分钟为宜。[1] 训练频率为 3～5 次/周，既可单独进行，也可安排在力量训练后。[2]

对于初级健身、减脂者而言，遵循身心活动规律、提倡循序渐进的 HIIT，既可以满足自己节省时间、效果明显的需求，又能较大程度地增强体质，是不错的选择。[3]

（二）力量训练

以无氧代谢为代表的力量训练，是一种利用阻力引起肌肉收缩，从而促进肌肉力量、无氧耐力和围度增长的体育运动。对于减脂者而言，力量训练主要是指肌肉力量训练。[4] 这里推荐几种简单的徒手力量训练和轻量负重力量训练（不分

---

[1] 参见［美］霍利斯·兰斯·利伯曼《美国健美冠军 12 周减脂增肌健身计划》，潘婷译，人民邮电出版社 2019 年版。
[2] 参见张钧、何进胜《运动健康管理》，复旦大学出版社 2019 年版。
[3] 参见国家体育总局《科学运动 健康减肥》，人民体育出版社 2017 年版。
[4] 参见张景琦、孟令超《本能减脂》，中信出版社 2017 年版。

男、女），训练部分包括上肢、下肢和腰腹部。①

1. 卷腹、仰卧举腿、平板支撑（图4-3、4-4、4-5）

训练部位：腹部肌肉。

重复次数或时间：初级健身者10～20次，中级健身者20～30次，高级健身者30～50次。②

重复组数：2～4组。

训练频率：每周2次。

图4-3 卷腹

图4-4 仰卧举腿

---

① 参见国家体育总局《科学运动 健康减肥》，人民体育出版社2017年版。

② 参见［美］霍利斯·兰斯·利伯曼《美国健美冠军12周减脂增肌健身计划》，潘婷译，人民邮电出版社2019年版。

图4-5 平板支撑（初级）

2. 燕式背飞、俯身侧平举、髋部上抬（图4-6、4-7、4-8）

训练部位：腰背部肌肉。

重复次数或时间：初级健身者10～20次，中级健身者20～30次，高级健身者30～50次。①

重复组数：2组。

训练频率：每周2次。

图4-6 燕式背飞

（a）　　　　　　　　（b）

图4-7 俯身侧平举

---

① 参见张钧、何进胜《运动健康管理》，复旦大学出版社2019年版。

图 4-8　髋部上抬

3. 上臂弯举（图 4-9）

训练部位：上肢肌肉。

重复次数或时间：初级健身者 10～20 次，中级健身者 20～30 次，高级健身者 30～50 次。①

重复组数：2～4 组。

训练频率：每周 2 次。

图 4-9　上臂弯举

4. 腿后伸（图 4-10）

训练部位：臀部肌肉。

重复次数或时间：初级健身者 20～40 次，中级健身者 40～60 次，高级健身者 60～100 次。②

重复组数：2～4 组。

训练频率：每周 2 次。

---

① 参见张景琦、孟令超《本能减脂》，中信出版社 2017 年版。
② 参见国家体育总局《科学运动　健康减肥》，人民体育出版社 2017 年版。

图 4-10 腿后伸

以上动作每周训练 2～4 次即可，如果需要增加肌肉含量、凸显肌肉线条，可适当增加训练次数和组数。① 每次力量训练结束后，都应当进行拉伸放松，简单来说就是每次练习动作结束后，再进行一次该动作反方向的运动。例如做完俯身侧平举后，再尽力向前屈伸，这样腰背部的肌肉就都得到了拉伸。②

综上所述，对于短期减脂者而言，力量训练应当合理控制强度③，盲目增肌、增力，只会让效果适得其反，还会对身体造成一定程度的损害。

无氧运动也有缺点，体现在容易在体内产生"疲劳毒素"。④ 当进行无氧运动时，氧摄入量较低。在速度或爆发力过大的情况下，体内糖分无法即时通过氧气进行分解，需依靠"无氧供能"。⑤ 无氧运动会在体内产生大量乳酸，导致肌肉疲劳不能持久进行运动。⑥ 糖酵解时产生大量丙酮酸、乳酸等中间代谢产物，运动结束后，人会感觉肌肉酸痛、呼吸急促。这些物质无法通过呼吸排除，堆积在细胞和血液中，就成了"疲劳毒素"。⑦ "疲劳毒素"的堆积，会让人感到疲乏无力、肌肉酸痛，还会出现呼吸、心跳加快和心律失常的症状，严重时会出现酸中毒，增加肝肾负担。⑧ 因此，减脂者在选择无氧运动时，要注意把控运动强度和时长。

世界上没有绝对的有氧运动，也没有绝对的无氧运动，无氧代谢和有氧代谢在任何运动中都存在，只是供能比例不同，这与运动时间和强度有关。无论是有氧运动还是无氧运动，都能增加人体能量的消耗，最终达到消耗脂肪的目的。⑨

关于更多力量或抗阻训练知识，请参见本书第七章。

---

① 参见张景琦、孟令超《本能减脂》，中信出版社 2017 年版。
② 参见国家体育总局《科学运动　健康减肥》，人民体育出版社 2017 年版；[美] 霍利斯·兰斯·利伯曼《美国健美冠军 12 周减脂增肌健身计划》，潘婷译，人民邮电出版社 2019 年版。
③ 参见张景琦、孟令超《本能减脂》，中信出版社 2017 年版。
④ 参见国家体育总局《科学运动　健康减肥》，人民体育出版社 2017 年版。
⑤ 参见王月、成爽、乐严严等《大学生健身健美》，清华大学出版社 2016 年版。
⑥ 参见张钧、何进胜《运动健康管理》，复旦大学出版社 2019 年版。
⑦ 参见张景琦、孟令超《本能减脂》，中信出版社 2017 年版。
⑧ 参见武阳丰、马冠生、胡永华等《中国居民的超重和肥胖流行现状》，载《中华预防医学杂志》2005 年第 5 期。
⑨ 参见国家体育总局《科学运动　健康减肥》，人民体育出版社 2017 年版。

第四节 饮食干预

一、人体六大营养素

营养素是指食物中可给人体提供能量及生长发育所需物质的化学成分,人体的六大营养素包括碳水化合物、蛋白质、脂肪、维生素、矿物质和水。① 其中,维生素和矿物质是人体需求量较小的营养素,称为微量营养素(micronutrient)。碳水化合物、蛋白质、脂肪是人体需求量较大的营养素,称为宏量营养素(macronutrient);同时,这三类营养素主要为人体提供能量,故又称为产能营养素(energy-yielding nutrient),人类生存、劳作和运动所需的能量都来自产能营养素。②

(一)碳水化合物

碳水化合物是人体的主要能量来源,广泛存在于谷物、豆类和水果中,不同的食物所含的碳水化合物含量不同(表4-7)。食物由碳水化合物和其他营养素(蛋白质、脂肪、维生素、矿物质和水)组成,碳水化合物又由若干个糖分子组成。③

表4-7 不同种类食物的碳水化合物含量

食物种类	食物名称	碳水化合物含量*/克
蔬果	苹果	12
肉类	牛肉	1.2
主食	燕麦	60
主食	白面条	73
主食	糙米	77

*指每100克食物中的含量。

当人体摄入碳水化合物后,身体会将它们分解为葡萄糖。④ 随后,葡萄糖进入血液,导致血糖含量升高。为防止血糖过高,身体会分泌胰岛素,将血糖转化为

---

① 参见王友发、孙明晓、杨月欣《中国肥胖预防和控制蓝皮书》,北京大学医学出版社2019年版。
② 参见张景琦、孟令超《本能减脂》,中信出版社2017年版。
③ 参见张钧、何进胜《运动健康管理》,复旦大学出版社2019年版。
④ 参见国家体育总局《科学运动 健康减肥》,人民体育出版社2017年版。

能量、糖原等。如果摄入过多的碳水化合物，多余的葡萄糖就会变成脂肪。[1]

1. 保持摄入适量的碳水化合物

减脂期的碳水化合物摄入，一定要遵循适度原则。摄入过多的碳水化合物，会导致热量超标、脂肪增长；碳水化合物摄入不足，会严重危害健康。碳水化合物长期摄入不足，人体新陈代谢率会大幅度降低，导致肌肉流失、体重反弹。[2] 运动过程中训练状态会因此受到不同程度的影响。

中国营养学会建议，碳水化合物摄入量应占全天总热量摄入的50%～65%（减脂期该比例可稍减）。[3] 当每千克体重的碳水化合物摄入量≤1克时，每隔7天，需要提高一次碳水化合物的摄入量，以防止新陈代谢率大幅降低，导致体重反弹。[4]

2. 选择低升糖指数食物

升糖指数（glycemic index，以下简称GI），是反映某种食物对血糖升高影响的指标。GI值高的食物，可以被人体快速吸收，使血糖迅速升高；GI值低的食物，被人体吸收的速率较慢，会使血糖缓慢地升高。[5]

对于处于减脂期的健身者而言，选择低GI食物，辅以适当比例的高GI食物，不仅能够保持身体健康、产生饱腹感，更能够促进脂肪燃烧、塑造理想身材。[6] 不同食物的GI值见表4-8。

表4-8 不同食物的GI值

食物名称	GI值	食物名称	GI值	食物名称	GI值
混合麦片	55±10	菠萝	59±8	薯片	54±3
麦片粥（水煮燕麦片）	58±4	猕猴桃	53±6	蜂蜜	55±5
麦片粥（速食燕麦片）	66±1	香蕉	52±4	食糖	68±5
白面包（小麦）	70±0	葡萄	46±3	土豆（煮熟）	56～101
全麦面包（小麦）	71±2	橙子	42±3	玉米片	81±3
全麦面包（黑麦）	58±6	桃子	42±14	甜玉米（煮熟）	54±4
长粒大米（煮熟）	56±2	苹果	38±2	牛奶（全脂）	27±4
糙米（煮熟）	55±5	梨	38±2	芬达	68±6

---

[1] 参见赵连成、武阳丰、周北凡等《不同体重指数和腰围人群的血压均值及高血压患病率调查》，载《中华流行病学杂志》2003年第6期。

[2] 参见国家体育总局《科学运动 健康减肥》，人民体育出版社2017年版。

[3] 参见中国营养学会《中国居民膳食营养素参考摄入量（DRIs）》，中国轻工业出版社2001年版。

[4] 参见王友发、孙明晓、杨月欣《中国肥胖预防和控制蓝皮书》，北京大学医学出版社2019年版。

[5] Pavithran N, Kumar H, Menon A, et al., "MON-PO442: 24-week, Low GI Diet Decreases Truncal Fat Mass in South Indians with Type 2 Diabetes: A Randomized Study," *Clinical Nutrition*, 2019, 38(9).

[6] 参见国家体育总局《科学运动 健康减肥》，人民体育出版社2017年版。

（续上表）

食物名称	GI 值	食物名称	GI 值	食物名称	GI 值
小米（煮熟）	71±10	西瓜	72±13	橙汁	50±4
小麦（煮熟）	41±3				

资料来源：[美] 梅琳达·玛诺：《运动营养与健康和运动能力》，曹建明、苏浩、许春艳译，北京体育大学出版社2011年版，第66页。

（二）蛋白质

蛋白质是人体的重要营养素之一，存在于每一个细胞中。玛诺在《运动营养与健康和运动能力》一书中提出："蛋白质是一种对身体的结构和功能起着主要作用的营养物质。"[1] 氨基酸（amino acid）是蛋白质的基本组成单位，在膳食蛋白质中，有20种氨基酸（含9种必需氨基酸和11种非必需氨基酸）以不同的组合方式，构成各种类型的蛋白质。完全蛋白质（complete proteins）含有必需氨基酸的种类齐全、数量充足、比例合适，而不完全蛋白质（incomplete proteins）缺少若干种必需氨基酸。两者比较见表4-9。

表4-9 完全蛋白质、不完全蛋白质的比较

特点	蛋白质类型	
	完全蛋白质	不完全蛋白质
是否含有9种必需氨基酸	是	缺少若干种
支持身体的发育	是	否，但可以维持身体各项机能基本运转
食物来源	牛肉、鸡肉、猪肉、鸡蛋、鱼、牛奶、奶酪、酸奶	大豆、豆类植物

资料来源：[美] 梅琳达·玛诺：《运动营养与健康和运动能力》，曹建明、苏浩、许春艳译，北京体育大学出版社2011年版，第23页。

肉类、乳制品、海产品和豆类是蛋白质的主要来源。[2] 谷物、坚果等食物中也含有少量蛋白质。有两个指标用于衡量不同食物所具有的蛋白质价值（表4-10）。一是生物价值（biological value of protein，简称BV），指食物中蛋白质产生人体组

---

[1] [美] 梅琳达·玛诺：《运动营养与健康和运动能力》，曹建明、苏浩、许春艳译，北京体育大学出版社2011年版，第102页。

[2] 参见张景琦、孟令超《本能减脂》，中信出版社2017年版。

织的有效性。这取决于其氨基酸模式与身体中氨基酸模式的接近程度,数值越接近于身体标准,营养价值越大。二是净蛋白质利用率(net protein utilization,简称NPU),指的是食物在人体中的可被消化和吸收的程度。

表4-10 不同食物所具有的蛋白质价值

食 物	生物价值(BV)	净蛋白质利用率(NPU)
鸡 蛋	100	94
牛 奶	93	82
糙 米	86	59
鱼	76	—
牛 肉	74	67
大 豆	73	61
玉 米	72	36
燕 麦	65	—
全麦面包	64	49
白 米	64	57
豌 豆	64	55
花 生	55	55

资料来源:[美]图德·O.邦帕、[美]莫罗·迪·帕斯古、[美]洛伦佐·J.科内齐:《周期力量训练(第3版)》,李硕、杨斌译,人民邮电出版社2018年版,第69-70页。

1. 蛋白质对减脂的作用

对减脂期的健身者而言,蛋白质的摄入至关重要。蛋白质能修复肌肉细胞,促进肌肉和力量增长,提高运动表现;抑制食欲,增强饱腹感。[①]

2. 减脂期蛋白质的摄入量

蛋白质的摄入要遵循适度原则,过多或过少都不利于身体健康。(表4-11)

表4-11 蛋白质摄入过多或过少对身体产生的影响

选择	可能引起的症状或疾病	前期身体征兆
蛋白质摄入过多 (大于每日总热量摄入的35%)	骨质疏松症、癌症、肾结石、痛风、高血糖的发病率增加	烦躁不安,肾脏出现炎症

---

① [德]约翰内斯·奥迦恩思科:《燃脂手册:找到适合你的运动与饮食方案》,裴剑清译,人民邮电出版社2017年版,第35-37页。

（续上表）

选 择	可能引起的症状或疾病	前期身体征兆
蛋白质摄入过少（每千克体重小于0.8克）	肌肉流失、免疫力下降、水肿、脱发、贫血、肝脏受损	力量下降，肌肉流失

资料来源：[德] 约翰内斯·奥迦恩思科：《燃脂手册：找到适合你的运动与饮食方案》，裴剑清译，人民邮电出版社2017年版，第35－37页。

早在20世纪80年代，美国科学家为了研究人体每天到底需要多少蛋白质，他们采用氮平衡测试法（nitrogen balance）进行试验。研究发现，为了维持正常的生理功能，正常人每天需要消耗的蛋白质为每千克体重0.75克。根据这一结论，推荐成年人每天摄入的蛋白质应为每千克体重0.8克。[1]

不管是从事力量性运动还是耐力性运动，运动员每千克体重每日摄入3克蛋白质，更有利于运动水平的提高。在减脂期，成人每千克体重每天摄入3克蛋白质，更有利于减脂增肌。[2]

（三）脂肪

脂肪由甘油（glycerol）和脂肪酸（fatty acids）组成，是人体极为重要的营养元素。脂肪主要存在于食用油和坚果中，每克脂肪含有9卡路里（37.67焦耳）热量。[3]

1. 摄入适量的脂肪

部分减脂人群采用水煮青菜的方式控制脂肪摄入，因为他们认为，摄入脂肪会使人体脂肪增加。[4] 然而，研究早已证实，不管是碳水化合物、蛋白质还是脂肪，只要摄入过量，都会使人体增长脂肪。脂肪摄入不足，易引发新陈代谢紊乱、内分泌失调等症状。在总热量不超标的情况下，摄入适量的脂肪，反而有助于减脂。[5]

中国营养学会建议，成人脂肪占总能量的摄入比例以25%左右为宜。健身界普遍认可的方案是，在减脂期，成人每千克体重每日摄入0.5～1克脂肪，其中，单不饱和脂肪、多不饱和脂肪、饱和脂肪各占1/3。[6]

---

[1] 参见张景琦、孟令超《本能减脂》，中信出版社2017年版。
[2] 参见王友发、孙明晓、杨月欣《中国肥胖预防和控制蓝皮书》，北京大学医学出版社2019年版。
[3] [德] 约翰内斯·奥迦恩思科：《燃脂手册：找到适合你的运动与饮食方案》，裴剑清译，人民邮电出版社2017年版，第35－37页。
[4] 参见国家体育总局《科学运动 健康减肥》，人民体育出版社2017年版。
[5] [德] 约翰内斯·奥迦恩思科：《燃脂手册：找到适合你的运动与饮食方案》，裴剑清译，人民邮电出版社2017年版，第35－37页。
[6] 参见 [美] 霍利斯·兰斯·利伯曼《美国健美冠军12周减脂增肌健身计划》，潘婷译，人民邮电出版社2019年版。

单不饱和脂肪主要来源：橄榄油、菜籽油、花生油、芝麻油、花生、杏仁、核桃、腰果、牛油果。

多不饱和脂肪主要来源：大豆油、玉米油、核桃、大豆、三文鱼、沙丁鱼、金枪鱼、亚麻籽。

饱和脂肪主要来源：猪肉、牛肉、牛奶、鸡蛋、椰子油、棕榈油。

2. 避免摄入反式脂肪

反式脂肪又称氢化油（trans fats），是液态植物油和氢的结合产物。① 反式脂肪可以延长食品的保质期，因此被广泛应用于餐饮行业，常见于油炸食品、甜点、白面包、饼干等食品中（图4-11）。②

图4-11　反式脂肪酸含量较高的食物

摄入反式脂肪过多，会提高心血管疾病的发病率，降低人体的氨基酸利用率，促进肌肉分解。③ 不论是减脂期健身者，还是普通人群，在日常饮食中都应当避免反式脂肪的摄入。

（四）维生素

维生素（vitamins）是人体极为重要的营养元素，分为脂溶性维生素和水溶性维生素。脂溶性维生素又分为维生素A、D、E、K，分别对视力、骨骼、抗癌、心血管健康起着积极作用。④ 脂肪摄入不足时，脂溶性维生素的利用率将受到影响。水溶性维生素以B族维生素、维生素C为主。运动会消耗体内水溶性维生素，所

---

① 参见王友发、孙明晓、杨月欣《中国肥胖预防和控制蓝皮书》，北京大学医学出版社2019年版。
② 参见张景琦、孟令超《本能减脂》，中信出版社2017年版。
③ ［德］约翰内斯·奥迦恩思科：《燃脂手册：找到适合你的运动与饮食方案》，裴剑清译，人民邮电出版社2017年版，第35-37页。
④ 参见张景琦、孟令超《本能减脂》，中信出版社2017年版。

以健身者每天需要补充充足的水溶性维生素。

(五) 矿物质

矿物质 (minerals) 是存在于食物中的微量元素, 对人体有重要作用。人体主要矿物质为钙和铁, 在乳制品、贝类、鱼类、肉类食物中含量较高。当人在高温环境下运动或女性处于经期时, 身体会流失部分矿物质。缺少矿物质会导致神经系统和骨骼无法正常运转。①

为了维持正常的生理功能, 我们应该每天保持适量矿物质的摄入。摄入充足的蔬菜和全谷物食品, 可以弥补矿物质的供给不足。

(六) 水

水是人体含量最多的营养物质, 占体重的 55%～75%。机体每天出汗、排尿及肠道活动, 会消耗大约 2.5 升水。来自美国营养协会的研究表明, 餐前饮用两杯水, 可以在 3 个月内帮助受试者减少 2 千克体重。② 水的日参考摄入量男性为 3.7 升/天、女性为 2.7 升/天。③

若在高温天气下进行长时间的减脂运动, 建议额外补充水分。不要喝太冰、太甜或有酒精成分的饮品。要喝矿泉水、带果肉的果汁 (果汁∶水 =1∶1) 和碳水化合物含量在 8%～12% 的饮品。④

二、新型减肥饮食干预模式

常见的饮食模式与营养配方对体重控制的效果见表 4 – 12。在实际操作中相对简便, 也具有适当的减重作用。

表 4 – 12 不同饮食干预模式的减脂效果

饮食干预模式	特点	不足	优点
代餐	以多维营养素粉或能量棒等非正常的餐饮形式代替一餐或多餐的膳食, 或是代替一餐中的部分食物	只是应急食品, 不利于良好饮食习惯的养成; 不适用于孕妇与儿童	可有效减轻体重和体脂, 是营养素补充和减少能量摄入的一种较好方式, 且不容易引发营养失衡

---

① 参见王友发、孙明晓、杨月欣《中国肥胖预防和控制蓝皮书》, 北京大学医学出版社 2019 年版。
② 参见王月、成爽、乐严严等《大学生健身健美》, 清华大学出版社 2016 年版。
③ [德] 约翰内斯·奥迦恩思科:《燃脂手册: 找到适合你的运动与饮食方案》, 裴剑清译, 人民邮电出版社 2017 年版, 第 35 – 37 页。
④ 参见张景琦、孟令超《本能减脂》, 中信出版社 2017 年版。

(续上表)

饮食干预模式	特点	不足	优点
生酮饮食法	脂肪高比例、碳水化合物低比例，蛋白质和其他营养素合适的配方饮食	初期会出现低血糖、酸中毒、胃肠道不适、脱水、便秘、胰腺炎等不良症状	降低血糖，刺激胰岛素分泌，促进脂肪代谢；搭配科学运动，可降低体重反弹概率
轻断食膳食模式	1周5天正常进食，其他2～3天（非连续）摄取平常膳食1/4的能量，即5：2膳食模式	不适用于孕妇和儿童；易出现营养代谢紊乱	有益于体重控制和代谢改善，患者依从性较好，较易长期坚持；长时间应用须在医师指导下进行
低脂饮食法	严格限制饱和脂肪和胆固醇的摄入量，强调少荤多素	易加速女性衰老，降低男性睾酮水平；引发骨质疏松、抑郁和性功能下降等问题	有助于长期维持稳定体重
地中海饮食法	以蔬菜、水果、鱼类、五谷杂粮、豆类和橄榄油为主的平衡饮食结构	对体重控制效果不明显	可降低肿瘤、心血管疾病和代谢综合征患病风险，改善脂肪肝、胰岛素抵抗和肾功能

（一）代餐

代餐是一种代替常规食物的饮料、代餐棒或汤等加工食物，通常用以替代三餐饮食中的一餐或多餐，或是代替一餐中的部分食物。常见代餐多以提供蛋白质、纤维素和微量元素为基础，含有固定的能量和必要的维生素、矿物质和膳食纤维，因此被视为一种高营养密度食物。[①] 使用代餐可以保证人体基本营养需求的同时控制能量摄入，以达到维持体型或者减重的效果。

有研究表明，食用代餐不仅有助于体重控制，且不容易引发营养失衡。[②] 食用高蛋白质类代餐，能有效地增加蛋白质摄入，增加饱腹感、促进减重。干预性研究已经表明，食用代餐一年或更长时间可持续减重达到标准体重的2%～11%。[③]

---

① 参见王友发、孙明晓、杨月欣《中国肥胖预防和控制蓝皮书》，北京大学医学出版社2019年版。
② Swinburn B A, Sacks G, Hall K D, et al., "The Global Obesity Pandemic: Shaped by Global Driversand-Local Environments," *The Lancet*, 2011, 378(9793).
③ ［德］约翰内斯·奥迦恩思科：《燃脂手册：找到适合你的运动与饮食方案》，裴剑清译，人民邮电出版社2017年版，第35－37页。

不仅如此，代餐还可以提高肥胖患者的生活质量，对于减脂成功后健康体重的维持也具有良好效果。

有研究显示，食用代餐 2 次/天对减重效果、腰围控制、糖化血红蛋白的控制和依从性会优于食用 1 次/天。因此，代餐作为超重或肥胖的 2 型糖尿病患者管理体重的方案，推荐频率为食用代餐 2 次/天。处于快速减肥期的人群，每天可食用 2 次或 2 次以上。①

常见的代餐品种主要有代餐粉、代餐饼干和代餐汤品。② 大部分代餐食品是高蛋白质类食品，可能是盒装、罐装或小袋包装，与天然食物相比，非常便捷。但代餐食物只是应急食品，长期食用代餐食物，并不能帮助减脂期健身人群养成良好的饮食习惯。因此，减脂者应更多选择用新鲜肉类、蔬果进行科学饮食搭配。③

（二）生酮饮食法

许多处于减肥初级阶段的健身者，喜欢采取节食的方式来达到减肥目的。单纯节食，虽然在开始阶段体重下降明显，但随着体重和肌肉质量下降，机体基础代谢水平也下降。这意味着单位时间内，机体消耗能量的速率降低，会导致体重下降速度放缓甚至不降。④

此外，采用过度节食手段来减肥，会使减肥过程变得无比痛苦。许多减肥者因为忍受不了而放弃控制饮食，从而造成体重反弹甚至前功尽弃。为了较大程度地减轻患者在减肥过程中的痛苦，我们推荐生酮饮食法。⑤

生酮饮食（ketogenic-diet，简称 KD）是一个脂肪高比例（60%～70%）、碳水化合物（30%～40%）低比例，蛋白质和其他营养素合适的配方饮食（表 4-13）。它产生于 20 世纪，当时主要用于治疗 1～10 岁儿童难治性癫痫，通过采用该方法，患者的认知和行为障碍得到明显改善，药物副作用明显减缓。⑥

表 4-13 生酮饮食法食谱

食物	优先考虑	备选方案
食用油	天然油脂	种子油

---

① 参见张景琦、孟令超《本能减脂》，中信出版社 2017 年版。
② 参见王友发、孙明晓、杨月欣《中国肥胖预防和控制蓝皮书》，北京大学医学出版社 2019 年版。
③ ［德］约翰内斯·奥迦恩思科：《燃脂手册：找到适合你的运动与饮食方案》，裴剑清译，人民邮电出版社 2017 年版，第 35-37 页。
④ 参见国家体育总局《科学运动 健康减肥》，人民体育出版社 2017 年版。
⑤ 参见［美］吉米·摩尔、［美］埃里克·韦斯特曼《生酮饮食：低碳水、高脂肪饮食完全指南》，陈晓芮译，中国纺织出版社、机械工业出版社 2019 年版。
⑥ 同上。

（续上表）

食物	优先考虑	备选方案
肉类	有机草饲肉类	内脏、鱼类、蛋类
蔬菜	绿叶类、非淀粉类	非植物根茎类
水果	含糖分较高，可作甜点	
乳制品	无糖类全脂乳制品	
饮料	水、茶	咖啡

生酮饮食法更适用于女性的减肥，它对脂肪摄入含量的要求较高，需严格控制碳水化合物和蛋白质的摄入量。[①] 减脂机制是通过脂肪来替换碳水化合物，身体会从燃烧葡萄糖转化为燃烧脂肪，逐步进入高速燃脂状态并产生酮体，即所谓的"生酮状态"。生酮状态是一种完全正常的代谢状态，而酮体则是肌肉、心脏、肝脏和大脑的优先能量来源，当机体度过生酮适应期后，其能量主要来自体脂和外部摄入的油脂。[②]

长期坚持生酮饮食法，可降低血糖、刺激胰岛素分泌、促进脂肪代谢、增加血液中的脂肪酸。食物进入肝脏后成为酮体，释放于血液中，为大脑供能，使人注意力更加集中。[③] 该饮食法能够让人体摄入所需的足够蛋白质、低碳水化合物、脂肪，搭配科学合理的运动，能够最大程度降低体重反弹的概率。[④]

在生酮饮食法进行的初期，减脂者可能会出现一些不良反应。限制碳水化合物摄入的第4～7天，部分患者会出现虚弱、心慌心悸、出冷汗等低血糖症状。[⑤] 伴随着低血糖和酮体产生，少数减脂者反馈出现面色潮红和心率加快的症状，属于轻度酸中毒表现，可饮用苏打水进行缓解。除此之外，由于生酮饮食的脂肪比例较高，部分减脂者可能会出现呕吐、腹泻等胃肠道不良反应。因此，减脂者在建立耐受的过程中，需根据自身实际情况，采取合适手段进行缓解。[⑥]

生酮饮食法对于提高人体基础代谢率、改善心脑功能、增强减脂效果具有一定益处。但对于特殊体质减脂人群，应提前咨询医师，谨慎选择生酮饮食法。

---

① 参见［美］吉米·摩尔、［美］埃里克·韦斯特曼《生酮饮食：低碳水、高脂肪饮食完全指南》，陈晓芮译，中国纺织出版社、机械工业出版社2019年版。
② 参见［美］汤姆·韦努托《燃烧脂肪 喂养肌肉》，王亦飞译，北京科学技术出版社2019年版。
③ 参见国家体育总局《科学运动 健康减肥》，人民体育出版社2017年版。
④ 参见［美］吉米·摩尔、［美］埃里克·韦斯特曼《生酮饮食：低碳水、高脂肪饮食完全指南》，陈晓芮译，中国纺织出版社、机械工业出版社2019年版。
⑤ 参见［美］汤姆·韦努托《燃烧脂肪 喂养肌肉》，王亦飞译，北京科学技术出版社2019年版。
⑥ 参见［德］约翰内斯·奥迦恩思科《燃脂手册：找到适合你的运动与饮食方案》，裴剑清译，人民邮电出版社2017年版。

(三) 轻断食膳食模式

轻断食膳食模式是由英国医学博士麦克尔·莫斯利（Michael Mosley）发起的一种新的减肥方法，也称间歇式断食（intermittent fasting）。它采用5∶2模式，即在每周中，5天作为进食日，正常饮食但不要过量；选定其余不连续的2天作为断食日，限定当日食物的总热量［女生500千卡（约2093千焦）、男生600千卡（约2512千焦）］。① 通过有规律地进行轻断食，身体会一直开启燃脂机制，达到稳定减轻体重的效果。

随着时代发展，物质生活水平越来越富足，极大地影响了人们的饮食习惯，"大吃大喝""满汉全席"已成为生活常态，日摄取能量也普遍超标。轻断食膳食模式（表4-14）的出现，正好迎合了被大力提倡的低热量饮食。②

表4-14 轻断食膳食模式的食谱示例

食谱	食物	数量/克
早餐	苹果	150
	胡萝卜	100
	鸡蛋	60
午餐	生菜	200
	西红柿	100
	牛乳（脱脂）	200
	燕麦片	50
晚餐	西兰花	200
	葵花籽油	5
	瘦牛肉	50

资料来源：孙晶丹《每周两天轻断食》，江西科学技术出版社2018年版。

该模式有利于肥胖患者的体重控制和代谢改善，对超重和肥胖患者的血糖、胰岛素及低密度脂蛋白胆固醇、高密度脂蛋白胆固醇等代谢标志物均有改善；而且该模式无严重不良反应，患者依从性好，易于长期坚持。③ 轻断食模式在控制体重的同时，可通过代谢和炎性反应的改善，间接增加体重控制效益，同时增强糖

---

① 参见［英］阿曼达·汉密尔顿《轻断食减肥计划》，黄与琪译，化学工业出版社2018年版。
② ［德］约翰内斯·奥迦恩思科：《燃脂手册：找到适合你的运动与饮食方案》，裴剑清译，人民邮电出版社2017年版，第35-37页。
③ 参见王友发、孙明晓、杨月欣《中国肥胖预防和控制蓝皮书》，北京大学医学出版社2019年版。

尿病、心脑血管疾病及其他慢性疾病的治疗效果。① 许多研究表明，轻断食能让内脏获得充分休息，大脑可产生内啡，这种物质可让人产生愉悦感。此外，轻断食一段时间后，便能有足够强的意志抵抗美食的诱惑，自我控制能力得到增强，从而对接下来的减脂过程充满自信。②

为确保安全，该方法应在营养师或医生指导下进行。虽然轻断食膳食模式能够对减脂减重起一定作用，但也存在一些副作用，对身体健康造成威胁。由于轻断食期间胃中食物较少，胃酸的分泌增加，长期会引起胃肠功能紊乱，甚至引起慢性胃炎等消化道疾病。断食期会因为缺少油脂摄入而增加便秘。③ 并且在断食后，当饮食不控制，身体会吸收更多热量。另外，女性在生理期不能进行轻断食。以下人群也不推荐使用轻断食饮食法：年龄未满 18 岁者，贫血、低血压和心脏病患者，孕妇及哺乳期女性，重体力劳动者。④

由于轻断食期间的饮食结构变化较大，短期内轻断食危险性不大，但是长此以往，可能会造成营养不良。⑤ 因此，胃肠功能异常和其他类型特殊人群，应当谨慎选择轻断食法。

（四）低脂饮食法

低脂饮食法即为含甘油三酯、胆固醇比例较少的进食方式，注意多摄取五谷杂粮、薯类和各类新鲜蔬菜水果（图 4-12）。⑥ 采用低脂饮食法的健身人群，首先，应当多食用天然食物，少吃含有人工添加剂的食品。其次，采用健康的方式烹调，坚持"少油、少盐、少糖"的原则，改用蒸、煮、凉拌，少煎和炒，杜绝油炸食品。⑦ 再次，低脂饮食应坚持"多果蔬、少肉"的原则，提倡吃当季、当地果蔬，一日三餐中至少有一餐是"完全素食"。最后，应注重维生素 B_{12} 的补充，有计划地将豆类、坚果类食物纳入饮食中。⑧

---

① Dedual M A, Wueest S, Borsigova M, et al., "Intermittent Fasting Improves Metabolic Flexibility in Short-term High-fat Diet-fed Mice," *American Journal of Physiology. Endocrinology and Metabolism*, 2019, 317(5).
② 参见［英］阿曼达·汉密尔顿《轻断食减肥计划》，黄与琪译，化学工业出版社 2018 年版。
③ 参见［德］约翰内斯·奥迦恩思科《燃脂手册：找到适合你的运动与饮食方案》，裴剑清译，人民邮电出版社 2017 年版。
④ 参见张景琦、孟令超《本能减脂》，中信出版社 2017 年版。
⑤ 参见国家体育总局《科学运动 健康减肥》，人民体育出版社 2017 年版。
⑥ ［德］约翰内斯·奥迦恩思科《燃脂手册：找到适合你的运动与饮食方案》，裴剑清译，人民邮电出版社 2017 年版。
⑦ 参见张景琦、孟令超《本能减脂》，中信出版社 2017 年版。
⑧ 参见［德］克里斯蒂安·冯·勒费尔霍尔茨《健身营养全书：关于力量与肌肉的营养策略》，庄仲华译，北京科学技术出版社 2018 年版。

图 4-12 低脂饮食

来自德国的最新观察研究表明,尽可能多地食用脂肪含量低、膳食纤维含量高的全麦食品,以及含水量大、体积大的水果和蔬菜,有助于人们长期保持体重稳定。[1]

从减脂结果的稳定性来看,低脂饮食是至今为止被科学研究证明效果最好、最易接受的饮食法之一,但它也不是长久之策。[2] 对于女性而言,脂肪摄入不足会加速衰老;对于男性而言,最明显的症状是睾酮水平的明显降低,从而导致肌肉比例降低、体脂增加,引发骨质疏松、抑郁和性功能下降等问题。[3] 因此,低脂饮食法不适宜长期使用,想要在减脂的同时保持身体健康,我们更提倡科学合理、均衡的饮食搭配。

(五)地中海饮食法

地中海饮食(mediterranean diet),泛指希腊、西班牙、法国和意大利(南部)等处于地中海沿岸的南欧各国以蔬菜水果、鱼类、五谷杂粮、豆类和橄榄油为主的饮食风格。2018 年,地中海饮食法已成为全球最流行的减脂饮食法之一(表 4-15)。[4]

---

[1] Swinburn B A, Sacks G, Hall K D, et al., "The Global Obesity Pandemic: Shaped by Global Drivers and Local Environments," *The Lancet*, 2011, 378 (9793).
[2] 参见 [美] 霍利斯·兰斯·利伯曼《美国健美冠军 12 周减脂增肌健身计划》,潘婷译,人民邮电出版社 2019 年版。
[3] 参见 [德] 约翰内斯·奥迦恩思科《燃脂手册:找到适合你的运动与饮食方案》,裴剑清译,人民邮电出版社 2017 年版。
[4] [德] 约翰内斯·奥迦恩思科:《燃脂手册:找到适合你的运动与饮食方案》,裴剑清译,人民邮电出版社 2017 年版,第 35-37 页。

表4-15 地中海饮食法示例

食物种类	食用频次	详细食物品种
谷类、蔬果类、乳制品、植物油	1次/天	大米、全麦面包、杂粮、豆类、坚果、橄榄油、所有水果与蔬菜、乳酪或酸奶
白肉、蛋类等	1次/周	鱼肉、家禽肉、蛋、甜食
红肉类	1次/月	牛肉、猪肉等

研究发现，采用地中海饮食方法，不仅可以减少患心脏病的风险，而且可以促进脂肪燃烧、改善大脑功能、增强记忆力、延长寿命。营养学家现已用"地中海式饮食"代指有利于健康的，简单、清淡以及富含营养的饮食。[1]

地中海式饮食的主要特征体现在优先选择营养丰富、加工程度低的食物，其中蔬菜、水果以及优质脂肪占比较大。[2] 它给减脂者带来的第一个好处是有利于健康。例如，心肌梗死高危人群在适应了地中海式饮食后，心脏、血管和新陈代谢都受到了有益的影响，最终寿命得以延长。[3] 第二个好处是它囊括的食物种类丰富多样，包括水果、坚果、菜籽油、橄榄油、蛋类、鱼类、乳制品、全麦食品、豆类和蔬菜等，选择灵活性很大。[4] 即便如此，地中海饮食结构中只有45%的热量来自脂肪，且含有很多单不饱和脂肪酸。[5] 运动者在使用地中海式饮食法时可实现碳水化合物的灵活摄入，例如：优先选择合适的水果、豆类，相应地少选一些谷物制品。[6]

地中海饮食法认为，人们搭配食用豆类和玉米所获得的植物蛋白的生物价甚至可以与全鸡蛋的生物价相媲美，除此之外，豆类也含有植生素。[7] 按照地中海饮食法的要求，理想的情况是，人们每天饮食中至少含有一份豆类。[8]

但是，地中海饮食法并不适用于所有人群。由于该饮食方法中植物性的食物比较多，患有胃溃疡、短肠综合征等胃肠疾病的人群，消化道难以吸收太多的植

---

[1] 参见张景琦、孟令超《本能减脂》，中信出版社2017年版。
[2] ［德］约翰内斯·奥迦恩思科：《燃脂手册：找到适合你的运动与饮食方案》，裴剑清译，人民邮电出版社2017年版，第35-37页。
[3] 参见［德］约翰内斯·奥迦恩思科《燃脂手册：找到适合你的运动与饮食方案》，裴剑清译，人民邮电出版社2017年版；国家体育总局《科学运动 健康减肥》，人民体育出版社2017年版。
[4] 参见国家体育总局《科学运动 健康减肥》，人民体育出版社2017年版。
[5] 参见［美］汤姆·韦努托《燃烧脂肪 喂养肌肉》，王亦飞译，北京科学技术出版社2019年版。
[6] ［德］约翰内斯·奥迦恩思科：《燃脂手册：找到适合你的运动与饮食方案》，裴剑清译，人民邮电出版社2017年版，第35-37页。
[7] 参见张景琦、孟令超《本能减脂》，中信出版社2017年版。
[8] 参见［德］克里斯蒂安·冯·勒费尔霍尔茨《健身营养全书：关于力量与肌肉的营养策略》，庄仲华译，北京科学技术出版社2018年版。

物性食物，长期食用易导致营养不良。① 对于肾功能和脾胃消化功能异常的人群，更需要一定程度上限制植物性食物的摄入，强调优质蛋白质的摄入比例。除此之外，对于青少年阶段的减脂者而言，由于胃肠与消化功能发育不成熟，需要摄入富含蛋白质的食物，因此不建议选择地中海饮食法。②

综上所述，地中海饮食虽然能够较大程度地减轻减脂者对于饮食控制的痛苦，但是在营养均衡方面略有欠缺。关注消化道与脏器健康，搭配均衡且合理的营养，更有助于健康减脂。

第五节 常见减肥误区

一、运动出汗越多，减肥效果越好

运动中出汗越多，体重自然会有所减轻，但是这并不意味着减肥效果显著。人的体重是由脂肪和去脂体重组成的，去脂体重包括水、蛋白质和无机物。③ 有效的减肥，是减去身体的脂肪，而不是减去水分和无机物。

在实际生活中，有不少人认为"出汗越多，减肥效果越好"。④ 为了在运动中多出汗，采用在炎热夏季穿上出汗衣、大中午在太阳下慢跑的方式来减肥。这么做，虽然可以锻炼人的坚强意志，也可以利用高温多消耗一些热量，但是身体内减少得最多的是水分和无机物，而脂肪量减少得不多，运动后补充一定量的水分，体重又会恢复到原本状态。⑤

因此，运动出汗的多少与减肥效果的好坏并没有直接联系。

二、体脂率越低越好

现代女性多数信仰以瘦为美的观念，提倡大力减脂。实际上，脂肪对于女性来说，并非越少越好；相反，它是女性的"守护神"。⑥

脂肪对人体的作用包括供给能量、保温、缓冲压力、固定内脏、促进脂溶性

---

① 参见［德］约翰内斯·奥迦恩思科《燃脂手册：找到适合你的运动与饮食方案》，裴剑清译，人民邮电出版社2017年版。
② 参见张景琦、孟令超《本能减脂》，中信出版社2017年版。
③ 参见［德］克里斯蒂安·冯·勒费尔霍尔茨《健身营养全书：关于力量与肌肉的营养策略》，庄仲华译，北京科学技术出版社2018年版。
④ 参见国家体育总局《科学运动 健康减肥》，人民体育出版社2017年版。
⑤ 参见［美］霍利斯·兰斯·利伯曼《美国健美冠军12周减脂增肌健身计划》，潘婷译，人民邮电出版社2019年版。
⑥ 参见［德］克里斯蒂安·冯·勒费尔霍尔茨《健身营养全书：关于力量与肌肉的营养策略》，庄仲华译，北京科学技术出版社2018年版。

维生素吸收等。① 脂肪量不足给女性的生活带来的弊端也是显而易见的，包括抵抗力下降、月经周期紊乱、排卵障碍等。甚至在妊娠期的流产和早产、内脏下垂等现象的出现，均与脂肪含量偏低有一定的关系。通常情况下，女性体脂率若低于13%，则可能引起内分泌功能失调，带来身体健康风险。②

三、用甩脂机（律动机）可以减肥

在电视广告以及健身房中可以看到一种仪器，人站在或坐在上面，机器会有频率、有节奏地震动，带动人体部分肢体或者全身抖动。这种仪器叫作"甩脂机"，亦可叫作"振动器""律动机"，号称采用运动科学的平衡侧动和振幅叠加原理，使全身脂肪通过震动而消耗热量，消除体内囤积过量的脂肪。市面上常见的甩脂机有盘形甩脂机（图4-13）、电动减肥腰带（图4-14）和家用站立式甩脂机（图4-15）。③

近些年来，关于甩脂机减肥效果的广告宣传内容，为广大减肥者勾画出一幅轻松减肥的美好蓝图。商家称，使用这些仪器减肥效果显著，且不会增加心脏负荷，自然是安全且有效的。但是，事实真的如此吗？

从原理上看，脂肪本身无收缩功能，唯一的消耗方式是人体肌肉或者其他器官进行有氧氧化并释放能量。④ 靠外力震动或抖动，并不能让脂肪发生有氧氧化，无法达到燃烧脂肪的目的。⑤ 想依靠甩脂机这样的"被动运动"来达到减肥效果，是不可能的。

主动运动和被动运动的主要区别在于"运动者是否真正出力了"，主动运动时，我们的肌肉可以明显感觉到收缩。运动之所以能够消耗脂肪，是因为"动"与"能"在起着重要作用，只有肌肉得到收缩的运动，才能真正地消耗热量和燃烧脂肪。⑥ 而甩脂机的震动和滚动，是依靠电能而不是人体本身，自然是无法消耗脂肪的。想真正达到减肥目的，只有坚持不懈地运动锻炼才是王道。⑦

---

① 参见张景琦、孟令超《本能减脂》，中信出版社2017年版。
② 参见王友发、孙明晓、杨月欣《中国肥胖预防和控制蓝皮书》，北京大学医学出版社2019年版。
③ 参见国家体育总局《科学运动 健康减肥》，人民体育出版社2017年版。
④ 参见［美］霍利斯·兰斯·利伯曼《美国健美冠军12周减脂增肌健身计划》，潘婷译，人民邮电出版社2019年版。
⑤ 参见［美］汤姆·韦努托《燃烧脂肪 喂养肌肉》，王亦飞译，北京科学技术出版社2019年版。
⑥ ［德］约翰内斯·奥迦恩思科：《燃脂手册：找到适合你的运动与饮食方案》，裴剑清译，人民邮电出版社2017年版，第35-37页。
⑦ 参见国家体育总局《科学运动 健康减肥》，人民体育出版社2017年版。

图 4-13 盘形甩脂机

图 4-14 电动减肥腰带

图 4-15 家用站立式甩脂机

四、体重下降就是减肥成功了

减肥的目的是消除身体里多余的脂肪。不少人对此存在认识误区，简单地认为体重下降就是减肥有效，从而混淆了减脂与减重的概念。[①] 比如，身穿各式减肥服的人，一次锻炼下来，减肥服里裹出来的都是汗水，减掉的是身体里的水分。这无益于减肥，甚至容易导致脱水，严重影响身体健康。[②]

因此，不能简单认为体重下降了就是减肥有效。除了上述脱水导致体重下降的常见情况外，还有由于缺乏锻炼和营养补充不足导致的肌肉丢失也会产生体重下降的现象，这些都要甄别清楚。身体脂肪含量是判断减肥是否有效的重要依据。[③]

[①] 参见［美］汤姆·韦努托《燃烧脂肪 喂养肌肉》，王亦飞译，北京科学技术出版社 2019 年版。
[②] 参见［德］约翰内斯·奥迦恩思科《燃脂手册：找到适合你的运动与饮食方案》，裴剑清译，人民邮电出版社 2017 年版。
[③] 参见国家体育总局《科学运动 健康减肥》，人民体育出版社 2017 年版。

五、不吃主食就能成功减肥

不吃或少吃谷类主食的观点和做法是不可取的。谷类中的淀粉是复杂碳水化合物，有维持血糖水平的作用。不吃或少吃谷类主食会降低进食后人体血糖升高的速度，也容易较快出现低血糖的情况。而频繁出现的低血糖会导致饥饿感产生，而使进食量加大。① 富含淀粉的谷类食物也富含膳食纤维，对降低血脂和预防癌症也有一定好处。因此，我们建议减少食物总摄入量时，要相应减少谷类主食量，但不要减少谷类食物在食物总量中的占比。②

六、单纯节食能成功减肥

在营养学快速发展的今天，人们对减脂饮食的认识存在各种误区。在许多人的印象中，减脂饮食就是饥饿与食之无味的代名词。③ 受部分错误宣传的影响，一些健身者认为只有选择无油无盐的水煮菜才能减肥成功，从此过上了苦行僧式的生活；还有一些健身者渴望通过节食达到快速瘦身的目的，最终换来的却是健康受损和体重反弹。④

单独控制饮食时虽可降低总体重，但除脂肪组织减少外，肌肉等去脂体质（fat free mass，以下简称 FFM）也会丢失，静息代谢率（resting metabolic rate，以下简称 RMR）也会随之降低，使机体的基础能量需求减少。即在低水平上建立新的能量平衡，使机体储存脂肪的消耗减少。⑤

因此，单纯限制饮食使体重下降到一定水平后，体重下降的速度会减慢或不再下降。如果要使体重维持在已降低的较低水平或使体重进一步降低，需要摄入能量更低的膳食，而极低能量膳食中的营养素往往不能满足机体运作基本需要，对健康会产生损害。⑥ 体重的频繁波动于健康有害。在维持能量负平衡的条件下，通过搭配科学规律的体力活动和运动，既能够维持 RMR 降低量减少甚至不降低，还能消耗更多体脂，最大限度地保留 FFM。适当控制饮食加合理体力活动，有利于减重后长期保持体重不反弹。⑦

---

① Pavithran N, Kumar H, Menon A, et al., "MON-PO442: 24-week, Low GI Diet Decreases Truncal Fat Mass in South Indians with Type 2 Diabetes: A Randomized Study," *Clinical Nutrition*, 2019, 38(9).
② 参见张景琦、孟令超《本能减脂》，中信出版社 2017 年版。
③ 参见国家体育总局《科学运动　健康减肥》，人民体育出版社 2017 年版。
④ 参见乔来明《对肥胖大学生体质与心理健康状况的调查》，载《现代预防医学》2008 年第 15 期。
⑤ ［德］约翰内斯·奥迦恩思科：《燃脂手册：找到适合你的运动与饮食方案》，裴剑清译，人民邮电出版社 2017 年版，第 35-37 页。
⑥ 参见［德］约翰内斯·奥迦恩思科《燃脂手册：找到适合你的运动与饮食方案》，裴剑清译，人民邮电出版社 2017 年版。
⑦ 参见刘涛《大学生体质健康指导教程》，化学工业出版社 2019 年版。

课堂练习

请根据自身运动目标,设计 HIIT 并实践一次,以及营养餐食搭配建议。

课后习题

1. 请根据本章内容,分别简述肥胖症运动干预中的有氧运动、无氧运动训练方法。
2. 请根据自身实际情况,参考饮食干预部分的内容,设计一份 7 天减脂食谱。
3. 什么样的饮食干预方法最适合自己?为什么?

第五章　运动与体态管理

> **学习提要**
>
> 体态问题已成为人们普遍关注的问题。体态不仅影响人的外在形象，更影响人体的健康。长期体态不良，会让脂肪囤积在不该出现的位置，还会导致肌肉失衡、骨骼偏离人体垂直中线，进而可能引发一系列疾病，如肥胖、消化病、各种疼痛等，且多为慢性疾病。通过本章学习，学生可以全面了解体态的相关概念，不良体态骨骼肌肉发生机制，以及各种具有代表性的不良体态的纠正方法。
>
> 本章介绍的内容主要有：体态的概念、体态的影响因素、标准体态指标、不良体态发生的机制、体态管理的作用，以及十种常见不良体态及纠正方法等。

第一节　认识体态管理

一、什么是体态

体态是指人的身体各个部位在自然状态下所排列的一种状态。一个人必须将身体某些部位维持在正确的排列线上才能有良好的体态。提起体态，有几个概念往往相互关联。现简单与姿势、形态的概念加以说明及区别。姿势是在某一个时刻人体的各个部分在空间里的位置，如坐姿、蹲姿；形态是指事物在一定条件下所呈现出来的表现形式。其中，姿势强调的是时刻在变化，形态强调的是事物的整体性，而体态具有长时间的习惯性，除了关注整体性，还侧重于构成整体的某些部位的相对性。

二、影响人体体态的因素

（一）人体动作系统障碍

如果人体动作系统中的一个组件排列错乱（如肌肉紧张、肌肉无力、关节运动学改变），会导致可预测的组织压力过大和功能障碍，神经肌肉控制能力下降、细微创伤，从而引发累积损伤循环，造成表现下降、肌肉痉挛，筋膜粘连、炎症、改变神经肌肉控制和肌肉失衡，并最终造成伤害。对人体动作系统结构所施加的异常扭曲力，往往会施加在功能障碍部位的上方或下方，由于人体动作系统的一个组件的排列错乱，其他身体组件必然产生代偿以平衡功能障碍部位的重量分布。

功能混乱改变了长度-张力关系、力偶关系和关节运动，影响感觉运动整合，然后降低神经肌肉效率，使组织疲劳和破坏，引发炎症、肌肉痉挛，肌肉的痉挛进而导致粘连，而粘连又会改变神经肌肉控制，又导致了肌肉失衡，造成累积损伤循环和运动障碍综合征。

（二）静态排列错乱

肌肉长度-张力的关系是指肌肉在静息状态下的长度和肌肉在静息状态下能产生的张力。当肌动蛋白和肌球蛋白在肌小结最大限度地结合时，就会有长度产生，也就是粗肌球蛋白肌丝与细肌动蛋白肌丝上的活性位置产生最大量的连接，肌肉产生最大的力。当肌肉受到刺激时，肌肉长度比最优长度长或短，肌球蛋白的横桥和肌动蛋白的活性位点的相互作用就会减少，导致肌肉张力变小。另外，力偶是肌肉在关节周围产生运动的协同机制。在一个力偶中的肌肉会对其附着骨结构产生扩张力。因为每块肌肉的附着点和杠杆力不同，所以不同角度的肌肉张力在关节上会产生不同的力。因此，一个动作的完成取决于关节的结构、内部纤维的特性和参与肌肉的集体发力情况。

当关节活动度过小（关节功能障碍）或筋膜出现粘连会导致人体静态姿势变差，一旦关节失去其正常的活动范围，其周围肌肉就会痉挛和收紧（改变长度-张力关系），以减少相关部位的压力，某些肌肉会过度活跃（改变力偶关系）以防止更多的运动和进一步的伤害，这样的结果是导致肌肉静态排列错乱，影响人体体态。

（三）交互抑制改变

交互抑制改变是肌肉紧张（短、过度活跃、筋膜粘连）导致其功能拮抗肌神经冲动减少，从而使神经募集减少的过程。交互抑制改变会导致协同主导，即协同肌弥补原动肌以维持力量产生的过程。总之，交互抑制改变是减少原动肌的神经募集和发力，原动肌肌力不足，导致了协同肌的代偿，从而引起肌肉张力不平衡，改变人体体态。

（四）动态排列错乱（运动系统障碍）

运动损伤综合征（动态排列错乱）包括下肢运动损伤综合征和上肢运动损伤综合征。

（五）肌肉激活模式异常

什么是肌肉激活？简单而言，就是让本来没有动用的肌肉活动起来。更深入地讲，肌肉激活意在唤醒、激活肌肉中的本体感受器，从而调整肌肉的工作状态，提高肌肉的发力意识与运动感觉。当动作不对或者发力不对，则无法对目标肌肉产生激活，反而使得肌肉产生代偿，这种情况就属于肌肉激活模式异常。

三、什么是标准体态

标准体态应具有如下两个特点：一是肌肉平衡；二是骨骼垂直。

肌肉平衡，即标准体态应是身体在前后、左右、旋转三个方面的肌肉处于平衡状态。拮抗肌和原动肌在形式上是对立的，但对环绕关节运动的功能是统一协调的，所以人体完成动作需要由原动肌群和拮抗肌群协作完成。当任何一块肌肉过度紧张，其相对应的肌肉必然会作出代偿性调整，结果是过度紧张的肌肉开始变弱而代偿性肌肉开始变得粗大有力，身体对应部位也就失去平衡。随着这种姿势的长时间维持，必然会导致关节骨骼偏离原有的排列，也就是会导致体态出现不平衡、不标准。

骨骼垂直，是指标准体态的人体头—肩—骨盆—膝关节—踝关节呈一条直线并且垂直于地面。当其中的某些关节骨骼偏离这一垂直线，就会出现譬如圆肩、驼背、塌腰等不良体态。

四、什么是不良体态，引起不良体态的原因

不良体态，指的是肌肉失衡，骨骼关节偏离标准排列线性位置的体态。引起不良体态的因素有先天因素和后天因素。

（一）先天因素

先天因素指天生体态不良。胚型类型会导致三种不同的体态类型，即内胚型、中胚型和外胚型体态。其中，中胚型体态是由于在其生长发育时中胚层发育占优势。中胚层负责的是肌肉和骨骼，所以中胚型体态的人通常体态挺拔、肩部和胸部较为伸展。属于理想型体态。外胚型体态则是由外胚胎层发育占优势而形成的体态。外胚层负责表皮和神经系统，所以这种体质的人天生骨骼小，肌纤维小而又无力，容易出现塌腰、扁平足等不良体态。而内胚层体态则是由胚胎的内胚层占优势发育而成，内胚层负责形成消化器官，因此这种类型体态的人消化功能好，易脂肪沉积，易出现骨盆后倾、下半身粗大等不良体态。

此外，天生的关节活动幅度过大或过小、结缔组织强韧度较差等也是引起先天不良体态的原因，如结缔组织强度天生比较差的人，可能会因为膝关节的结缔组织无法稳固膝关节在正确的排列线上而导致膝过伸。

（二）后天因素

从出生后，各种后天因素也会导致体态发生变化，如重复运动（肌肉模式超负荷）、不当姿态和动作（习惯性不良姿势）、一侧主导、缺乏关节稳定性、缺乏关节灵活性不平衡的力量训练计划等。后天因素可以分为习惯类、病伤类和心理类。新生儿的人体体态是符合对称和垂直两个特征的，但各种后天因素影响体态。

习惯就是一个重要的影响因素。譬如长期低头看手机、"葛优躺"、长期伏案工作等，这些习惯可能导致肱骨过度内旋，造成圆肩，逐步形成驼背、头前引（乌龟脖和大椎包）。另外还有意外损伤、疾病，如由于脊柱意外受伤，无法正常挺直腰、背部，为了避免因挺直而出现脊柱疼，人体就会代偿性做出含胸驼背的动作，这一姿势维持久了、重复多了，即使后期脊柱的伤治疗好时，但含胸、驼背的不良体态已经形成了。最后一类是有关心理层面的，体态与人的精神高度相关。譬如我们发现，当情绪高涨时，人和黑猩猩一样，会作出高举双臂的体态。可见，体态与情绪一定有直接相关的机制存在。一个情绪低落、害怕、焦虑的人，往往在体态上表现得缩小，如低头、含胸、塌腰等，这种心理重复久了也会导致不良体态形成。

五、不良体态发生的机制

引起不良体态的机制主要两个：肌肉功能失去平衡和骨骼关节偏离垂直线性位置。无论是先天因素还是后天因素导致不良体态出现，其发生机制最终都归结为上述两方面。例如单腿站立时，为维持身体重心的稳定，站立腿的相关肌肉就会承受更大的压力而拉动脊柱向同侧移动，而其对应的拮抗肌肌张力会变得更小，但又由于保护原动肌机制的存在而长时间处于拉伸状态，持续保持紧张直至疼痛，最终会导致脊柱不得不向承重腿一侧偏移，出现脊柱侧弯的不良体态。

这两个机制有一个基础，那就是人体是一个闭环整体。我们身体是一个整体闭环系统，身体的每一个部位的变化会不同程度地引起身体其他部位发生变化，牵一发而动全身。例如：当运动不足、过度劳累、长时间站立或穿高跟鞋、受伤等情况发生时，小腿的腓肠肌和比目鱼肌等出现机能衰退，引起跟腱偏离垂直线，形成行走时内外"八"字等不良体态。

六、不良体态的影响和危害

概括地说不良体态会影响和危害人体的肌肉、骨骼关节、韧带、内脏器官以及心理。

（一）影响肌肉

前面讲了不良体态会导致原动肌和拮抗肌的肌张力发生变化。如头前倾导致维持头颈部姿势的肌肉要承受几倍于正常的负荷，颈伸肌活动增加，导致血流量受限，开始出现疼痛，进而引起肌肉过度拉长，一旦出现较大幅度的头部动作，肌肉在已拉长的状态下极易被拉伤。

（二）影响骨骼关节

不良体态会导致人体骨骼偏离标准垂直排列线。人体的骨骼维持人的每一个姿态都需要负重,当某一个部位出现问题,相应的骨骼就要离开垂直线去负重。仍然以头前倾为例,头前倾时,头对脊柱的压力就不是垂直通过脊柱的中心而是往前下方拉,脊柱受力不均匀,前侧受到更多的挤压力而后侧被拉向前弯曲。哈佛大学的研究证明,这种情况会导致脊柱要多负重60磅(约27.2千克)。

(三)影响韧带

同样的道理,不良体态会导致韧带容易受伤。韧带的作用是稳固关节和限制人体活动幅度,但当不良体态导致关节偏离垂直排列线,肌肉过度拉长的状态下,韧带很容易受伤。

(四)影响内脏器官

不良体态对人体内脏器官是通过影响肌肉和骨骼而发生的。以不良站姿导致小腿腓肠肌和比目鱼肌受损为例,小腿是人的"第二心脏",也就是说人体70%的血液靠小腿肚泵回心脏,它是人体的发电机,如小腿腓肠肌、比目鱼肌受损收缩力度不够,则引起小腿输送回心脏的血液不够,导致心脏压力增加、血液凝滞、手脚冰冷、废弃物质容易囤积在血管内,从而诱发很多疾病。

(五)影响心理

不良的体态会让人情绪、精神低落。有研究认为,你的体态决定了你是什么样的人,而且心里所暗示的一定会引导你成为所暗示的样子。体态影响人的情绪和精神,体态良好的人,一般会有积极的心理;而不良体态会让人产生沮丧、不安等感受。

七、什么是体态管理

顾名思义,体态管理是一种强调受者自主或自我练习将身体各个部位恢复、维持在正确的排列线上的一系列活动的总称。体态管理以人体美学、运动生物力学、运动训练学等理论为基础,对人的骨骼关节系统、肌肉韧带、器官及软组织系统等进行练习和干预。

八、体态管理有什么作用

人在出生时,体态非常标准,随着生活、工作的进行,体态逐渐发生变化。现代新技术的广泛运用,如电脑、手机、汽车等,再加上工作、家庭环境压力下,保持标准体态逐步成为大家关注的焦点。体态管理的作用可归纳为以下四个方面。

(一)体态管理使得外形体态更符合人体美学

从审美的层面角度,体态管理使得人体骨骼、肌肉保持或恢复到正确的排列线上视觉上呈现对称、垂直的美学规律，让人外形上挺拔、修长、匀称。我们经常遇到觉得腿部很粗要求减肥，而经过对腿部骨骼的针对性纠正练习后，腿会显得更长更匀称而无须减肥的案例，其作用机制正是由于腿部的骨骼肌肉恢复到正确的排列线上了。

（二）体态管理提高身体运动机能

正确的体态应该使骨骼和关节的位置分布正确，这样可以使你在运动或负重时肌肉和韧带受到尽可能小的张力，从而提高身体运动机能。纠正不良体态可以更有效地提高运动机能。因为身体具有代偿机能，出现多米诺骨牌效应，所以有时候局部的问题会导致整个身体的运动受阻或运动机能减弱。身体骨骼、韧带等出现了问题，如结构性脊柱侧弯会导致高低肩、高低髋等现象从而影响人体的运动，而经过体态管理解决上述问题可以提高身体运动机能。

（三）体态管理预防或治疗慢性疾病

部分慢性疾病是由于体态不正确导致的，如高低肩会引起头疼；倾斜的髋部可以导致下背部疼痛和坐骨神经痛；脊柱侧弯导致凹陷处的脊椎关节产生磨损，使得椎间盘退化或突出，凹陷部位疼痛难忍以致失眠，心肺系统经常出现异常等。而实践证明，通过体态管理可以解决上述问题。

（四）体态管理提高体态语言能力

实践与理论证明了体态可以影响治愈一个人的心灵。这在欧美国家受到了重视，如美国 TED 公司的姿势理论认为，一个积极的姿势会让人更自信、更有说服力。而颇有影响的亚历山大技术也证明，用姿势、体态和动作的调整或疗愈内心是行之有效的。管理学沟通理论认为，人的体态语言有效沟通作用达到 50%，体态管理能有效提高人体体态语言能力，而这属于人的核心职业能力之一。

第二节 国内外研究现状

一、国外研究

体态管理理论研究在欧美国家处于开拓阶段，很受重视，其起源可以追溯到 20 世纪 80 年代。不良体态也可导致并发症，例如骨盆或肋骨不对称，脊柱侧凸，髋关节脱位和其他问题出现。

在国外，体态管理主要集中于结合医学进行临床诊断治疗方面的研究。临床医生越来越认识到将身体固定在某一位置的设备在姿势护理中的重要性。在北美，24 小时的体态管理非常流行，其理论基础在于，人类生活实际是由三个姿势构成：

躺、坐和站。许多国家针对这三种姿势开发和研究了一些策略和治疗干预措施。

这类研究多集中在不正确的姿势导致人体疾病产生的机制以及如何干预治疗。其中以对坐姿的研究居多。澳大利亚的 M. Mock 对步态进行了深入研究，他在讨论正常步态以及如何评估步态的基础上，分析概述了由于步态异常而导致的各种肌肉骨骼疾病。该研究对于外科医生根据这种由于步态不正确引起的疼痛进行治疗而非仅仅针对人体结构或放射性治疗很有帮助，这或许是疼痛治疗和康复的正确方法。有研究对正确脊柱姿势的重要性进行了探讨，以产妇为研究样本，在麻醉后 20 小时侧躺的产妇，其产后出现头痛的概率要大于产后 6 小时就对躺姿（脊柱）进行训练的产妇。这说明了人体除了在正常生长衰老过程中需要注意正确的躺卧姿势外，在一些特殊的情况下更要注意正确的躺卧科学姿势。有研究通过对欧洲的物理治疗师进行调研，指出不良坐姿是引起腰疼的主要因素，研究进行定性分析，认为最佳坐姿是坐姿与脊柱的自然形状相匹配，并且看起来舒适和放松而没有过度的肌肉张力。还有学者从足部和腿部姿势进行了这方面的深入分析，研究指出，足部过度外翻是导致机械性腰疼的主要因素，机制在于足部过度外翻会导致大腿和骨盆肌肉的生物力发生不正确的改变从而导致脊柱发生机械性病变导致腰疼。这些研究进一步证明了正确的坐姿与站姿或步态姿势对于人体的重要性，并从医学的角度证明了人类体态管理的重要性。

二、国内研究

国内对于体态的管理观念接受得比较晚，主要关注以下两个方面：健康和美。在健康方面，多注重由于体态不正确导致脊柱不正，如比较多的学者关注脊柱侧弯的问题，认为脊柱侧弯有先天性因素的存在，但很多人都是后天长期不良的姿势导致脊柱发生侧弯，引起如骨盆不正、肋骨高低不平、头前倾等，严重的会引起四肢麻木僵硬，甚至影响内脏功能。而学者针对此也在实践中开发了一些脊柱复原的方法，比较常见的是运用提拉、瑜伽、拉伸等，主要针对产妇的骨盆修复。

第三节　常见不良体态的纠正方法与注意事项

本节列举部分常见不良体态的管理，希望可以帮助大家解决体态问题，拥有健美体态。

一、足外翻

小腿后方肌群过度活跃，致使足部呈现跟骨外翻，足弓内侧降低，形成足外翻。

（一）主要症状

从额状面观看，自然站立时，脚后跟向内倾斜、脚尖向内扣、脚外缘仰伸，如果足后过度外翻，足弓塌陷，平贴地面，将变成扁平足；长时间走路时，足部容易疲劳；踝扭伤时，足底筋膜拉力紧张、足底近跟处有压痛感；负重情况下，痛感加剧，形成足底筋膜炎。长此以往，可能因为走路姿势偏向、着力不当，造成X型腿，引起踝痛、膝痛和腰痛。

（二）病理机制

足外翻是由小腿三头肌群（由腓肠肌和比目鱼肌组成）紧张而使足内侧纵弓（由跟骨、距骨、足舟骨，内侧楔状骨和第一跖骨组成）降低，跟骨外翻，跖趾关节和跗跖关节向内旋翻。同时，小腿三头肌群的紧张缩短使得足背屈的角度减小，跖屈的角度增大，改变了足部的伸展和屈曲角度的偏向，足部的伸展偏向易于足部的屈曲，也就是控制足部的伸展肌过度活跃而屈肌不够活跃，导致了足部的肌肉不平衡和神经肌肉控制的改变。而跖趾关节和跗跖关节的内翻使得左右踝关节活动度被动存在差异，改变了足部的关节活动范围。在这种肌肉不平衡，神经肌肉控制下降和关节活动度变小的情况下，当外界给予不正常的扭曲力时，这种异常的扭曲力往往会施加在功能障碍部位的上方或下方，身体为了抵抗重力，地面反作用力和动量，维持平衡，其他相关协同运动的肌肉、骨骼和关节就会产生代偿，以平衡功能障碍部位的重量分布，那么，在这里就是为了平衡不够活跃的足部背屈肌（胫骨前肌、胫骨后肌、腓肠肌内侧头）和跖屈肌（腓骨肌群、腓肠肌外侧头、比目鱼肌）产生代偿。

在习惯性重复动作或超负荷工作作用下，足部的跖屈肌越来越紧张，而背屈肌越来越弱。不用则废，从而足外翻旋前愈加明显。从力学角度看，足部和踝部过度旋前导致了胫骨内旋。膝外翻现象。腿部便呈"X"形。如此代偿模式，引发了旋前综合征。过度足外翻是足部肌力不足和肌肉不平衡，踝关节和跖趾关节运动发生偏离，共同协作下导致足弓内侧降低塌陷，产生足内旋，连着的胫骨内旋，股骨内旋，改变了下肢正常体态。

（三）纠正性训练方法

1. 抑制阶段

对身体中过度活跃的神经筋膜组织进行张力松解，活性降低，减少筋膜粘连。这可以通过自我筋膜松解。利用泡沫轴找到腓肠肌外侧头、腓骨肌群、比目鱼肌的压痛点处，每个按压保持30秒。

2. 拉长阶段

用于增加神经筋膜的组织延展性、长度和关节活动度，这可以通过使用静态拉伸或神经肌肉拉伸来实现。

（1）拉伸小腿三头肌群（对墙弓步拉伸）。面对墙壁把上臂向前张开到肩膀高度，用手掌压着墙，全身倾倒向墙面，弯曲一侧膝盖往墙上靠拢，另一侧保持膝伸直。当弯曲膝盖慢慢地向前靠时，尝试保持后跟平贴在地上。在感觉到跟腱和脚弓有拉张时，拉长小腿后方三头肌群。保持这一姿势30秒，然后放松、直立，换另一侧腿重复上述动作。

（2）伸展小腿三头肌群（阶梯站姿压足跟）。在楼梯的最底阶用前脚平衡站着，慢慢降低后跟，直到你开始感到小腿肌肉拉张。保持这一姿势10秒，然后放松，直立。重复上述动作1～2次。

（3）拉伸股二头肌（短头）（仰卧二头肌拉伸）。仰卧，两腿伸直，双臂伸展置于身体两侧。右腿伸直向上抬起，左手置于右膝外侧，向左牵拉右腿，使肌肉伸展至中等紧张程度。保持等长收缩7～10秒，然后再保持30秒。还原，换另一侧腿重复上述动作。

（4）拉伸足底筋膜（跪姿足底拉伸）。膝关节弯曲呈大约80°角，跪在地面上，大腿后侧与小腿接触，并将臀部放在脚跟上，保持上半身与大腿成一条直线。用脚尖支撑，保持脚尖处于中间位置。将双手放在髋部，身体重心将向后移动，当它移过双脚所在处时，将引起脚尖的伸展和对足底筋膜的拉伸。保持30秒，放松，直立。重复上述动作2次。

3. 激活阶段

用于对不够活跃的组织进行再训练或激活。这可以通过分离强化训练和定位等长训练来实现，针对的部位包括屈趾肌群和足部深层肌群、胫骨前肌和胫骨后肌。比如利用机械加强胫骨前肌、胫骨后肌、腓肠肌内侧头和内侧腘绳肌。

（1）激活足底（脚抓毛巾）。毛巾平铺地面，脚趾、脚弓、脚掌协同配合脚心抓毛巾的方式练习。

（2）强化胫骨前肌（机械坐姿足背屈）。分腿坐于凳面上，间距同髋宽，躯干直立，髋膝关节均保持近90°角，双臂屈肘侧分，撑于体侧。目视前方，呼气，胫骨前肌收缩，缓缓勾起脚尖至顶峰收缩位，稍停顿后缓慢放松吸气。再重复上述动作，分3组，每组12次，背部尽量始终保持预备姿势并将意念集中于目标肌肉。

4. 整合阶段

通过使用动态动作整合训练的功能性进阶动作，对所有肌肉的共同协作功能进行再训练。刚开始进行单一平面的训练，然后进阶到多平面的训练。比如单腿平衡触伸，上台阶至平衡，然后进阶到弓步至平衡，再进阶到单腿深蹲。针对足踝部特定肌肉不断地加深难度和力度。

二、膝内扣

膝内扣是由于胫骨与股骨之间排列出现了向外侧的偏移而呈现两膝盖向身体

中线内扣。它的解剖术语叫膝外翻，常附带 X 型腿出现。

(一) 主要症状

从额状面看，自然站立时两侧膝盖向内扣，膝盖外侧向外展，整个膝关节的额状面内翻，如同"八"字状；负重下蹲时，膝内扣可能会更明显，两个膝盖向前突出，超过脚尖，同时两膝内移外翻。静态姿势下，当膝内扣时，两腿会出现胫骨内旋、股骨内旋和踝外翻的现象，呈 X 型腿。膝外翻内移增加、内收角度过大、股骨旋转角度增大等膝关节的排列错误，可能造成膝关节损伤如髌骨疼痛综合征、前交叉韧带损伤，髌骨、半月板的磨损和膝关节内外侧副韧带的劳损会引发膝关节肿胀、疼痛，膝关节炎等功能障碍问题。膝外翻还会增加踝关节和足底出现慢性疼痛的风险，影响下肢力量的发展。

(二) 病理机制

距跟关节位置的旋前通常会迫使足外翻、胫骨内旋和股骨内旋，也就是构成膝关节的股骨、髌骨和胫腓骨随着距跟骨的过度旋前而发生了向内偏移，膝关节呈外翻位。同时，距跟关节的改变引起了胫骨关节、髌骨关节的改变，这些关节发生联动作用，影响着膝关节的活动度，在运动中引发了一系列代偿反应，比如深蹲，做足背屈过程中需要胫骨前移，可能因为股四头肌的柔韧性差、腘绳肌不够活跃、足背屈肌弱、小腿三头肌紧张、阔筋膜张肌缩短，从而使得胫骨前移受限。此时，膝关节内移代偿胫骨前移的受限，获得足够的下蹲幅度，辅助以完成下蹲的动作目标。长此以往，习惯性地重复或超负荷动作容易造成膝内移外翻，进而加深不良的神经肌肉控制屈膝记忆。

髋关节周围的肌力失衡也会引发膝内扣。比如髋外展肌群不够活跃，可能同时伴随内收肌群过度活跃，导致股骨发生向内偏旋。如果核心力量不足、盆骨较宽、股骨较长等其他不利动作稳定因素，为了维持平衡姿势，髋内收肌群会加强收紧以代偿，而这进一步增大股骨内旋、内收两膝。

神经肌肉控制能力降低，尤其是在膝关节的额状面的神经肌肉控制不足，会导致执行常用的动作时出现高损伤概率的动作模式。神经肌肉控制能力不足，比如足底位置的感知、重心的控制和对自身结构在所处环境适应的感知，甚至运动时自信心不足都有可能造成膝关节内移外翻。

膝关节的排列错误、肌肉的不平衡、神经肌肉控制能力的降低都可能会引发膝关节的内移外翻，改变膝关节的感觉运动和降低其周围神经肌肉效率。

(三) 纠正性训练方法

1. 抑制阶段

对身体中过度活跃的神经筋膜组织进行张力松解，活性降低，减少筋膜粘连。

这可以通过自我筋膜松解。

利用泡沫轴找到腓肠肌、比目鱼肌、髋内收肌、阔筋膜张肌、髂胫束、股二头肌短头的压痛点处，每个按压保持30秒。

2. 拉长阶段

用于增加神经筋膜的组织延展性、长度和关节活动度，这可以通过使用静态拉伸或神经肌肉拉伸来实现。

（1）拉伸髋内收肌（侧弓步下蹲）。站立，双脚间距两倍于肩宽。任何一只脚都不应该出现在另一只脚的前方，以保证开始动作前的支撑基础。将两手放在胯部或腰上。动作开始，弯曲一侧的膝关节，并将身体重心移向另一侧，同时使髋关节外展。当降低身体重心时，将上半身向前稍稍倾斜。保持身体平衡30秒，然后放松，复原。换另一侧腿，重复上述动作2次。

（2）伸展小腿三头肌群（阶梯站姿压足跟）。在楼梯的最底阶用前脚平衡站着，慢慢降低后跟，直到你开始感到小腿肌肉拉张。保持这一姿势10秒，然后放松，直立。重复上述动作1～2次。

（3）拉伸股二头肌（短头）（仰卧二头肌拉伸）。仰卧，两腿伸直，双臂伸展置于身体两侧。右腿伸直向上抬起，左手置于右膝外侧，向左牵拉右腿，使肌肉伸展至中等紧张程度。保持等长收缩7～10秒，然后再保持30秒，还原。换另一侧腿重复上述动作。

（4）拉伸阔筋膜张肌（交叉下弯伸展）。一条腿在另一腿后方交叉，向前微微弯曲上半身，双臂自然下垂，掌心朝向交叉着的脚。在前方的膝关节可以微微弯曲，但后面的膝关节必须完全伸直。朝着交叉脚的位置，持续向前弯曲上半身，将手向交叉着的脚，尽量靠近，保持20秒，可以稍微增加前面的膝关节弯曲度，但在整个动作过程中后面的膝关节必须保持完全伸直。然后放松直立，重复上述动作2次。

3. 激活阶段

用于对不够活跃的组织进行再训练或激活。这可以通过分离强化训练和定位等长训练来实现，针对的部位包括胫骨前肌、胫骨后肌、臀大肌和臀中肌。

（1）激活臀大肌（弹力带半蹲）。选择合适强度的弹力带套于双膝上方处，双腿开立同肩宽，双手叉腰，目视前方。屈膝半蹲，如同坐椅子，屈膝下蹲夹臀站起20次。重复3组。

（2）激活臀中肌（弹力带侧摆腿）。择合适强度的弹力带，将弹力带一端固定在地面上的固定物上，另一端固定在一侧腿的脚踝处。相对弹力带固定点站立，双手叉腰，可以借助固定物（墙面、标杆）以保持身体平衡。呼气，向侧面尽量伸抬腿；吸气，腿收回。直立但脚尖不触地，单腿摆动20次。换另一侧腿，重复上述动作3组。

（3）强化胫骨前肌（机械坐姿足背屈）。分腿坐于凳面上，间距同髋宽，躯干直立，髋膝关节均保持近90°角。双臂屈肘侧分，撑于体侧，目视前方。呼气，胫骨前肌收缩，缓缓勾起脚尖至顶峰收缩位，稍停顿后缓慢放松吸气。再重复上述动作，分3组，每组12次。背部尽量始终保持预备姿势并将意念集中于目标肌肉。

4. 整合阶段

通过使用动态动作整合训练的功能性进阶动作，对所有肌肉的共同协作功能进行再训练。开始进行靠墙跳跃，然后进阶到团身跳。之后进阶到双脚跳远，再到180°跳，再到单腿跳，然后进阶到切步技术练习。

三、膝外移

膝外移主要表现为膝外移是两腿自然站立时，两足内踝能相碰触而两膝不能靠拢。膝外移是不良体态之一，常伴有O型腿或外"八"足。

（一）主要症状

膝内翻外移，膝关节向外，走路呈外"八"字脚。从额面观，自然站立时，双足内翻，双脚内缘离地、外缘贴地，小腿外旋不靠拢，膝盖朝向体外两侧，大腿外旋紧贴，两腿呈X型腿或O型腿，或是两腿过度外旋呈内翻O型腿。

（二）病理机制

走路外"八"、斜站、盘坐、跪坐、跷二郎腿等习惯性的走姿、站姿、坐姿往往会导致距跟关节的变形。其中，距跟关节的旋后会使胫骨（膝）外旋，股骨外旋，那么胫骨—股骨力线就会产生偏移。这会给膝关节带来向外的力，牵拉膝关节外侧副韧带。时间久了，很可能会导致膝关节外侧副韧带松弛，松弛的外副韧带不能很好地稳固拉回膝关节，而相对有力的膝关节内副韧带就会牵拉小腿胫骨向内侧旋转，形成膝内翻。外旋的大腿使梨状肌变得紧张，同时代偿了无力的臀大肌，随着骶髂关节、距腓关节和第一跖趾关节功能受限，使得梨状肌过度活跃。梨状肌的功能是外旋大腿，这就意味着增大股骨外旋，从而加大膝内翻外移。

日常不良姿势导致的胫骨—腓骨关节链的外旋，膝关节内副韧带的过度牵拉或是梨状肌的过度活跃等因素都可能会造成或加剧膝内翻外移。

（三）纠正性训练方法

1. 抑制阶段

对身体中过度活跃的神经筋膜组织进行张力松解，降低活性，减少筋膜粘连。这可以通过自我筋膜松解。

利用泡沫轴找到腓肠肌、比目鱼肌、梨状肌以及股二头肌长头的压痛点处，每个按压保持30秒。

2. 拉长阶段

用于增加神经筋膜的组织延展性、长度和关节活动度，这可以通过使用静态拉伸或神经肌肉拉伸来实现。

（1）拉伸小腿三头肌群（支撑式弓步推拉）。站在你能用手抓住的竖直支撑杆的前边，比如灯杆、树干或在你锻炼时能找到的其他固定物。双手抓住支撑杆，身体与支撑杆的距离需保证你的双肘能伸直。一只脚平放地面，而另一只脚在前脚后方一段距离，脚尖触地。前腿的膝关节弯曲呈大约130°角，上半身微微前倾，与后腿成一条直线。后方支撑的脚掌需平放在地面上，这样才能在脚踝上进行屈背拉伸。保持20秒，然后放松换另一侧腿，重复上述动作3次。

（2）拉伸股二头肌长头（卧式被动直膝抬腿）。背部朝下仰卧在地面，一条腿与上半身垂直，另一条腿与上半身平直。搭档位于你身体的一侧，并用双手分别抓住你抬起的那条腿的脚跟和膝关节前侧。然后搭档将你抬起的那条推向你的头部对侧。保持20秒，然后放松，复原。换另一侧腿，重复上述动作2次。推力发自搭档抓住你脚后跟的手，同时他的另一只手用来维持你膝关节伸直，这会增加髋部的弯曲程度并拉伸股二头肌。

（3）拉伸梨状肌（卧式椅姿伸展）。背部与地面接触，双臂置于体侧自然平放。一侧的膝关节弯曲呈90°角，以使脚掌平放地面，另一条腿与之交叉，并放在弯曲的膝关节上。用双手抱住位于下方的那条腿的大腿后方将其拉向胸部，让膝关节更靠近胸部，保持20秒（基于练习级别保持适当时间的拉伸姿势），然后放松复位换一条腿，重复上述动作2次。

3. 激活阶段

用于对不够活跃的组织进行再训练或激活。这可以通过分离强化训练和定位等长训练来实现，针对的部位包括髋内收肌、内侧腘绳肌和臀大肌。

（1）强化髋内收肌（机械坐姿髋内收）。分腿跨坐于凳面上，躯干直立，后背紧贴椅背，髋膝关节均保持90°角。双脚分踏踏板，以大腿内侧近膝关节处抵住托垫。双手于体侧分握手柄，协助固定。目视前方，吸气准备，呼气，大腿内收肌群收缩，缓缓夹收双腿，至顶峰收缩位，稍停顿后缓慢打开，重复上述动作1～2组，每组8次。

（2）激活内侧腘绳肌（弹力带站姿后屈腿）。自然站立，将弹力带绑在一条腿上，另一条腿踩住。然后向后抬起小腿至膝关节完全弯曲，并保持静力收缩2～3秒。再缓慢放下小腿，复位。换另一条腿重复上述动作2～4组，每组10～12次。

（3）强化臀大肌（杠铃直腿硬拉）。双腿开立同髋宽，膝关节微屈，与脚尖同指正前方。俯身至水平位，两臂自然下垂，于肩部下方持杠铃，两手间距同肩宽。背部伸直，微抬头，呼气，臀大肌收缩，缓缓伸展髋关节，背部上抬，至顶峰收缩位，稍停顿。再缓慢屈髋至预备姿势复位。每组8次，重复上述动作1～2组。

4. 整合阶段

通过使用动态动作整合训练的功能性进阶动作，对所有肌肉的共同协作功能进行再训练。刚开始进行靠墙跳跃，然后进阶到团身跳，再进阶到双脚跳远，然后到180°跳，再到单腿跳，之后进阶到切步技术练习。

四、胯前倾

胯前倾表现为盆骨前倾，骨盆位置向前偏移的病态现象。较正确的骨盆位置向前倾斜了一定的角度。

（一）主要症状

自然站立，双手置于体侧，从矢状面看，臀部上提后凸，小腹前凸，对比中立位，骨盆前倾呈现髂前上棘前于髂后上棘。如果把盆骨比喻成盛满水的水桶，正常骨盆的水桶水面是端平的，但骨盆前倾的水桶会使水从水桶前方外沿溢出。骨盆前倾可能会导致人体比例失衡，小腹凸起，臀部抬起，腰椎前凸，胸椎后凸；骨盆前倾会使全身前倾，也使其该保护的内脏和器官的形态受到扭曲，以致体液流动的机能受阻，引起便秘、痛经、体寒、慢性疲劳；骨盆前倾致使骨盆闭合不全，牵拉腰部周围的肌肉，压迫腰背部神经而引起腰痛，肩痛和背痛部酸痛。同时，长时间腰椎过度前弯，身体重心前移，不但影响髋关节伸展，还会引起膝盖僵硬。

（二）病理机制

骨盆前倾往往与久坐少动的生活方式相关。个体长时间保持坐姿，这种久坐姿势使其髋关节屈肌长时间处于紧张状态，那么髋关节屈肌（腰小肌、腰大肌和髂肌）就会紧张而缩短。站立时，缩短的髋关节屈肌将骨盆拉至前倾位（即髋关节屈肌在骨盆上方、下方向下或向前旋转）；久坐使脊柱伸肌（竖脊肌）也变得紧张缩短，它将盆骨向上或向前旋转。身体前方的髋关节屈肌向下拉与身体后方的竖脊肌向上拉。在它们共同协作下，骨盆向前旋至倾斜，而前倾的骨盆使得腰椎过度前凸，外呈塌腰。

（三）纠正性训练方法

1. 抑制阶段

对身体中过度活跃的神经筋膜组织进行张力松解，活性降低，减少筋膜粘连。这可以通过自我筋膜松解。利用泡沫轴找到屈髋肌群（股直肌）和背阔肌的压痛点处，每个按压保持30秒。

2. 拉长阶段

用于增加神经筋膜的组织延展性、长度和关节活动度，这可以通过静态拉伸或神经肌肉拉伸技术对关键肌群进行拉伸，包括屈髋肌群、竖脊肌和背阔肌。

（1）拉伸股直肌（侧身髋膝屈曲）。侧卧地面，与地面接触的腿，微屈膝，同侧的手臂与身体成一个适当的角度并在整个练习过程中起着支撑作用。用另一只手抓住上侧腿的脚踝，使这一侧的膝关节弯曲。向后拉动脚踝，尝试使臀部和脚掌互相接触。这样膝关节将完全弯曲，而同时髋部保持伸直。你将感受到大腿前侧拉伸张力，可以更大程度地伸直髋部来逐渐增加大腿前侧的拉伸程度。保持30秒，然后放松复位。换另一侧腿，重复上述动作2次。

（2）拉伸竖脊肌（平躺交叉伸展）。仰卧，双臂平伸两侧，手掌平摊在地面上以作支撑，髋部和膝关节各弯曲90°角，双腿并拢，如向下座椅子一样屈膝屈髋。在不改变胯部和膝关节弯曲角度的情况下，向身体一侧旋转双腿，同时向反侧转头。尝试使位于下方的大腿外侧接触地面。保持30秒，然后放松还原。换另一面，重复上述动作2次。

3. 激活阶段

用于对不够活跃的组织进行再训练或激活。这可以通过分离强化训练和定位等长训练来实现，针对的部位包括腹肌和臀大肌。

（1）激活腹肌（跪撑收腹猫—骆驼式）。跪姿，双手与双膝着地，膝关节与手分别位于髋和肩的正下方，保持脊柱居中，挺胸，肩胛下压，紧贴背部。深吸气。呼气时尽量收腹，弓背，眼睛看向肚脐眼；吸气时尽量臀部上翘，眼睛看前上方，下弯脊柱，模仿骆驼（呼气）—猫（吸气）；呼气时，可见腹部向脊柱方向运动，好比把腹中空气抽空一样，感受腹部的紧张。稍停顿，然后放松，吸气，作塌腰，稍停顿，再放松复位。重复3组，每组10次。

（2）强化腹肌（平衡球卷腹）。双脚与肩同宽，屈膝平躺平衡球上，臀腰部压球以作支撑，双手屈肘交叉置于两肩，呼气时躯干慢慢向上抬起，上半身卷曲，然后逐渐转为髋关节屈曲至躯干竖立与平衡球一条线上。稍停顿，然后吸气放松复位。重复上述动作3组，每组10次。

（3）强化臀大肌（杠铃直腿硬拉）。双腿开立同髋宽，膝关节微屈，与脚尖同指正前方。俯身至水平位，两臂自然下垂，于肩部下方持杠铃，两手间距同肩宽。背部伸直，微抬头，呼气，臀大肌收缩，缓缓伸展髋关节，背部上抬，至顶峰收缩位。稍停顿，再缓慢屈髋至预备姿势复位。每组8次，重复上述动作1～2组。

4. 整合阶段

通过使用动态动作整合训练的功能性进阶动作，对所有肌肉的共同协作功能进行再训练。刚开始进行靠球深蹲，然后进阶到靠球深蹲至过头推举练习。

五、胯后倾

胯后倾，较正确的骨盆位置，骨盆向后倾斜，是一种盆骨位置偏移的病态现象。后倾的盆骨会使腰部会向后弯曲，有时会出现平背或弓腰的情形。

(一)主要症状

自然站立，双手置于体侧，从矢状面看，臀部扁平，腰部后凸，背部偏平，有时出现"驼背"，对比中立位，骨盆后倾呈现出髂前上棘后于髂后上棘。如果把盆骨比喻成盛满水的水桶，正常骨盆的水桶水面是端平的，但骨盆后倾的水桶会使水从水桶后方外沿溢出，盆骨处于往后方下沉的状态，看起来臀部有下垂的感觉。腰椎向前弯度减少，骨盆后倾会使身体重心发生偏移，让膝关节承受更多压力，可能引起膝关节磨损严重致膝关节损伤。同时，骨盆后倾还可能会影响其撑托的脏器功能，出现内分泌失调、生理循环等问题。另外，骨盆的后移也会改变腰部周围肌肉的牵拉方向，压迫腰背部神经而引起腰痛、肩痛、颈部酸胀等不适。

(二)病理机制

骨盆后倾往往与长时间弓腰坐姿有关。这种久坐姿势使髋关节屈肌长期处于放松状态，而腘绳肌处于紧绷状。站立时，紧张的腘绳肌（股二头肌、半腱肌和半膜肌）将骨盆向下或向后拉，而较有力的腹直肌将盆骨向上或向前旋转。也就是说，骨盆前方的腹直肌的上拉协同骨盆后方的腘绳肌的下拉，它们共同配合使整个骨盆向后旋转。如果弱化的髋关节屈肌和竖脊肌无法平衡盆骨的后倾，骨盆就呈现后倾。

(三)纠正性训练方法

1. 抵制阶段

对身体中过度活跃的神经筋膜组织进行张力松解，活性降低，减少筋膜粘连。这可以通过自我筋膜松解。利用泡沫轴找到需要放松的关键部位腘绳肌和大收肌的压痛点处，每个按压保持30秒。

2. 拉长阶段

用于增加神经筋膜的组织延展性、长度和关节活动度。这可以通过使用静态拉伸或神经肌肉拉伸对关键肌群进行拉伸，包括腘绳肌、大收肌和腹肌。

(1)拉伸腘绳肌（弹力带辅助直膝抬腿伸展）。平躺地面，屈膝90°角，将一只脚平放在地面上，并抬起另一只脚。在抬起的脚跟套上弹力带，双手分别抓住弹力带两端，用弹力带拉动脚后跟。慢慢伸直抬起的那条腿，几乎与地面垂直，并保持膝关节伸直，背部贴近地面。你将感受大腿后侧和膝关节的拉伸感。保持30秒，然后放松复位。换另一条腿，重复上述动作2次。

(2)拉伸大收肌（"V"形体前屈）。坐在地面上，两腿分开，膝关节伸直。双手放在地面上，并靠近膝关节。保持背部挺直，双眼直视前方。上半身前倾，同时双手在地面上向前滑动，试着将指尖移动到两脚脚跟连线之外。如果你的双腿对称地放在地面上，在你两侧的大腿和膝关节的后侧将会产生相似程度的拉伸感。保持 30 秒，然后放松复位。重复上述动作 2～3 次。

（3）拉伸腹肌（眼镜蛇姿势伸展）。腹部着地伏在地面上，双手置于肩部附近的地面上，就像将要做一个上推动作。胸部、腹部和胯部都需要接触地面，腿和脚踝保持放松状态，肘部完全弯曲。然后伸直肘部，抬起胸部和腹部，但保持胯部接触地面或尽可能地贴近地面。保持 20 秒，这样将能伸展脊椎和腹部肌群，然后放松复位。重复上述动作 2～3 次。

3. 激活阶段

用于对不够活跃的组织进行再训练或激活。这可以通过分离强化训练和定位等长训练来实现，针对的部位包括竖脊肌、屈髋肌群和臀大肌。

（1）强化竖脊肌（俯卧平衡球挺身）。球不动，俯卧于臀部下方的平衡球上，双手交叉于胸前，两腿分开，与肩同宽，双脚着地，膝关节微屈，调动腹肌参与维持身体的稳定，收腹。吸气向上挺身，重点在于脊柱的运动，感受背部的紧张，然后放松复位。重复 3 组，每组 10 次。

（2）强化股直肌（哑铃箭步蹲）。两腿前后开立一大步，两脚平行，后脚跟提起，脚掌撑地。躯干直立，双手持哑铃，垂于体侧，吸气，两腿同时屈膝，缓缓下蹲。前腿膝关节弯曲达到 90°角时，稍停顿，呼气，臀大肌、股四头肌收缩，慢慢匀速站起。重复上述动作 3 组，每组 12 次。

（3）强化臀大肌（杠铃直腿硬拉）。双腿开立同髋宽，膝关节微屈，与脚尖同指正前方。俯身至水平位，两臂自然下垂，于肩部下方持杠铃，两手间距同肩宽。背部伸直，微抬头，呼气，臀大肌收缩，缓缓伸展髋关节，背部上抬，至顶峰收缩位，稍停顿，再缓慢屈髋至预备姿势复位。重复上述动作 1～2 组，每组 8 次。

4. 整合阶段

通过使用动态动作整合训练的功能性进阶动作，对所有肌肉的共同协作功能进行再训练。可以进行靠球深蹲至过头推举练习。

六、圆肩

圆肩是一种因肩部长期受到异常扭曲力而变形的不良体态，附带探颈、含胸、驼背、双肩前移等身体现象。

（一）主要症状

从水平面看，后背呈圆弧状。从矢状面看，身体侧面呈"C"形，头向前探、弓背、臀部平坦、身体重心后移，腰椎曲线变平，髋关节过伸，骨盆后倾。这些现象经常发生在久坐人群中，长期不良的姿势使身体局部肌肉紧张、肩部僵硬、腰颈酸痛，甚至引起头痛和手臂麻木。由于肩膀内扣、呼吸短浅、摄氧量减少，有时会引起胸闷。同时，胸腰后缩，便会减少腹腔内脏的工作空间，从而影响食物的消化与吸收，造成肥胖、便秘等问题。

（二）病理机制

胸小肌，位于胸部深层，它的紧绷会不断地往前拉扯肩胛骨，使肩部向内扣。而斜方肌中束和菱形肌，位于肩胛骨正后方，它们的无力或不够活跃如果不能很好地发挥提拉肩胛骨后旋的作用，那么，肩胛骨在顺应外界扭曲力的情况下也会慢慢向前移。此外，肩袖肌群（冈上肌、冈下肌、小圆肌和肩胛下肌）使盂肱关节发生转向，也可使双肩向前旋转。同时，紧张的胸小肌和错位的肩胛骨也会使肩胛骨前引、前倾。

（三）纠正性训练方法

1. 抑制阶段

对身体中过度活跃的神经筋膜组织进行张力松解，活性降低，减少筋膜粘连。这可以通过自我筋膜松解。利用泡沫轴找到背部的压痛点处或用小球按揉胸小肌，各按压保持30秒。

2. 拉长阶段

用于增加神经筋膜的组织延展性、长度和关节活动度，这可以通过使用静态拉伸或神经肌肉拉伸对关键肌群进行拉伸，包括胸小肌和背阔肌。

拉伸胸小肌（扶墙转体），一只手抬臂与胸同高，屈肘90°角，小臂与大臂垂直，并贴近墙面，对侧腿弓步向前，同侧腿向后保持伸直，手臂与胸同一水平面。呼气，上半身向外转体，保持髋部不动，感受胸部和肩关节的张力。保持30秒，然后放松复位。换一只手，重复上述动作3次。

3. 激活阶段

用于对不够活跃的组织进行再训练或激活。这可以通过分离强化训练和定位等长训练来实现，针对的部位包括肩袖肌群、斜方肌中、下束和菱形。

（1）激活肩袖肌群（弹力带站姿手臂后拉）。两腿站立，两脚之间与肩同宽，保持脊柱居中，两手屈肘90°角，掌心向上，紧握弹力带两端，弹力带线平行于胸前下方，目视前方，吸气准备。呼气，向外旋转将弹力带拉直，保持小臂与大臂垂直，手心平移至体外侧，肩部旋后外展，前胸上提。感受后肩发力。稍停顿后，放松复原。重复上述动作2～4组，每组10～12次。

（2）强化斜方肌中、下束和菱形肌（坐姿重锤宽握划船）。两腿端坐于凳面上，屈髋90°角，膝关节微屈。上半身挺直，双脚分踏踏板。双手前伸，微屈肘，在胸前下方，对握手柄，保持脊柱中立位，吸气准备。呼气，收缩后肩，带动双臂向后回拉，将手柄慢慢拉向胸前，屈肘至顶峰收缩位。感受背面肩后、中部张力紧张。稍停顿后，缓慢复原。重复上述动作1～2组，每组8次。

4. 整合阶段

通过使用动态动作整合训练的功能性进阶动作，对所有肌肉的共同协作功能进行再训练。可以进行动态动作整合训练的有深蹲至划船。

七、翼状肩

翼状肩是指从静态站姿后面看，肩胛骨下角外缘侧凸肩背部。

（一）主要症状

自然站立，双手下垂于体侧。从背面看，肩胛骨下角和脊柱内侧缘向外伸出，胸腰曲线趋平，身体重心后移，弓背，盆骨后倾，膝关节前伸。肩关节的错位，肩袖肌群的肌力不足，影响了其他关节的联动反应，如盂肱关节、胸锁关节、肩锁关节和肩胛胸壁关节，它们的排列错误将影响会给肩部神经肌肉控制能力的下降。应对外界强大的扭曲力，肩部韧带反复做最大角度的内外旋容易导致肩部反复摩擦受损，引发肩部酸痛、肩周炎、肩部撞击症。

（二）病理机制

翼状肩胛表明肩胛骨稳定肌（主要是菱形肌和前锯肌）无法固定肩胛骨，需要强化，而胸小肌过分活跃紧短，使肩胛骨上回旋、前倾，将肩部向前拉引。同时，紧张的背阔肌、三角肌前束，不能很好地控制肱骨位置，使它们改变了盂肱关节的稳定。还有，盂肱关节附近的盂唇和关节囊韧带本身具有相对大的活动性，使肩部发生偏转。

（三）纠正性训练方法

1. 抑制阶段

对身体中过度活跃的神经筋膜组织进行张力松解，活性降低，减少筋膜粘连。这可以通过自我筋膜松解。

利用泡沫轴找到背阔肌和胸椎的压痛点处，每个按压保持 30 秒。

2. 拉长阶段

用于增加神经筋膜的组织延展性、长度和关节活动度，这可以通过使用静态拉伸或神经肌肉拉伸对关键肌群进行拉伸，包括背阔肌和胸肌。

（1）拉伸背阔肌（支撑式侧屈）。面朝一根牢固的竖直支撑杆站立，双手握杆，一只手在上，另一只手在下，并且两个手掌心朝同一方向，两脚间距小于肩宽，分担体重即可。通过弯曲胯部向下滑动双手，保持背部和双腿绷直，这时在下方的手臂将向外推支撑杆，而在下的手臂将向内拉支撑杆，拉的那侧后背有张力感。保持 30 秒，然后放松交换，重复上述动作 3 次。

（2）拉伸胸肌（双臂被动水平后拉）。协助拉伸的搭档站在身后，并抓住你手肘部位。两人保持双脚分开间距肩宽站立，你的背部和地面始终保持垂直，搭档将向后上方拉动你的手臂。由此在你的肩部产生向后的拉力，并将感受到胸部和三角肌前方产生张力。保持30秒，然后放松复位，重复上述动作3次。

3. 激活阶段

用于对不够活跃的组织进行再训练或激活。这可以通过分离强化训练和定位等长训练来实现，针对的部位包括前锯肌和斜方肌中、后束。

（1）强化前锯肌（俯卧撑）。双手间距略宽于肩，置于胸前，双臂垂直于地面，两腿向后伸展，双脚尖触地，保持脊柱中立。头、脖子、后背、后腰、臀部和双腿在一条线上，收紧腹部，呼气，伸肘推直，全身平齐，感受胸廓外侧发力。稍停顿，重复12次，做2~3组。

（2）强化斜方肌中、后束（坐姿重锤窄握划船）。分腿端坐于凳面上，髋关节保持近90°角，双腿前身，分脚分踏踏板。双手前伸，微屈肘，于胸前下方对握手柄，保持脊柱中立，吸气准备。呼气，背阔肌收缩，带动上臂回收，同时屈肘，将手柄缓缓拉至腹前，至顶峰收缩位。稍停顿后慢慢放松，重复12次，做3组。

4. 整合阶段

通过使用动态动作整合训练的功能性进阶动作，对所有肌肉的共同协作功能进行再训练。可以执行的整合训练包括站姿单臂绳索推胸。

八、高低肩

高低肩是人体因肩胛骨偏离中立位而引起双肩一侧偏高，一侧偏低的肌肉力量不平衡的综合征，其实质是脊柱侧弯。

（一）主要症状

在站立或步态中，从背面看，肩部一高一低，骨盆左右侧倾，使一侧髋上提高于另一侧，脊柱有轻微或明显的侧弯，那么，沿脊柱的重力线就发生了偏移，一侧髋变成内收状态，出现长短腿、足弓异常。腰背部两侧肌肉不平衡，一侧肌肉紧缩，另一侧肌肉松弛，引发腰背部疼痛。脊柱侧弯则脊椎异常弯曲，腰背肩部肌肉异常张力，胸廓发生旋转偏离，可能会压迫神经和血管，导致周围组织的酸、胀、麻木。胸廓旋转使胸廓活动空间变窄，肺扩张受限，影响与呼吸相关的其他不适症状。高低肩的体态常出现于长期习惯性用一侧发力承担重物的工作者，如牙医、教师、理发师等。

（二）病理机制

髋部上提不均，髋内收的偏移，让盆骨呈现左右侧倾。骨盆倾斜时，偏高一侧肌肉和韧带因长时间处于缩短状态，出现肌肉痉挛、粘连，相对偏低的一侧肌肉因长时间牵拉而松弛，肌肉萎缩、肌力不足。这种肌肉的不平衡（比如紧张的斜方肌上束、肩胛提肌和松弛的斜方肌中下束、菱形肌）使腰—盆骨—髋—肩关节的力线偏离正常位置，从而使脊椎出现旋转和倾斜，引起脊柱侧弯，形成高低肩。

(三) 纠正性训练方法

1. 抑制阶段

对身体中过度活跃的神经筋膜组织进行张力松解，活性降低，减少筋膜粘连。这可以通过自我筋膜松解。利用泡沫轴找到胸椎、斜方肌上束和肩胛提肌的压痛点处，每个按压保持30秒。

2. 拉长阶段

用于增加神经筋膜的组织延展性、长度和关节活动度，这可以通过使用静态拉伸或神经肌肉拉伸对关键肌群进行拉伸，包括胸肌、斜方肌上束和肩胛提肌。

（1）拉伸背阔肌（双臂交叉拉腿）。站立，上半身向前倾斜，与大腿至少呈90°角。两腿分开，与肩同宽，双臂自然下垂体侧。两臂交叉，双手分别抓住膝关节上方对侧大腿的外侧。然后随着上半身抬起向上拉腿，就好像正在尝试站起来一样，但双手并未松开，抓住大腿的部位也不改变。这样会在背部的上半部分（肩胛骨所在的地方）感觉到张力。保持30秒，然后放松直立，再重复上述动作2次。

（2）拉伸斜方肌上束（按头侧倾）。直立或正坐，将右手置于左侧头部上方，缓慢向右用力，使右耳尽可能靠近右侧锁骨，至颈部左侧肌肉有牵拉感。保持10~20秒，然后放松复位。换另一侧练习，重复上诉动作3次。

（3）拉伸肩胛提肌（按头前侧倾）。直立或正坐，将右手置于左侧头部后上方，缓慢向右用力，使下颌尽可能靠近右侧锁骨，至颈部左后侧肌肉有牵拉感。保持10~20秒，然后放松复位。换另一侧练习，重复上述动作3次。

3. 激活阶段

用于对不够活跃的组织进行再训练或激活。这可以通过分离强化训练和定位等长训练来实现，针对的部位包括斜方肌中、下束。

（1）激活肩袖肌群（弹力带站姿手臂后拉）。两腿站立间距肩宽，保持脊柱居中，两手屈肘90°角，掌心向上，紧握弹力带两端，弹力带线平行于胸前下方，目视前方，吸气准备。呼气，向外旋转将弹力带拉直，保持小臂与大臂垂直，手心平移至体外侧，肩部旋后外展，前胸上提。感受后肩发力，稍停顿后，放松复原。重复上述动作2~4组，每组10~12次。

（2）强化斜方肌中、下束（平衡球眼镜蛇式）。俯卧平衡球上，两腿分开与肩同宽，脚尖触地以作支撑，头伸直，保持脊柱居中。双手持哑铃平放于平衡球前方，掌心相对，吸气准备。呼气，双臂旋后，至体侧后方，如同眼镜蛇张开双臂。感受背部张力，保持20秒，然后放松复位。重复上述动作3次。

4. 整合阶段

通过使用动态动作整合训练的功能性进阶动作，对所有肌肉的共同协作功能进行再训练。这里可以使用单腿罗马尼亚硬拉（一种本体感觉神经肌肉促进疗法）。

九、头前伸

头前伸,又称探颈,是一种脖子过于前伸的现代人常见体态,附带"富贵包"、驼背、骨盆侧倾。

(一)主要症状

从矢状看,身体呈拉长的"S"形,颈部前探,耳垂明显位于肩锁关节前方,颧骨明显前于锁骨。上背部后弯、臀部紧缩、膝盖弯曲,身体重心后移。胸部内陷,呼吸不畅,背部上方肌肉拉长变弱,肌力较弱,肩关节不稳。有时,在后背颈胸交界处会出现"富贵包",由于颈椎过于前伸,颈胸椎变形,导致淋巴液回流的通道不畅,积聚成"富贵包"。有研究表明,头部错前倾2.54厘米,就需要颈部肌肉增加10倍的肌力来维持现有的错误姿势,造成颈部僵硬,颈部肌肉劳损。同时,探颈使后侧肌肉松弛前伸,减小了颈部与肩部的夹角,从而挤压了食道空间,影响吞咽进食。此外,头部位置和视觉预期的参考判断来确定身体的姿势和朝向,当头部前移时,骨盆会反射性地向前旋转来调整身体的重心,随着头部前移的骨盆旋转可能会导致胸腰部的疼痛。

(二)病理机制

头部前伸表示颈伸肌紧张并且颈屈肌伸长。长期不正确伏案工作姿势,使头向前伸长以便看电脑,又或者低头看手机造成颈伸肌紧绷,而颈部后面肌肉因长时间牵拉变得松弛无力,颈深屈肌(颈长肌、头长肌)募集被破坏了。此外,如果胸锁乳突肌和枕骨下肌过度活跃和长度变短,且颈深屈肌不够活跃,在运动时,头部会倾向前突。为了维持颈椎直立,斜方肌上束,肩胛提肌、胸锁乳突肌和胸肌协同作用,作为颈深屈肌和颈部竖脊肌失活与功能障碍的代偿机制,提供从核心到肩带的稳定性。这种不平衡性导致头部前伸。

(三)纠正性训练方法

1. 抑制阶段

对身体中过度活跃的神经筋膜组织进行张力松解,活性降低,减少筋膜粘连。这可以通过自我筋膜松解。利用泡沫轴或按摩棒找到可能过度活跃的胸锁乳突肌、肩胛提肌、斜角肌、斜方肌上束和枕骨下肌的肌肉紧张区域,每处按压保持30秒。

2. 拉长阶段

用于增加神经筋膜的组织延展性、长度和关节活动度,这可以通过使用静态拉伸或神经肌肉拉伸对关键部位胸锁乳突肌、斜方肌上束和肩胛提肌进行拉伸。

(1)拉伸胸锁乳突肌(按头后侧倾)。直立或正坐,保持脊柱居中,将右手置于左侧头部前方,缓慢向后用力,使右小脑尽可能靠近右肩,至颈部前方肌肉有牵拉感。保持10～20秒，然后放松复位。换另一侧练习，重复上述动作3次。

（2）拉伸斜方肌上束（按头侧倾）。直立或正坐，保持脊柱居中，将右手置于左侧头部上方，缓慢向右用力，使右耳尽可能靠近右侧锁骨，至颈部左侧肌肉有牵拉感。保持10～20秒，然后放松复位。换另一侧练习，重复上述动作3次。

（3）拉伸肩胛提肌（按头前侧倾）。直立或正坐，保持脊柱居中。将右手置于左侧头部后上方，缓慢向右用力，使下颌尽可能靠近右侧锁骨，至颈部左后侧肌肉有牵拉感。保持10～20秒，然后放松复位，换另一侧练习，重复上述动作3次。

3. 激活阶段

用于对不够活跃的组织进行再训练或激活。这可以通过分离强化训练和定位等长训练来实现，针对的部位包括颈深屈肌、颈竖脊肌、菱形肌和斜方肌下束。

（1）强化颈深屈肌（头顶平衡球）。跪姿，四肢着地伏在地面上，两手间距肩宽置于肩下，用双手和双膝支撑身体。膝关节必须与髋部垂直，保持肘部、颈椎和脊椎挺直。头顶平衡球的中间水平线，并与墙挤压平衡球以至平衡球不落地，头顶顺着平衡球的外弧向上屈曲颈椎。感受脖子后方张力，稍停顿，保持20秒，然后放松复位。重复上述动作2次。

（2）激活颈竖脊肌（俯卧抬臂）。并腿俯卧于地面，双臂平开，自然放松，吸气准备。呼气，微抬头，肩部中位收紧，带动双臂抬起并向外伸直，依次做Y型手位、T型手位、W型手位和眼镜蛇手位。感受脖子后方，肩部中间张力，稍停顿，每个手位保持10秒。间歇休息4秒，然后重复上述动作2组。

（3）强化菱形肌和斜方肌下束（弹力带站姿手臂后拉）。两腿站立间距肩宽，保持脊柱居中，两手屈肘90°角，掌心向上，紧握弹力带两端，弹力带线平行于胸前下方，目视前方，吸气准备。呼气，向外旋转将弹力带拉直，保持小臂与大臂垂直，手心平移至体外侧，肩部旋后外展，前胸上提，感受后肩发力。稍停顿后，放松复原。重复上述动作2～4组，每组10～12次。

4. 整合阶段

通过使用动态动作整合训练的功能性进阶动作，对所有肌肉的共同协作功能进行再训练。保持颈椎后收情况下，同时进行平衡球上的复合练习，在稳定控制情况下进行10～15次。

十、头侧倾

头侧倾，头部偏离中立位，其实质是颈椎偏离正常位置。

（一）主要症状

头侧倾可表现为颈部侧屈、平移与旋转。颈椎关节活动度受限，颈部两侧肌肉不平衡，可能会导致颈部僵硬、颈椎劳损、颈椎间盘损伤和颈部关节功能障碍。

颈部的上下是头部和肩部，颈部偏移也会影响着头部和肩部的问题，比如头痛、头晕、肩痛、肩关节撞击综合征，肩、肩胛胸壁关节功能障碍，斜方肌－肩胛提肌功能障碍等上肢疼痛或无力。

（二）病理机制

进行功能活动时，与颈椎相关的左右两侧肌肉系统需要实现平衡，使颈椎保持最优姿势。当肌肉无法实现这种平衡时，异常不对称偏移（侧屈、平移和旋转）就会出现在静态姿势中，这可能与左右两侧胸锁乳突肌、斜角肌、肩胛提肌和斜方肌上束过度活跃或不够活跃有关。

（三）纠正性训练方法

1. 抑制阶段

对身体中过度活跃的神经筋膜组织进行张力松解，活性降低，减少筋膜粘连。这可以通过自我筋膜松解。利用按摩棒找到关键肌群的压痛点处或是肌肉紧张区域，每处按压保持30秒。比如胸锁乳突肌（侧屈或侧移；偏移方向同侧；旋转；偏移方向对侧）、肩胛提肌（偏移方向同侧）、斜角肌（偏移方向同侧）、斜方肌上束（偏移方向同侧）、枕骨下肌（偏移方向同侧）。

2. 拉长阶段

用于增加神经筋膜的组织延展性、长度和关节活动度，这可以通过使用静态拉伸或神经肌肉拉伸对胸锁乳突肌（侧屈或侧移；偏移方向同侧；旋转；偏移方向对侧）、肩胛提肌（偏移方向同侧）、斜角肌（偏移方向同侧）和斜方肌上束（偏移方向同侧）进行拉伸。

（1）拉伸同侧偏移的胸锁乳突肌（站姿后伸手）。站立，双臂放于身后，左手握住右手腕部，并轻轻向左牵拉。同时，颈部向左侧屈，避免用力、耸肩、弓背，保持双肩下沉感受颈部右侧牵拉。稍停顿，然后放松复位。换另一侧，重复上述动作2～3组，每组10次。用手的牵拉力作用于颈部，使颈部和肩部顺应产生的自然重力。

（2）拉伸同侧偏移的肩胛提肌（按头前侧倾）。直立或正坐，保持脊柱居中，将右手置于左侧头部后上方，缓慢向右用力，使下颌尽可能靠近右侧锁骨，至颈部左后侧肌肉有牵拉感。保持10～20秒，然后放松复位。换另一侧练习，重复上述动作3次。

（3）拉伸同侧偏移的斜方肌上束（按头侧倾）。直立或正坐，保持脊柱居中。将右手置于左侧头部上方，缓慢向右用力，使右耳尽可能靠近右侧锁骨，至颈部左侧肌肉有牵拉感。保持10～20秒，然后放松复位。换另一侧练习，重复上述动作3次。

3. 激活阶段

用于对不够活跃的组织进行再训练或激活。这可以通过分离强化训练和定位等长训练来实现，针对的部位包括对侧偏移的菱形肌、斜角肌和斜方肌上、下束。

（1）激活对侧偏移的菱形肌和斜方肌下束（弹力带站姿单手后拉）。两腿站立，间距肩宽，保持脊柱居中，倾斜一侧手，屈肘90°角，掌心向上，紧握弹力带一端，弹力带另一端固定。弹力带线平行于胸前下方，目视前方，吸气准备。呼气，向外旋转将弹力带拉直，保持小臂与大臂垂直，手心平移至单边体外侧，肩部旋后外展，前胸上提，感受后肩中部发力。稍停顿后，然后放松复原。重复上述动作2～4组，每组10～12次。

（2）强化对侧偏移的斜方肌中、下束（单手平衡球眼镜蛇式）。俯卧平衡球上，两腿分开与肩同宽，脚尖触地以作支撑，头伸直，保持脊柱居中，单手持哑铃平放于平衡球前方，另一只手扶稳平衡球，吸气准备。呼气，持球手臂旋后，至顶峰位，如同眼镜蛇张开双臂。感受背部张力，保持20秒，然后放松下放。重复上述动作3次。

（3）激活斜角肌（颈椎侧屈抗阻顶弹力球）。端坐于凳面上，在头倾对侧一面的耳朵上方抵着弹力球，保持头与墙之间的弹力球平衡不落地。肩关节不动，脊柱居中，尽可能将耳朵靠近相邻肩部，挤压弹力球，感觉颈部一侧发力。稍停顿，然后放松复位。重复上述动作3组，每组10～12次。

（4）强化对侧偏移的斜方肌上束（哑铃坐姿推举）。端坐于凳面上，枕骨、胸椎和骶尾骨紧贴靠背，髋膝关节均保持90°角，弱侧一臂屈曲并持哑铃于体侧，大小臂夹角近90°，掌心向前，目视前方，吸气准备。呼气，三角肌收缩，缓慢向上推举哑铃，至顶峰收缩位。稍停顿后，缓慢下放。重复上述动作3组，每组10～12次。

4. 整合阶段

通过使用动态动作整合训练的功能性进阶动作，对所有肌肉的共同协作功能进行再训练。保持颈椎后收的情况下，在平衡球上复合练习，在稳定控制情况下进行10～15次。

第四节　评价方法

如何自测体态是否标准？人体结构实在太过精密，再加上密闭的内循环，所以测试体态是否标准会让人觉得很复杂，但如果我们只是从生活健康角度来看，静态九点自测法简单而又行之有效。

静态九点一线自测法，即背靠墙站立，头部、两肩、两手掌、两臀、两脚后跟九个点紧贴墙站立。

一、自测过程

脚跟贴紧墙底线的情况下，肩胛骨和头能够很好贴在墙上，并且肩颈和前胸没有明显的牵拉感和不适感，那就说明我们头、颈、肩、胸四个部位是平衡和垂直的。反之，就是不标准的。

同样的原理，当肩胛骨与臀部紧贴墙，腰与墙的距离约等于3～5厘米。那说明骨盆是健康的。反之，则有骨盆前倾或后倾。

当双腿并拢贴墙，即臀部和脚跟垂直状态，从前面看双腿是否有3个空隙：骨盆到膝盖、膝盖到小腿、小腿到踝，有则腿部标准健康。反之，则不标准。

二、评价维度（表5-1）

表5-1 体态的评价

体态表现	分值	体态评价结果
9个部位在同一平面	90分以上	健美体态
存在部分不健康，有1个部位存在轻微问题	80～89分	体态美
有2个部位存在轻微问题	60～79分	体态和健康存在一些问题
有2个以上部位存在问题	60分以下	体态和健康都存在明显问题

课堂练习

1. 蹲（半蹲和深蹲）

把杆，结合芭蕾脚位练习，进行5个脚位的下蹲练习。该动作要求髋部保持稳定，双腿同时进行下蹲动作，双脚要保持5个脚趾抓地，尾椎要垂直于地面。注意不要撅屁股，下蹲和直立的过程要有对抗力，主要是练习膝关节、大腿肌肉、跟腱的能力，加强腿部的柔韧性，为以后的跳跃动作做准备。

2. 擦地

擦地要求在平稳的速度中完成动作。主力腿要保持稳定，不能坐胯；动力腿擦出的过程脚部要平出，到绷脚尖时要有往远延伸的意识。胯要正，主要是训练腿、脚的力量和灵活度。

3. 小踢腿

这个动作是在擦地的基础上练习的，速度要比擦地快一倍。主要做法是腿部经过快速地擦地后踢起来，一般高度为离开地面25°～35°。要求速度快，力度集中。主要是练习脚腕的力量，因为动力腿离开地面，所以难度也相应地增加了，更要注重保持好整体的重心。

4. 划圈

做法是动力腿从身体前方沿地面划到后方，或是从后方划到前方。感觉你的脚尖像圆规的笔，尖尖的在地面划出一个半圆。主要是训练动力腿的外开能力，以及膝关节的稳定性和髋关节的灵活性。

课后作业

1. 单腿下蹲

双手扶腰，目视前方，抬起一条腿，以另外一条腿作为支撑。支撑脚朝前，足、踝、膝和腰椎—骨盆—髋关节复合体保持在中立位。身体慢慢下蹲，到一个舒适的角度。短暂停留，身体回到起始姿势。单腿下蹲并非单纯地减少一只腿参与发力，这个动作主要练习韧带最大限度地收缩和延长以及腿部肌肉的耐力，进一步加深难度的话，可以让主力腿直立后继续立到半脚尖。如果说第一个动作蹲是为小跳做准备的话，这个动作就是为中跳做准备的。

2. 小弹腿

小弹腿就是要有弹的感觉，比小踢腿要求更有力量、更尖锐。主要练习动力腿膝关节的稳定能力，小腿、脚踝的灵活性。因为动作速度很快，对全身肌肉的控制能力要求很高，不要因为快而浑身乱颤。

第六章　运动与心理健康

> **学习提要**
>
> 　　健康是人类生存和持续发展的基本条件。心理健康作为反映个体健康水平的主要因素之一受到各界的广泛关注。大学生群体处于个体人生发展的重要阶段。健康的心理是大学生全面发展的基本要求，也是他们未来走向社会和工作岗位持续发展的重要条件。目前，大学生人群的心理健康状况不容乐观，心理疾病发病率日趋升高。运动作为一种简单、易行、方便有效且便于推广的活动，有助于心理健康的促进和心理疾病的预防。通过本章学习，学生可以全面了解运动与心理健康之间的关系，以及运动作为预防心理疾病手段的可能机制。
>
> 　　本章介绍的内容主要有：心理健康的概念、运动的心理效益、运动与心理健康的关系、运动与心理疾病的预防。

第一节　大学生心理健康

　　健康是人类生存和持续发展的基本条件。WHO 将健康定义为：不仅仅是没有疾病的状态，而且包括身体健康、心理健康、社会适应良好和道德健康。身体健康受损会对个体心理健康产生一定的负面影响。同时，心理健康出现问题，例如罹患某些心理疾病，也可能带来很多身体健康方面的问题。因此，心理健康与身体健康对于个体的基本生存和持续发展具有同等重要的作用。心理健康是一个尚未得到共识的、复杂的、多维度的概念。

　　英格里士（K. B. English）认为心理健康是个体在特定情况下，能够对环境进行合理的适应，表现出活力，并能够充分发挥个体身心潜能的一种持续的心理状态。它反映的不仅是无心理疾病的状态，更主要的是个体能够体验到的积极情感、对生活的满意程度、持有积极乐观的态度、拥有健康的认知功能和清晰的生活目的，以及能够正常生活和工作的能力。马斯洛认为自我实现者是心理健康的人。他们具有良好的现实知觉和接纳程度（包括自己、他人、环境），有独处和自立的需求，有自主的渴望，有对新鲜事物的探索欲望，富有创造性和自觉性，能够承受欢乐和苦难等。张春兴认为心理健康就是一种对生活的良好适应状态。而《简明大不列颠百科全书》将心理健康定义为并非十全十美的状态，而是个体在自身和条件允许的范围内所能够达到的最佳功能状态[1]。

---

[1] 参见张积家《高等教育心理学》，高等教育出版社 2016 年版。

结合不同学者的观点,心理健康可以被总结为具有如下特点。第一,心理健康是一种个人所能达到的最佳状态,这种最佳状态主要体现在个体的心理和行为层面。个体的心理健康程度,需要结合个体自身的具体情况和特点。例如,与病魔抗争的个体心理健康可以体现在能够拥有坚定的信念和勇气继续探求自己生存的希望。第二,心理健康是相对的。在心理健康的社会性方面,不同社会在评价不同心理和行为的标准可能会有所不同。因此,某些行为及心理状态在一个社会被认为是健康的,但在另一个社会可能被认为是不健康的;反之,亦有可能。在对心理健康与心理不健康的区分方面,没有绝对性的界限。很多人可能处在介于心理健康和心理不健康之间,这种状态被认为是心理的亚健康状态。心理亚健康人群可能是心理疾病的易感人群。在心理健康的稳定性方面,它不是一种固定的状态,而是一种不断发展的动态过程。[①] 2018 年 4 月发布的《中国城镇居民心理健康白皮书》指出,中国城镇居民当前心理健康状况不容乐观。白皮书基于对中国 26 个省市总计超过 110 万城镇居民的调查结果发现,73.6% 的城镇居民处于心理亚健康状态,16.1% 城镇居民存在不同程度心理健康问题,只有 10.3% 的城镇居民处于心理健康状态。[②] 2019 年 3 月发表在《柳叶刀·精神病学》的一篇文章为这一现状提供了进一步的证据支持。该研究数据样本来自中国 31 个省、自治区及直辖市(港、澳、台地区除外),157 个具有代表性的国家疾病预防控制中心疾病监测点(县/区)的 32 552 名 18 岁以上成年人。研究表明,六大类精神障碍(心境障碍、焦虑障碍、酒精/药物使用障碍、精神分裂症及相关精神病性障碍、进食障碍、冲动控制障碍)的加权 12 个月患病率为 9.3%,加权终身患病率为 16.6%。[③] 上述新近研究结果表明,促进中国居民心理健康和加强对心理疾病的预防与治疗工作至关重要。

大学生是一个特殊群体,他们处于人生发展的重要阶段。虽然相对于青少年人群,他们更加成熟,但他们的学习和生活环境相对成年人较为封闭,社会经验相对更少。健康的心理是大学生全面发展的基本要求,也是他们未来走向社会和工作岗位持续发展的重要条件。同时,健康的心理可以促进大学生克服依赖心理和增强他们的独立性,也是大学生取得事业和生活成功的基础,更是促进大学生完善个性的重要前提。大学生自身的先天条件、认知特点及人格特征等个人因素与其生活的学校、家庭以及社会等环境因素会同时对他们的心理健康状态产生重要影响。

我国心理学家樊富珉提出,主要可以从七个方面对大学生的心理健康进行评

---

① 参见张积家《高等教育心理学》,高等教育出版社 2016 年版。
② 参见《中国城镇居民心理健康白皮书》(http://health.people.com.cn/n1/2018/0502/c14739-29960956.html)。
③ Huang Y, Wang Y, Wang H, et al., "Prevalence of Mental Disorders in China: A Cross-sectional Epidemiological Study," *Lancet Psychiatry*, 2019(6).

价。第一，能否保持对学习拥有较浓厚的兴趣和求知的欲望；第二，能否保持正确的自我意识和自己接纳的态度；第三，能否保持良好的心境，协调和管理好自身的情绪；第四，能否保持与他人有良好的人际关系和乐于与他人打交道的动力；第五，能否保持完整统一的人格品质；第六，能否保持对环境有良好的适应能力；第七，能否拥有符合其年龄特征的心理和行为。

已有研究和实践概括总结了大学生常见的心理问题，认为其主要体现在心理社会适应问题、情绪问题、自我认知问题、人际关系问题、恋爱问题以及性问题等方面。而最常见的心理疾病主要集中在焦虑障碍、抑郁症、强迫症和神经衰弱症等。在这些心理疾病中，以抑郁症和焦虑障碍所带来的心理和行为危害最为重大。心理疾病包括不同种类，例如抑郁症、双向人格障碍、精神分裂症和其他精神疾病、痴呆症、智力障碍和包括自闭症在内的发育障碍，等等。不同类型的心理疾病所表现出的特征也各不相同。但它们具有的普遍特点是个体在思维、认知、情绪和行为，以及与他人关系等方面存在异常，并且对个体正常的生活功能产生负面影响。

据 WHO 估计，至 2020 年，心理疾病成为全球第二大疾病负担因素，并且可能成为发达国家第二大致残因素。WHO 数据显示，大约 50% 的心理疾病始于 14 岁以前。[①] 全世界儿童和青少年人群（10～19 岁）占世界总人口的六分之一，其中大约五分之一的儿童和青少年患有不同程度的心理疾病。而由心理疾病造成的损失和医疗负担占该人群疾病相关损失和医疗负担的 16%。欧洲的数据显示，爱尔兰、葡萄牙、芬兰和德国的 15 岁以上年轻人抑郁患病率最高，其中慢性抑郁症患病率超过 10%。英国精神卫生基金会基于 2014 年数据报告显示，19.7% 的 16 岁以上人群患有焦虑症或抑郁症。这一患病率比 2013 年英国的整体数据增加超过 1.5%，而其中女性患病率增加比例更加明显。澳大利亚 2013—2014 年针对儿童和青少年数据显示，14% 的儿童和青少年（4～17 岁）患有心理疾病。[②] 澳大利亚 2008—2009 年的数据显示，每年有超过 120 万 16～24 岁青年人患有心理相关疾病，比 2000 年患病人数增加 21%。新近研究结果表明（来自 27 个国家的 41 项研究结果），儿童和青少年心理疾病患病率大约为 13.4%[③]，这一研究结果与欧美国家数据基本一致。2018 年《中国青年发展报告》数据显示，中国 17 岁以下儿童和青少年当中，约 3000 万人经受着各种情绪障碍和行为问题的困扰。中国 5～16 岁

[①] World Health Organization, *The World Health Report. Mental Health: New Understanding. New Hope* (Geneva, Switzerland: World Health Organization, 2001).

[②] Lawrence D, Johnson S, Hafekost J, et al., *The Mental Health of Children and Adolescents. Report on the Second Australian Child and Adolescent Survey of Mental Health and Wellbeing* (Canberra: Department of Health, 2015).

[③] World Health Organization, "Depression and Other Common Mental Disorders: Global Health Estimates" (http://apps.who.int/iris/bitstream/handle/10665/254610/WHOMSD? sequence = 1. Published 2017).

儿童和青少年人口约 1.82 亿（见 2017 年国民经济和社会发展统计公报）。以此为推论基础，中国儿童和青少年心理疾病患病率（16.4%）明显高于前述其他国家水平。大学生阶段作为青少年阶段的后续发展阶段，仍然集中反映着青少年时期的许多特点。而大学生阶段又面临着许多新的挑战和压力。他们作为社会人力资本的核心人群，将决定未来社会的经济增长和创新潜力。① 这一时期所面临的压力和挑战得到了大量研究结果的验证。例如，有研究发现大学期间是心理疾病的高发阶段，特别是情绪障碍（抑郁症）、焦虑障碍、药物乱用等疾病。② 有研究发现，30.6% 的大学生忍受着抑郁症的折磨。③ 这一高发病率与学业压力有关，同时也对大学生的学业具有破坏性的作用④，甚至导致自杀想法和行为的出现⑤。此外，大学生入学前心理疾病的先兆是大学生中途退学的主要预测因素。针对大学生人群的跨文化研究结果表明，12 个月心理疾病患病率高达 20.3%，其中 83.1% 个体在入学前已经出现心理疾病症状。⑥ 上述研究结果表明，大学生人群心理健康的促进和心理疾病的预防与治疗工作极为重要，因为该人群的高患病率体现儿童和青少年时期心理疾病的累计效应。从更宽泛的角度看，心理疾病对大学生未来就业和生活均会产生巨大的影响，例如家庭问题、工作表现、亲密关系，以及社会生活等。⑦

---

① Abel J R, Deitz R, "Do Colleges and Universities Increase Their Region's Human Capital?" *J Econ Geogr*, 2012(3).

② Auerbach R P, Alonso J, Axinn W G, et al., "Mental Disorders among College Students in the World Health Organization World Mental Health Surveys," *Psychol Med*, 2016(14); Cho S B, Llaneza D C, Adkins A E, et al., "Patterns of Substance Use Across the First Year of College and Associated Risk Factors," *Front Psychiatry*, 2015(6); Kendler K S, Myers J, Dick D, "The Stability and Predictors of Peer Group Deviance in University Students," *Soc Psychiatry Psychiatr Epidemiol*, 2015(9); Mojtabai R, Stuart E A, Hwang I, et al., "Long-term Effects of Mental Disorders on Educational Attainment in the National Comorbidity Survey Ten-year Follow-up," *Soc Psychiatry Psychiatr Epidemiol*, 2015(10); Vazquez F L, Torres A, Otero P, et al., "Prevalence, Comorbidity, and Correlates of DSM-IV Axis I Mental Disorders Among Female University Students," *J Nerv Ment Dis*, 2011(6).

③ Ibrahim A K, Kelly S J, Adams C E, et al., "A Systematic Review of Studies of Depression Prevalence in University Students," *J Psychiatr Res*, 2013(3).

④ Auerbach R P, Mortier P, Bruffaerts R, et al., "WHO World Mental Health Surveys International College Student Project: Prevalence and Distribution of Mental Disorders," *J Abnormal Psychol*, 2018(7); Auerbach R P, Alonso J, Axinn W G, et al., "Mental Disorders Among College Students in the World Health Organization World Mental Health Surveys," *Psychol Med*, 2016(14); Bruffaerts R, Mortier P, Kiekens G, et al., "Mental Health Problems in College Freshmen: Prevalence and Academic Functioning," *J Affect Disord*, 2018, 225, pp. 97–103; Skidmore C R, Kaufman E A, Crowell S E, "Substance Use Among College Students," *Child Adolesc Psychiatr Clin N Am*, 2016(4).

⑤ Mortier P, Auerbach R P, Alonso J, et al., "Suicidal Thoughts and Behaviors Among First-year College Students: Results from the WMH-ICS Project," *J Am Acad Child Adolesc Psychiatry*, 2018(4).

⑥ Auerbach R P, Alonso J, Axinn W G, et al., "Mental Disorders Among College Students in the World Health Organization World Mental Health Surveys," *Psychol Med*, 2016(14).

⑦ Mojtabai R, Stuart E A, Hwang I, et al., "Long-term Effects of Mental Disorders on Educational Attainment in the National Comorbidity Survey Ten-year Follow-up," *Soc Psychiatry Psychiatr Epidemiol*, 2015(10).

心理健康受到遗传、社会心理与环境等多方面因素的共同影响，而其中很多方面是无法改变。例如，遗传因素、教养方式，以及早期经验等都会影响到个体心理健康的发展水平和状况。但是人类对心理健康状况也并非完全没有办法，药物疗法作为一种有效方法可以用来治疗如抑郁症、焦虑症等心理疾病。这些神经反应类药物为帮助提升成百上千的心理疾病患者的生活质量做出了重要的贡献。但是这些药物也会带来一些副作用，长期使用可能会给身体和心理带来一些负面影响。已有研究表明，一定强度的规律性运动与身体健康、生活满意度、认知功能改善、情绪状态调节以及主观幸福感等有直接密切的关系。因此，越来越多的研究尝试检验规律性身体活动和锻炼行为是否可以作为一种有效预防心理疾病和辅助心理治疗的手段。

第二节 运动的心理效益

一、以健康为目的的身体活动建议

本章标题使用"运动"一词，主要因为这一中文词汇更具有识别度。但运动一词并不能准确表达本章主要内容。相对而言，身体活动（physical activity）可能更加准确，因为它是一个更加宽泛的概念。根据 WHO 的定义，身体活动是指由骨骼肌肉产生的需要消耗能量的任何身体动作。因此，这一概念不仅包含体育运动（比赛）、体育锻炼（有规律的身体活动），还包括多种无规律、低强度的身体活动类型（如走路）。虽然部分研究旨在探讨某种运动类型（如太极拳）与健康之间的关系或对健康的影响，但大部分与运动和健康相关的研究均尝试将个体的运动以身体活动量的形式进行量化，进而探讨两者之间的关系。因此，本章中会频繁使用身体活动这一概念。全球和各个国家及地区健康身体活动建议指南见表 6-1。

全世界范围内青少年的身体活动参与程度并不乐观，并且随着年龄增长，身体活动水平呈下降趋势。女性青少年人群尤为明显。全球超过 80% 的青少年人口缺乏身体活动，而女性青少年比男性青少年身体活动不足情况更加严重。未达到 WHO 建议活动量的女性青少年和男性青少年比率分别为 84% 和 78%。对于成年人人群，全球近四分之一的成年人身体活动不足。这一情况又因国家和地区经济发展水平而不同。高收入国家 26% 男性和 35% 女性缺乏身体活动；而低收入国家 12% 的男性和 24% 的女性身体活动不足。国民生产总值较高或上升，身体活动水平往往较低或下降。全球范围内，老年人的身体活动不足情况也尤为明显。以英国为例，年龄介于 55～64 岁人群中，仅有 55% 可以达到该国推荐健康相关身体活动水平。而这一比例在 75 岁以上人群中急速下降，男性仅为 36%，而女性情况更为糟糕,仅为18%。① 缺乏身体活动被评定为全球十大死亡风险因素之一,它是心血管疾病、癌症和糖尿病等非传染疾病的主要风险因素之一。大量研究发现身体活动有助于身心健康,并且有助于预防非传染性疾病。除了上述提到的身体活动的健康效益,相关机构对身体活动水平提升的建议,也考虑到身体活动水平的提升有助于减少政府和社会健康相关的医疗开支。这主要是因为相关研究结果表明,开始和保持足够的身体活动量的显著作用可能在个体步入老年阶段更为明显。②

表6-1 全球及各国家及地区健康身体活动建议指南

机构/国家/地区	活动水平	儿童和青少年	成年人	老年人
WHO全球（2010年）	中—高强度	每天60分钟中到高强度身体活动	每周150分钟中等强度有氧运动,或每周75分钟以上高强度有氧运动,或与前两者消耗相似能量的中等—高等强度组合运动。单次有氧运动时间大于10分钟。为了额外的健康效益,可考虑将上述运动消耗量增加一倍	每周150分钟中等强度有氧运动,或每周75分钟以上高强度有氧运动,或与前两者消耗相似能量的中等—高等强度组合运动。单次有氧运动时间大于10分钟。为了额外的健康效益,可考虑将上述运动消耗量增加一倍
	力量、平衡、柔韧性	大部分身体活动应以有氧运动为主。结合高强度身体活动,增加每周3次以上增加肌肉力量和强化骨骼的运动	每周从事2次以上涉及大肌肉群活动的力量训练	对于移动能力差的个体,应每周从事3次以上的身体活动以预防跌倒。每周从事2次以上涉及大肌肉群的力量训练。因健康原因无法从事以上建议运动标准的个体,应在自身能力和健康许可范围内,尽可能多从事身体活动

---

① Department of Health, *Start Active, Stay Active: A Report on Physical Activity for Health from the Four Home Countries' Chief Medical Officers* (London: Physical Activity Team, 2011).

② Hamer M, Lavoie K L, Bacon S L, "Taking up Physical Activity in Later Life and Healthy Ageing: The English Longitudinal Study of Ageing," *Br J Sports Med*, 2014, 48, pp. 239–243.

(续上表)

机构/国家/地区	活动水平	儿童和青少年	成年人	老年人
欧盟(2008年)	中等强度	每天60分钟中等强度身体活动	每天30分钟中等强度身体活动	每天30分钟中等强度身体活动
WHO西太平洋地区(2008年)	中—高强度	—	每周5天以上30分钟中等强度身体活动。对于额外健康和体质效益，可考虑参加更多高强度运动	—
澳大利亚(2005年)	中等强度	—	—	每天30分钟中等强度身体活动。对于开始无法达到此要求个体，可考虑先从事每周2次，每次10分钟的中等强度身体活动，然后2周后，过渡到每天2次15分钟中等强度运动
澳大利亚(2005年)	中—高强度	每天60分钟中到高强度或更多的身体活动（5~12岁）	每天30分钟中等强度身体活动。对于额外健康和体质效益，可考虑参加更多高强度运动	—
澳大利亚(2005年)	久坐	使用电子产品每天不超过2小时	—	—
文莱(2011年)	中—高强度	每天60分钟以上中到高强度身体活动。以有氧运动为主	每周150分钟以上中等强度有氧运动，或每周75分钟以上高强度有氧运动，或与前两者消耗相似能量的中等—高等强度组合运动。单次有氧运动时间大于10分钟。为了额外的健康效益，可考虑将上述运动消耗量增加一倍	每周150分钟中等强度有氧运动，或每周75分钟以上高强度有氧运动，或与前两者消耗相似能量的中等—高等强度组合运动。单次有氧运动时间大于10分钟。为了额外的健康效益，可考虑将上述运动消耗量增加一倍

（续上表）

机构/国家/地区	活动水平	儿童和青少年	成年人	老年人
文莱（2011年）	久坐	每天使用电子产品不超过2小时（除非教育需要）	—	—
	力量、平衡、柔韧性	结合高强度身体活动，增加每周3次以上增加肌肉力量和强化骨骼的运动	每周从事2次以上涉及大肌肉群活动的力量训练	每周从事2次以上涉及大肌肉群活动的力量训练
加拿大（2011年）	中—高强度	每天60分钟以上中到高强度身体活动	每周从事150分钟以上中到高强度的有氧运动。单次运动时间不少于10分钟	每周从事150分钟以上中到高强度的有氧运动。单次运动时间不少于10分钟
	力量、平衡、柔韧性	每周从事3次以上高强度身体活动和3次以上增加肌肉力量和强化骨骼的运动	为了额外的健康效益，可从事每周2次以上增加肌肉力量和强化骨骼的运动	为了额外的健康效益，可从事每周2次以上增加肌肉力量和强化骨骼的运动。对于移动能力差的个体，应从事可以改善平衡的身体活动以预防跌倒
芬兰（2009年）	中等强度	每天从事1~2小时身体活动	—	—
	中—高强度	—	每周150分钟以上中等强度运动或75分钟以上高强度运动	—
	力量、平衡、柔韧性	—	每周不少于2次增加肌肉力量改善平衡的运动	—

(续上表)

机构/国家/地区	活动水平	儿童和青少年	成年人	老年人
爱尔兰（2009年）	中—高强度	每天60分钟以上中到高强度身体活动	每周150分钟以上中等强度身体活动	每周150分钟以上中等强度身体活动
	力量、平衡、柔韧性	每周3次以上增加肌肉力量、改善柔韧性和强化骨骼的运动	—	主要集中在有氧运动，肌肉力量和平衡能力
荷兰（2011年）	中等强度	每天60分钟以上中等强度运动（5~8MET强度）。每周2次以上以改善肌肉力量，敏捷性和协调性为主的运动	每周5次以上中等强度身体活动（4~6.5MET）。每次持续30分钟以上	每周5次以上中等强度身体活动（3~5 MET）。每次持续30分钟以上。所有其他任何运动都被鼓励，无关强度、频次和类型
瑞士（2006年）	中等强度	每天60分钟以上中等强度运动	每天30分钟以上中等强度运动	每天30分钟以上中等强度运动
	力量、平衡、柔韧性	每周几次以改善肌肉力量，敏捷性和协调性为主的运动。每次不少于10分钟	每周3次20~60分钟的耐力训练。每周2次力量和柔韧度训练	每周3次20~60分钟的耐力训练。每周2次力量和柔韧度训练

（续上表）

机构/国家/地区	活动水平	儿童和青少年	成年人	老年人
英国（2011年）	中等强度	5岁以下儿童，鼓励从出生开始在安全环境内，多从事地板游戏和水中活动。可以自主走动的儿童，每周从事180分钟以上身体活动。减少久坐和静止活动（睡觉除外）5～18岁个体每天至少60分钟中—高强度运动。每周3次以上以改善肌肉力量和骨骼为主的运动	每周150分钟以上中等强度有氧运动，或每周大于75分钟高强度有氧运动，或与前两者消耗相似能量的中等—高等强度组合运动。单次有氧运动时间至少10分钟	每周150分钟以上中等强度有氧运动，单次有氧运动时间至少10分钟。对于每周形成规律性运动的个体，可以尝试从事每周大于75分钟高强度有氧运动，或与前两者消耗相似能量的中等—高等强度组合运动
	力量、平衡、柔韧性	—	每周2次以上有助于改善肌肉力量的身体活动	每周2次以上有助于改善肌肉力量的身体活动。对于存在跌倒风险的个体，每周2次以上有助于改善平衡和协调性的运动
	久坐	尽可能长时间避免久坐	尽可能长时间避免久坐	尽可能长时间避免久坐
美国（2008年）	中—高强度	—	每周150分钟以上中等强度有氧运动，或每周大于75分钟高强度有氧运动。单次有氧运动时间至少10分钟。每周2次以上有助于改善肌肉力量的身体活动	—

资料来源：Chow A, Edumunds S, *Physical Activity and Mental Health*（Human Kinetics, 2013）。

注：MET表示代谢当量。"—"表示无数据。

二、运动与心理健康的关系

已有相关研究结果表明,身体活动与心理健康显著正相关。例如,Stephens 等人对 56 000 名受试者的数据分析发现,身体活动量与心理健康(积极情绪、幸福感、少的焦虑和抑郁症状)显著正相关。并且,身体活动缺乏与情感障碍、精神障碍以及物质滥用有显著的关系[1]。在一项对 19 288 名受试者的研究中,De Moor 等人发现有规律的运动与较低程度的抑郁、焦虑以及神经质症状相关[2]。另外,习惯性锻炼行为的心理健康效益具有跨性别的一致性。例如,有研究表明规律性身体活动与较低的抑郁症状和较高的情绪健康状况在男性和女性人群均具有显著相关性[3]。Adams 等人对 22 073 名 18~24 岁的女大学生进行了研究发现,那些认为自己整体健康状况良好、非常好、特别好的女大学生,分别会比认为自身健康状况不好的女大学生在未来更可能定期参加有氧运动(1.22 倍、1.78 倍和 2.61 倍)和更有可能定期参加力量训练(1.18 倍、1.57 倍和 2.03 倍)[4]。同时,大量长期跟踪研究结果进一步为运动和心理健康之间的相关关系提供了支持。[5]

来自不同国家及地区有关研究显示,身体活动与青少年健康相关生活质量显著正相关。[6] 例如,法国的大样本研究表明,青少年身体活动程度与健康相关生活质量呈正相关。[7] 来自美国、加拿大以及澳大利亚的大样本研究同样发现,青少年的身体活动量与其健康相关生活质量呈显著正相关。久坐行为与健康相关生活质量呈显著负相关。[8] 这些研究发现表明,青少年从事的身体活动程度越高,其健康相关生活质量得分越高。而久坐时间越长,其健康相关生活质量得分越低。另外,

---

[1] Stephens T, "Physical Activity and Mental Health in the United States and Canada: Evidence from Four Population Surveys," *Preventive Medicine*, 1988, 17 (1).

[2] De Moor M H, Been A L, Stubbe J H, et al., "Regular Exercise, Anxiety, Depression and Personality: A Population-based Study," *Preventive Medicine*, 2006, 42(4).

[3] Galper D I, Trivedi M H, Barlow C E, et al., "Inverse Association Between Physical Inactivity and Mental Health in Men and Women," *Medical Science Sports Exercise*, 2006, 38(1).

[4] Adams T, Moore M T, Dye J, "The Relationship Between Physical Activity and Mental Health in a National Sample of College Females," *Women & Health*, 2007, 45(1).

[5] McDowell C P, Dishman R K, Gordon B R, et al., "Physical Activity and Anxiety: A Systematic Review and Meta-analysis of Prospective Cohort Studies," *American Journal of Preventive Medicine*, 2019(4).

[6] Eddolls W T B, McNarry M A, Lester L, et al., "The Association Between Physical Activity, Fitness and Body Mass Index on Mental Well-being and Quality of Life in Adolescents," *Quality of Life Research*, 2018, 27, pp. 2313–2320.

[7] Omorou Y A, Erpelding M, Escalon H, et al., "Contribution of Taking Part in Sport to the Association Between Physical Activity and Quality of Life," *Quality of Life Research*, 2013(8).

[8] Dalton W, Schetzina K E, Pfortmiller D T, et al., "Health Behaviors and Health-related Quality of Life Among Middle School Children in Southern Appalachia: Data from the Winning with Wellness Project," *Journal of Pediatric Psychology*, 2011(6); Lacy K, Allender S, Kremer P, et al., "Screen Time and Physical Activity Behaviours Are Associated with Health-related Quality of Life in Australian Adolescents," *Quality of Life Research*, 2012(6).

一些以体育运动为干预内容的研究表明，参与体育运动有助于提高青少年健康相关生活质量，或起到预防生活质量下降的功用。例如，一项香港的研究发现，通过4周的跳绳计划，相对于控制组，干预组青少年健康相关生活质量的个别维度（自主性以及与父母关系）得到显著提升，但身体活动量变化不显著。[1] 另外，澳大利亚一项关于学校—社区干预研究表明，虽然干预计划在改变女性青少年身体活动量方面无显著效果，但对健康相关生活质量各个维度及总得分均具有显著维持作用（控制组显著下降）。[2] 该研究结果表明，体育运动干预对健康相关生活质量的下降，也可以起到预防作用。也有研究针对青少年特殊人群进行了干预研究，发现体育运动有助于提升青少年病患人群的健康相关生活质量。例如，针对青少年血友病患者的研究发现，鼓励他们参加体育锻炼对提高健康相关生活质量有直接作用。[3] 针对青少年慢性病人群的研究发现，运动疗法方案有助于提高他们的健康相关生活质量。[4] 针对肥胖青少年的研究发现，有规律的运动锻炼在改善肥胖青少年健康相关生活质量方面具有显著效果。[5]

运动还有助于缓解个体的紧张、疲劳、焦虑、抑郁和愤怒等负面情绪，同时促进活力水平。Roth等人发现，仅一次功率自行车运动就有助于降低（健康和不健康的）大学生的焦虑程度。[6] 另外，5分钟的步行也有助于提高心境状态，达到改善心境状态的目的。心境是指具有感染力的微弱而持久的一种情绪状态。保持良好的主导心境是心理健康的重要指标之一。运动作为改善心境状态的一种方式，已经得到越来越多研究的证实。

已有研究结果表明运动有助于缓解压力。[7] 在日常生活中每个人都会遇到很多压力和压力事件，个体会对这些压力和压力事件产生应激反应。运动可以有效地调节个体的应激反应、降低紧张情绪。这一作用的发生可能与体育锻炼能锻炼人的意志、增强人的心理坚韧性有关。经常从事体育锻炼的人，会展现一种较为正面的情绪状态，而且会觉得自己更有魅力，对自己的身体能力充满自信，有着较正面的自我概念和自尊。已有研究表明，运动是促进人际沟通的有效手段，为人

---

[1] Ha A S, Burnett A, Sum R, et al., "Outcomes of the Rope Skipping 'Star' Programme for Schoolchildren," *Journal of Human Kinetics*, 2015(1).

[2] Casey M M, Harvey J T, Telford A, et al., "Effectiveness of a School-community Linked Program on Physical Activity Levels and Health-related Quality of Life for Adolescent Girls," *BMC Public Health*, 2014(1).

[3] Khair K, Littley A, Will A, et al, "The Impact of Sport on Children with Haemophilia," *Haemophilia*, 2012(6).

[4] Kotte E W, de Groot J F, et al., "Effects of the Fitkids Exercise Therapy Program on Health-related Fitness, Walking Capacity, and Health-related Quality of Life," *Physical Therapy*, 2014(9).

[5] 参见顾娟、张学艳、周文君、吴欣欣《锻炼行为阶段改变对肥胖青少年生活质量的影响》，载《中国学校卫生》2015年第36卷第6期，第864–870页。

[6] Roth D L, "Acute Emotional and Psychophysiological Effects of Aerobic Exercise," *Psychophysiology*, 1989(5).

[7] Kessler R C, Aguilar-Gaxiola S, Alonso J, et al., "The Global Burden of Mental Disorder: An Update from the WHO World Mental Health Surveys," *Epidemiol Psychiatr Sci*, 2009(1).

与人之间的交流提供另一种场景和机会。① 人类的心理适应,最主要的是对于人际关系的适应,人际关系是影响人们心理的重要因素之一。而运动需要在一定的社会环境中进行,它通常与人群发生着交往和联系。因此,人们在运动中能够较好地克服孤僻、羞怯等性格缺点,同时在运动中人们可以感受到归属于某个群体的崇高感、亲情之间的伦理感、服从于规则的道德感、相互关怀和沟通的信任感、协作意识的独立人格,从而协调人际关系,达到提高人的心理适应能力,扩大社会交往的效果。

已有研究表明运动能够强化自我概念与自尊。自我概念是个体主观上关于自己的看法和感觉的总和。积极的自我概念在一定程度上依赖于积极的自我评价,也与所从事的愉快和自主支配的活动有关。自我概念对个体的社会适应和人格的形成具有促进作用。例如,有实验研究发现,通过参加胜任可行的体育活动,个体可以感受到更高的自尊状态、更清晰的自我概念。另外,有关大学生的研究发现,10周的有氧耐力跑步训练可以有效提升个体自我概念和自尊程度。并且,这些研究推论具有跨年龄和性别的一致性。

同时,体育运动有助于提升个体的意志品质。大部分体育运动由一系列随意动作构成,在进行锻炼时,紧张、激烈的对抗或者困难艰苦的情景可能会产生一定的生理和心理负荷。这些情景和要求,促使运动参与者必须动员较大的(有时是极大的)意志努力,克服自身心理、生理和运动项目或自然环境的对抗矛盾,进而完成预定任务和挑战。而在这个过程中,意志品质在潜移默化中得到了发展、完善和提升。

此外,已有大量研究结果表明,运动可以减少焦虑和抑郁症状,同时对焦虑障碍和抑郁症具有预防作用。在本章第三节中,将主要围绕运动对焦虑障碍和抑郁症两种心理疾病的预防作用进行阐述。

第三节 运动与心理疾病的预防

一、焦虑障碍和抑郁症

焦虑障碍是普通人群最常见的心理疾病之一。② 焦虑障碍的主要症状包括烦躁不安、易疲劳、注意力集中困难、兴奋易激惹、肌肉紧张和睡眠障碍。焦虑障碍

---

① North T C, McCullagh P, Tran Z V, "Effect of Exercise on Depression," *Exerc Sport Sci Rev*, 1990, 18(1); Morgan W P, "Affective Beneficence of Vigorous Physical Activity," *Med Sci Sports Exerc*, 1985(1).

② Kessler R C, Aguilar-Gaxiola S, Alonso J, et al., "The Global Burden of Mental Disorder: An Update from the WHO World Mental Health Surveys," *Epidemiol Psychiatr Sci*, 2009(1).

的全球发病率为6.5%,已成为第六大致残因素。① 大量流行病学和临床医学研究表明,焦虑障碍与各种生理疾病具有显著相关。② 2010年的一项研究发现,根据ICD-10诊断标准,欧洲12个月焦虑障碍患病率达到13.4%,患病人口接近7000万,相关医疗开支超过70亿英镑。③ 美国数据显示,根据DSM-5诊断标准,焦虑障碍患病率达到22%,超过3000万美国人曾有焦虑史,每年涉及的医疗开支超过420亿美元。④ 中国数据显示,焦虑障碍是中国人人群中患病率最高的一类心理疾病,加权12月患病率及终身患病率分别为5.0%和7.6%,患病人口接近1亿。⑤

所谓抑郁是一种忧愁、悲伤、颓废、消沉等多种不愉快情绪所综合而成的心理状态。抑郁症是另一种较为普遍的心理疾病,其发病率在逐渐增加。抑郁症的主要症状特征包括持续的情绪低落和悲伤、无助感和无望感、哭泣、低自尊、愧疚感、对他人易怒及低容忍度、对事物无兴趣和低动机、决策困难、缺乏愉悦感、自杀或自残念头、担忧和焦虑感。普通成年人抑郁症发病率在3%~5%⑥,儿童和青少年发病率在1.7%~3.9%⑦。一项涵盖90项研究涉及30个国家的111万成年人的研究发现,平均抑郁患病率、全年患病率和终身患病率分别为12.9%、7.2%和10.8%⑧。全球抑郁症患者超过3亿人,抑郁和焦虑问题导致每年全球生产力损失高达1万亿美元。严重抑郁可能导致一系列严重后果,如严重的焦虑障碍以及自残和自杀行为等。抑郁症已经被界定为致残的主要原因之一。2018年,一项研究结果表明,每年有近80万人死于自杀,相当于每40秒就有一人因自杀离世。自杀是10~19岁人群第三大致死因素,是15~29岁人群的第二大致死因素⑨。除了

---

① World Health Organization, "Depression and Other Common Mental Disorders: Global Health Estimates" (http://apps.who.int/iris/bitstream/handle/10665/254610/WHOMSD? sequence = 1).

② Roy-Byrne P P, Davidson K W, Kessler R C, et al., "Anxiety Disorders and Comorbid Medical Illness," *Gen Hosp Psychiatry*, 2008(3); Roest A M, Zuidersma M, de Jonge P, "Myocardial Infarction and Generalized Anxiety Disorder: 10-year Follow-up," *Br J Psychiatry*, 2012(4).

③ Gustavsson A, Svensson M, Jacobi F, et al., "Cost of Disorders of the Brain in Europe 2010," *Eur Neuropsychopharmacol*, 2011(10).

④ Regier D A, Boyd J H, Burke J D, et al., "One-month Prevalence of Mental Disorders in the United States," *Archives of General Psychiatry*, 1988, 45(1); Greenberg P E, Sisitsky T, Kessler R C, et al., "The Economic Burden of Anxiety Disorders in the 1990s," *Journal of Clinical Psychiatry*, 1999, 60(7).

⑤ Huang Y, Wang Y, Wang H, et al., "Prevalence of Mental Disorders in China: A Cross-sectional Epidemiological Study," *Lancet Psychiatry*, 2019(6).

⑥ Andrews G, Sanderson K, Corry J, et al., "Using Epidemiological Data to Model Efficiency in Reducing the Burden of Depression," *J Mental Health Pol Econ*, 2000(4).

⑦ Polanczyk G V, Salum G A, Sugaya L S, et al., "Annual Research Review: A Meta-analysis of the Worldwide Prevalence of Mental Disorders in Children and Adolescents," *Journal of Child Psychology and Psychiatry*, 2015(3).

⑧ Lim G Y, Tam W W, Lu Y, et al., "Prevalence of Depression in the Community from 30 Countries Between 1994 and 2014," *Scientific Reports*, 2018, 8(1).

⑨ World Health Organization, *"Depression and other Common Mental Disorders: Global Health Estimates"* (https://www.who.int/mental_health/management/depression/prevalence_global_health_estimates/en/).

会产生前述不同程度的伤害和结果,抑郁症与大学生的自残行为、学业退步以及退学等行为具有显著关系。当前针对焦虑障碍和抑郁症的治疗手段根据其病情严重程度而有所不同,主要包括药物治疗和心理咨询(认知行为疗法为主),或两者的结合治疗。对于重度抑郁症患者,可能采用电击疗法等。然而,药物治疗虽然具有一定的效果,但也存在一定的副作用,例如体重增加和攻击性增加等。心理咨询疗法能够起到一定的治疗效果,但效果仅处于中等水平。因此,越来越多的研究者尝试寻找其他的方法对已有治疗方法进行补充和完善,其中运动可能起到的预防和辅助作用受到研究者和实践者越来越多的注意。

二、运动可预防焦虑障碍和抑郁症

除了已有研究报告的高比例罹患焦虑障碍和抑郁症的人群,还有更大比例的人群具有焦虑和抑郁症状但并未达到焦虑障碍和抑郁症的确诊标准。相对于得到确诊的焦虑障碍和抑郁症患者,他们受到治疗的机会更小。而这些初期症状如果得不到充分的重视和处理,很可能发展成焦虑障碍和抑郁症,甚至发展为重度焦虑障碍和抑郁症。

运动作为一种成本低、简单易行、便于推广的有效措施,受到心理卫生领域和健康领域研究者和实践者的广泛关注。已有大量研究发现,运动可以起到预防焦虑障碍和抑郁症的功用。Morgan 等人在大学生人群进行的跑步运动研究发现,跑步能够有效地减轻大学生在考试期间的焦虑情绪。并且适当的步行活动(达到最大摄氧量的 35%~65%)同样能够起到降低焦虑状态和血压的效果,并且其效果可以在运动后维持 2 小时。该研究进一步指出,运动降低焦虑的作用与其他治疗方法(如冥想、放松疗法、完全性休息)的效果相近,不同形式的有氧运动效果具有相似性,未发现显著差异。① Landers 等人对 1960—1992 年间发表的关于运动对焦虑症状的缓解效果的研究进行总结发现,身体活动可以有效降低焦虑症状。② 另外,有研究表明,每周从事 3 次最大心率 70%~90% 强度的身体活动可以有效降低焦虑敏感性。③ 其他研究发现,从事 20 分钟的 80% 最大摄氧量强度的有氧运动有助于状态焦虑的缓解(效果持续至运动结束后 90 分钟)。④ 另外,Rebar 等人

---

① Morgan W P, "Affective Beneficence of Vigorous Physical Activity," *Med Sci Sports Exerc*, 1985(1).
② Landers D M, Arent S M, "Physical Activity and Mental Health," in Singer R, Hausenblas H, & Janelle C, *Handbook of Sport Psychology*, 2nd ed. (Hoboken, New Jersey: Wiley, 2001), pp. 740 – 765.
③ Smits J A J, Berry A C, Rosenfield D, et al., "Reducing Anxiety Sensitivity with Exercise," *Depression and Anxiety*, 2008, 25(8).
④ Cox R H, Thomas T R, Hinton P S, et al., "Effects of Acute 60 and 80% VO_{2max} Bouts of Aerobic Exercise on State Anxiety of Women of Different Age Groups Across Time," *Research Quarterly Exercise and Sport*, 2004, 75(2).

的研究结果表明，身体活动对焦虑症状减少的效果显著，但效果水平较低。[1] 最新一项长期跟踪研究发现，经常参加体育运动，个体的焦虑症状得到显著降低。[2] 该研究涉及受试者总人数超过8万人，平均跟踪时限4.75年，研究人群来自北美、欧洲、大洋洲、亚洲等地区。因此，可认为该研究结论具有一定的推论性。Wipfli等人针对49项随机对照分组实验进行总结发现，运动可显著降低焦虑症状，并且其效果好过其他焦虑治疗手段。[3] 同时，已有研究发现运动对焦虑症状的改善效果具有长期维持的作用。例如，Long等人研究发现，慢跑可以有效缓解焦虑症状，并且其效果可以维持达15周之久。[4] 后续相关研究对运动的长期效果提供了进一步的支持。[5] 也有大量研究关注运动对状态焦虑的即时效果。例如，有研究表明有氧运动有助于降低状态焦虑和提升安静指数。[6] 其他一些研究结果表明，中等强度的运动可以对积极情绪状态产生最大的促进作用。这些效果部分可维持30分钟，大部分可以维持2~4小时，有些运动效果最多可维持24小时。[7] 但相对于运动，药物治疗对焦虑的治疗效果更加明显，且见效更快。[8]

根据美国精神医学会最新精神障碍的诊断标准，抑郁症的外显行为是伴随自主神经系统的异常所出现的一些异常状态，包括情绪（如郁闷、不安、焦躁等）、思维（如注意力不集中、无法完整思考、做决定等）与欲望（如欲望减弱、缺乏耐性等）。抑郁症的核心包括抑郁情绪、负面思考、缺乏快乐的感受、精力下降与心理思维迟缓。大量研究针对运动缓解抑郁症状的功效进行了研究。研究者认为运动作为一种提高和维持心理健康的手段可以作为传统抑郁治疗手段的有效补充。Amanda等人的研究表明，身体活动减少抑郁症状的效果显著，且达到中等水平。[9]

---

[1] Rebar A L, Stanton R, Geard D, et al., "A Meta-meta-analysis of the Effect of Physical Activity on Depression and Anxiety in Non-clinical Adult Populations," *Health Psychology Review*, 2015(3).

[2] McDowell C P, Dishman R K, Gordon B R, et al., "Physical Activity and Anxiety: A Systematic Review and Meta-analysis of Prospective Cohort Studies," *American Journal of Preventive Medicine*, 2019(4).

[3] Wipfli B, Rethorst C, Landers D, "The Anxiolytic Effects of Exercise: A Meta-analysis of Randomized Trials and Dose-response Analysis," *Journal of Sport and Exercise Psychology*, 2008, 30(4).

[4] Long B C, Haney C J, "Coping Strategies for Working Women: Aerobic Exercise and Relaxation Interventions," *Behavior Therapy*, 1988, 19(1); Long B C, Stavel R V, "Effects of Exercise Training on Anxiety: A Meta-analysis," *Journal of Applied Sport Psychology*, 1995(7).

[5] O'Connor P, Puetz T, "Chronic Physical Activity and Feelings of Energy and Fatigue," *Medicine and Science in Sports and Exercise*, 2005, 37(2).

[6] Landers D M, Arent S M, "Physical Activity and Mental Health," in Singer R, Hausenblas H, Janelle C, *Handbook of Sport Psychology*, 2nd ed. (Hoboken, New Jersey: Wiley, 2001), pp.740-765.

[7] Raglin J S, Morgan W P, "Influence of Exercise and 'Distraction Therapy' on State Anxiety and Blood Pressure," *Medicine and Science in Sports and Exercise*, 1987, 19(3).

[8] Brooks A, Bandelow B, Pekrum G, et al., "Comparison of Aerobic Exercise, Clomipramine, and Placebo in the Treatment of Panic Disorder," *American Journal of Psychiatry*, 1998, 155(5).

[9] Rebar A L, Stanton R, Geard D, et al., "A Meta-Meta-analysis of the Effect of Physical Activity on Depression and Anxiety in Non-clinical Adult Populations," *Health Psychology Review*, 2015(3).

North 等人研究还发现，一次性体育锻炼和长期体育锻炼均能有效地降低抑郁，且有氧和无氧运动均有降低抑郁的作用。① 另外，有研究发现，运动与传统药物治疗对抑郁的治疗效果具有相似性。例如，Blumenthal 等人的随机对照分组研究发现，药物组和有氧运动组在治疗 4 个月后，对抑郁症状的缓解均具有显著作用，并且治疗效果在药物组和运动组之间没有显著差异，但药物组在首四周的治疗见效更快速。② Craft 和 Landers 在比较身体锻炼与传统抑郁疗法时发现，身体锻炼与心理疗法对于降低抑郁的效果相似，且身体锻炼与心理治疗或与药物治疗相结合能产生最大的治疗效果。但这些效果与单独进行身体锻炼的差异不显著。③ Landers 和 Petruzzllo 的研究发现，有氧练习可以显著减轻抑郁，并且对长期性的、轻度和中度的抑郁症均有治疗效果。④ 而新近的研究结果表明，有氧运动和阻抗训练对抑郁症状的减轻具有相似的效果，但有氧运动与阻抗训练相结合的运动模式比单一运动模式效果更佳。⑤ 其他研究发现，运动对抑郁症患者和普通人群的抑郁症状的减轻效果存在一定差异。Rethorst 等人的研究结果表明，运动对抑郁症患者人群的治疗效果更加明显。同时，他们的研究发现，对于抑郁症患者人群，10～16 周的运动计划的效果比 4～9 周运动计划的效果更好；而对于普通人群，4～9 周的运动计划的效果最好，10～16 周的运动计划要比 17 周以上的训练计划效果要好。⑥ 这一研究结果可能揭示了一定的地板效应，即经历 16 周的运动之后，已经实现了最大的改善效果。有关单次运动时间长短的研究结果表明，抑郁症人群单次运动时间在 45～49 分钟之内的运动效果最好。而在普通人群，单次运动时间在 20～29 分钟之内的运动效果最佳。有关运动强度的研究结果表明，对于普通人人群，61%～74% 最大心率强度的效果要差于 50%～60% 最大心率的强度和 75% 以上最大心率的强度。然而，上述初步研究结论仍需要更多实证研究的进一步支持。一项对 25 个随机对照分组实验进行的研究结果表明，运动相对于安慰剂组和对照组，对抑郁症状的改善具有显著效果。⑦ 新近的有关运动对大学生人群抑郁症（抑郁症状）治疗效果的研究结果表明，运动对大学生人群抑郁症（抑郁症状）的治疗效果显

---

① North T C, McCullagh P, Tran Z V, "Effect of Exercise on Depression," *Exerc Sport Sci Rev*, 1990, 18(1).

② Blumenthal J A, Babyak M A, Moore K A, et al., "Effects of Exercise Training on Older Patients with Major Depression," *Archives of Internal Medicine*, 1999, 159(10).

③ Craft L, Landers D, "The Effects of Exercise on Clinical Depression and Depression Resulting from Mental Illness," *Journal of Sport and Exercise Psychology*, 1998, 20, pp. 339 – 357.

④ Landers D M, Petruzzello S J, "Physical Activity, Fitness, and Anxiety," in Bouchard C, Shepard R J, Stevens T, *Physical Activity, Fitness, and Health* (Champaign, IL: Human Kinetics, 1994).

⑤ Rethorst C D, Wipfli B M, Lander D M, "The Antidepressive Effects of Exercise: A Meta-analysis of Randomized Trials," *Sports Medicine*, 2009(6).

⑥ 同上。

⑦ Mead G E, Morley W, Campbell P, et al., "Exercise for Depression," *Mental Health and Physical Activity*, 2009, 2(2).

著，且达到中等程度效果。① 该研究对 8 项随机对照分组实验研究结果进行了分析，实验受试者来自不同国家的 352 名大学生（实验组 154 人，对照组 182 人）。该研究具有一定的推论性。早期研究指出，运动对抑郁症的治疗效果与心理咨询和药物治疗具有相似的效果。② 该研究结果为已有研究结论提供了进一步证据支持。然而，已有研究证据仍不足够支持可以将运动作为抑郁症治疗主要手段。美国心理学会有关抑郁症的治疗方法指引中提到，运动可能有助于抑郁症状的预防和康复，但尚不能单独作为抑郁症治疗的主要方法，可以考虑将其作为心理和药物治疗的辅助方法。③ 因此，虽然运动作为治疗抑郁症和焦虑障碍手段的证据仍需要进一步强化，但运动作为预防抑郁症和焦虑障碍的重要方法之一已经得到大量实证研究的支持和广泛一致的认可。

三、运动预防焦虑障碍和抑郁症的基本原理

有关运动对抑郁症和焦虑障碍起到预防作用的基本原理尚未达到一致的公认结论。本书通过对已有研究进行总结，主要介绍六个假说。前三个假说主要从社会心理的角度进行解释，分别是认知行为假说、社会互动假说和注意分散假说④；后三个假说主要从神经生物学的视角进行解释，分别为单胺类神经递质假说、神经再生假说和中枢神经组织形态学改变假说。

（一）认知行为假说

身体活动或身体锻炼可诱发积极的思维和情感，这些积极的思维和情感对抑郁、焦虑、迷茫等消极情绪具有一定的缓解作用。这一解释同班图拉的自我效能理论具有一定的一致性。班图拉认为，人们完成了一项自己认为较为困难或具有挑战的任务后，他们的自我效能会得到提升。对于没有运动习惯的个体来说，运动本身是一件极具挑战的任务，如果能够克服这种挑战和困难，并养成运动的习惯，他们可能会体验到一种强烈的成就感和自我效能感。这些能力感有助于增强个体的控制感，进而打破焦虑、抑郁以及其他消极心境状态的不良循环。但该假说究竟能够多大程度为心理健康改善提供解释尚不清楚。

---

① Conney G M, Dwan K, Greig C A, et al., "Exercise for Depression," *Cochrane Database Syst Rev*, 2013(9).

② Conney G M, Dwan K, Greig C A, et al., "Exercise for Depression," *Cochrane Database Syst Rev*, 2013(9); Hemat-Far A, Shahsavari A, Mousavi S R, "Effects of Selected Aerobic Exercises on the Depression and Concentrations of Plasma Serotonin in the Depressed Female Students Aged 18 to 25," *J Appl Res*, 2012(1).

③ American Psychiatric Association, *Practice Guideline for the Treatment of Patients with Major Depressive Disorder*, 2nd ed. (Washington, DC: American Psychiatric Association, 2000).

④ Landers D M, Arent S M, "Physical Activity and Mental Health," in Singer R, Hausenblas H, Janelle C, *Handbook of Sport Psychology*, 2nd ed. (Hoboken, New Jersey: Wiley, 2001), pp. 740 – 765.

(二) 社会互动假说

社会互动假说认为在运动过程中个体与他人之间的关系及互相支持是运动的心理健康效益的主要体现。在从事体育运动过程中，个体与他人（朋友、同事、家人）实现的社会互动可能是令人愉快的、放松的，所以能够起到改善心理健康的作用。但该假说只提供了体育运动的心理健康效益的部分解释。例如，已有经验和研究证据表明，运动不论是集体进行还是单独进行，都具有一定的心理效益。

(三) 注意分散假说

该假说认为从事运动为个体提供将注意从烦恼和紧张的情景进行转移的备选情景，其结果是降低心理紧张程度，使心理活动趋于平缓。该假说得到运动对抑郁症状即时效果的实证支持。但也有研究发现，该假说假定的情景在实验研究中仍然未能得到很好处理，例如如何将运动的作用与注意力分散的效果进行区分。因此，仍需更多后续实证研究的支持。

(四) 单胺类神经递质假说

该假说的提出主要根据抑郁可能是大脑儿茶酚胺类（catecholamines）神经递质如去甲肾上腺素（noradrenaline，简称 NE）、多巴胺（dopamine，简称 DA）和吲哚烷基胺如 5-羟色胺（5-hydroxytryptamine，简称 5-HT）的释放和合成不足造成的。有关抑郁症神经生化机制方面的病因主要是通过实验室对抑郁症患者死亡后脑研究得以揭示，发现脑内 5-羟色胺、去甲肾上腺素和多巴胺水平是偏低的。已有有关焦虑障碍和抑郁症治疗相关药物，主要通过提高中枢神经系统单胺类神经递质功能或提高他们在神经突触间隙浓度的方式，改善焦虑情绪和抑郁症状。运动可以刺激上述单胺类神经递质的分泌，进而起到缓解抑郁和焦虑的作用。但该假说面临一些挑战，例如单胺类物质含量的改变未必是产生抗抑郁效果的唯一因素，也可能是整个神经递质系统功能的改变。[1] 尽管该假说在解释运动抗抑郁效应中过分单纯化，但单胺类物质确实在抑郁症的缓解和治疗中起到了一定的作用。

(五) 神经再生假说

该假说认为中枢神经系统退化导致抑郁症的产生。早期研究认为脑部神经元的退化是不可逆的，但新近研究表明脑部神经元通过某些手段的处理是可以得到再生的。而运动被证明是一种促进脑部神经元再生的有效手段之一。[2] 运动对神经

---

[1] 参见胡亮、韩雨晴《运动抗抑郁的神经生物学机制研究新进展》，载《陕西师范大学学报（自然科学版）》2019年第3期，第9-20页。

[2] Praag H V, Kempermann G, Gage F H, "Running Increases Cell Proliferation and Neurogenesis in the Adult Mouse Dentate Gyrus," *Nature Neuroscience*, 1999, 2(3).

衰老可以起到延缓的作用,可能与运动所带来的促使神经再生的神经递质增加有关。这与抗抑郁药物的功能相似。但运动促发的神经生长因子的改变可能受到抗抑郁药物的干扰。因此,对于早期或一直服用抗抑郁类药物的个体,运动缓解抑郁的效果可能受到影响。

(六) 中枢神经组织形态学改变假说

该假说基于已有研究发现抑郁症和脑部的组织形态结构异常具有密切关系。[①] 已有相关影像学(fMRI 和 PET 技术)研究发现,抑郁症患者脑部海马体双侧、前扣带皮层、前额叶皮质、纹状体和杏仁体等部位呈现出萎缩和不完整的状态。已有研究发现,适度强度运动可以起到提升脑部多区体积、微结构完整性和可塑性的作用。因此,该假说尝试用中枢神经组织形态学的变化来解释运动对抑郁症的防治效果。

四、运动类型的选取与注意事项

运动能够起到促进心理健康、调节情绪和预防心理疾病的作用。但是并非所有的运动都能取得良好的预期效果,许多研究表明,良好的心理效应获得取决于运动处方中的运动种类、运动强度、持续时间、运动频率这四大要素。

(一) 运动种类

为了将运动的心理效益最大化,个体可考虑自身实际情况,选择令人愉悦的、有趣的运动种类;有氧运动、无氧运动、力量训练,以及前述各类运动的组合;低竞争性、低压力的运动;可自定步调的运动。

(二) 运动强度

运动强度对个体心理效益具有直接影响。运动强度一般用最大心率或最大摄氧量作为衡量指标。大强度相当于最大心率的 77% 以上,中等强度相当于最大心率的 64%~76%,小强度相当于最大心率的 63% 以下。值得一提的是,大强度的运动往往会增加紧张、焦虑等消极情绪。因此,建议个体应据自身情况,选择低至中等强度的运动(小于 76% 最大心率)。

(三) 运动持续时间

每次运动时间至少 20~30 分钟,60~90 分钟的运动会产生理想的心理状态,需要注意的是一次运动持续时间过长可能产生负效应。身体运动的总时间无限制,

---

[①] 参见胡亮、韩雨晴《运动抗抑郁的神经生物学机制研究新进展》,载《陕西师范大学学报(自然科学版)》2019 年第 3 期,第 9—20 页。

应坚持长期运动，只有长期坚持、养成习惯，才能获得所期望的心理效应。

（四）运动频率

关于运动频率学界观点差异较大。有学者认为，个体每月锻炼 1 次就可以产生一定的心理效应，但也有学者建议个体可每周锻炼 3～5 次。然而，大多数研究所采用的运动频率为每周 2～4 次。

最近美国运动医学学会提出健身健心运动的主要原则是：有氧运动，大肌群运动，规则、重复的方式，每周 3～5 次，最好每天 1 次，每次持续 30～60 分钟，中等强度，根据年龄和身体状况安排，每次运动的能量消耗为 240～300 千卡。

表 6-1 已经详细列出全球和各个国家及地区提出的健康身体活动指南，针对运动可能达到的心理健康效益，制订运动计划均需考虑自身情况，予以及时、适当调整。

课堂练习
1. 心理健康的特点。
2. 从哪些方面对大学生的心理健康进行评价。

课后作业
1. 运动预防焦虑障碍和抑郁症的基本原理。
2. 不同类型运动的选取与注意事项。

第七章 运动与力量训练*

> **学习提要**
>
> 在大学生的生活中,运动锻炼是不可缺少的一部分,它不仅帮助学生强身健体,还丰富学生的课余活动。随着体育科学的发展和专业健身房的普及,力量训练逐渐进入我们的视野。人们在开始的时候往往不知该如何进行力量训练以及有效地制定力量训练计划。当了解与学习相关知识的时候,可能又会被网上或者其他渠道中各种碎片化的健身知识弄得不知所措。所以将基本力量训练知识整合,让力量训练更加科学有效,就变得很有必要。
>
> 本章介绍的内容主要有:力量训练概述、如何制定力量训练计划、身体各部位训练动作、拉伸与放松、增肌饮食。

近些年,教育部为了改善青少年体质出台了各种政策,如《体育发展"十三五"规划》,再次将青少年健康成长作为重要任务;而2014年教育部最新修订的《国家学生体质健康标准》也对体质测试体系多方面做了相应调整,使其整体表现更加人性化、评价的方法也更加客观、执行评价也更加细化。不仅仅是为了完成测试任务,而是要充分利用数据,然后有针对地选择锻炼方式。

2014年的国民体质监测公报[①]显示,我国城市肥胖初检率和上涨幅度均超过乡村,超重与肥胖的男生比例已接近1/4;视力不良检出率最高的是19~22岁的大学生,比例高达83%,而上涨幅度最大的是13~18岁的初、高中学生。青少年的部分身体素质指标也呈现持续下降趋势,在立定跳远、引体向上(男)或仰卧起坐(女)、1000米(男)或800米(女)跑步等项目上的成绩明显下降。政策效果没有显著体现,我们究其原因,分析体育课结构,发现当下体育课往往技术理论较多,很少会进行整体或者针对项目特点的力量训练,缺乏整体性,缺乏系统性。[②]

力量训练也被称作阻力训练、负重训练。力量运动在运动世界里是最庞大、历史最悠久的家族。从远古时期,人类就开始了对力量的追逐,在早期人类生活中,力量是一项赖以生存的素质。为了满足劳动的需求,人类必须经常锻炼增强力量。关于力量运动最早的记载是在已有八千余年历史的埃及底比斯壁画中,最

---

* 本章动作示范:潘锋。

① 参见国家体育总局《2014年国民体质监测公报》,见国家体育总局官网(http://www.sport.gov.cn/n16/n1077/n1422/7331093.html)。

② 参见杨亚星《我国大学体育课程改革的探究》,载《当代体育科技》2017年第7期。

原始的力量训练项目来自劳动和战争，其中，移动重物最普遍的两种方式——肩扛和手提发展成了现代的深蹲和硬拉，这使得深蹲成为人类历史上最早出现的力量训练项目。最早的力量比赛出现在军事训练和劳动中，比力量训练晚出现很多，这是因为早期的力量训练是源于军事、劳动及其他生产生活的需要。比赛项目也都是劳动中最常见的力量型动作。在古代中国的军事训练中，力量比赛也一直是非常重要的一环。力量运动是世界各国人民的共同需求，从历史发展来看，在一个地区，力量运动的发展程度取决于当地文化和当地人民对其喜爱及重视的程度。在一些西方国家，大力士是受人尊敬的英雄，当地人民对力量运动的喜欢程度也比较高，因而这些国家的国民力量素质处于较高水平。而东方及一些儒家文化比较浓厚的国家则好静厌动、重脑轻体的思想较为强烈，力量运动在近代也因此衰落下来。

随着社会的进步，我们虽然对于力量的要求降低了，但是力量对于我们自身身体健康的重要性可是一点没有降低。身体力量决定我们需要吃多少食物、决定我们每天的基础代谢水平。我们在进化的过程中，那些身体足够强壮的人活了下来并且保持强壮。高强度的力量训练可以不断刺激我们的身体，使它回归到不断进步的状态当中，让我们更加健康。

美国卫生和公共服务部、疾病控制和预防中心、国家慢性疾病预防与健康促进中心、青少年与校园健康组织等联合发布的《美国儿童与青少年身体活动指南》指出，6～17岁儿童和青少年应每天至少进行1小时的身体活动；成年人应每周进行至少累计150分钟的中等强度有氧运动，外加2次的力量练习。

力量训练好处颇多，例如燃烧更多的热量、让骨骼更加强壮等。大学生更需要在日常生活中高效地进行训练，让我们的身体更加强壮、有更好的精力去面对学业和日常工作。力量训练是我们很好的选择。

第一节 认识力量训练

随着人们健身意识的逐渐增强，人们对于运动与健身的理解不再局限于跑步、游泳、动感单车、健身操等形式的有氧运动，人们慢慢希望得到更有效的训练方式。因此，力量训练也应该被大家所认识。

一、力量训练及其目的

什么是力量训练？力量训练也叫"抗阻训练"，也常被称为"健身"。力量训练有三个主要目的：增强肌肉耐力、肌肉增粗和提升肌肉力量。

肌肉耐力的增强，最直观的效果就是我们可以在长时间的运动或力量训练过程中依然拥有比较好的运动表现。肌肉增粗能让我们的身材看起来更加健硕。提升肌肉力量是三者当中最不好实现的一个目标，因为在训练中想达到此目标往往都是在已经拥有了良好的肌肉耐力和肌肉横截面积的效果后，才能进行更高等级的训练，才是我们所说的肌肉力量训练。

二、力量训练的准则

第一，拉和推交替进行。在日常训练中，运动动作一般也可分为拉和推两类，例如：肩膀、胸部的力量训练多以推的动作为主，而背部的训练多以拉为主。这种相结合的训练方法既维持了训练强度，还在每一次训练中让更多的肌肉参与训练。

第二，上肢和下肢交替进行训练。如果不能承受当日上肢或者下肢一天的高强度训练，或者想进一步提高健身的效率，就可以采用这种方法。在训练过程中，训练者可以逐渐更换练习的动作，从而进一步刺激目标部位。

第三，渐进性原则。在原有能力等级的基础上（如肌肉耐力、肌肉横截面积、最大力量），逐渐地呈阶梯性地增加负荷，以实现锻炼目标。

第四，运动强度循序渐进。初学者容易在开始训练的时候，十分热血，担心自己练的量不够，而导致训练量过度。此时，不应该急功近利、操之过急。因为开始是基础练习阶段，如果此时莽撞训练非常容易造成损伤，这样往往得不偿失，所以要做到循序渐进。

三、力量训练相关概念

向心收缩（concentric contraction）。肌肉用力时，张力不变、长度缩短。例如：在我们做肱二头肌弯举的时候，肱二头肌收缩靠近自己的身体，举起哑铃，肱二头肌长度缩短。

离心收缩（eccentric contraction）。肌肉用力时，张力不变、长度伸长。例如：我们在做肱二头弯肌弯举的时候，肱二头肌离心收缩远离自己的身体，此时肱二头肌长度伸长。

超级组训练法（supersets）。超级组训练法是几项练习一个接着一个做，彼此之间没有休息。超级组训练有两种方式。一种是针对同一肌肉群连续进行两项训练，以肱二头肌为例，先做站姿杠铃二头弯举，接着马上做站姿哑铃锤式弯举。这种训练方式之下，在做第二项练习时的体力不像通常那样充足。超级组的第二种方式，就是将相反的肌肉群或不同的肌肉运动配成对来训练，例如肱二头肌和肱三头肌，胸肌和背肌，等等。

递增组训练法（progressive over load）。递增组训练法是指在每个项目训练时，安排2~4组练习，由轻的重量开始，每组练习的重量不断地增加，而且每组练习之间没有间歇时间。从第一组练习连续不停地练到最后一组为止。

递减组训练法（drop set）。这是一种非常有效的训练方式。从大重量开始一组动作做到力竭，马上减轻重量继续做，再次做到力竭。通常在做递减组的过程中，要减很多次重量，直到肌肉完全刺激，感受到力竭。

第二节 训练的三个阶段

一般而言，健身或者力量训练分为三个阶段。（表7-1）

表7-1 力量训练的三个阶段

阶段	初级阶段	中级阶段	高级阶段
适合人群	刚开始接触健身；对于健身不了解；没有去过健身房；不了解力量训练知识	对于健身有基本了解，且已经完成系统地训练6~12个月；有规律的训练计划	拥有系统而完善的健身知识，对于健身有自己的体会与心得，熟悉自己的身体，可以很好地安排自己减脂、增肌过程的训练与饮食
训练重点	确定目标；了解自己的身体；固定正确动作	强化动作的准确性；增加负重，突破自己；调整训练计划	增加心肺功能、柔韧性、平衡性等；多方面、全方位地进行肌肉力量训练；健身前后，保证充分的拉伸与放松
训练周期	每周2~3次，可采用隔天训练的方式	每周3~4次的训练，可以针对不同部位的肌肉，保证对应的肌肉有48小时的恢复期	根据健身者设定的目标，每周4~5天进行训练；可以一天一练，也可以一天两练或多练；在训练后，注意让身体得到充足休息，并跟进营养补充

一、初级阶段的训练计划

（一）训练计划的制订

确定目标。首先我们要做的是明确自己的目标，如减脂、增肌或者塑形等。通俗一点讲就是每个人健身都有预期的目标，男生可能是想有彭于晏一样"穿衣显瘦，脱衣有肉"的身材，或者像施瓦辛格一样的健美身材；女生可能是"我想有马甲线"或者"让自己的手臂看起来更加纤细"，身形线条更流畅、凹凸紧致等。

了解自己。我们应该了解自己现阶段的身体状态，如身高、体重、体脂率、是否有家族遗传疾病等。了解这些，可以帮助我们更加有效地进行健身和力量训练，也可以避免一些不必要的运动损伤。

固定动作。刚开始健身的时候切忌急功近利。负重训练要从小重量开始，慢慢找到适合自己身体且力量训练最高的重量。逐渐熟悉动作，固定动作，感受发力的部位。确保自己以后的动作即便在逐渐增加重量的情况下，依然保持姿势完全正确。

（二）运动负荷与休息

建议训练负荷可以安排为每周2～3练的频率，每一次训练1个小时左右，4～5个动作，只训练1个区域的肌群。可以采用隔天训练的节奏，保证自己训练一天之后就有一天的休息时间来保证肌肉生长，以提升下一次的训练质量。

（三）动作要点

此阶段训练可符合两个标准。一是，训练大肌群的动作包含两个或者两个以上的小肌群，少做孤立度过高的动作。二是，在大肌群的协作下，进行小肌群的训练（例如：深蹲、硬拉、卧推、划船、高位下拉），这些多关节动作可以锻炼到多块肌肉，这样，作为新手的你将会更加快速地适应负重训练。

例如，在做深蹲的时候，不仅仅是腿部肌肉发力。由于在深蹲过程中，需要腹部和背部肌肉收缩来维持躯干稳定，所以一个深蹲等于多块肌肉协同发力、共同锻炼。

二、中级阶段的训练计划

进入中级阶段的健身者一般已经有了确定的目标并且已经为之努力训练了一段时间，这个阶段我们应该更加注重动作的准确性，在此基础上逐渐增加重量，不断突破自己。适当改变和调整自己的训练计划。一般建议一套训练计划持续用2～3个月，过了这个时间我们的肌肉就已经逐渐适应训练动作，训练计划没有刚开始那么有效。

训练频率。依然可以和初级阶段一样，不用做太大的调整，可以为每周2～3次，因为我们并不是专业健美运动员。虽然训练频率没变，但是我们要从以前每一次训练单一部位变成两个部位，进行对抗肌群训练（例如胸部+背部），这样可以更好地让前后肌群协调。而且对于前后对抗肌的力量均衡发展也是有巨大的好处，将前后肌群协同均衡发展，更好地提升整体的训练效率，更多地刺激肌肉增强。

休息。搭配每周4次的训练，可以训练2天、休息1天；每周3次的训练可以隔天训练，即训练1天、休息1天。因为肌肉疲劳后需要48小时的恢复。我们每一次训练为两个部位，为了避免一块肌肉过于疲劳，可以安排周一、周三进行上半身训练，周五、周日进行下半身训练，核心训练可以贯穿其中，也可以单独练，这样既确保了训练强度又给予了足够的恢复时间。

三、高级阶段的训练计划

高级阶段健身者可以准确地调整身体的训练状态。由于在前两个阶段已经有了较成熟且系统的健身计划。在这一阶段如果想更进一步，应更加注意全方位整体肌肉的训练。从力量素质、心肺功能、身体平衡性与柔韧性等多个方面着手，可采用更加多样化的训练方法。

另外，这一阶段应更加注意训练前的热身和训练后的拉伸放松，提升其在训练中所占据的时间比例。在训练中，如果没有进行热身，训练后没有进行拉伸，就不是一次完整的训练。热身和拉伸都是训练中不可缺少的一部分，如果长期忽略此部分，会不利于良好肌肉线条的形成，影响肌肉恢复的速度，甚至可能导致身体受到伤痛的困扰，进而影响你的训练及生活。建议每一次训练的热身与拉伸时间至少要占用训练总时长的20%以上。

第三节　身体部位训练

一、肩部

肩部是上半身较大的一片肌肉群，如何将自己的肩部练得更加饱满是经常困扰大家（尤其是男性）的一个问题。饱满的肩部会让自己上半身看起来更加挺拔，当然也会让你的倒三角体态看起来更加的明显，还会帮助你将夹克、T恤、西装、裙子等服装撑起来，让你成为一个穿什么都好看的"衣架子"。决定它是否好看的因素包括你肩膀的厚度和宽度，所以在训练时也要把重点放在这两个训练维度上。

肩膀的形状绝大多数是由自己的骨骼形状决定，有的人天生肩膀就显得比较饱满，这使得他们更加容易锻炼出比较宽阔的肩部轮廓。而有一些人的斜方肌天生就会比较向下，俗称"溜肩"，这种肩部看起来就不如前者更有优势。但是不用担心，通过有规律地科学的训练，一样可以拥有饱满有形的肩部。

（一）坐姿哑铃肩上举（图7-1）

练习目标：胸大肌上部、三角肌前束、中束。用哑铃进行肩上举可以做到更大幅度的动作，让肩部肌肉得到更大程度的拉伸。

动作要领：首先坐在有靠背的健身凳上面，将自己的臀部紧靠在凳子上坐实，腰背收紧，双脚踏实，肩胛骨夹紧挺胸。每一只手握住一支哑铃，将哑铃高度举到肩部水平位置，肘关节可以稍向内靠近自己的躯干，但注意小臂要始终垂直于地面，掌心略朝向自己。将哑铃竖直向上举，举到自己头顶正上方，手臂伸直，到达顶点后，两哑铃相互靠近但不要接触（有一种将大臂贴近自己耳朵的感觉），然后再慢慢放回原位置。

第七章　运动与力量训练

(a)　　　　　　　(b)

图 7-1　坐姿哑铃肩上举

注意事项：在整个过程中下颚始终处于放松状态（可以将下颚适当回收）。

常见错误：将手肘放在身体过前或者过后的部位。此时，身体因为需要维持哑铃平衡，易导致身体其他部分肌肉借力，致使受伤。

（二）坐姿杠铃肩上举（图 7-2）

练习目标：胸大肌上部、三角肌前束、中束。

动作要领：坐在有无靠背的健身凳均可。将自己的臀部坐实，腹背收紧、核心收紧、双脚踏实。双手宽距（宽于双肩）握住杠铃。肩部收紧下沉（不要耸肩），手掌朝上将杠铃举到肩膀高度靠近自己的锁骨，将肘关节自然下垂。将杠铃向上举，举过头顶。切记到头顶时不要将肘关节锁定住（微屈），杠铃的终点在头顶的正上方。在此过程中，让杠铃尽可能贴近自己的嘴并且保持住杠铃的平衡，然后将杠铃放回到原位。

(a)　　　　　　　(b)

图 7-2　坐姿杠铃肩上举

注意事项：练习过程中，应保持手腕的中立，杠铃落在手腕骨头的正上方而不是手掌中间。

常见错误：耸肩借力，握距太窄。初学者容易将杠铃的握得距离太窄。这会导致健身者在举起杠铃时，肱三头肌因需要维持平衡而过多发力。

（三）站姿哑铃侧平举（图7-3）

练习目标：三角肌中束，也可以根据不同的角度练习到前束（双手掌心相对，水平举）和后束（俯身侧平举）。

动作要领：双脚站立，两脚距离略宽于肩膀，身体略向前倾，先将哑铃提起靠近自己的身体。再将哑铃举到略高于肩膀的位置，手掌在此过程中进行反转，转至手掌朝向地面（可将哑铃想象成水杯，将杯中水倒出来的感觉），然后再将它们慢慢放下。过程中，肩膀应持续发力。

(a)　　　(b)

图7-3　站姿哑铃侧平举

注意事项：勿用惯性将哑铃甩到指定位置，或者借用身体其他部位发力代偿。

常见错误：哑铃握得太紧，导致在练习过程中，小臂参与过多的发力。记住，小臂只是起到握住哑铃的作用，真正发力点应该是肩膀。

（四）拉力器单臂交叉侧拉（图7-4）

练习目标：着重练习中束，但是可以根据不同的角度练习到前束和后束。

动作要领：两腿分开，与肩同宽，站好，一手握住处在身体对侧的拉力器握手，另一只手抓住拉力器上的扶手。身体向训练同侧的方向倾斜，略弯曲你的肘关节，平稳地向上拉动拉力器，使得拉力器最终高于肩膀，转动手腕如同侧平举一样。此过程持续控制肩关节发力，然后换另一侧。可以改变拉力器相对于身体的位置，从而达到变换训练部位的目的，当拉力器绳索放在身体后面的时候会感受到后束的发力增多。

图 7-4　拉力器单臂交叉侧拉

注意事项：在整个过程中，要保持肘部弯曲程度不变，感受三角肌持续发力。

常见错误：手肘位置不对。将手肘置于身体后侧。应始终保持手肘在身前或者与身体处于同一平面。

（五）坐姿哑铃俯身后拉（图 7-5）

练习目标：三角肌后束。

动作要领：坐在健身凳上，双脚踏实并拢。身体向前倾斜保证身体与地面平行，保持后背挺直，眼睛向自己脚尖的位置看。将哑铃放在小腿后侧，用肘关节将哑铃逐渐抬起直到腹部的位置，然后再缓慢下放。此动作可适当增加重量，将会有更好的发力感受。

图 7-5　坐姿哑铃俯身后拉

注意事项：①动作也可以采用站姿，但是如果背部有伤，则推荐采用坐姿。②当哑铃被拉至顶端的时候，停留 1~2 秒将会有更好的效果。

(六)肩部训练计划(表7-2、7-3、7-4)

表7-2 肩部训练初级计划

练习动作	组数	每组次数	每组动作之间的休息时间/秒
坐姿哑铃肩上举	2	8~12	60
站姿杠铃肩上举	2	8~12	60
拉力器单臂交叉侧拉	1~2	10~15	60

表7-3 肩部训练中级计划

练习动作	组数	每组次数	每组动作之间的休息时间/秒
站姿侧平举(无重量)	3	15	15
坐姿杠铃肩上举	4	8	45
坐姿哑铃肩上举	3	8	45
拉力器单臂交叉侧拉	3	8	45

表7-4 肩部训练高级计划

练习动作	组数	每组次数	每组动作之间的休息时间/秒
站姿侧平举(无重量)	3	15	15
坐姿杠铃肩上举	4	8~12	30
坐姿哑铃肩上举	3	8~12	30
拉力器单臂交叉侧拉	3	8~12	30
坐姿哑铃俯身后拉	4	12	30

二、胸部

我们可以将胸部分为上胸、中胸、下胸、胸外侧、胸内侧这五个部位。胸部训练可以让你的胸部更加有弹性、饱满。对于男性来说,胸部是铠甲;对女性来说,胸部的锻炼可以让你的上半身看起来更加挺拔。训练胸部大体可以分为"推"和"夹"两个部分。"推"可以让我们胸部的肌肉变得更加饱满,增加肌肉量;而"夹"更多的是给自己的胸部塑形,让自己的胸部有着更好的轮廓。在训练的时候,我们首先要做的是将自己的胸部先练得有肌肉(即增肌),然后再去塑形,所以在训练过程中,要着重增加"推"动作的组数,中间穿插"夹"的动作,以更好地达到训练效果。

在训练胸部的时候,要遵循一定的顺序:按照先上胸后下胸、先推后夹的顺序来进行。在训练的时候,为了锻炼到正确的肌肉部位,从而促使你的胸部挺拔,你需要全程保持自己的肩胛骨和腰腹肌肉处于收紧状态。

（一）上斜哑铃推举（图7-6）

练习目标：上胸部、三角肌前束。

动作要领：将斜板调整与地面呈30°夹角（大于30°将会有更多的三角肌前束参与，导致不能更好地孤立上胸肌肉）。将双脚踏实地面，肩胛骨收紧，腰背收紧，双手位于肩膀上方握住哑铃。上举时，应将哑铃向中缝靠拢；在顶峰的时候，哑铃不接触。感受胸部收缩的感觉，然后再放回到起始位置。

(a)　　　　　　　　　(b)

图7-6　上斜哑铃推举

注意事项：在动作过程中，切勿胸腔外翻。在完成向上推动作的时候，双脚应踏实地面。如果你找不到双脚的发力感，可以先将双脚平行，对着正前方，然后脚后跟发力，逐渐将双脚转为外开45°，在此过程中感受发力。

常见错误：肩膀借力。力量不足时，易将肩胛骨外翻，用肩部代偿将哑铃举起。

（二）平板卧推（图7-7）

练习目标：胸大肌、三角肌前束、肱三头肌。

动作要领：将身体平躺于凳子上，使眼睛可以直视杠铃杆。肩胛骨、腰背部收紧，双手虎口握住杠铃杆，握距略宽于双肩（找到正确握距的小窍门——训练者躺下后，将双手自然放在杠铃上，当小臂与地面垂直时，即为正确握距）。将杠铃从卧推架上拿起，双手伸直置于锁骨位置。确定一下，自己不能沉肩或收缩肩胛骨，然后将杠铃慢速放下，落在自己两乳头连线的位置。重复此过程。

卧推是一个非常经典的健身动作，对于练习胸部十分有效，请健身者（尤其新手）重点练习。

下 编　体适能提升与健康促进实践

图7-7　平板卧推

注意事项：①在卧推过程中，如果重量很大，可适当弓腰，但是注意要将重量控制在背部，全程核心也要收紧。②再推到顶点的时候，不要锁定关节，让背部保持弹弓的状态，胸肌始终处于持续发力的状态。

常见错误：手腕没有保持中立。练习过程中，应保持手腕中立，杠铃落在手腕骨头的正上方而不是手掌中间。

（三）平板哑铃推举（图7-8）

练习目标：胸大肌、三角肌前束、肱三头肌。

动作要领：首先将身体平躺于凳子上，双脚自然踏地。双手握住哑铃，拳眼相对，哑铃的轴线位于乳头上侧。将哑铃向上推起，同时夹胸。哑铃向上的同时略向前偏，两臂伸直时，哑铃重心接近处于乳头下方。然后，使两直臂向两侧张开，两臂慢慢弯曲，哑铃垂直落下，下降至最低处时，再做上推动作。如此重复。

图7-8　平板哑铃推举

注意事项：①此动作与杠铃卧推基本相似。哑铃属于自由器械，如果手臂力量不够，无法控制其稳定性,则容易受伤,所以建议初学者选取较轻重量的哑铃进行练习。②注意呼吸,推起时呼气,下落时吸气。

常见错误:手肘内扣或者外翻。长时间的内扣或者外翻,容易造成肩膀疼痛,引起肩关节损伤。

(四)下斜哑铃推举(图7-9)

练习目标:下胸部。

动作要领:斜板的角度控制在15°~30°之间(如果角度太大则不易控制,也锻炼不到胸大肌)。双手全握住哑铃,躺在下斜长凳上,头部和后背靠紧长凳(头部要低于上身,要求肩胛和骨腰背收紧),将双脚或双腿用长凳一端的卡腿固定。持哑铃于胸大肌下部(乳头略向下),然后将哑铃举起,沿着自己胸部的中缝靠拢,但不接触,匀速放下,直到最低点。

(a) (b)

图7-9 下斜哑铃推举

(五)屈臂撑(图7-10)

练习目标:下胸部。

动作要领:两臂伸直,支撑在双杠上,身体略向前倾斜,腿自然弯曲,双脚重叠,身体放松下垂;眼睛看向斜前方45°左右,使胸大肌的下部位垂直于地面。双臂屈伸到最低点,再将身体提起。在此过程中,应保持肩部前伸锁定,肩胛骨后收,完成一次动作。如在刚开始训练时,如果无法完成一个标准的动作,可以借助拉力带或者瑜伽球完成。

图7-10 屈臂撑

注意事项：①在下放过程中，应尽量匀速缓慢，身体不要晃动，切勿身体借力。②可根据自身锻炼目标确定双手在双杠上的握距（窄握对于肱三头肌刺激更大，宽握对于胸肌刺激更大）。

（六）站姿拉力器夹胸（图7-11）

练习目标：胸大肌内测（中缝）。

动作要领：让身体位于两个滑轮绳索的正中间，身体前倾，双脚靠拢，肘关节略微弯曲。肘关节对着拉力器绳索的末端，开始拉动绳索（感觉像是在拥抱别人一样），双手靠拢，完成一次动作。在站姿方面，我们可有一些变式，例如，腿采用弓箭步，或可以左、右手分开进行单侧练习。

图7-11 站姿拉力器夹胸

注意事项：①在下拉过程中，感受到胸部有挤压感，用自己的身体前侧去拉；②对于初学者而言，很容易出现站不稳的情况，可以根据情况调整站姿或者减轻所拉重量。

变式：可根据不同训练目的调整前倾角度。①躯干前倾45°，主要锻炼胸大肌上部和三角肌前束；②躯干前倾30°，主要锻炼胸大肌中部；③躯干前倾15°，主要锻炼胸大肌下部。

（七）胸部训练计划（表7-5、7-6）

表7-5　胸部训练 A 计划（上中胸）

练习动作	组数	每组次数	每组动作之间的休息时间/秒
上斜哑铃推举	3～4	8～12	30
平板哑铃卧推	3～4	8～12	30
站姿拉力器夹胸（45°）	2～3	15	60
站姿拉力器夹胸（30°）	2～3	15	60
站姿拉力器下拉（肱三头肌）	4	8～12	90

表7-6　胸部训练 B 计划（中下胸）

练习动作	组数	每组次数	每组动作之间的休息时间/秒
平板哑铃卧推	4	8～12	60
站姿拉力器夹胸（15°）	3	15	30
屈臂撑	3～4	8～12	60
下斜哑铃卧推	3～4	8～12	60
站姿拉力器下拉（肱三头肌）	4	15	90

胸部训练计划分为上中胸（表7-5）、中下胸（表7-6）训练计划。两者的着重点不一样，大家可根据自身需求选择进行。可以看到，A、B两个计划的最后一个动作都是肱三头肌练习，是因为在我们将上述胸部动作练完之后，肱三头肌正好也处于充血状态，这时候再练习一组会比我们在平时单独练习肱三头肌的效果更佳。

三、背部

开始健身以后，你可能会听到这样一句话：新手练胸、高手练背。可见，一个挺拔、结实的背部在健身人心目中很重要。结实的背部也往往是一个人有强大力量的表现。在高强度的综合训练中，强大的背部可以给我们更多的支持和保护。锻炼背部，可以让自己的背部线条看起来更加明显、流畅，并且可以有效改善圆肩、高低肩等问题。背部分为上背部和背阔肌下部、中背部、下背部，在进行背部力量训练的时候，不仅可以按部位的顺序来训练，还可以遵循宽度和厚度两个维度来练习。

(一) 宽握正面引体向上 (图 7-12)

练习目的：增加背阔肌宽度。

动作要领：双手正握横杠，握距适中，双脚自然靠拢。将肩胛骨收紧，向上拉起身体，让锁骨尽可能地贴近横杠，感受整个肩胛骨的收缩状态。在达到顶峰的时候，尽可能地多停留一段时间，感受背部发力，然后慢速向下回到身体的起始位置。

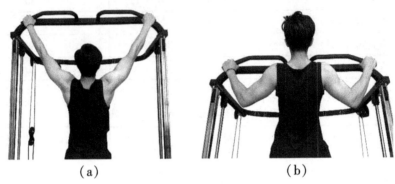

图 7-12 宽握正面引体向上

注意事项：①在标准的引体向上过程中，不要前后摆动，惯性会降低锻炼效果。②引体的过程相当于减轻自重的过程。刚开始做此动作时，训练者有可能一个都做不了，或者只能做较少个数。此时，可以选择先跳上去，再从高位缓慢对抗自重下落，或者用双手挂在杠上对抗自重，或者进行高位下拉练习，或者在同伴的帮助下进行练习等。

常见错误：①仅用上臂硬拉发力，不会利用背部和核心力量（多见于初学者）。应收紧肩背和核心，肩部下沉，上述部位协同发力向上挺。②动作快上快下。在做此动作过程中，训练者应该注意动作下落的过程尽可能地慢，因为离心运动会使引体向上动作效果更高。

(二) 高位下拉 (图 7-13)

练习目的：使背阔肌增宽。

动作要领：双手握住横杆，坐实凳子，双膝卡在支撑物下方，挺胸，肩胛骨腰背收紧，然后将横杠下拉，使得横杠尽可能贴近你的锁骨。在此过程中，如果你感受不到背部发力的过程，可以感受肩胛骨的发力，即先让肩胛骨处于夹紧状态，然后下拉。这样会有更好的背部感受，能更迅速地掌握此动作的发力特点。

图 7-13 高位下拉

注意事项：①动作过程中，双手不要握得太紧。避免出现背部肌肉还没明显感觉，而小臂已经握出不住的情况。②身体躯干避免过于后仰。过度后仰会增加腰部的负担，导致对目标肌肉刺激下降。③避免动作缺乏控制，速度过快。良好的动作控制会持续刺激肌肉发力，效果更好。④核心保持收紧，胸腔不要外翻。

（三）俯身杠铃划船（图 7-14）

练习目标：增加背部厚度。

动作要领：反握杠铃，双脚与肩膀同宽，微微屈膝，臀部往后坐（屈髋），脊椎保持中立躯干自然向下俯身，核心保持收紧。利用腿后侧和臀部来支撑身体，将杠铃向自己肚脐的地方靠近。感受肩胛骨收紧，然后再打开肩胛骨，完成一次动作。如此重复。

图 7-14 俯身杠铃划船

注意事项：①起初宜选择较轻的重量，避免身体晃动。②动、念一致，将注意力集中在背阔肌的收缩上。

常见错误：背部反弓或前倾。训练时，特别是将杠铃下放的过程中，容易将背部弓起。应该保持背部平直，不要前倾，也不要反弓。

（四）单侧哑铃划船（图7-15）

练习目标：每一侧的背阔肌。

动作要领：将身体前倾，一腿屈膝，将膝盖置于凳子上，另一腿支撑站立，使上半身与地面平行。一只手抓住哑铃，另一只手撑在凳子上固定自己的身体。此时，将哑铃举起，举起过程中让肘关节向上抬起。感受应是背部发力（勿用惯性将哑铃上甩），再将哑铃逐渐下放至最低处，完成一次动作。然后换另一只手进行相同动作。这个动作还有一些变式，比如可以改变身体与地面的角度，从而从更多角度锻炼背阔肌。

图7-15　单侧哑铃划船

注意事项：切勿用手臂的力量去拉哑铃，应注意感受背部发力，像是用背部力量将哑铃拉上来。
常见错误：驼背、耸肩。

（五）坐姿划船（图7-16）

练习目标：增加背部肌肉厚度、锻炼背阔肌下部。

动作要领：坐在凳上，两腿前伸，稍屈膝，脚掌抵住前方踏板或者踏实地面，两臂自然伸直，肩关节放松，上体前屈。收缩背阔肌，背部肌群收缩用力，使两臂屈肘贴近身体并向胸腹部拉引，肩胛骨靠拢，收紧背部肌肉。停留1～2秒，沿原路线返回。

图 7-16 坐姿划船

注意事项：做任何类型划船动作的时候，首先要将肩部向后拉，否则很容易出现耸肩或肩膀过伸，使肩关节因不稳定而受伤。

（六）背部训练计划（表 7-7、7-8、7-9）

表 7-7 背部训练初级计划

练习动作	组数	每组次数	每组动作之间的休息时间/秒
杠铃硬拉	4	8	60
高位下拉	4	8	60
俯身杠铃划船	3～4	8	60
坐姿划船	3～4	8	60

表 7-8 背部训练中级计划

练习动作	组数	每组次数	每组动作之间的休息时间/秒
高位下拉	4	8～12	60
单侧俯身哑铃划船	3～4	8～12	60
坐姿划船	3～4	8～12	60
站姿哑铃弯举（肱二头肌）	4	8～12	90

表7-9 背部训练高级计划

练习动作	组数	每组次数	每组动作之间的休息时间/秒
引体向上	4	8～10	90
高位下拉	4	8～12	45
单侧俯身哑铃划船	3～4	8～12	45
坐姿划船	3～4	8～12	45
站姿哑铃弯举（肱二头肌）	4	8～12	45

四、腿部

腿部是全身肌肉中力量最大、体积最大的一部分肌肉。在我们进行其他部位或其他类型的训练中，腿部起着较大的作用。腿部力量训练不但能为上半身训练提供重要支持，对于增肌、减脂和塑形也有重要意义。正是因为腿部肌肉量巨大，想要破坏腿部的肌肉纤维就需要更大强度的刺激，所以训练腿部十分辛苦。如果女生想拥有紧致的腿部肌肉线条和上翘的臀部，腿部训练就可以满足你的要求，但在训练中，应更加注意臀部和腿部训练之间的联系。

虽然练习腿部是一件十分辛苦的事情，我们也要避免走进一个误区：将拼命地训练等于有效的训练。我们必须找到适合自己的训练强度和训练量，找到训练的技巧，这样腿部训练才会事半功倍。

接下来，介绍腿部肌肉中以股四头肌（前侧）和股二头肌（后侧）为主的力量训练。

（一）杠铃深蹲（图7-17）

练习目标：股四头肌、臀大肌。

动作要领：将杠铃放在支架上，走到杠铃下方，让杠铃处于肩膀后方，大概位于斜方肌的位置。从冠状面（身体侧面）看，杠铃的垂直线应落在脚掌正上方附近。腰背夹紧，双手扶在杠铃上保持平衡，将杠铃抬起走出支架。双脚保持略宽于肩，脚尖略微张不超过30°，眼睛平视前方。弯曲膝盖，屈髋关节，感觉臀部向后坐（感受大腿发力），直到大腿与地面平行，此时背部与地面形成的夹角应小于膝盖后侧形成的夹角。再将身体抬起，完成一次动作。深蹲作为一个经典的力量训练动作，有很多变式，例如：在站立的时候，脚尖角度越向外张，大腿内侧肌肉就会越多参与发力，双脚之间的距离站得越大，大腿内侧会越多参与发力。

也可以采用固定器械深蹲。在使用如史密斯架等固定器械进行深蹲练习时，因为杠铃的行动轨迹固定，该练习方法更加安全。训练者可以利用这一特点，尝试挑战比平时更大的重量，通过孤立特定的肌肉群，获得更好的局部锻炼效果。

图7-17 杠铃深蹲

注意事项：①在整个动作过程中，受力点应该保持在脚后跟上而不是在脚趾上。②核心收紧。③初学者如果独自训练，可以对着镜子做徒手深蹲动作，分别从正面、侧面进行观察；如果有固定的训练伙伴，则请伙伴一同纠正动作，只有在保证动作正确的前提下才会有高质量的训练效果。

（二）杠铃硬拉（图7-18）

练习目标：股二头肌、股四头肌、下背部。

动作要领：将杠铃放于自己身前，当眼睛向下看时，杠铃杆的位置正好在自己的脚上方。身体前倾，保证腰背挺直夹紧（不要弓腰），弯曲膝盖（将臀部坐到底，有利于腿部发力减少背部肌肉承受的重量）。双手正握杠铃，膝盖尽量保持不要超过脚尖（如果超过脚尖杠铃提起时会是曲线，而不是垂直地面，产生的力自然也不是垂直向下的，进而引起其他部位肌肉代偿，甚至损伤）。此时应让杠铃杆紧贴小腿（可穿长裤或薄的护膝来避免因摩擦力过大造成的皮肤损伤）。开始用腿部力量将杠铃提起，同时让杠铃杆贴近身体向上移动（如果杠铃远离身体会造成杠铃失衡，进而引起弓背代偿甚至背部损伤），应挺起胸部但不要耸肩，直到自己的身体完全直立起来，挺胸收肩，注意不要后仰（此时的姿势应该呈现人体正常的承重状态，脊柱应呈现中立状态下适当的三个生理弯曲，）然后按照提起的逆序缓慢放下杠铃（此时也要注意杠铃要紧贴身体移动，保证杠铃始终处于与双脚的正上方）。与错误的提起动作一样，错误的下放动作同样会引起损伤，即使已经正确提起一定重量，不代表下放的过程中不会出现弓背等错误动作。注意挺胸身体前倾，保持背部收紧，屈髋屈膝，将杠铃尽可能地贴着自己的小腿下放，直至杠铃接触地面。完成一次动作，再开始下一次动作。

下 编　体适能提升与健康促进实践

(a)　　　　　　　　(b)　　　　　　　　(c)

图 7-18　杠铃硬拉

注意事项：①当准备要把杠铃拉起来的时候，初学者经常会出现弓背的情况，即使训练时已经非常注意背部动作，建议对着镜子从侧面观察自己的动作，将注意力放在下背部，挺胸完成。此动作应多加练习，在起始姿势时背部保持平直，无明显隆起。②手臂应该时刻保持伸直状态。

常见错误：杠铃下放屈髋时，膝盖内扣。正确动作应使膝关节与脚尖方向时刻保持一致。

（三）腿屈伸

练习目标：股四头肌。

动作要领：坐在伸展机上面，将臀部坐实。双脚勾住障碍物，双手握住两边把手。双脚抬起，在此过程中身体不要通过摇晃借力，直到大腿前侧肌肉完全收缩，然后再慢慢将器械放下。

（四）腿弯举

练习目标：腘绳肌。

动作要领：使身体趴在器械上面，双脚的脚后跟勾住障碍物。身体一直保持贴在器械平板上面，将器械拉起，直到股二头肌得到完全的收紧。然后再将器械缓慢下放。

（五）弓步蹲（图 7-19）

练习目标：大腿前侧（股二头肌）。

动作要领：双手各握住一个哑铃，双臂在身体两侧自然垂下，掌心相对。身体站直腰背挺直，将左脚向前迈出，后膝几乎触到地面，后脚的前脚掌着地。让身体处于两脚之间，然后回到起始位置，双脚靠拢。然后换一条腿继续交替进行此步骤。

(a)　　　　　(b)　　　　　　(c)

图 7-19　弓步蹲

注意事项：在训练过程中，尽可能地降低身体。

（六）腿部训练初级计划（表 7-10）

表 7-10　腿部训练初级计划

练习动作	组数	每组次数	每组动作之间的休息时间/秒
杠铃深蹲	3	8～12	60
腿屈伸	3	8～12	60
杠铃硬拉	3	8～12	60
弓步蹲	3～5	8～12	60

腿部训练计划（见表 7-10）仅供参考。个人可以结合自身情况适当调整训练量（次数和组数）与训练强度（负重和间歇时间）。如新手可以通过减少训练计划的组数或者增加组间歇的方法降低训练难度。在训练后，训练者要注意对腿部肌肉的放松，以减少第二天乳酸堆积而产生的疼痛，有利于肌肉的恢复。

五、手臂

手臂往往是上半身中最容易让人关注的部位。对于男生而言，有力的手臂能撑起上衣，给人留下健康阳光的深刻印象，也就是人们所说的"男友臂"；对于女生而言，练习手臂可减少"拜拜肉"，促使手臂紧致、流畅。

手臂有三处相对重要的肌肉，分别是肱二头肌、肱三头肌、前臂肌群。

（一）站姿杠铃二头弯举（图 7-20）

练习目标：肱二头肌。

动作要领：双脚分开，与肩同宽或者略宽于肩，踏实地面。身体微微前倾，双手抓住杠铃，置于身体前一拳左右的位置，肘关节放在身体前侧贴于身体。将杠铃举起，使哑铃在空中划出一个圆弧形轨迹，当到达最高处时，感受双臂肱二头肌顶峰发力收缩，然后慢慢将杠铃下放，完成一次动作。如此重复。

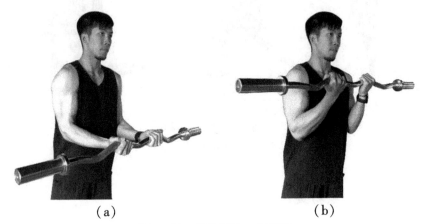

图7-20 站姿杠铃二头弯举

注意事项：每一次杠铃弯举，应使肘部固定在身体两侧，不要抬起，以便更加有针对性地孤立肱二头肌，使其得到充分锻炼。

（二）站姿哑铃弯举（图7-21）

练习目标：肱二头肌。

在本质上，哑铃弯举与杠铃弯举没有太大差异，但是哑铃弯举练习可以加大肌群在顶峰收缩时的幅度，获得更明显的锻炼感受。

动作要领：双脚分开，与肩同宽或者略宽于肩，踏实地面。身体微微前倾，双手抓住哑铃，置于距离身体前一拳左右的地方，将肘关节放在身体前侧且贴近于身体。将哑铃举起，使哑铃在空中划出一个圆弧形轨迹，当到达最高处时，感受双臂肱二头肌的顶峰发力收缩，然后慢慢将哑铃下放，完成一次动作。如此重复。

图7-21 站姿哑铃弯举

（三）拉力器站姿弯举（图7-22）

练习目标：肱二头肌。

动作要领：双脚开立，与肩同宽或者略宽于肩膀，踏实地面，身体微微前倾。可以使用横杆或者绳索，双手手掌向上握住器械，双手距离与肩膀同宽。向下放置横杆直到手臂完全伸展，然后将横杠拉起，使横杠尽可能拉向胸部。在此过程中，身体其他部位不要借力。感受双臂在顶峰阶段的收缩感，然后慢速放下，完成一次练习。如此重复。

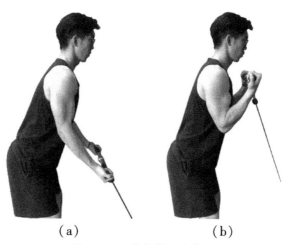

图7-22 拉力器站姿弯举

（四）站姿拉力器下拉（图7-23）

练习目标：肱三头肌。

动作要领：此动作可以用横杠或者绳索来做。双脚开立，与肩膀同宽，踏实地面。身体微微向前倾，双手掌正握住短杠（手心向前），将横杠尽可能地向下拉，直到小臂与地面平行，这是起始位置。然后将横杠继续下拉，直到肘部绷直，肱三头肌全面收缩。然后再回到起始位置。整个过程中，应尽可能地固定肘关节，不要改变肘关节与身体的相对位置。

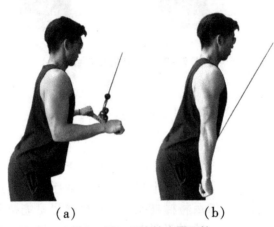

图7-23　站姿拉力器下拉

注意事项：①避免所使用的重量过大，否则背部和肩部肌群会过多参与，引起代偿，达不到训练训练原特定肌群的目的。②如果感受不明显，站位可稍靠后，身体略微前倾，以便更好地感受肱三头肌发力的收缩感和对抗阻力的刺激感。

常见错误：①耸肩，导致肩部发力过多。②肘关节外扩。

（五）站姿杠铃提拉（图7-24）

练习目标：小臂后侧肌群。

动作要领：双腿与肩膀同宽，身体站直，双手正握杠铃，让杠铃贴近身体。用除大拇指以外的四指将杠铃向上卷起，然后下放，完成一次动作。如此重复。

图7-24 站姿杠铃提拉

（六）手臂训练计划（表7-11）

表7-11 手臂训练计划

练习动作	组数	每组次数	每组动作之间的休息时间/秒	
			初级	中级
站姿哑铃弯举	3～4	8～10	60	45
站姿拉力器弯举	3～4	8～12	60	45
站姿拉力器下拉	3～4	8～12	60	45
站姿杠铃提拉	3～4	8～12	60	45

一般而言，在胸部和背部训练中，已经穿插了肱二头肌和肱三头肌的训练，手臂（上肢）训练日的训练强度不用太大。如果在执行本周训练计划的时候，身体过于疲惫，你可以选择本周放弃手臂日的训练。因为手臂在平时的大肌群训练中已经得到锻炼，特别是初学者应该把精力集中在胸部、背部、腿部训练，不要因为过度关注手臂而导致没精力练习其他部位，那才是得不偿失。

第四节 多周力量训练计划

本章第三节是对于各个部位的介绍及其健身计划，但是这些训练计划的锻炼部位是按照单个肌肉群进行设计的，有利于单一部位逐个突破，缺乏整体性。这对于一些想要在一段时间内有着明确减脂、塑形的训练者来说是不够的。本节的计划将会给你更满意的答案。

一、6周全身紧致计划（表7-12、7-13）

如果你想拥有紧致的身材，这两个计划将通过微型循环训练来塑造你的肩膀、胸部、背部、臀部、腿部。在循环过程中应保持高心率，使身体的每一个部位在各个方向和轨迹上都得到训练。全身紧致训练计划属于完整型全身训练计划，所以实施这个计划，你将较快速地拥有紧致的身材。

全身紧致训练A计划（表7-12）和B计划（表7-13）需要交替进行，每周都应至少分别进行一次，且每次训练后都需要至少休息一天。比如，这周训练可以安排为：一天A计划，休息1～2天，一天B计划，休息1～2天。

也可以通过增加训练次数，获得更好的锻炼效果。如果训练后可以较快恢复，可以考虑每周进行两次A、B计划交替训练。即在本周里，一天A计划，一天休息，一天B计划，一天休息，以这种节奏循环两次。

表7-12 全身紧致A计划

练习动作	组数	每组次数	每组动作之间的休息时间/秒
哑铃深蹲	2	12	0
俯卧撑	2	12	0
弓步蹲	2	12	60
上斜哑铃卧推	2	12	0
哑铃平板卧推	2	12	0
高脚杯深蹲	2	12	60

表7-13 全身紧致B计划

练习动作	组数	每组次数	每组动作之间的休息时间/秒
杠铃硬拉	2	12	0
俯卧撑	2	12	0
保加利亚哑铃弓步蹲	2	12	60
卷腹	2	12	0
站姿哑铃深蹲	2	12	0
窄距俯卧撑	2	12	0
高脚杯深蹲	2	12	0
高位下拉	2	12	60

二、8周全身减脂计划（表7-14、7-15）

这个计划是针对想在短时间快速瘦下来的人群，持续时间为8周。减脂需采用科学训练方法，不能跟着感觉走。减脂训练期间不要只是降低负重量和增加每组的重复次数，而是同样需要安排大重量、低次数、全身性的训练，以提高身体的新陈代谢水平，促使你更容易瘦下来。

全身减脂计划A计划（表7-14）和B计划（表7-15）需要交替进行。每周应至少分别进行一次，且每次训练后都需要至少休息一天。如果你计划从周一开始练习，那么就在周一做A计划，周三做B计划，周五做A计划，周日做B计划；而在下一周的周二和周六做A计划，周四做B计划，以此类推。也可以将第一周的周日也作为休息调整日，这样每周就能够在固定的日子来完成训练（比如都在周一、三、五训练），以便你更有规律地安排生活日常与运动锻炼。

表7-14　全身减脂A计划

练习动作	组数	每组次数	每组动作之间的休息时间/秒
杠铃深蹲	3	12	30
坐姿拉力划船	3	12	30
上斜哑铃卧推	3	12	30
哑铃肩上推举	3	12	30
站姿哑铃二头弯举	3	12	30

注：随后立即安排心肺、有氧训练。

表7-15　全身减脂B计划

练习动作	组数	每组次数	每组动作之间的休息时间/秒
单腿哑铃硬拉	3	12	30
弓步蹲	3	12	30
站姿拉力器下拉	3	12	30
哑铃卧推	3	12	30
站姿哑铃二头弯举	3	12	30

注：随后立即安排心肺、有氧训练。

在减脂计划中，通常建议在力量训练后立即进行心肺功能训练（有氧训练）。为了达到减脂的效果，需要身体把储存的脂肪动员起来，把其作为锻炼所需要的燃料。而在动用脂肪之前，身体会优先燃烧糖原储备。而进行力量训练，可先消耗掉体内储存的大量肌糖原。之后再做有氧运动，就会动用和燃烧更多的体内脂肪，减脂效果也就更好。

在有氧训练形式的选择上，建议一种短时高效的运动方式——高强度间歇训练（high intensity interval training，以下简称HIIT）。这种方式非常适合当代社会紧张的生活节奏。

HIIT可以有效提高训练者的基础代谢。HIIT结束后，训练者在吃饭、洗澡、学习、睡觉等日常活动中，依然可保持高代谢率。十几分钟的HIIT的燃脂效果可能超过45分钟的慢跑。HIIT并不是一套专门的训练体系，也没有特定的训练动作，而是一种训练的安排方式。在这种训练方式中，你可以选择多个动作，也可以只选择一个动作（完成多组），间歇、循环地进行。HIIT总时长一般为4～30分钟，单组动作持续时间不长（常见为20～30秒），但强度高，各动作之间没有间歇或间歇数秒（一般不超过30秒），即体力尚未恢复就开始进行下一组。因此，它的特点就是高强度。

衡量力量训练强度的方式也有很多，比如：固定时间内的动作次数、负重、速度、心率、占训练者自身最大摄氧量的百分比、训练者自身的感觉等。

我们应该如何进行HIIT的训练？HIIT的高强度是因人而异的。一个较少运动的人，可能跑两步或者负重走一段，心率就达到了高强度锻炼要求。但是对经常运动的人来说，可能需要更高的门槛。值得注意的是，对于训练者而言，如果HIIT的强度超过负荷可能带来较高的运动损伤风险。特别是对于新手，这一点尤其需要注意。所以新手在安排训练计划的时候，要根据自身情况，选择习惯的运动方式，如跑步、跳绳、游泳等。只要你感到这次锻炼的负荷强度有挑战性，但通过努力和毅力依然能够高质量地完成即可。不要盲目去相信网络上的诸如"每天10分钟帮你极速瘦身"等HIIT视频，因为视频内容对于大多数初学者太难，甚至无法完成。按照这样运动，不仅容易受伤，还容易挫伤锻炼积极性。

此外，如果你患有一些急、慢性疾病，当准备采用HIIT时，还应征求医生的建议。

三、自重训练计划（表7-16、7-17）

并不是所有的训练者都有时间或有条件去健身房锻炼，更多时候我们待在家里或者宿舍，也许没有器械。这时候，自重训练就是最好的力量训练选择形式，因为有一张瑜伽垫就可以开始训练了。

自重训练是指用训练者以自身体重作为负重，进行抗阻训练或力量训练。自重训练动作很丰富，可以根据自身需求在不同的日子制定以上半身、下半身或核心为主的自重训练计划。因为一套自重训练动作会有多肌群参与，所以该训练不易出现某个部位比其他部位肌肉大很多的肌肉发展不协调的情况，它能使训练者身形更匀称。

表 7-16 自重训练 A 计划

练习动作	组数	每组次数或时间	每组动作之间的休息时间/秒
自重标准深蹲	3	20	30
跪式俯卧撑	3	20	30
自重窄距深蹲	3	20	30
澳大利亚引体向上	3	20	30
卷腹	3	20	30
平板支撑	2	20～30 秒	30

表 7-17 自重训练 B 计划

练习动作	组数	每组次数或时间	每组动作之间的休息时间/秒
靠墙蹲	3	20	30
标准俯卧撑	3	20	30
俄罗斯转体	3	20（左右算 1 次）	30
侧平板支撑	3	20	30
徒手弓步蹲	3	20（左右算 1 次）	30
平板支撑	2	20～30 秒	30

这两个计划强度相似，不同之处是 A 计划强调腿部且兼顾胸部和背部的训练，而 B 计划更强调核心部位的训练。这两个计划一周均可以进行 4 次（隔天）训练，也可以在计划中添加自己喜欢的动作，对相同区域肌群动作进行互换。

第五节　放松与拉伸

拉伸有必要吗？拉伸能缓解肌肉疼痛吗？拉伸能帮助我们长肌肉吗？拉伸能帮助我们预防运动伤病吗？这些都是我们在日常健身中问得最多的几个问题。我想告诉大家的是，上面的这些问题的答案都是肯定的。规范的拉伸既能够增强运动表现，又可以减少力量训练后所带来的肌肉酸痛感。

首先我们来了解为什么训练后会肌肉酸痛。这是因为在训练时肌肉组织的微小组织破裂，导致形成血池和乳酸大量堆积。规范的拉伸会促进血液流动，然后将力量训练所带来的废物排出体外，从而减少酸痛感。

另外，拉伸能增强运动表现能力。在奥运会等各类体育比赛前，会有专业人士帮助运动员拉伸。这是因为在热身后的进一步拉伸可以让肌肉有着更好的柔韧度和爆发力，从而使运动表现力更好。

通常，可将拉伸操分为两类：一类是静态拉伸，另一类是动态拉伸。静态拉伸是指在拉伸（施加压力）某一块肌肉的时候，保持一段时间身体和姿势的不动，让肌肉感受拉伸的方式。动态拉伸是指运用弹动或者摆动的方法将肌肉拉伸。

在进行拉伸过程中，也有几点需要注意。

第一，因人而异。每个人的体质都不尽相同，锻炼拉伸的目的也不同。所以应根据自身情况来选择动作、频率、强度。在拉伸前，可以问自己几个问题：我经常运动吗？有没有接受过专业的运动训练？我身体的某些肌肉有没有受过伤病？当对自己的身体有了一定的评估和认识后，就可以更好地避免因为拉伸不当而受伤或者加重旧伤。

第二，拉伸前要热身。有些人将热身错误地理解成就是拉伸，当身体没有得到充分热身的情况下，猛然发力去做某一项运动或动作的时候，发力的部位容易感到不适。因为当身体在没有充分做热身运动前，就像是一辆冬天刚刚发动的汽车，所有的零部件还是冷的，这时要让车辆快速启动并完成加速超车等一系列动作，会对车辆造成非常大的损害。我们人也是一样，想要在运动或者拉伸中获得更好的效果，一定要让自己的身体先"热起来"。热起来之后，我们的肌肉会变得柔软、富有弹性、更加灵活，拉伸的效果也更加好。如何评价已经热身完毕了呢？我们应至少拉伸10分钟以上，且感到微微出汗。

第三，做到最大程度的舒展且不要超过紧绷点。很多时候健身教练会告诉我们，拉伸就是要疼，如果不疼就没有效果。这是不对的。因为我们的身体总是想保护自己的，所以这里会引入一个概念，就是牵张反射（stretch reflex myotatic reflex）。[1] 简单来说，就是身体为了保护我们的肌肉被过度拉伸，当肌肉超过正常的长度时就会引发反射收缩，阻止肌肉被拉伸。所以避免牵张反射才能更好地拉伸。在拉伸过程中，我们应该拒绝不适的疼痛，只要到达拉伸的紧绷点就足够了，拉伸也需要循序渐进。

一、颈部和肩部拉伸操

颈部和肩部肌肉是人体上半部重要的肌肉群。大家可能经历过一种情况：由于晚上睡姿不对，早上起来发现头部常出现转向一边就非常的疼痛，俗称"落枕"，从而会影响我们在未来1~2天的学习、工作、生活。出现这种情况后，我们往往不知怎样去有效地解决。

现代人学习、生活长期面对电脑，容易出现脖子附近的肌肉酸痛，斜方肌也长期处于紧张的状态，所以颈部和肩部的放松方法非常重要。

颈部和肩部由大量控制着头部和上肢的肌肉组成。它帮助我们完成颈部与肩

---

[1] ［美］克里斯蒂安·博格《精准拉伸：疼痛消除和损伤预防的针对性练习》，王雄、杨斌译，人民邮电出版社2016年版，第8-10页。

关节的弯曲、牵伸、外展、内旋等动作。一旦有肌肉拉伤或者劳损，则直接影响日常学习生活效率。下面我们进行对于颈部和肩部的放松活动。

1. **头部侧向拉筋**

练习目标：斜方肌、肩胛提肌、胸锁乳突肌。

动作要领：身体直立，眼睛目视前方，双手置于身后，将耳朵慢慢靠向肩膀，保持呼吸平稳。左右交替进行。

注意事项：在动作过程中，不要耸肩，双手保持在身后。

2. **颈部旋转拉筋**

练习目标：斜方肌、肩胛提肌、胸锁乳突肌。

动作要领：身体直立，挺胸，肩膀后收，眼睛平视前方，慢慢将下巴转向肩膀，保持平稳呼吸。

3. **颈部前弯拉筋**

练习目标：头夹肌、头半棘肌、头最长肌、斜方肌、菱形肌。

动作要领：身体直立，双手放在两侧，眼睛目视前方，将头部缓慢低下，使下巴垂直于胸，用头部的重量自然拉伸肌肉，切记不要将头过于屈伸。

4. **颈部延展拉筋**

练习目标：头阔肌、胸锁乳突肌。

动作要领：身体直立，眼睛平视前方，双手自然放于身体两边，嘴巴闭紧，然后缓慢将头部向上抬起。此动作可与颈部前弯拉筋一起进行、完成。

5. **平衡肩膀拉筋**

练习目标：斜方肌、背阔肌、小圆肌、大圆肌。

动作要领：身体直立，将一只手横在胸前，保持与地面平行，然后用另一只手将其拉近肩膀。保持手臂在胸前伸直。

6. **上推肩部拉筋**

练习目标：棘上肌、棘下肌、大圆肌、小圆肌。

动作要领：身体直立，将一只手置于背后，然后缓慢向上推另一只手的手肘，直到推不上去，停顿 1～2 秒。

二、腿部肌群放松

腿部肌群是我们身体占比最大的肌肉群，它对身体起支撑作用。在日常的生活中，完成走路、跑步、冲刺等动作，都得力于大腿肌肉。这里初步将腿部分为前侧（股四头肌）和后侧（腘绳肌）肌群。在选择腿部的放松动作时，可重点放松这两个部分，以简化放松过程。

1. **站姿拉伸股四头肌（大腿前侧）**

练习目标：股四头肌。

动作要领：单脚直立站姿，将一只脚向后折叠，贴近自己的臀部，然后挺髋。

在此过程中,可将另一只手用来扶身边的固定器械,以维持平衡。

2. 卧姿拉伸股四头肌

练习目标:股四头肌(大腿前侧)。

动作要领:将身体趴在地上,用手将同侧的一只脚提起,逐渐向自己的臀部靠拢。在此过程中,另一只手可以用来支撑地面,以保持身体平衡。

3. 坐姿俯身拉伸(大腿后侧)

练习目标:股二头肌。

动作要领:坐在地上,背部保持平直,打开双腿呈60°夹角,双脚脚尖朝上,身体前倾,逐渐靠向地面。

4. 坐姿单腿拉伸(大腿后侧)

练习目标:股二头肌、比目鱼肌。

动作要领:坐在地上,将要拉伸的腿伸直,脚尖朝上。另一只腿弯曲,脚掌靠向拉伸腿的大腿内侧,然后用双手尽可能地去触摸拉伸腿的脚尖。

5. 仰卧式肌肉拉伸

练习目标:股二头肌、臀大肌。

动作要领:身体平躺于地面,将拉伸腿抬起,脚尖朝上。用双手握住大腿后侧,将膝盖逐渐缓慢靠近胸部,缓慢拉伸。

三、胸部放松操

当代年轻人经常需要面对电脑,容易出现圆肩、驼背等问题。对于胸部的放松和拉伸,既可以让你上半身挺阔,还可以帮助你改善体态。

1. 手扶墙胸部拉伸

练习目标:胸大肌、胸小肌。

动作要领:上半身直立,下半身站直或者弓步。将一只手臂伸向后方,手臂保持笔直,高度与肩膀相同,手指指向后方,将身体缓慢地转离伸出的手臂。左、右交替进行。

2. 手臂扶墙胸部拉伸

练习目标:胸大肌、胸小肌。

动作要领:上半身直立,下半身站直或者弓步。将小臂垂直地面贴在墙面上,大臂平行于地面,然后将身体缓慢地转离手臂。左、右交替进行。

3. 胸部拉伸(有同伴)

练习目标:胸大肌、胸小肌。

动作要领:站姿或者坐姿均可。将上半身挺直,打开双臂,保持双臂伸直且平行于地面,保持手掌向外。让同伴抓住你的双手,缓慢向后拉。在达到拉伸极限的时候保持静止1~2秒,可以达到更好的效果。在动作结束时,同伴不要马上松手,而是应该缓慢地将同伴的手臂闭合然后放下。开始前,应与同伴沟通,如果出现疼痛要马上终止动作。

第六节　增肌饮食

　　无论是减脂增肌、还是塑形，饮食对于自身形态变化的作用非常明显。因为我们的三餐贯穿于一天，控制在正确的时间内选择健康的食物并吃适当的量，是获得自己想要体型的关键因素之一。健身教练常说："三分练，七分吃"。这里所说的"七分吃"，是一种科学健康且不压抑自己欲望的吃。在本书第四章中，已经介绍了食物营养与减脂期间的饮食。本节将重点阐述增肌期间的饮食，以帮助大家在增加肌肉的同时不增加甚至减少脂肪。

　　在一些网站上，经常可以看到"明星增肌食谱""一日六餐增肌法""健美运动员增肌食谱"等令人眼花缭乱的、与增肌饮食相关的内容。这些方法可能确实会增肌，但大多不符合现代生活的快节奏，难以实施。

　　想要增肌，首先应通过科学的力量训练消耗体内能量，再配合恰当的饮食与充足的睡眠，促使身体尽最大可能地迅速恢复，从而使肌纤维获得更多营养，以达到增肌的目的。下面将从人类三大营养物质（碳水化合物、蛋白质、脂肪）教大家该怎么吃。

一、蛋白质

1. 蛋白质的摄取量

　　2005年，美国医学研究所（Institute of Medicine，简称IMO）出版了《特殊营养素的日常膳食参考值（DRIs）》，其中蛋白质推荐值的参考值范围是根据年龄来制定的，为每千克体重0.8～1.5克。但是因为运动增加了氧气的运输、底物的利用和能量的需求，同时增加了机体组织的生长和修复，所以，我们认为对于健身运动人群常规蛋白质推荐量是不够的，健身人士应该达到每千克体重1.6～1.7克。[1]

2. 蛋白质的来源

　　训练者要尽可能选择蛋白质的生物价值（BV）和净蛋白质利用率（NPU）两个指标高的食物来吃（参见本书第四章第四节），而且在要尽可能摄入多种动植物蛋白质，以补充身体所需要的各种氨基酸，从而促使肌肉更好地生长。

3. 蛋白粉

　　很多人会问，那些肌肉结实的人是吃蛋白粉吃出来的吗？如果想肌肉变大也一定要吃蛋白粉吗？当然不用，因为蛋白粉其实就是将各种食物中的蛋白提取和分离出来，然后做成的粉剂。国内外健身界滥用蛋白粉的现象较为普遍。蛋白粉

---

[1]　［美］梅琳达·玛诺：《运动营养与健康和运动能力》，曹建明译，北京体育大学出版社2011年版，第102页。

下　编　体适能提升与健康促进实践

既不是一吃就令人无比强壮的神药，也不是会伤身体的激素类药物，它属于高蛋白的食物。因为蛋白粉可以迅速被身体分解为氨基酸而被吸收到血液中，并作为能源供给肌肉，所以常被称为"快速蛋白"。非常适合健身人士在训练后食用。但是作为高蛋白补剂，它的膳食纤维比日常的食物少，这是它的缺点。在日常饮食中，人们应该摄入多种营养成分，而不仅仅是蛋白质，所以我们在健身过程中，不需要必须跟风食用蛋白粉，也可通过鸡蛋、牛奶、低脂肉类（如鸡胸肉、牛肉、海鱼、虾）等日常饮食代替。

二、碳水化合物

1. 碳水化合物的来源

碳水化合物是增肌的好伙伴。有的健身爱好者认为，只有摄入大量的蛋白质才会让自己的肌肉变壮硕，而碳水化合物只会让自己变得臃肿。这是错误的想法。给大家打个比方，增肌的过程就好像是盖一座房子，蛋白质相当于砖头、水泥，而碳水化合物相当于工人，两者缺一不可。

在以增肌为目标的力量训练过程中，为了实现增肌不增脂的目标，应选择低血糖指数的食物来吃。本书第四章已经介绍过，当选择食用高血糖指数的食物时，更容易转换为脂肪，并且很容易饿①。超市食品货架的显眼位置往往摆放的正是这类食物，如：薯片、面包、膨化食品等。吃这些高糖、高热量、高血糖指数的食物，可以迅速提高血糖、产生愉悦感，但是没过多久又感觉饿了。这仿佛是"肥胖陷阱""甜蜜骗局"。通常情况下，这些高血糖指数的食物不利于增肌。因此，应选择身体需要的健康食物，多吃新鲜的水果、蔬菜等天然食品。

2. 补充碳水化合物的原则

（1）每次完成力量训练后，都要适当补充碳水化合物。每次锻炼，身体都因消耗了能量，血糖水平随之显著降低。锻炼之后，适当补充碳水化合物可以增加身体胰岛素的分泌。而此时体内胰岛素含量增加可以促进身体合成肌肉。相反，如果此时没能及时摄入碳水化合物，身体会通过分解肌肉来维持能量平衡。②

（2）每天少量多次补充碳水化合物。少量多次进食碳水化合物，帮助胰岛素持续进入身体，以避免因一次性进食的碳水化合物过多，而将多余的碳水化合物转化为脂肪。

三、脂肪

大家每每谈到脂肪都有一种恐惧感，认为脂肪就是我们肚子上的肥肉，认为脂肪就是肥胖的罪魁祸首。一些女孩子为了减肥，只要是有脂肪的肉都不吃。事

---

① 参见国家体育总局《科学运动　健康减肥》，人民体育出版社2017年版。
② 参见［美］梅琳达·玛诺《运动营养与健康和运动能力》，曹建明译，北京体育大学出版社2011年版。

实往往和我们的认知有偏差，脂肪对于经常运动的人来说，是一种重要的营养元素，可以帮助我们调节血压、延缓衰老、增加血液循环等。并且，"脂肪是运动中和运动后恢复时身体最主要的能量来源。碳水化合物和蛋白质的供能水平只有4千卡/克（约16.7千焦/克），而脂肪是可以提供9千卡/克（约37.7千焦/克）。这就意味着1汤勺的黄油所含有的能量约100千卡（约418.6千焦/克），相当于与4杯花椰菜酱或者1片全麦面包。重要的是脂肪体积小且能储存很多能量，如果所有的能量以碳水化合物的形式储存（糖原），我们的身体将会是现在的两倍"。[1] 所以，我们应该适当选择优质的脂肪去吃，而不是一味地拒绝脂肪。在采购食品的清单中，可以加入坚果、亚麻籽油、橄榄油、红肉、鸡肉、鸡蛋、奶酪等优质脂肪类食物。

即便你是新手，通过学习本章内容，相信也会对力量训练有了基本认识，包括力量训练内容的安排、训练计划的制定，如上肢练习、下肢练习、训练动作的安排、推与拉的动作灵活搭配、饮食建议等。如果你对自己安排的训练计划不够自信或满意，可以咨询相关专业人士进行修改，以获得科学、安全的训练计划；如果你是有一定锻炼经验的训练者，希望本章对你的训练带来更多的参考。

在学习过程中，建立框架是第一步，然后继续学习知识以完善之。学习如此，力量训练亦如此。力量训练是操作性强且高效的锻炼方式。关于力量训练的功能，无论是在提升运动表现，促进身体健康，或是在改善身形体态上对我们都有显著的帮助。对大学生而言，适当的力量训练还有助于获得良好的精神状态和正性情绪，使我们在繁重的学习压力下，依然能够高效地学习、生活和锻炼。加油吧，小伙伴们！

课堂练习

1. 什么是力量训练？一般而言，建议力量训练的周训练频率为多少？
2. 简述本章中提及的拉伸方法，实践一次拉伸练习。

课后练习

1. 人体的三大营养素（能源物质）有哪些？
2. 通过学习，尝试做出一次标准深蹲、硬拉和卧推动作。两人组成小组，请参照本书中介绍的标准检查是否做得规范。

---

[1] 参见［美］梅琳达·玛诺《运动营养与健康和运动能力》，曹建明译，北京体育大学出版社2011版。

第八章　运动与筋膜训练

> **学习提要**
>
> 　　随着筋膜治疗技术的推广，人们对筋膜的认识也不断深入。筋膜不仅是物理治疗和徒手治疗领域的焦点，筋膜也是可以被训练的。让我们认识筋膜、训练筋膜、善待筋膜，因为它必将成为运动科学领域的新星。
>
> 　　本章介绍的内容主要有：什么是筋膜，如何知道自己的筋膜是哪一种类型，如何训练筋膜。

第一节　认识筋膜训练

一、筋膜是什么

　　如果有人问起"筋膜是什么""筋膜在哪里？"，不用解释太多，只要提示他："你买肉或切肉的时候，有没发现上面有一层白色或透明的膜？"人们就可以瞬间了解到它主要存在于哪里，它到底是种什么样的组织。

　　筋膜曾经是一个被人们遗忘的身体组织。在解剖过程中，筋膜多被丢弃，人们认为它是无色的纤维组织或粗糙的膜、只有包裹功能。即使有时人们可以感知并触摸到它，而在解剖教科书中人们也是一笔带过。

　　近些年，随着筋膜研究的深入，除了物理治疗、手法治疗、外科、康复医学等一些临床领域的从业者对其表现出浓厚的兴趣外（他们通过筋膜手法治疗一些"疑难杂症"），运动科学研究人员也开始关注这一领域。而这要归功于一位出色的物理治疗师——来自德国的罗伯特·施莱普。他是21世纪在筋膜训练（筋膜健身）领域最具影响力的研究者之一，也是乌尔姆大学筋膜研究中心主任。第一届"结缔组织运动医学大会"2013年在德国乌尔姆大学召开，这对筋膜训练走进人们视野起到了很重要的推动作用。他还是全球筋膜领域唯一的专业机构筋膜健身协会的技术委员、欧洲罗尔夫研究学会主席，也是筋膜健身训练体系的创始人。他著写的《筋膜健身》是一本系统科学的筋膜训练方法全书，在筋膜训练（筋膜健身）领域影响巨大。

　　筋膜的基本组成物质是蛋白质和水。它拥有同其他结缔组织一样的结构，都是紧密或疏松连接在一起的纤维。而纤维中含水量的不同，它们表现出来的性状也不相同。如我们熟悉的跟腱是筋膜，我们的心包膜是筋膜，我们的韧带是筋膜，我们皮下松软的脂肪依然是筋膜。

　　2007年，在第一届世界筋膜研究大会上，罗伯特博士和其他主办人定义了这一专有名词。他以筋膜来统称运动系统中的结缔组织和包裹器官的坚韧外膜。现在全球的筋膜研究者已经将筋膜看作一种包裹全身的组织。他们将筋膜等同于结缔组织,然而有的科学家和医学专家则不这么认为,而只把与肌肉相关的部分看作筋膜。

(一) 筋膜的组成成分

1. 胶原蛋白

胶原蛋白亦被称为构造蛋白,占人体内蛋白总量的30%,在真正意义上塑造了人类和其他脊椎动物的形体。它们具有弹性,极其坚韧,抗拉强度甚至超过钢铁。

2. 弹性蛋白

所谓弹性就是被拉伸后能恢复原状。弹性对于我们的一些身体部位非常重要。比如膀胱,如果没有高占比的弹性蛋白,它就不可能像皮球一样扩张和收缩。

3. 结缔组织细胞

也叫纤维细胞,它负责合成和分泌构成纤维的蛋白。当成纤维细胞受到外界刺激时会做出反应,如受到压力会生成更多的纤维,促进肌肉的增长。

4. 基质

基质是各种物质悬浮其中的液体,所有纤维和包围纤维的基质被统称为细胞间质。基质由水、多糖类、糖蛋白组成,亦包含免疫细胞、淋巴细胞和脂肪细胞等。

水是细胞新陈代谢的重要媒介,所以基质或筋膜的含水量关系到液体交换状况。基质负责"锁住水分"的物质是透明质酸(一种多糖分子)。因为它具备良好的流动性,又有黏性,所以在一些关节腔内形成滑液。换言之,我们形容一个人的皮肤好,会说他/她的皮肤"水嫩水嫩的"。这得益于透明质酸在胶原纤维和弹性纤维之间锁住了水分,从而使得皮肤饱满,没有皱纹(不容易出皱纹)。

(二) 筋膜的形态

包裹肌纤维的组织是筋膜,肌内膜、肌束膜、肌外膜都是筋膜。如果没有这些筋膜,我们的肌肉将只像一摊"奶昔"(肌浆液)。如果你觉得这个比喻比较难以想象,可以拿一个桔子或柚子,每一瓣桔子都由瓣膜包裹着,这些瓣膜就好比是筋膜。掰开一瓣桔子,里面的果肉又有膜包裹着,如果我们撕破这一层膜就会有果汁流出来。这跟肌纤维的结构类似,是相对微观的结构。

从宏观角度看,筋膜在人体就是一张网状张拉整体结构(图8-1)。如果把动物尸体泡在一种洗涤剂中以去除所有的细胞实质,只留下结缔组织纤维,就能看到连续的结缔组织整体,我们把这种全身复合结构称为筋膜或筋膜网。

在医学上,狭义的筋膜是指深入或包裹独立肌肉的大片状或网状纤维;而从宏观的角度去定义筋膜，它就是将每个细胞与每个细胞相连，把细胞的内部网络与全身的力学结构相连的筋膜网。

我们的身体经常被比喻为软机器，骨骼是杠杆、肌肉是绳索，遵循牛顿的运动定律。虽然这样的表述应用于人体运动学有助于我们理解动作的生物力学，但是仍然无法清晰阐明像走路这样简单的动作。张拉整体结构最早由艺术家 Kenneth Snelson 提出，后由设计师 Buckminster Fuller 研发。人体结构的新模型不再是骨架，而是张拉整体模型（虽然不能完全模拟，但已相当接近）。由于内容张力和压力的平衡，无论身体方向如何变化，张拉整体结构都可以保持机体的形状。

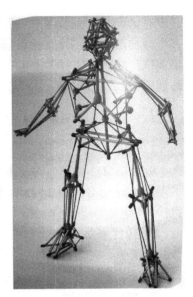

图 8-1 张拉整体结构

在张拉整体结构模型中，具有弹性的筋膜带是连续的，而骨骼是孤立漂浮的（现实是骨需由关节彼此相连，骨和骨很少会直接连接）。任何形变都会产生张力负担，而这个张力负担会平均分配到整个张拉整体结构。因此，即使整体中每个部位都有较小的形变，局部也不会出现较大的形变。

如果给筋膜添加原纤维或基质类物质，筋膜人立刻会丰满起来，骨骼会变得不透明（因为充满钙盐），软骨因含软骨素而半透明，细胞间隙的体液会因氨基葡聚糖而变得黏稠。纤维网越密、基质水分越少，组织液的养分交换就越困难，最后被留在体液循环中的细胞就无法以最佳状态工作了。养分送到目标细胞的难易程度主要取决于基质的黏稠度和纤维基质的密度。如果基质过干或纤维密度过高，细胞就得不到充分的养分。运动和推拿治疗也是利用这一结构特点使细胞代谢的废物能顺利地排出。

（三）筋膜的功能

筋膜中除了给肌肉提供养分的血管、神经，还有大量的感受器，包括帕西尼氏小体、鲁菲尼小体、高尔基腱器、游离神经末梢。这些感受器分别感知快速的压力变化、感受时间较长变化中等持续不变的压力刺激、疼痛和温度刺激等。

最新研究发现，筋膜和肌腱中的感受器远远多于肌肉中引发肌肉动作的运动神经元，尤其是痛觉感受器。这说明疼痛（的感觉）可能主要来自筋膜而非肌肉。

当代的研究颠覆了大众对结缔组织的看法，原来人们只把它们当成是惰性结构，现在人们知道大脑和肌肉都依赖于由筋膜传递的大量信息。例如，筋膜手法之所以有效可以从自主神经调节找到答案（自主神经可以调节身体对温度、肌肉放松状态、血压、脉搏速度和胃肠蠕动等的主观感受）。筋膜的感受器可以接收治疗时产生的压力刺激，并将这些刺激传递给脊髓（神经系统），从而改变肌肉张力或血管张力的状态。

海德堡大学的疼痛研究学者齐格弗里德·门瑟发现背部深层的筋膜密布痛觉感受器，它是疼痛的根源。美国佛门特的学者海伦·朗之万证实筋膜的交会点和中国针灸的经络相重合，她把筋膜描述成遍布全身的信号网络。因此，针灸功效可以从它对筋膜的作用及已被证实的神经生物学方面得到解释。

另外，还有观点认为，不管是错误的用力还是长时间用力，都会造成背部筋膜持续性撕裂伤或小伤口，这些细微损伤可能引起筋膜发炎，导致筋膜传递错误的信号，引发肌肉紊乱、肌肉紧张，最终引发慢性疼痛。

乌尔姆大学筋膜研究团队发现筋膜可以自主收缩，并能对压力相关的信号做出反应。这或许是为什么当人不开心的时候身体会感到疼痛的原因。现在抑郁症等一些心理疾病是可以通过内感受器的紊乱来解释的，这里不可忽视的就是筋膜内感受器也会发出神经生物学信号。

当局部肌肉过紧，受过外伤会使纤维和胶性基质形成阻塞。只有通过有效的手段打开这些结节，细胞的代谢才能正常，交换才能恢复，使筋膜重新获得收缩、分泌和传递等功能。

当筋膜变得致密时，会有什么结果呢？例如在做坐位体前屈时，经常有人因为腘绳肌紧张而不能很好地完成屈髋动作。这时，如果用泡沫轴连续在足底滚动几十次，体前屈的结果便会有明显的改变。这说明筋膜在身体里是以张拉整体结构存在。当我们动动眼球，颈后可以触及肌肉的活动；当人们有足跟骨刺，问题可能并不出在足跟，病因可能是小腿肌肉过紧；女性下背痛可能原因是曾经的剖宫产；髋关节疼的产生原因可能是曾经的踝扭伤；等等。所有这些案例提示我们，在评估诊断治疗时一定要用整体观来看待每个个体。我们曾经受过的损伤可能已经痊愈，但它留下的影响可能会很深远。

筋膜组织的黏性、弹性和可塑性有助于预防损伤。所以无论是筋膜手法还是筋膜训练都有一个非常重要的任务，那就是解除筋膜上的致密点，恢复其本来的功能。

二、什么是筋膜训练（筋膜健身）

时下"运动是良医""运动是良药"被广泛提及，越来越多的人走进健身房、走入运动场，希望可以通过运动改善自己的体质。但是，因运动而产生的损伤也比较常见。是柔韧性好的人容易受伤，还是柔韧性差的人容易受伤？筋膜与损伤之间有什么关系？到底怎么的筋膜才算是"好筋膜"？相信本章可以给你一个明晰的答案。当筋膜的滑动性好的时候，关节组织的延展性得到保证，做动作时就会减少不必要的代偿，从而避免损伤的发生。

虽然活动度过低是很多损伤产生的原因之一，但过度的关节活动也有可能降低身体机能。所以在竞技运动前的拉伸可能会影响运动表现。如果把筋膜比作是弹簧，我们希望它有足够的延展性，同时也要有弹性，即拉开后它可以很快恢复原样。正是筋膜储存的弹性势能才让运动员表现出更快、更高、更强。

筋膜训练就是要通过肢体的运动让筋膜更加具有弹性，本体感觉得到改善，加快组织的恢复再生。而实现这些目标主要利用筋膜再生的特点、筋膜的弹性储存和反冲动力学，以及利用大脑对动作的控制，即通过运动神经单位的协调来实现的。对于任何一个动作控制，既需要局部肌束膜内肌纤维收缩和筋膜的配合，也需要肌肉间的配合，这些都离不开筋膜。

第二节 筋膜的研究与应用

一、对筋膜的研究

三大筋膜流派之一的意大利筋膜学派代表人物、意大利筋膜手法的创始人之女、意大利帕多瓦大学的解剖学教授 Carla Stecco 受到其父亲的影响，对人体筋膜进行了深入的研究，并最终著成了人类解剖历史 400 年来的第一部人体筋膜图谱。她解释了筋膜是如何与骨和其他组织相连，筋膜以各种形态布满全身，皮下是浅筋膜，深筋膜包裹着肌肉和肌纤维，还包裹着各器官，甚至包括大脑。

人体有三种全身性的网络，其中神经网络、体液网络是人们所熟知的，但第三种网络——纤维网络才刚刚走进人们的视线。

西柚、桔子、葡萄柚等是我们想象筋膜的最好道具。试想一下，如果把桔子的汁都抽出来而不破坏其内部结构，我们可以得到完整的皮下组织和疏松组织层，还可以看到每部位之间的支持结构。人体筋膜系统与它非常相似，差别是前者由柔软的胶原构成，后者由相对坚硬的纤维构成。筋膜"袋"把我们的"汁"分成不同的束（袋），以对抗地心引力。管理体液的功能，让我们可以很好地理解推拿和运动治疗的原理。

二、筋膜的应用现状

（一）筋膜手法

筋膜手法在运用中有几种不同的叫法，如筋膜释放技术、触发点治疗等。虽然大家处理的都是同一个组织，但各技术的手法差别还是比较大，并各成体系。

（二）筋膜手法与经络

筋膜三大流派之一的 Stecco 家族代表了意大利筋膜手法，创始人对中国的经络情有独钟，也从中受到了很大的启发。因此，现在其手法体系中运用的 CC 点、CF 点很多都与中医传统经络中的穴位相吻合。

（三）筋膜训练的进展

与罗伯特一起设计《筋膜健身》的 Markus 也是一名物理治疗师，他对筋膜健身的理解非常透彻，也将这门课程带到了中国。同时，他还开发了筋膜行走的课程，让人们在最普通的运动中也能训练到筋膜。关于力量训练，Markus 认为与筋膜训练并无矛盾，相反可以相辅相成。这和古人所说的"筋长力大"不谋而合。虽然这里的"筋"指的是肌肉，但肌肉（肌纤维）的收缩又怎么可能脱离筋膜独立完成？

跑步的人数在全球正逐渐增加，Wibour Kelsick 指出跑步在身体的步态机制是一种弹性运动。当跑步的步态接近理想的弹性反弹时可以实现高效和节能。所以功能性筋膜训练不仅可以防止受伤还可以提高跑步效率。

笔者有幸为现代五项国家队提供科技服务，在对国家队队员进行筋膜评估的过程中发现一个有趣的现象，即跑得最快的队员身上没有伤病，同时他身上的筋膜致密点也非常少，这与其他易受伤的队员形成了鲜明的对比。后续我们还将就此现象进行更深入的研究。

三、筋膜的应用展望

筋膜遍布全身，神经、血管穿行其中，所有的内脏由筋膜包裹，可以说它无处不在，有关筋膜与免疫系统、心血管系统、神经系统的关系还有待人们更加深入的研究。

对于竞技体育来说，筋膜有着特殊的意义，一方面很多动作的完成是依赖于筋膜，另一方面对于肌肉与筋膜的关系，人们的认知还比较有限，所以还存在一些训练误区。如何让筋膜与肌肉一起发挥功能是未来的研究热点。

第三节　评价方法

一、客观评价

筋膜组织的各种物理和生理特性，可以通过工具来检查评估。目前使用较多的是评估组织厚度、剪切运动和僵硬度的超声诊断，评估流体量改变的生物阻抗，测量组织刚度和弹性的肌肉测量，以及评估运动质量的运动传感器。

（一）超声诊断

直到近年，才有体育和运动疗法领域的医生使用超声仪器对筋膜进行评估。通常情况下，他们会用超声来评估与核心稳定相关的肌肉是否激活，评估慢性腰痛患者相邻筋膜层粘连情况（各层之间明显缺少"剪切应力"），测量筋膜组织的厚度。

(二) Myoton PRO 肌肉测试仪

它能定量地得到组织生物力学特性反馈,如组织的硬度和弹性定量反馈。它可以透过 1.5～2 厘米脂肪组织检测肌肉收缩。因该测试价格昂贵,现在仅用于科研。

(三) 肌张力测量计

它可替代 Myoton PRO 肌肉测试仪,客观量化肌张力、测量和分析肌张力和肌肉硬度。临床试验显示,肌张力的测量能区分损伤和未损伤的肌肉并量化肌肉失衡。但是它在市场上很难买到肌张力测量计,并且研究报告较少。

(四) 深度痛觉计

临床医生或教练使用压痛计可测定组织的敏感性,并评估客户的疼痛阈值。根据感觉疼痛的程度进行评分(0～10 分,0 分为不痛,10 分为痛得不可忍受)。它是主观和客观反馈,测量深度可达 5～6 厘米,需要跟客户良好沟通快速高效地获得数据。该检测手段花费低。

二、主观评价

(一) 筋膜整体功能评估

除了客观的测量方法,还有一些主观评价方法。类似于痛觉计的测量,意大利筋膜手法中,会用触诊对客户的疼痛程度予以评分,分值评判与痛觉计相同,区别是该评估全主观。它实现起来比较容易,也是手法治疗师的常用评估方法。整体功能障碍评估示例见表 8-1。

表 8-1 (筋膜)整体功能障碍评估示例

姓名		出生日期		地址	
职业		运动项目		电话	
诊断	髋痛				
疼痛部位	节段	方位	持续时间	发生频率	程度
主要疼痛	髋	外旋、右侧	3 年	1 年 4 次	＊＊＊
次要疼痛	腰	后、双侧	2 年	持续	＊
引起疼痛动作	节段	疼痛加重的运动			
主要疼痛	髋	交叉腿			
次要疼痛	腰	在床上翻身时			

(续上表)

姓名		出生日期		地址	
职业		运动项目		电话	
既往疼痛	骨折，反复扭伤：踝、右侧 挥鞭样损伤6年				
感觉异常	运动和触诊验证表（略）				
假说	哪个节段受累？哪个序列？哪个平面？				
检查验证	运动和触诊验证表（略）				
治疗	治疗的CC点				
第一次治疗					
第二次治疗					
第三次治疗					
备注	＊＊＊为7～10分；＊＊为4～6分；＊为1～3分				

注：评估时，要按时间顺序记录客户的伤病史或骨骼肌肉功能障碍病史。分析患者不同的功能障碍出现时间的先后，以帮助患者分析多种代偿性张力随时间发展的过程。还要考虑任何存在于手、足或头的感觉异常，因为筋膜的滑动性受限，最终的代偿部位常常位于肢体末端。

（二）筋膜类型评估

筋膜弹性的好坏关系到关节活动度，所以可以用一些简单的动作来评判筋膜的类型。

有两种极端类型筋膜的人群。一种类型的人拥有松弛、柔软的筋膜，我们称其为柔韧型人士。他们一般都拥有苗条的身材，柔韧性强、动作敏捷。另一种类型的人则拥有比较结实、坚韧的筋膜。通常情况下，这种类型的人肌肉发达、体格健壮。我们称他们为肌肉型人士。正因为人的筋膜有不同类型，我们在进行训练时要区别对待。当然，还有很多人的筋膜属于混合型的，他们的身体有一定的柔韧性，一般不易出现脂肪堆积，且筋膜强度中等、局部有僵硬的现象。

一般来说，男性的多为肌肉型筋膜，女性的多为柔韧型筋膜，这跟他们皮下脂肪组织排列松弛程度、脂肪类型及数量等因素有关。

从运动项目上看，举重、摔跤选手多为肌肉类型的人，体操、舞蹈等选手多为柔韧型的人。筋膜类型测试见表8-2、8-3。

表8-2 柔韧型人士筋膜测试

动作	测试方法	评价（备注）
弯腰	两只手完全可以放在地上	可以得1分
伸肘	肘可以伸直并继续向前伸展	单侧可以，则得1分；最高2分
伸膝	膝伸直后腿呈弧形	
大拇指屈	屈腕，拇指可触碰前臂	
小拇指伸	小拇指伸，角度可>90°	

注：最高分为9分。得分6分或以上，属于柔韧型人士；得分低于6分者，若大拇指屈、小拇指伸两个项目的测试得分之和低于2分者，请继续按照表8-3测试是否属于肌肉型人士。

表8-3 肌肉型人士筋膜测试

动作	测试方法	评价（备注）
双手相够	两只手从肩部的一上一下放置于背后，两手之间的距离尽可能缩小	无论哪只手在上或在下，两手的间距超过手长的1.5倍得1分
转体	坐姿转体（椅子无扶手），骨盆和双腿保持不动，尽可能地向两侧转动头和上半身	若转动角度小于90°，得1分
后伸	坐姿后伸，一手放在小腹，大拇指抵住肚脐；另一手放在锁骨上，小腹保持不动，尽量将头部向上伸展	若伸展长度不超过1个手长，得1分
体前屈	两脚分开，两腿伸直，弯腰，看手指能否触及地面	指尖与地面的距离大于手长，得1分
髋关节水平外展	坐姿，双腿尽可能向两边打开	双腿之间的角度小于50°，得1分
单手抱膝	坐在椅子上，抬起一条腿，同时向前弯曲身体，让额头碰膝关节	若额头无法碰到膝关节，得1分

注：得分5~9分的人属于典型肌肉型人士；得分3~4分身体柔韧性有限；得分1~2分的人并不属于典型的肌肉型，仅是局部有僵硬的情况。

第四节 练习方法

一、筋膜训练目标

筋膜训练的总体目标是提升筋膜的弹性，促进再生。为实现这一目标，需要了解筋膜在身体中的位置、功能及其特点。

首先，我们要认识到筋膜是覆盖全身的结缔组织。筋膜结构在身体的位置不是固定的，它可以在组织间滑动。由于成纤维细胞的存在，它还能完成再生。

其次，它本身具有弹性。在受到牵拉的情况下，筋膜可以回复到初始的位置。一些制动的组织可能会因为长时间缺少牵拉而变得僵硬而少弹性，如我们的胸腰筋膜。还一些部位的筋膜从来没有得到过放松，但在日常生活中它又比较容易紧，比如我们的髂胫束。尤其是对于一些跑步爱好者，如果不注意该部位的筋膜松解，很容易让它紧张的状况更加恶化。髂胫束的紧张又有可能导致膝关节出现疼痛。要终止这样的恶性循环，我们应该对髂胫束进行及时的松解。

此外，我们要了解它的特点。对于一些竞技运动员来说，筋膜柔韧性过大反而会影响他们的运动表现，尤其是爆发力。

正如前面提到过的每个人的筋膜类型可能不同，针对各自的需求所要采取的训练方法和手段就有很大的差别。

当我们了解到筋膜的位置、功能及特性后，筋膜训练的目标就明确了。

（一）损伤的预防与康复

近期研究表明，成纤维细胞可通过整合蛋白来调整自己，以嵌入由它们自身产生的筋膜网内，并可以收缩筋膜网。筋膜可以接受力学刺激和化学刺激。所以当我们以运动的形式对筋膜进行训练时，就可以加速损伤的预防与康复。

另外，鉴于很多损伤发生的原因与前期的代偿有关，在处理现有损伤的同时要找到问题真正的根源。

（二）提升运动表现

以跑步为例，跑步成绩的好坏不仅取决于选手的供能能力、步长、步频，还与上下肢的力量有很大关系。而因为跑步的形态本身是一种弹性运动，力的大小又涉及肌腱的刚性和筋膜网的弹性。

典型的抗阻训练是让肌肉在正常运动范围内运动，此时与其串联的筋膜组织也得到强化。但是在肌纤维和肌筋膜的平行结构却没能得到锻炼。

所以改变锻炼模式，如增加跳跃或增强式运动、预反向运动等可以对整个身体的弹性筋膜网进行训练，从而提高爆发力表现。

（三）改善亚健康状态

长期的姿势不良或持续保持同一种姿势是现代人的通病，在这样的体态下，筋膜已经发生了微小的形变。正如前面提到的张拉整体结构。这样的形态有可能导致局部筋膜出现致密化，组织代谢迟缓，进而影响到各器官系统。

而对筋膜的训练可以改变这一现象，筋膜释放术、筋膜手法多是被动的技术，但筋膜训练主要是以主动形式完成。

二、筋膜训练原则

（一）训练量原则

所有的训练（不论是以什么形式）对筋膜产生的影响都不是一劳永逸的，但这并不意味着我们需要每天对筋膜进行训练。筋膜训练建议一周安排2～3次，每次时长以半小时之内为佳。

针对爆发力的筋膜训练每周不要超过6次。每次的时间不能过长，尤其是单次动作（可以是组合的动作），要充分利用长筋膜链募集、弹性回弹、预备反向动作，再快速缩短。

总体来说，筋膜训练是低负荷、低频率的训练。

（二）角度变换

根据筋膜在人体存在的形式及范围，在我们采用滚轴训练时，很多人只在矢状面上做放松，这是远远不够的。例如，很多人用泡沫轴对小腿三头肌进行放松时基本都是只滚肌肉突出的部位，也即中间那一条。完全没有滚到内侧或外侧，有时滚动的距离也只有一小段，没有覆盖整个肌肉。简单地讲，因为肌肉在微观上成缕成丝状，但宏观上每一块肌肉是一"片"（片状）或一"块"（块状）。所以要让筋膜真正地得到松解或训练，我们应当做到角度变换，至少变换脚的方向，让肌肉得到全范围、全幅度的松解。

（三）最大范围

如果把筋膜比喻成我们的紧身衣，在我们对它进行训练时，一个特别要注意的细节就是要让全范围的筋膜都得到训练（延展），可运用多向变化的拉伸负荷。例如，在我们做两手交替向上向下伸展时，可以加上体侧屈以加大侧链最大幅度的延展，这样才能事半功倍。

三、筋膜训练功效

（一）显得年轻（"筋长一寸，寿长十年"）

说到筋膜训练的功效，我们不得不再提筋膜的纤维网络。筋膜中肌腱和腱膜具有储存和释放动能的能力。通常情况下，年轻人拥有更高的弹性储备，表现在他们的筋膜是典型的双向网格排列，就像女生的丝袜一样。衰老跟弹性、柔韧性降低相关，体现在步态上，也表现在筋膜结构上（图8-2左图）。老年人的筋膜出现固化导致纤维排列失调，即致密的胶原纤维之间的环形连接呈多方向生长，形成组织粘连甚至纠缠为一体（图8-2右图）。

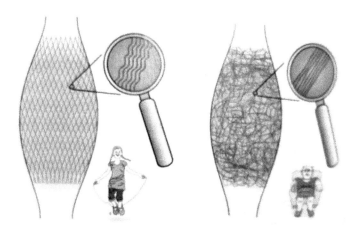

图 8-2　年轻人和老年人的筋膜网格

想恢复或增加筋膜的纤维网格的曲度、弹性，最好的方式就是训练它。

（二）提升肌体的本体感觉

一些健康问题，如腰痛、脊柱侧弯或复杂性区域疼痛综合征，与本体感觉灵敏度下降相关。另外一些疾病似乎与内感受处理障碍相关，如厌食症、焦虑、抑郁等。筋膜是我们感受自身变化最丰富和最重要的感觉器官，其中较小的感受器神经元集中接收内感受或疼痛感。本体感觉信号可抑制潜在的肌筋膜疼痛。因此，强化本体感觉的治疗可在很多肌筋膜疼痛的问题中见效。

如何恢复本体感觉对康复有着深远的意义。我们在生活中经常见到这样的例子，如有的损伤好了之后又有新的损伤，究其原因是原来损伤部位的本体感觉并未完全恢复，没有了广泛筋膜层上机械感受器的反馈，神经肌肉的协调性也将受损，神经传导出现障碍，引发代偿从而产生新的损伤。在物理治疗中比较常用的策略是，当患者的肩关节活动受限时治疗师往往不会在痛点进行治疗，而可能对周围甚至远端的陈旧伤进行治疗，这些点经过手法处理之后，肩痛缓解、活动度改善。永远不要忘记人是一个整体，伤病发生的地方只是承担"后果"的地方，常常不会是伤病发生的"真正原因"。

加强对筋膜网的训练是恢复本体感觉的最佳途径。

（三）加快组织恢复再生

如果损伤后不及时对筋膜进行处理或训练，很容易造成该部位的筋膜产生粘连。粘连的筋膜神经传导、组织代谢都会受阻，也会影响力的传导，诱发新的损伤。

例如，现在有很多妈妈采用剖宫产，在伤口位置会有筋膜的粘连，这样的粘连不仅容易引起腰痛，还有可能造成内脏筋膜的改变，从而引发便秘、内分泌失调等后遗症。

肌成纤维细胞是一种特殊的结缔组织细胞,它调整着结缔组织的重建。它们的角色是修复受伤的组织,通过成纤维细胞合成新的细胞外基质。成纤维细胞对组织的牵张和刺激有动态反应。

组织中,细胞外基质的暂时改变可能会导致结缔组织致密区域的筋膜僵硬,如肌腱、关节囊、韧带和腱膜等。鉴于肌力经局部结缔组织细胞对机械应力的敏感性及适应性,运动刺激可以影响这些细胞的代谢及收缩,从而实现筋膜组织的重塑。

(四)改善亚健康

现代人工作压力大、精神压力也大。伏案工作的人越来越多,容易引发一些因体态改变导致的颈、肩、腰、腿痛。简单地试一个伸懒腰的动作,你会觉得很舒服,为什么?因为我们挛缩的筋膜得到了伸展。

(五)改变关节活动度

不像静态拉伸,筋膜拉伸是弹振式的。弹振式拉伸曾经被教练员们抛弃,因为它存在一定的风险。但是,从筋膜的角度,弹振的拉伸形式可以更好地改善筋膜的弹性,而这意味着关节处的韧带等结缔组织弹性更好,所以可以改变关节活动度,间接提高某些项目的运动表现。

(六)提升运动表现

随着社会的发展,百米跑的成绩已经进入十秒时代,但这是不是人类的极限目前无人可知。纵观动物界,并没有很发达腿部肌肉的袋鼠、羚羊为什么可以跑得快,跳得远?这主要得益于他们的跟腱——典型的筋膜结构具有很好的弹性,每一次肌肉的收缩都可以蓄积弹性势能。当我们的运动员苦练腿部力量的时候,为何不尝试一下对跟腱的训练?

在传统的力量训练中,也有练到肌肉外的包裹筋膜,如肌内膜、肌束膜、肌外膜,但无论是单纯的牵拉还是单纯的收缩都忽视了对肌纤维间筋膜的锻炼。为此,抛投训练或增强式训练就显得尤为重要。因为当筋膜具有了一定的韧性和弹性时,就可以很好地将存储的能量释放出来,形成爆发力。而竞技运动追求的更高、更快、更强无一不与爆发力有着紧密的联系。

四、筋膜训练特点

针对治疗,空间医学方法有四个密切关联又相对独立的技术。一是脑膜和神经束膜,通过颅骨整骨、颅骶疗法可以处理颅和外周神经鞘不良的神经紧张;二是通过内脏按摩技术等可以处理腹膜、胸膜、心包膜及它们的附属韧带;三是肌筋膜"外袋"中包括了全部肌筋膜经线，通过拉伸、滚轴、扳击点治疗、肌筋膜放松技术等可以对其进行处理；四是骨膜、关节囊、软骨及骨的"内袋"可以通过整脊常用的关节松动术、推拿技术、结构整合中的深层软组织放松术等进行治疗。第五类技术是整合了以上四种技术，其核心技术是运动。其中比较受到认可和接纳的就是德国的筋膜健身，它以完整的训练体系简述了筋膜训练的四大支柱。

没有医学背景或资质的人从事整脊类活动显然是不合适的，但针对肌骨可以用运动疗法等一些相对安全的手段对筋膜进行处理。因为筋膜训练有以下三个特点。

（一）简单易行

不需要有医生的资质，不需要昂贵的器械或者场地。筋膜训练可以随时随地开展，甚至在床上也可以进行。当我们坐久了之后，一个伸懒腰的动作本身就是对筋膜的训练。

（二）适用人群广

大众可以在习得筋膜训练原理后选择适合自己的方法进行训练，并从中受益。受众包括普通人群、亚健康人群、健康人群及竞技运动参与者。

筋膜训练可以有效改善睡眠质量、缓解便秘状况、缓解腰痛。特别要指出的是，腰痛患者可以在专业人士指导下进行一系列的活动，舒展自己的胸腰筋膜。

（三）筋膜的改变需要时间

尽管筋膜网有着比神经信号更快的力学信号传递速度，但反应却比神经网络和血管网慢。筋膜的重塑需要一个过程。

五、应用注意事项

（一）专项对筋膜的需求（各项目筋膜特点）

以跑步为例。可以采用低幅度的脚踝弹跳（起跳时主动足背屈，落地时跖屈），这样的动作实现了"预拉伸"，也加强了小腿的弹性。

（二）针对不同人群（硬的和柔软的）要求不同

最近的研究表明，组织惰性在许多退行性病变中起着关键作用。如果有的人柔韧性特别好，他们可能通过紧张或"变硬"来改进身体筋膜网络的弹性，而不需要再做过多的伸展运动。

（三）部分动作有风险，应在专人指导下完成

比如抛投训练，因为在筋膜最长位置增加弹振，这个动作要从小幅度开始练习。

六、典型案例

案例 1：女性，54 岁，编辑。睡眠质量欠佳。通过滚轴训练，当晚睡眠质量明显改善。

原理：改善筋膜内的神经传导（如神经递质的释放或信号发送到自主神经系统），起到了放松的作用。

案例 2：女性，49 岁，医生。下背痛。通过进阶式抛投训练，次日反馈疼痛分值下降。

原理：胸腰筋膜的致密性得到改善，滑动性增加，同时促进了组织的代谢。

案例 3：男性，23 岁，健身教练。通过筋膜训练，当晚卧推重量增加。

原理：肌肉协调用力能力改善，本体感觉提高，筋膜弹性帮助肌肉更好地完成收缩，神经对肌肉支配能力增加。

七、常见的运动锻炼误区

（1）滚轴练习角度单一。
（2）爆发力训练的速度太慢。
（3）关节活动度越大越好。

课堂练习

1. 针对肩关节的筋膜训练。
2. 针对下背痛的筋膜训练。

课后作业

1. 猫式伸展后有没有感到背部的轻松？
2. 课间伸懒腰是不是很舒服？
3. 用轻快的步伐下楼梯会不会觉得更轻松？

第九章 运动与慢性疾病预防

> **学习提要**
>
> 随着社会的发展，不健康的生活方式随处可见，这也使得慢性疾病除了发病率、死亡率逐年增高外，也越来越趋于年轻化。包括体力活动不足（或称静坐少动）在内的慢性疾病重要危险因素大多是在年轻时候、甚至是从小逐渐形成的。因此，要控制居高不下的慢性疾病发病率和死亡率就要从小抓起，特别对于青少年而言，正处于自我意识和行为习惯建立的重要时期，提前了解慢性疾病的危害、预防和治疗慢性疾病的有效方法并适时地培养良好的生活习惯是非常重要的。
>
> 通过本章学习了解慢性疾病的概念及常识、掌握慢性疾病与体质健康的关系、熟知慢性疾病运动干预能带来的益处，以及慢性疾病运动处方的主要特点，了解常见慢性疾病运动处方的 FITT 原则和注意事项。
>
> 本章除了介绍慢性疾病相关的基本知识外，将重点介绍如何减少静坐少动、用运动的方法来预防和治疗慢性疾病。与慢性疾病防治相关的其他行为和饮食方面的知识请参见相关专业书籍。

第一节 慢性疾病的概念及其特点

慢性非传染性疾病，简称慢性疾病或慢病（chronic non-communicable diseases，简称 NCD），是指一类起病隐匿、病程长且迁延不愈、缺乏确切的传染性生物病因证据、病因复杂或尚未完全明确的疾病的总称。其特征为：疾病状态长期存在，表现出逐渐的或进行性的器官功能减退，发病率随年龄的增长而增高。慢性疾病不仅是当今社会人类死亡的主要原因，也是导致生活负担加大、生活质量下降的重要原因。

在我国，发病率和/或死亡率较高的慢性疾病包括：心脑血管疾病（如高血压病、冠心病、中风等）、癌症、慢性呼吸系统疾病（如慢性阻塞性肺疾病等）、代谢疾病（如糖尿病、血脂异常等）。除了遗传和环境因素以外，不健康的生活方式是慢性疾病发生发展的主要危险因素，这些不健康的生活方式包括：吸烟、过量饮酒、体力活动不足和不合理饮食。其中，体力活动不足已成为世界范围内仅次于吸烟的第二大死亡原因，大量研究表明[1]：体力活动水平与包括冠状动脉粥样硬化性心脏病（简称冠心病）、高血压病、心律失常、心肌梗死在内的心血管疾病，

---

[1] 参见谢敏豪、李红娟、王正珍等《心肺耐力：体质健康的核心要素——以美国有氧中心纵向研究为例》，载《北京体育大学学报》2011 年第 2 期。

以及中风、痴呆、癌症、2 型糖尿病、骨质疏松、精神疾病、脂代谢紊乱等多种疾病的发病风险成反比。

第二节 慢性疾病的发病情况

《中国居民营养与慢性疾病状况报告（2015）》指出，慢性疾病已是中国居民的主要死亡原因，且重要慢性疾病患病率呈上升趋势，疾病负担不断加重。2012年，我国居民慢性疾病死亡人数占全部死亡人数的 86.6%，其中心脑血管疾病、癌症和慢性呼吸系统疾病占全部死亡的 79.4%、占慢病死亡的 91.2%，特别是心脑血管疾病在所有慢性疾病死亡中占到近一半的比重，癌症也占到了 1/4 以上。（图 9-1）

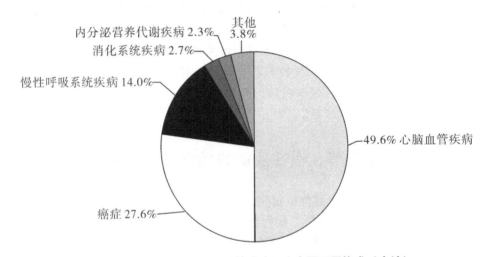

图 9-1　2012 年中国居民慢性疾病死亡主要死因构成（合计）

[资料来源：国家卫生计生委疾病预防控制局《中国居民营养与慢性疾病状况报告（2015）》，人民卫生出版社 2015 年版]

从我国常见慢性疾病的发病率看，肿瘤登记地区的癌症发病率 2013 年每 10 万人中有 235 位，比 2000 年每 10 万人中的 184.6 人增长了近 1/3，其中男性发病率最高的是肺癌，然后是胃癌、肝癌、食管癌和结肠癌；女性发病率最高的是乳腺癌，然后是肺癌、结直肠癌、胃癌和肝癌。18 岁以上成年人"三高"（高血压、高血糖、高血脂）的患病率也是居高不下，2012 年到 2013 年的数据显示：高血压患病率达 25.2%、糖尿病的患病率达 9.7%，均有上升趋势，且知晓率和治疗控制率都仅为 1/3 到 1/2；血脂异常的患病率更高，达到 40.4%，其中，高胆固醇血症为 4.9%、高甘油三酯血症为 13.1%、低高密度脂蛋白胆固醇血症为 33.9%。而糖尿病的"后备军"——糖尿病前期（血糖超过正常范围但尚未达到糖尿病诊断标准）的发病率甚至达到了37.5%[1]。究其原因，除了饮食和烟酒摄入的问题外，我国成年人中经常锻炼人口仅占不足1/5，这也为慢性疾病的高发做出了很大"贡献"。

在世界范围内，慢性疾病的发病率也不容乐观。不管是在美洲、欧洲还是亚洲，心血管疾病、2型糖尿病、肥胖和癌症等高发病率、高死亡率的慢性疾病，其发病率、死亡率都在不断增高（图9-2）[2]。

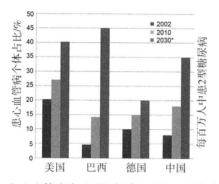
（a）心血管疾病（不包括高血压病）的发病率

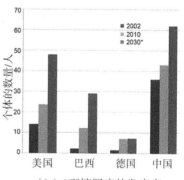
（b）2型糖尿病的发病率

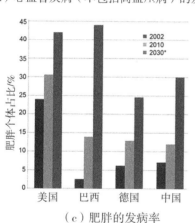
（c）肥胖的发病率

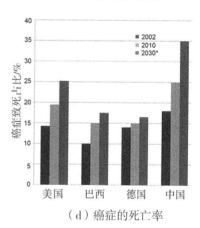
（d）癌症的死亡率

图9-2 美国、巴西、德国与中国在2002年、2010年和2030年（预测）相关疾病的情况
［资料来源：Durstine J L, Benjamin G, Wang Z Z, et al. , "Chronic Disease and the Link to Physical Activity," *JSHS*, 2013(2)］

---

[1] Wang L, Gao P, Zhang M, et al. , "Prevalence and Ethnic Pattern of Diabetes and Prediabetes in China in 2013," *JAMA*, 2017(24).

[2] Durstine J L, Benjamin G, Wang Z Z, et al. , "Chronic Disease and the Link to Physical Activity," *JSHS*, 2013(2).

第三节 慢性疾病与体质健康

年轻人往往会觉得慢性疾病离自己很远，认为慢性疾病都是老年病，但随着社会信息化程度越来越高、生活节奏越来越快、竞争越来越激烈，青少年不得不面对巨大的学习和生活压力，以及快餐食品、不规律的饮食和睡眠、静坐少动等不健康的生活方式，而这些因素一方面使得他们的体质健康状况不容乐观，进而离慢性疾病越来越近，甚至成为慢性疾病患者，让他们在未来的日子里面临沉重的负担和医疗看护；另一方面，一旦患上慢性疾病，或是处于慢性疾病高风险状态（如糖尿病前期、高血压前期、血脂紊乱、超重肥胖等），体质健康状况也会进一步受到影响，形成"年轻时用命换钱，年老时用钱换命"的恶性循环。因此，改善体质健康、防治慢性疾病是青少年在为理想而奋斗的同时必须要重视的一个问题。

一、最大摄氧量与慢性疾病

最大摄氧量既是临床第五大生命体征——心肺耐力（cardiorespiratory fitness，以下简称CRF）或有氧能力的评价指标，同时也是衡量整体身体健康水平的重要指标。CRF是指持续体力活动中循环和呼吸系统供氧的能力，是体质健康的核心要素[1]，能综合反映人体摄取、转运和利用氧的能力，它与心脏泵血功能、肺部摄氧及气体交换能力、循环系统运输氧气以及肌肉等组织利用氧气的能力有关。大量的研究证实，CRF低下与心血管疾病和糖尿病的发病率及死亡率、高血压死亡率、全因死亡率[2]、多种癌症死亡率增高有关，较高水平的CRF与较高水平的规律体力活动相关，同时与多种健康获益相关[3]。因此，CRF作为一个客观的可重复测量的指标，可以作为疾病发病率与死亡率的一个良好的预测指标。通过科学的运动提高最大摄氧量、改善CRF是防治慢性疾病的重要手段。

反过来，如果患上某些慢性疾病或处于慢性疾病高风险状态，其最大摄氧量也会受到影响。体力活动不足或静坐少动会使最大摄氧量显著下降。有研究表明，卧床10～20天可以使最大摄氧量下降26.4%；而患有慢性疾病或其高风险状态又

---

[1] 参见谢敏豪、李红娟、王正珍等《心肺耐力：体质健康的核心要素——以美国有氧中心纵向研究为例》，载《北京体育大学学报》2011年第2期，第1-7页。

[2] 指一定时期内各种原因导致的总死亡。全因死亡率常来衡量某时期人群因病、伤死亡危险大小的因素。

[3] Garber C E, Blissmer B, Deschenes M R, et al., "American College of Sports Medicine Position Stand. Quantity and Quality of Exercise for Developing and Maintaining Cardiorespiratory, Musculoskeletal, and Neuromotor Fitness in Apparently Healthy Adults: Guidance for Prescribing Exercise," *Medicine & Science in Sports & Exercise*, 2011, 43(7); Williams P T, "Dose-response Relationship of Physical Activity to Premature and Total All-cause and Cardiovascular Disease Mortality in Walkers," *PLoS One*, 2013(11).

会使其身体活动能力下降，体力活动进一步减少，形成恶性循环；再加上肺部、心血管、血压或运动系统等某些疾病或疾病危险因素会对心肺、血液和肌肉等系统造成影响，从而使氧气摄入减少、运送能力下降、利用减少，直接导致CRF下降、最大摄氧量降低。比如：慢性阻塞性肺疾病、呼吸肌力弱或肥胖等导致的胸壁增厚均会影响肺的通气功能，影响氧气的摄入；肺纤维化造成的肺循环功能障碍则会影响肺部的气体交换功能，导致氧入血障碍；冠心病等心脏疾病会使心排血量下降，动脉粥样硬化则会影响血流量和血流速度，贫血可使血液携带氧气能力减弱等，均会影响氧气的运送功能；肥胖、骨骼肌疾病等可导致骨骼肌利用氧气的能力下降；这些都会使最大摄氧量或CRF降低。此外，研究表明，心血管疾病患者普遍存在CRF下降（下降40%～60%）的情况，健康成年人的CRF平均值为10METs，而稳定性心绞痛患者的CRF大约只有5.3METs，发生急性心梗后3周内患者的CRF大约3.7METs，射血分数尚存的心衰患者的CRF是3.3METs，比健康成年人下降了67%。

二、身体成分与慢性疾病

身体成分是指肌肉、脂肪、骨骼及身体其他重要组分的相对含量，是体质健康的要素之一，其中体脂百分比是衡量是否肥胖的一个重要指标。大量研究已证实体脂过高，特别是腹部脂肪过多与高血压病、代谢综合征、2型糖尿病、中风、心血管疾病和血脂异常等多种慢性疾病相关[1]（表9-1），而且肥胖本身也已被归为一种慢性疾病[2]。慢性疾病的高发与肥胖的流行有一定的关系。我国超重、肥胖流行情况不容乐观，成年人超重肥胖率从2002年的13.4%上升至2010年的26.4%，短短8年间翻了近一倍，其中肥胖率也从7.1%快速增长到12%。[3] 青少年的超重肥胖率与成年人相仿，大城市更高，中小城市偏低一些，但总体增长速度很快[4]。虽然我国肥胖的发病率低于西方国家，但增长速度较快，这可能也是近年来我国某些慢性疾病发病率快速增长的原因之一。另外，高发的慢性疾病导致的身体功能障碍、体力活动减少又会使体脂量进一步蓄积，使肥胖加重，形成恶性循环。当然，某些慢性疾病患者，比如严重的糖尿病患者或是过度控制饮食的患者也会出现体脂肪量过少的情况。

---

[1] Roger V L, Go A S, Lloyd-Jones D M, et al., "Heart Disease and Stroke Statistics - 2012 update: A Report from the American Heart Association," *Circulation*, 2012(1).

[2] American Medical Association, "AMA Adopts New Policies on Second Day of Voting at Annual Meeting" (http://www.ama-assn.org/ama/pub/news/news/2013/2013-06-18-new-ama-policies-annual-meeting.page).

[3] Durstine J L, Benjamin G, Wang Z Z, et al., "Chronic Disease and the Link to Physical Activity," *JSHS*, 2013(2).

[4] 参见中华人民共和国卫生部疾病预防控制局《中国学龄儿童少年超重和肥胖预防与控制指南（试用）》，人民卫生出版社2008年版。

表9-1 中国成人超重和肥胖的体重指数和腰围界限值与相关疾病*危险的关系

分类	BMI（身体质量指数）	腰围/cm		
		男性<85 女性<80	男性85～95 女性80～90	男性≥95 女性≥90
体重过低**	<18.5	无影响	无影响	无影响
体重正常	18.5～23.9	无影响	增加	高
超重	24.0～27.9	增加	高	极高
肥胖	≥28	高	极高	极高

资料来源：中华人民共和国卫生部疾病控制司《中国成人超重和肥胖症预防控制指南》，2003年版。

* 相关疾病指高血压病、糖尿病、血脂异常和危险因素聚集。

** 体重过低可能预示有其他健康问题。

除了体脂量与慢性疾病的关系密切之外，肌肉量也是影响健康的重要因素。一般情况下，随着年龄的增长或是体力活动水平的下降，肌肉量会逐渐减少，甚至发生肌少症。有研究表明，卧床3天可使肌肉萎缩2%，卧床或身体活动减少、营养不良、消耗增多、代谢问题都可能成为肌肉量减少的原因。肌肉量的减少会导致日常生活能力下降和骨骼肌损伤风险增加[1]，而生活能力下降和骨骼肌损伤导致的体力活动减少又会使肌肉量进一步减少。同时，糖尿病的发病也与肌肉量减少有关，患病后肌肉快速流失可加重血糖异常，而增加肌肉量的练习有助于血糖控制。

此外，骨骼含量的下降——骨质减少或骨质疏松本身也是一种慢性疾病，与营养状态（如蛋白质、维生素D摄入不足）、雌激素水平下降、户外活动减少导致体内维生素D生成不足有关。其中，身体活动对骨骼产生的应力刺激是维持骨量的重要因素，身体活动减少会加速骨量流失。因此，应在保证营养的前提下，适当加强户外活动，以防治骨质疏松症。

三、肌肉力量和耐力与慢性疾病

肌肉力量是指肌肉最大用力能力，肌肉耐力是指肌肉在无疲劳状态下连续运动的能力。两者均属于肌肉适能的要素，是体质健康的重要组成部分。随着近年来肌肉适能与健康关系研究成果的涌现，其在健康和疾病发生、发展中的作用越来越受到关注。

---

[1] Freiberger E, Sieber C, Pfeifer K, "Physical Activity, Exercise, and Sarcopenia-future Challenges," *Wien Med Wochenschr*, 2011, 161(17-18); Montero-Fernández N, Serra Rexach J, "Role of Exercise on Sarcopenia in the Elderly," *Eur J Phys Rehabil Med*, 2013, 49(1).

肌肉力量和肌肉耐力与健康和慢性疾病的关系包括6种。骨质疏松——肌肉力量和耐力下降会导致骨受到的应力刺激下降，骨质流失、骨量减少、骨质疏松、骨折风险增高。肌少症——肌肉力量和耐力下降会导致肌肉使用减少、肌肉萎缩，而肌肉萎缩又会使肌肉力量和耐力进一步降低。糖、脂代谢异常——肌肉力量和耐力下降与糖、脂代谢异常密切相关，且与糖尿病前期和糖尿病的发生发展相关。有研究表明握力低下的人糖脂代谢发病率异常高。运动系统损伤——肌肉力量和耐力与肌肉和肌腱的完整性相关，进而与包括腰痛等在内的运动系统损伤关系密切。日常生活能力——肌肉力量和耐力影响着很多日常活动的完成能力，在老年人和体弱人群中其影响尤其突出。肥胖和体重控制——肌肉力量和耐力与体重和基础代谢率成正比，提高肌肉力量和耐力可以协助减肥和体重控制。

四、柔韧性、平衡能力与慢性疾病

柔韧性是指关节运动的有效范围，是移动某一关节使其达到最大关节活动度的能力。柔韧性也是体质健康的要素之一，它与运动损伤的发生和慢性肌源性疼痛有一定关系。

平衡能力是指人体在静止或运动中保持平衡的能力。它目前不属于体质健康的要素，而更多是与运动技能关系比较密切，但在老年人中它与健康有一定的关系，平衡能力与老年人跌倒风险相关，而老年人跌倒往往容易引起骨折等问题，甚至威胁生命。

某些慢性疾病患者因疾病的影响，如糖尿病患者的末梢神经病变和糖基化物质对关节滑膜的影响，使得患者平衡能力和关节活动度下降，患病后身体活动减少也会对平衡协调能力产生不良影响，从而使得跌伤的风险增加。

第四节 运动在常见慢性疾病预防和治疗中的价值

规律的体力活动和/或运动在慢性疾病的预防和治疗中有着不可替代的重要地位，是重要的非药物治疗手段。运动对慢性疾病干预的总体效应是：增强慢性疾病患者生理功能或延缓其下降；调节心理状态；与药物产生协同作用使得锻炼者减少或不增加药量；减轻个人、单位和国家的医疗负担。有研究证明，科学运动可以有效预防慢性疾病，使心脏病风险降低40%、中风风险降低27%、高血压病和糖尿病的发病风险降低50%、乳腺癌的死亡率和发病率降低50%、结肠癌的发病风险降低60%。① 运动在常见慢性疾病预防和治疗中的主要价值包括五大方面。②

一、降低心脑血管疾病的发病率和死亡率

多项大型研究发现，在一定范围内，体力活动水平或体适能水平越高，心脑血管疾病的发病率和死亡率越低（图9-3）。运动可使心血管和呼吸功能得到改善，包括：通过改善中枢和外周的适应能力来改善最大摄氧量或CRF；在进行特定的次大强度运动时能降低每分通气量、心肌耗氧量、心率和血压；运动还能促进侧支循环、增加骨骼肌毛细血管密度和运动时的乳酸阈等；同时可以使运动过程中出现疾病症状或体征（如心绞痛、缺血性ST段压低、跛行）的阈值提高，预防发病或再次发病。

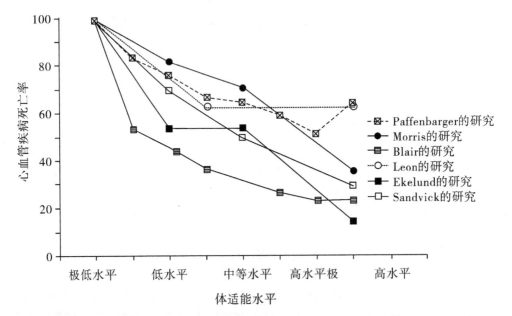

图9-3 不同研究中，体适能水平与心血管疾病（CHD）死亡率之间的关系

（资料来源：Haskell W L, "J. B. Wolffe Memorial Lecture. Health Consequences of Physical Activity: Understanding and Challenges Regarding Dose-Response," *Medicine & Science in Sports & Exercise*, 1994, 26, pp. 649–660）

---

① Garber C E, Blissmer B, Deschenes M R, et al., "American College of Sports Medicine Position Stand. Quantity and Quality of Exercise for Developing and Maintaining Cardiorespiratory, Musculoskeletal, and Neuromotor Fitness in Apparently Healthy Adults: Guidance for Prescribing Exercise," *Medicine & Science in Sports & Exercise*, 2011, 43(7); Moore S C, Lee I, Weiderpass E, et al., "Association of Leisure-time Physical Activity with Risk of 26 Types of Cancer in 1.44 Million Adults," *JAMA Internal Medicine*, 2016(6).

② 同上。

不仅如此，运动还可以减少心血管疾病的危险因素[1]，包括以下5点。

（1）使安静收缩压/舒张压下降，改善轻中度高血压患者的血压[2]。有氧和抗阻训练都能够降低血压，高血压患者进行适当运动强度、持续时间和运动量的规律有氧运动可提高运动能力并使安静血压下降5～7毫米汞柱，并降低次大强度运动中的血压[3]，逆转心室壁厚度及左心室重量[4]。此外，有Meta分析证实，中低强度等长收缩训练使血压正常者和高血压患者降低血压的效果优于有氧运动或动态抗阻训练[5]。

（2）改善血脂。运动可以使血清低密度脂蛋白胆固醇（low-density lipoprotein cholesterol，以下简称LDL-C）和甘油三酯水平下降。有氧运动可使LDL-C降低0.17～0.33毫摩/升，但并没有改善HDL-C或TG的作用；抗阻训练可降低LDL-C和TG浓度0.33～0.5毫摩/升，但研究结果的一致性略低于有氧运动[6]。

（3）使总脂肪量减少和腹腔内脂肪减少，体成分得到改善。

（4）改善胰岛素敏感性[7]，使胰岛素需要量减少和葡萄糖耐量改善[8]。

（5）血小板黏附和凝集下降以及炎症水平下降。

因此，运动或体力活动可通过改善心血管和呼吸功能、减少心脑血管疾病危险因素来降低心脑血管疾病的发病率和死亡率，是对抗高发病率和高死亡率的心血管疾病的有效办法。

此外，适当的心、血管运动处方除了可以提高患者的功能能力、运动能力和生

---

[1] Garber C E, Blissmer B, Deschenes M R, et al., "American College of Sports Medicine Position Stand. Quantity and Quality of Exercise for Developing and Maintaining Cardiorespiratory, Musculoskeletal, and Neuromotor Fitness in Apparently Healthy Adults: Guidance for Prescribing Exercise," *Medicine & Science in Sports & Exercise*, 2011, 43(7).

[2] Pescatello L S, Franklin B A, Fagard R, et al., "American College of Sports Medicine Position Stand. Exercise and Hypertension," *Medicine & Science in Sports & Exercise*, 2004, 36(3).

[3] Pescatello L S, Franklin B A, Fagard R, et al., "American College of Sports Medicine Position Stand. Exercise and Hypertension," *Medicine & Science in Sports & Exercise*, 2004, 36(3); Kokkinos P, "Cardiorespiratory Fitness, Exercise, and Blood Pressure," *Hypertension*, 2014, 64, pp. 1160-1164.

[4] Hinderliter A, Sherwood A, Gullette E C, et al., "Reduction of Left Ventricular Hypertrophy After Exercise and Weight Loss in Overweight Patients with Mild Hypertension," *Arch Intern Med*, 2002, 162(12).

[5] Carlson D J, Dieberg G, Hess N C, et al., "Isometric Exercise Training for Blood Pressure Management: A Systematic Review and Meta-analysis," *Mayo Clin Proc*, 2014(3).

[6] Eckel R H, Jakicic J M, Ard J D, et al., "2013 AHA/ACC Guideline on Lifestyle Management to Reduce Cardiovascular Risk: A Report of the American College of Cardiology/American Heart Association Task Force on Practice Guidelines," *Circulation*, 2014(25 Suppl. 2).

[7] Garber C E, Blissmer B, Deschenes M R, et al., "American College of Sports Medicine Position Stand. Quantity and Quality of Exercise for Developing and Maintaining Cardiorespiratory, Musculoskeletal, and Neuromotor Fitness in Apparently Healthy Adults: Guidance for Prescribing Exercise," *Medicine & Science in Sports & Exercise*, 2011, 43(7).

[8] 参见谢敏豪、李红娟、王正珍等《心肺耐力：体质健康的核心要素——以美国有氧中心纵向研究为例》，载《北京体育大学学报》2011年第2期。

活质量外，还可以通过稳定、减缓、甚至逆转动脉粥样硬化的进程而减少多种心脏病患者的发病率和死亡率[1]，帮助控制脑血管事件复发的风险[2]，而且对周围动脉疾病（peripheral artery disease，简称 PAD）患者步行距离和速度也有积极的影响[3]。

Meta 分析发现，心肌梗死后患者参与心脏康复性运动训练可减低心血管疾病发病率和全因死亡率，并且可以减少心血管疾病的危险因素。但需要注意的是，已有的随机对照试验并不支持心肌梗死后患者心脏康复运动训练可减少非致死性再梗死的发生。

二、降低癌症发病率，改善癌症患者生存质量

除了发病率、死亡率最高的心脑血管疾病外，紧随其后的癌症也可以采用包括运动在内的综合管理方案。

癌症是由内部因素（如遗传突变）和环境暴露（如吸烟环境）造成 DNA 损害而引起的以细胞生长失控和异常扩散为特点的由近 200 种恶性肿瘤构成的一类疾病。已有越来越多的证据证明运动或体力活动可以降低多种癌症的发病率，包括乳腺癌、子宫内膜癌、肺癌、食道腺癌、结肠癌、胃癌、膀胱癌、肾脏癌症、卵巢癌、胰腺癌、头颈部癌症、白血病等（表 9-2）。

在癌症治疗的过程中，往往在消灭癌细胞的同时也破坏了健康组织，可能会使患者的运动能力受到限制。对于已经患有癌症的患者，体力活动或运动依然可以在不同阶段使其获益。

在治疗前阶段，体力活动或运动可以从身体和精神上，帮助患者在等待治疗的过程中对抗疾病；可以改善健康相关体适能，以保障各种治疗（如手术、心脏毒性药物等）顺利进行；可以通过控制疾病及其症状推迟治疗。

在积极治疗阶段，体力活动或运动可以控制治疗副作用、保持身体功能、预防肌肉量下降和脂肪增加、改善心情和生活质量；帮助完成各种治疗；提高治疗效果。

在治疗后阶段，体力活动或运动可以加快身体功能和生活质量的恢复；可以控制慢性和/或长期治疗的副作用（如疲劳、淋巴水肿、肥胖、骨质流失等）；可以降低再发风险；可以降低癌症相关其他慢性疾病（如骨质疏松、心脏病和糖尿病）的发病风险。

---

[1] Taylor R S, Brown A, Ebrahim S, et al., "Exercise-based Rehabilitation for Patients with Coronary Heart Disease: Systematic Review and Meta-analysis of Randomized Controlled Trials," *Am J Med*, 2004(10).

[2] Palmer-McLean K, Harbst K, "Stroke and Brain injury," in: Durstine J L, Moore G E, et al., "*ACSM's Exercise Management for Persons with Chronic Diseases and Disabilities*, 2nd ed. (Champaign, IL: Human Kinetics, 2003).

[3] Askew C D, Parmenter B, Leicht A S, et al., "Exercise & Sports Science Australia (ESSA) Position Statement on Exercise Prescription for Patients with Peripheral Arterial Disease and Intermittent Claudication," *J Sci Med Sport*, 2014(6); Yang Z, Scott C A, Mao C, et al., "Resistance Exercise Versus Aerobic Exercise for Type 2 Diabetes: A Systematic Review and Meta-analysis," *Sports Med*, 2014(4).

表9-2 体力活动和恶性肿瘤之间关系的证据级别

癌种	证据级别	大概的RR*下降百分比	是否有量效关系、证据级别
膀胱癌	强	15%	是，中等
乳腺癌	强	12%～21%	是，强
结肠癌	强	19%	是，强
子宫内膜癌	强	20%	是，中等
食道癌（腺癌）	强	21%	否，有限
胃癌	强	19%	是，中等
肾脏癌症	强	12%	是，有限
肺癌	中等	21%～25%	是，有限
白血病	有限	差异很大	无法评估
头颈部癌症	有限	差异很大	无法评估
卵巢癌	有限	8%	是，有限
胰腺癌	有限	11%	否，有限
前列腺癌	有限	差异很大	无法评估
脑部癌症	无法评估	差异很大	无法评估
甲状腺癌	有限	0	无法评估
直肠癌	有限	0	无法评估

资料来源：*2018 Physical Activity Guidelines for Americans*，Washington（DC）：U. S. Department of Health and Human Services（https：//health. gov/sites/default/files/2019-09/PAG_Advisory_Committee_Report. pdf）。

*：RR指相对危险度。

三、防治糖尿病

糖尿病是由于胰岛素分泌减少或无法利用而引起的以血糖浓度升高为特征的一组代谢性疾病。持续升高的血糖水平使患者有不同程度的微血管和大血管疾病及神经病变（周围神经和自主神经）风险，而糖尿病前期人群则是2型糖尿病的高危人群。

体力活动干预是糖尿病管理的关键措施，可预防胰岛素抵抗和2型糖尿病和糖尿病相关并发症[1]。已有大量证据证明，在一定范围内，体力活动水平越高，糖尿

---

[1] Biswas A, Oh P I, Faulkner G E, et al., "Sedentary Time and Its Association with Risk for Disease Incidence, Mortality, and Hospitalization in Adults：A Systematic Review and Meta-analysis," *Ann Intern Med*, 2015(2).

病发病率越低①。国内外多个糖尿病预防项目的有效性也早已得到证实②,这些大型的糖尿病预防项目都是以包括运动或体力活动在内的生活方式干预为主的。

运动或体力活动不仅能够预防 2 型糖尿病,对于已患糖尿病的患者而言,不管是有氧运动还是抗阻运动对他们甚至包括糖尿病前期人群的干预效果也都得到了大量研究的证实。运动或体力活动能降低糖尿病患者或糖尿病前期人群的血糖、改善糖耐量、增加胰岛素敏感性③,还可以改善其心血管疾病危险因素和自我感觉④,甚至在某些情况下配合其他生活方式干预可以逆转糖尿病的发生、发展。因此,应鼓励所有糖尿病患者及糖尿病前期人群进行规律的体力活动,包括增加日常体力活动和规律运动。

四、预防、延缓骨质疏松的发生与发展

骨钙在不断地分解和合成的过程中维持动态平衡。运动通过对骨骼直接或间接(肌肉收缩对骨骼的应力)的机械应力作用、增加骨骼中血流量等机制,促进骨骼中钙的沉积,对骨质疏松起到预防、延缓的作用。不管是儿童还是成年人,都可以通过运动改善骨健康。儿童、青少年时期坚持规律运动,可提高骨密度水平;随着年龄的增长,坚持规律运动可以减缓骨密度的下降速度,预防骨质疏松。

骨质疏松症是以骨密度降低、骨组织微细结构变化,并伴随骨折风险增加为特征的骨骼疾病。运动可以延缓骨质疏松症的发生,降低骨折风险。⑤ 运动可以促进骨钙的合成代谢、延缓骨量丢失、增加肌肉力量和体积,进而提高骨密度、骨量(即骨矿物质密度与含量)和骨强度。⑥ 运动也能提高年轻人和老年人的平衡能力,降低跌倒和骨质疏松性骨折的风险。⑦ 因此,运动可以作为防止、减缓或逆转

---

① Physical Activity Guidelines Advisory Committee, *Physical Activity Guidelines Advisory Committee Report* (Washington DC, Department of Health and Human Services, 2008).

② 参见罗曦娟、张献博、徐峻华《运动是良医应用实例:美国糖尿病预防项目及其应用》,载《北京体育大学学报》2016 年第 8 期。

③ Umpierre D, Ribeiro P A, Kramer C K, et al., "Physical Activity Advice only or Structured Exercise Training and Association with HbA1c Levels in Type 2 Diabetes: A Systematic Review and Meta-analysis," *JAMA*, 2011 (17).

④ Colberg S R, Albright A L, Blissmer B J, et al., "Exercise and Type 2 Diabetes: American College of Sports Medicine and the American Diabetes Association: Joint Position Statement," *Med Sci Sports Exerc*, 2010(12).

⑤ Bolam K A, van Uffelen J G, Taaffe D R, "The Effect of Physical Exercise on Bone Density in Middle-aged and Older Men: A Systematic Review," *Osteoporos Int*, 2013, 24(11); Polidoulis I, Beyene J, Cheung A M, "The Effect of Exercise on pQCT Parameters of Bone Structure and Strength in Postmenopausal Women – A Systematic Review and Meta-analysis of Randomized Controlled Trials," *Osteoporos Int*, 2012.

⑥ 同上。

⑦ Cadore E L, Rodriguez-Manas L, Sinclair A, et al., "Effects of Different Exercise Interventions on Risk of Falls, Gait Ability, and Balance in Physically Frail Older Adults: A Systematic Review," *Rejuvenation Res*, 2013 (2); Johnson B A, Salzberg C L, Stevenson D A, "A Systematic Review: Plyometric Training Programs for Young Children," *J Strength Cond Res*, 2011(9).

骨质疏松症患者骨量丢失的有效措施，是防治骨质疏松症的首选非药物性方法。

五、改善慢性肺部疾病患者的生活质量

慢性肺部疾病的发病率和死亡率都比较高。有力的证据已证明肺部康复可以改善运动耐受能力、减轻症状并提高生活质量，可以将运动作为慢性阻塞性肺部疾病（chronic obstructive pulmonary diseases，以下简称 COPD）患者的康复方法。[1]

在全球范围内，COPD 是第四大死因和主要的慢性疾病。[2] 它是一种可以预防和治疗的、以危险因素导致的慢性气道炎症为特征的疾病。主要病因是暴露于有毒气体或颗粒、特别是香烟和各种环境和职业的因素，其常见症状是呼吸困难、慢性咳嗽和咳痰，常伴有诸如体重下降、营养不良、肌肉萎缩和骨骼肌功能紊乱之类显著的全身性影响。[3] COPD 包括慢性支气管炎和/或肺气肿，用力后呼吸困难或气急，这会导致体力活动受限和功能障碍。由于存在通气受限和气急与体力活动下降之间的恶性循环，故而 COPD 患者经常出现废用性肌肉萎缩，并进一步引起肌肉力量、做功能力和耐力下降甚至日常功能性活动能力减退。运动可以有效地改善 COPD 患者的症状、减缓其功能损害和功能障碍的发展、提高其生活质量。[4] 运动产生的有益影响主要通过骨骼肌和心血管系统的适应性改变而实现，这些适应性改变可以在运动中降低呼吸系统的压力。

除了 COPD 患者外，也有研究证明运动在非 COPD 呼吸系统疾病患者中具有与在 COPD 患者中相似的益处。[5] 尽管此类研究很少，但有力的科学证据支持许多 COPD 外的肺部疾病患者进行运动训练，以获得临床和生理益处。[6] 能够在运动中获益的肺部疾病患者包括三类。

---

[1] Langer D, Hendriks E, Burtin C, et al., "A Clinical Practice Guideline for Physiotherapists Treating Patients with Chronic Obstructive Pulmonary Disease Based on a Systematic Review of Available Evidence," *Clin Rehabil*, 2009(5); Spruit M A, Singh S J, Garvey C, et al., "An Official American Thoracic Society/European Respiratory Society Statement: Key Concepts and Advances in Pulmonary Rehabilitation," *Am J Respir Care Med*, 2013, 188(8).

[2] Global Initiative for Chronic Obstructive Lung Disease, *Global Initiative for Chronic Obstructive Lung Disease Pocket Guide to COPD Diagnosis, Management, and Prevention. A Guide for Health Care Professionals*, Global Initiative for Chronic Obstructive Lung Disease (http://www.goldcopd.it/materiale/2015/GOLD_Pocket_2015.pdf).

[3] 同上。

[4] Ries A L, Bauldoff G S, Carlin B W, et al., "Pulmonary Rehabilitation: Joint ACCP/AACVPR Evidence-Based Clinical Practice Guidelines," *Chest*, 2007(5 Suppl.).

[5] Rochester C L, Fairburn C, Crouch R H, "Pulmonary Rehabilitation for Respiratory Disorders Other than Chronic Obstructive Pulmonary Disease," *Clin Chest Med*, 2014(2).

[6] Rochester C L, Fairburn C, Crouch R H, "Pulmonary Rehabilitation for Respiratory Disorders Other than Chronic Obstructive Pulmonary Disease," *Clin Chest Med*, 2014(2); Burtin C, Hebestreit H, "Rehabilitation in Patients with Chronic Respiratory Disease Other than Chronic Obstructive Pulmonary Disease: Exercise and Physical Activity Interventions in Cystic Fibrosis and Non-cystic Fibrosis Bronchiectasis," *Respiration*, 2015(3).

(一) 慢性阻塞性肺部疾病 (气道狭窄基本不可逆)

1. 慢性支气管炎

至少连续 2 年、每年持续 3 个月的慢性咳痰,排除其他疾病引起的慢性咳痰。

2. 哮喘

炎症和支气管痉挛引起的可逆性气道阻塞。运动可以诱发或加重哮喘,使患者运动和体力活动减少进而导致其功能障碍和 CRF 下降;而功能障碍的发生会导致低强度的运动即可诱发哮喘症状,导致患者的运动耐受能力进一步下降,进入恶性循环。运动性支气管痉挛即运动诱发的气道狭窄,是哮喘患者会经历的重要症状,但没有诊断为哮喘的人也有可能会出现支气管痉挛。一些系统综述[1]表明,运动训练对哮喘患者是有益的,但研究结果不一致[2]。在随机对照实验中发现,有规律运动者无哮喘症状的时间、有氧能力、最大做功能力、运动耐力和肺每分通气量均明显增加。虽然尚缺乏明确的证据证明运动是治疗哮喘的一种有效手段,而且也没有专门针对哮喘患者的有证据支持的运动干预指南,但有大量的研究支持哮喘患者进行规律的体力活动,因为体力活动能对健康带来益处并能阻止其病情恶化。[3] 总的来说,稳定性哮喘患者能够很好地耐受运动训练,应该鼓励他们进行运动,同时强烈建议进行 10~15 分钟较大强度或变强度(低—较大强度结合)的准备活动诱导不应期,以减少支气管痉挛的发生。[4]

3. 肺气肿

终末细支气管远端的永久性扩张,伴随支气管壁破坏但无明显纤维化。

4. 囊性纤维化

遗传疾病,产生过多的黏稠黏液阻塞气道(和其他管道),反复发作最终演变为慢性呼吸系统感染。

5. 支气管扩张

异常的慢性气道扩张,伴随黏液清除能力受损。

(二) 限制性肺部疾病 (影响正常肺部扩张的肺外呼吸系统疾病)

此类疾病包括:间质性肺部疾病或肺纤维化——肺实质增厚和瘢痕形成;尘

---

[1] Carson K V, Chandratilleke M G, Picot J, et al., "Physical Training for Asthma," *Cochrane Database Syst Rev*, 2013(9); Eichenberger P A, Diener S N, Kofmehl R, et al., "Effects of Exercise Training on Airway Hyperreactivity in Asthma: A Systematic Review and Meta-analysis," *Sports Med*, 2013(11).

[2] Pakhale S, Luks V, Burkett A, et al., "Effect of Physical Training on Airway Inflammation in Bronchial Asthma: A Systematic Review," *BMC Pulm Med*, 2013(1).

[3] Global Initiative for Asthma, "Global Strategy for Asthma Management and Prevention" (http://www.ginasthma.org).

[4] Parsons J P, Hallstrand T S, Mastronarde J G, et al., "An Official American Thoracic Society Clinical Practice Guideline: Exercise-induced Bronchoconstriction," *Am J Respir Crit Care Med*, 2013(9).

肺——长时间暴露于粉尘（特别是石棉）中导致；限制性胸壁疾病，如脊柱侧弯或后凸；与肥胖相关的肺部疾病。

（三）肺动脉高压（由于狭窄、堵塞或破坏导致的肺动脉血压增高）

运动除了在以上常见慢性疾病的防治中有着重要作用之外，对于其他慢性疾病和健康问题也有着一定的作用。比如，运动可以预防并有效治疗慢性腰痛[1]；增强老年人体质和独立生活能力，减少其摔倒或因摔倒而受伤的风险，预防或缓解功能障碍；减轻骨关节炎患者（膝和髋关节）疼痛，改善身体功能[2]；改善某些疾病患者的认知功能，包括多动症、精神分裂症、帕金森病和中风、痴呆等；预防和改善焦虑和抑郁，增加活力、减少疲劳[3]；减轻压力性尿失禁的症状；缓解更年期症状；缓解纤维肌痛患者的症状并提高相关生活质量；改善睡眠，增加工作、娱乐和体力活动能力，增加幸福感[4]；等等。

此外，实验室研究和大规模的人群调查发现，多种疾病和健康问题不仅与体力活动和/或运动相关，而且他们之间还存在量效关系[5]（表9-3）。即在一定范围内，随着运动量的增加，获得的益处也越来越多。多数慢性疾病患者都没有规律运动的习惯，一旦开始进行规律运动就会收到明显的健康效益。比如，一次10分钟以上的中等强度的运动即可带来健康效益，如改善收缩压、血糖、胰岛素、认知水平、睡眠等。不同的运动量带来的健康益处不同：每周60分钟的中等强度运动就可以获得健康效益；每周150分钟的中等强度有氧运动，则可持续降低多种慢性疾病和其他健康问题的风险；如果每周累计达到300分钟的中等强度有氧运动，降低许多慢性疾病和其他健康问题风险的效应会有所增加，比如减脂效果比每周150分钟的运动要好；但是每周累计超过300分钟的中等强度有氧运动，降低

---

[1] Vincent H K, George S Z, Seay A N, et al., "Resistance Exercise, Disability, and Pain Catastrophizing in Obese Adults with Back Pain," *Med Sci Sports Exerc*, 2014(9).

[2] Garber C E, Blissmer B, Deschenes M R, et al., "American College of Sports Medicine Position Stand. Quantity and Quality of Exercise for Developing and Maintaining Cardiorespiratory, Musculoskeletal, and Neuromotor Fitness in Apparently Healthy Adults: Guidance for Prescribing Exercise," *Medicine & Science in Sports & Exercise*, 2011, 43(7).

[3] Garber C E, Blissmer B, Deschenes M R, et al., "American College of Sports Medicine Position Stand. Quantity and Quality of Exercise for Developing and Maintaining Cardiorespiratory, Musculoskeletal, and Neuromotor Fitness in Apparently Healthy Adults: Guidance for Prescribing Exercise," *Medicine & Science in Sports & Exercise*, 2011, 43(7); Strickland J C, Smith M, "The Anxiolytic Effects of Resistance Exercise," *Front Psychol*, 2014, 5(4).

[4] Nelson M E, Rejeski W J, Blair S N, et al., "Physical Activity and Public Health in Older Adults: Recommendation from the American College of Sports Medicine and the American Heart Association," *Med Sci Sports Exerc*, 2007(8).

[5] Physical Activity Guidelines Advisory Committee, "Physical Activity Guidelines Advisory Committee Report, 2008," (http://www.health.gov/paguidelines/Report/pdf/CommitteeReport.pdf).

许多慢性疾病和其他健康问题风险的效应增加幅度较小,而出现损伤的风险会增加。也正因如此,对不同的慢性疾患者进行运动干预时,运动强度和运动量的制定都是有针对性的。

表9-3 体力活动与健康结局的量效关系证据级别

疾病或健康问题		运动量与疾病或健康问题之间是否成反比	证据级别*
全因死亡率		是	强
心肺健康		是	强
代谢相关健康		是	中
能量平衡	维持体重	数据不充分	弱
	减轻体重	是	强
	减重后维持体重	是	中
	腹型肥胖	是	中
肌肉骨骼健康	骨骼	是	中
	关节	是	强
	肌肉	是	强
功能性健康		是	中
结肠和乳腺癌		是	中
精神健康:抑郁和痛苦		是	中
幸福感:焦虑、认知健康、睡眠		数据不充分	弱

资料来源:*Physical Activity Guidelines Advisory Committee. Physical Activity Guidelines Advisory Committee Report*, 2008, Washington (DC): U. S. Department of Health and Human Services (http://www.health.gov/paguidelines/Report/pdf/CommitteeReport.pdf)。

注:根据文献编制而成。

*证据级别分级:强,不同研究和人群调查中的结果一致;中,研究结果基本一致;弱,研究结果有限或结果不一致。

第五节 慢性疾病的运动处方

对于慢性疾病或其风险人群而言,比较理想的干预方案是针对慢性疾病前期和早期人群(如糖尿病前期和糖尿病早期、高血压病前期和高血压病早期、轻度肥胖等病症)进行以科学健身为主的生活方式干预,在不能坚持运动或者效果不佳时,再结合药物治疗。而对于已患临床疾病的患者则以药物治疗为主、运动干预为辅。对于临床疾病，尤其是较复杂的临床疾病患者，应先进行药物治疗，待病情稳定后，再开始运动干预。

因此，在给慢性疾病患者或其风险人群制定运动处方前，严格进行运动前的风险筛查非常重要，这是慢性疾病患者安全运动的前提和保障。应根据个体的病史和相关诊疗资料，用 PAR-Q + 或其他专业问卷询问个体当前疾病状况及其症状和体征，判断患者的运动风险是否高，是否有运动的禁忌证。对于运动高风险人群，应结合其当前的体力活动水平和预期的运动强度判断是否需要进一步的医学检查和运动测试，并为其制定个体化的运动处方、进行运动指导。对于运动风险不高的、病情稳定的患者或疾病风险人群，可以给予一个普惠式的运动处方，必要时强调注意事项。

一、慢性疾病运动干预的普惠式运动处方

对于运动风险不高、病情稳定的患者或慢性疾病风险人群，可以采用普惠式运动处方原则给予其一个安全、有效的普惠式运动处方。此处方的原则是：每周至少150分钟的中等强度有氧运动（有运动习惯者），或者从较长时间低强度运动开始逐渐增加到每周至少150分钟的中等强度有氧运动（无运动习惯者），从事较大强度运动之前应咨询医生或运动处方专业人员；和/或每周2～3天全身大肌肉群抗阻运动（同一肌群隔天进行，不具备抗阻运动技能时需咨询专业的运动指导人员）；注意增加生活中的身体活动，减少静坐少动时间。大量研究证实，绝大多数的慢性疾病患者都能够安全地进行中低强度运动。因此，按照此原则进行运动，可以安全地改善前述的很多慢性疾病症状，减少其危险因素。

在普惠式运动处方中，常用的步行运动处方是最安全、简单、有效和容易实施的运动处方（图9-4）。当然，运动方式可以是多种多样的，也鼓励尽量多样化，只是步行是相对安全和容易掌握的运动方式，因而比较常用。如果具备其他条件或技能，如骑行、广场舞、健身房团操、球类运动等，也可以改用步行外的其他运动方式，甚至可以采用诸如家务劳动、爬楼梯之类的体力活动分散融入日常生活中进行锻炼，只要运动强度和运动量满足上面的处方原则，并针对疾病情况给出注意事项即可。

```
步行运动处方

姓名：×××    性别：×    年龄：××
日期：××××年××月××日

运动频率：每周5～7天
运动强度：中等强度
运动时间：30分钟/天

注意事项：如果出现胸痛、呼吸困难或生病，暂停运动。
         尽量减少持续静坐少动的时间（不超过1小时）。

备注：中等强度是指运动中能说话但不能唱歌的强度。
```

图9-4 普惠式步行运动处方

二、慢性疾病患者的运动测试

慢性疾病患者的运动测试有别于普通的运动测试。因为这类人群普遍存在已发现的或隐匿性的身体功能障碍和疾病（特别是心血管疾病）发病风险。为了确保安全，在进行临床运动测试时，重点要考虑禁忌证、运动测试方案和模式、测试终止指标、安全性、药物以及为急救准备的人员和设施[1]。

（一）临床运动测试的禁忌证

症状限制性最大强度运动测试的禁忌证如下[2]：

1. 绝对禁忌证

（1）2天内的急性心肌梗死。
（2）持续性不稳定型心绞痛。
（3）伴血流动力学改变的未控制的心律失常。
（4）活动性心内膜炎。
（5）有症状的严重主动脉狭窄。
（6）心力衰竭失代偿期。
（7）急性肺栓塞、肺梗死或深静脉血栓。

---

[1] Fletcher G F, Ades P A, Kligfield P, et al., "Exercise Standards for Testing and Training: A Scientific Statement from the American Heart Association," *Circulation*, 2013(8).
[2] 同上。

(8) 急性心肌炎或心包炎。
(9) 急性主动脉夹层。
(10) 有安全隐患和不能完成测试的身体残疾。

2. 相对禁忌证

(1) 确诊的阻塞性冠状动脉左干支狭窄。
(2) 伴非典型症状的中、重度主动脉狭窄。
(3) 伴未控制的室性心率的心动过速。
(4) 获得性晚期或完全性心脏传导阻滞。
(5) 近期中风或短暂性脑缺血发作。
(6) 精神损害且不能很好地配合。
(7) 收缩压>200毫米汞柱或舒张压>110毫米汞柱的安静高血压。
(8) 未经纠正的医学情况，如重度贫血、重要电解质失衡和甲状腺功能亢进。

（二）临床心肺耐力测试

在给慢性疾患者制定运动处方之前，最好进行运动负荷测试，特别是对于静坐少动，或者是拟采用较大强度运动的慢性疾病患者。在运动测试中，多采用有运动心电和血压监测的临床心肺耐力测试，也称为症状限制性运动负荷试验。相比普通健康人而言，测试时每级运动负荷递增幅度较小，如采用功率车记功计进行测试时，每级增加15～25瓦，同时仔细观察运动中的心血管反应，出现运动终止指征时及时终止运动负荷试验，以保证运动中的安全。对于不同情况的患者，根据其病情和测试条件，可以选择不同的测试方案。

（三）其他体质健康测试

可采用费力程度低、安全性高、信度效度可靠的测试方法，可以参考不同的针对老年人的体质测量及评价方法进行选择（详见相关专业书籍）。测试前，要熟悉运动中疾病或生理指标的变化规律，主要关注运动测试中的心率、血压、心电图等心血管反应，以及与疾病相关的症状和体征，同时考虑药物对生理指标和疾病状况的影响。如高血压患者在运动测试中的血压反应不同于普通健康人。在运动测试中，随着运动强度的增大，收缩压都随之升高。普通健康人运动强度每增加一个代谢当量（1MET）收缩压会增加8～12毫米汞柱；但高血压患者的基线血压较高，若运动强度较大，可能造成运动中血压大幅度升高。有少数高血压患者对运动强度比较敏感，运动强度每增加1MET就可能使收缩压升高15～20毫米汞柱。如果安静血压正常者出现此类反应，则是心血管事件的强烈预测因子，应引起充分的重视。又如糖尿病患者在运动测试中血糖的变化也不同于普通健康人，由于运动方式、运动强度以及运动与就餐和降糖药物服用的时间不同，可能会出现快速降糖效应或升糖效应，严重的甚至出现低血糖或高血糖症状。

此外，还应熟悉运动测试中可能出现的风险，并制定有效的防范措施以减少运动风险，或降低运动风险的严重程度。绝大多数慢性疾病患者进行不超过推荐量的中等强度运动时是安全的。对于没有规律运动习惯的慢性疾患者，在进行较大强度运动，或者超过推荐量的运动，或者运动技术不当，都可能诱发心血管事件或肌肉骨骼损伤。在运动测试前应针对可能出现的风险做好防范措施，如发达国家要求在任何健身场所都应备有全自动除颤仪，每位健身指导人员都应熟练掌握心肺复苏技术；场所应备有急救药物和含糖食物，并且运动现场的工作人员应掌握常用急救药物的使用方法，以备不时之需。

三、个体化慢性疾病运动处方的特点

对于慢性疾病患者而言，个体化的运动处方的实施效果优于普惠式指导。尽管运动处方的基本原理可以应用于伴有或不伴有慢性疾病的人群，但慢性疾病患者身体机能、代谢和结构有别于普通人群，慢性疾病的运动处方应有别于一般的健身运动处方。

（一）慢性疾病运动处方制定流程

不管是制定普惠式运动处方还是个体化运动处方，首先用已获得的医学体检结果和疾病诊疗资料对疾病状态进行评估、进行严格的运动前风险筛查，同时对体力活动水平进行评价是必不可少的。然后根据评估和筛查的结果决定是否需要进行运动测试并选择适宜的运动测试方案也是很重要的。运动测试能提供重要的信息进一步保障运动处方的安全性、有效性和个体化，并为确定适当的医务监督方案提供参考。

具体的慢性疾病运动处方制定流程为：

（1）评价慢病患者的体力活动水平；

（2）用已经获得的医学体检结果和诊疗资料对疾病状态和运动风险进行评估；

（3）按照对应疾病（或优先疾病）的运动测试推荐、选择适宜运动测试方案，同时考虑其他并存疾病和健康问题；

（4）按照对应疾病（或优先疾病）的运动处方原则制定和实施运动处方，同时考虑其他并存疾病和健康问题；

（5）实施过程中进行必要的医务监督，观察运动中和运动后的反应；

（6）对运动处方进行调整、效果评价，必要时重新制定运动处方。

（二）慢性疾病运动处方的要素与特点

慢性疾病运动处方的基本要素与普通运动处方相同，均包含 FITT-VP 几个要素，其中，"F"是英文 frequency 的首字母，是指运动频率，即每周进行运动的天数；"I"是英文 intensity 的首字母，是指运动强度，即运动时的费力程度；"T"

是英文 type 和 time 的首字母，分别指运动方式（如走路、跑步、骑车、游泳等）和运动时间（每天或每次运动的时间）。不同的是，在制定慢性疾病运动处方前必须了解不同慢性疾病的临床特征（病因、病理机制、症状体征、检查诊断、治疗及预后等）、运动干预效果、运动前中后基本状态的评价、运动中疾病或相关生理指标的变化规律，熟悉运动中可能出现的风险及防范措施，以及运动与药物的相互影响，并结合不同疾病患者的实际情况综合考虑，才能制定出安全、有效、可行的个体化运动处方。

在制订慢性疾病运动处方时，其 FITT-VP 具体内容的特点如下。

（1）F，运动频率：高频率；每天运动或者每天 2～3 次运动；

（2）I，运动强度：中、低强度为主，主观疲劳感觉（RPE）很重要，同时考虑结合客观运动强度（如心率和/或能量消耗）指标的监测；

（3）T，运动时间：运动时间由短到长，开始时可制定为 10～30 分钟（也可以更短，根据具体情况确定），待身体耐受后可逐渐增加到 30～60 分钟甚至更长；

（4）T，运动方式：以有氧运动为基础，兼顾抗阻运动，并适当配合柔韧性和平衡能力练习。运动方式应尽量多样化，全身与局部练习相结合。一般选择对技术要求较少的运动方式或患者熟悉的运动方式。

（5）V，运动量：总运动能量消耗逐步实现与健康人相当（如 1000 千卡/周的健康成年人的能量消耗目标）；

（6）P，进阶：适当延长适应期和每个阶段的时间，在提高期每个月心肺耐力运动量提升幅度不超过 10%，力量练习的运动量提升幅度不超过 5%，不要急于求成。

四、常见慢性疾病和健康问题的运动处方原则

（一）心脏病患者康复运动处方原则

1. 运动测试和运动处方

心脏疾病患者在治疗达到稳定状态时可进行标准的症状限制性运动测试，但要特别注意 β 受体阻滞剂的服用时间对运动测试和运动训练的影响[①]。推荐出现症状或相应临床改变的患者进行运动测试[②]，例如：胸痛或呼吸困难程度出现改变的患者、未进行冠脉搭桥或存在残余阻塞冠状动脉病变的患者、或存在心律不齐但希望进行较大强度运动的患者。但对于进行过完全性冠状动脉重建、没有症状或理论上不需要的患者在医学上可不用进行运动测试。心脏疾病患者运动处方的 FITT 原则见表 9-4。

---

① American Association of Cardiovascular and Pulmonary Rehabilitation, "The Continuum of Care: From Inpatient and Outpatient Cardiac Rehabilitation to Long-term Secondary Prevention," in *Guidelines for Cardiac Rehabilitation and Secondary Prevention Programs*, 5th ed. (Champaign, IL: Human Kinetics, 2013).

② 同上。

表9-4 心脏疾病患者运动处方原则

处方原则	有氧运动	抗阻运动
频率F	3～7天/周	2～3天/周，隔天进行
强度I	进行过运动测试者，用40%～80% HRR或 $\dot{V}O_2R$；如果有确定的缺血阈，运动强度应低于缺血阈对应HR的10 bpm以上；未进行运动测试者，用坐位或站位 HR_{rest} + 20 bpm 到 HR_{rest} + 30 bpm 或 RPE 12-16	10-15 RM；RPE 11-13 或 40%～60% 1-RM
时间T	20～60分钟；开始时可每天少量（<10分钟）多次，每次逐渐增加1～5分钟或每周增加10%～20%	8～10个全身大肌肉群练习动作，每个动作1～3组，10～25次/组；当患者可以连续两个训练日超过预定重复次数1～2次时，训练量可以增加2%～10%
方式T	上/下肢功率车、直立或卧式自行车/踏步机、划船机、椭圆机、爬楼梯、跑台等	安全、舒适的设备

注：HRR：储备心率；$\dot{V}O_2R$：储备摄氧量；HR：心率；bpm：次/分；RPE：主观疲劳感觉；HR_{rest}：安静心率；1-RM：1次最大重复次数。

2. 注意事项

（1）鼓励患者独立进行一些没有直接医务监督的运动。

（2）患者应按时服药。应特别注意服用β受体阻滞剂的患者运动中HR反应可能会下降，而最大运动能力也可能会提高或下降。如果服用的β受体阻滞剂剂量发生改变，可重新进行运动测试；如果没有重新测试，则应监测症状和体征，记录训练中RPE和HR反应可作为运动强度目标。

（3）使用利尿剂治疗的患者出现血容量不足、低血钾或直立性低血压的风险会增高（特别在运动后）。应监测其运动中的BP反应、眩晕症状以及心律不齐的情况，并适当补水。

（4）在保证安全的前提下，可以考虑进行适当的HIIT。可以提高心血管疾病患者的峰值有氧能力[①]。

（5）避免在抗阻训练和静力性拉伸过程中憋气。

---

① Keteyian S J, Hibner B A, Bronsteen K, et al., "Greater Improvement in Cardiorespiratory Fitness Using Higher-intensity Interval Training in The Standard Cardiac Rehabilitation Setting," *J Cardiopulm Rehabil*, 2014, 34 (2).

(二) 中风患者运动处方原则

1. 运动测试和运动处方

中风后患者在次大强度水平运动摄氧量较高，但在峰值负荷下摄氧量下降。在运动测试中，发生变时功能不全和早期疲劳是很常见的，应根据患者身体功能受限情况选择测试方案和测试设备（例如：跑台测试选择功率每级增加0.5或1～2METs/2～3分钟，且患者能够站立并有足够的平衡能力，且步行时不需要或仅需要简单的帮助），确保安全可行。

由于大多数中风患者是老年人，常伴有心血管疾病、关节炎和代谢紊乱等，在制定运动处方时，应考虑这些并存疾病及其用药情况（特别是对运动有影响的药物）。中风后，患者的一个主要目标是恢复其能力以完成日常生活活动，然后继续进行有氧、神经肌肉运动和肌肉力量训练以进一步改善功能、预防静坐少动并提高体适能。中风患者运动处方的FITT原则[①]见表9-5。

表9-5 中风患者运动处方原则

处方原则	有氧运动	抗阻运动
频率F	3～5天/周	2天/周，隔天进行
强度I	进行过运动测试者，用40%～70% HRR；未进行运动测试或存在房颤，以RPE 11-14进行运动	50%～70% 1-RM
时间T	20分钟/天逐渐增加到60分钟/天，每天分次完成，每次持续10分钟	1～3组；重复8～15次/组
方式T	根据功能和认知障碍选择	根据能力选择，安全第一

注：1. 根据文献编制而成。
2. HRR：储备心率；RPE：主观疲劳感觉；1-RM：1次最大重复次数。

2. 注意事项

（1）在抗阻训练过程中避免憋气，以免血压过度升高。

（2）在制定处方强度和进阶时，应考虑到患者早期可能会出现局部肌肉疲劳和全身疲劳。

[①] Billinger S A, Arena R, Bernhardt J, et al., "Physical Activity and Exercise Recommendations for Stroke Survivors: A Statement for Healthcare Professionals from the American Heart Association/American Stroke Association," *Stroke*, 2014, 45, pp. 2532-2553.

(三) 高血压患者运动处方原则

1. 运动测试和运动处方

高血压不是运动测试的指征,但评估运动中的血压反应有助于制定运动处方。应根据高血压患者的血压水平和其他心血管疾病危险因素、靶器官的损害情况,或临床心血管疾病情况来制定运动测试方案。[①] 对于血压未得到有效控制的患者,运动前应先咨询医生是否需要进行运动测试。高血压2级伴有靶器官损害(如左心室肥厚、视网膜病变)者在咨询医生和有效控制血压前不应进行运动,推荐进行症状限制性运动测试。如果是为了制定运动处方而进行运动测试,建议患者常规服用抗高血压药物。高血压患者运动处方的 FITT 原则[②]见表9-6。

表9-6 高血压患者运动处方原则

处方原则	有氧运动	抗阻运动
频率 F	5~7天/周	2~3天/周,隔天进行
强度 I	中等强度(40%~59% VO_2R 或 HRR;RPE 12-13)	60%~70% 1-RM;可逐渐递增至80% 1-RM。用较大强度(70%~85% 1-RM)以增加肌肉力量;用<50% 1-RM 以改善肌肉耐力
时间 T	累积或连续进行≥30分钟/天的运动,每次运动不少于10分钟	至少8~10个不同肌群练习动作:每组8~10次,重复2~4组;如需提高肌肉耐力:每组12~20次,重复≤2组
方式 T	持续性的、有节奏的、动员大肌肉群的运动	常规抗阻运动

注:1. 根据文献编制而成。

2. HRR:储备心率;RPE:主观疲劳感觉;1-RM:1次最大重复次数;VO_2R:储备摄氧量。

2. 注意事项

(1) 应特别关注受试者的血压控制水平、近期降压药的调整情况、药物相关

[①] Pescatello L S, Franklin B A, Fagard R, et al., "American College of Sports Medicine Position Stand. Exercise and Hypertension," *Medicine & Science in Sports & Exercise*, 2004, 36(3).

[②] Eckel R H, Jakicic J M, Ard J D, et al., "2013 AHA/ACC Guideline on Lifestyle Management to Reduce Cardiovascular Risk: A Report of the American College of Cardiology / American Heart Association Task Force on Practice Guidelines," *Circulation*, 2014(25 Suppl. 2); Pescatello L S, MacDonald H V, Ash G I, et al., "Assessing the Existing Professional Exercise Recommendations for Hypertension: A Review and Recommendations for Future Research Priorities," *Mayo Clin Proc*, 2015(6).

副作用、其他靶器官受累情况、其他禁忌证及年龄。应循序渐进,避免运动处方中 FITT 任意组分快速增加,控制运动强度尤为重要。

(2) 在运动时,应确保收缩压≤220 毫米汞柱和/或舒张压≤105 毫米汞柱[1]。

(3) 在抗阻运动时,避免出现吸气后屏息。这可能会导致血压过度升高、头晕甚至晕倒。

(4) 应注意患者的药物反应。服用 β 受体阻滞剂的患者运动中的心率反应减弱,运动能力下降,还可能会增加某些个体(尤其是注射胰岛素或服用促胰岛素分泌剂的糖尿病 DM 患者)出现低血糖的倾向并掩盖某些低血糖的表现(尤其是心悸);服用利尿剂治疗的患者,可能会出现低钾血症和其他电解质紊乱、心律失常或运动测试假阳性;这两种药物还可能减弱体温调节功能。α 受体阻断剂、钙通道阻断剂及血管扩张剂会引起运动后的血压突然降低。因此,应逐渐停止运动并延长整理活动,密切监测血压和心率直至恢复至接近安静状态。

(5) 对具备中高危心脏并发症风险的高血压患者,应在医务监督下进行运动测试和较大强度运动训练,以确保运动处方的安全性[2]。

(6) 有氧运动的降压效果是短暂的,这种生理反应称为运动后低血压。应告知患者警惕运动后低血压及如何自我调节,如继续进行慢步走等极低强度运动等。

(四) 癌症患者运动处方原则

1. 运动测试和运动处方

恶性肿瘤及其治疗对体质健康(心肺耐力、肌肉力量和肌肉耐力、身体成分和柔韧性)以及神经肌肉控制能力会产生不同程度的影响。对于正在治疗或治疗后的癌症患者,在进行运动测试和制定运动处方前,应明确疾病及其治疗对患者的影响。由于癌症患者的多样性和个体差异非常明显,其运动前评估侧重于与癌症部位相关的特异性医学评估。对于经医学筛查可进行运动测试的患者,在充分了解其病史、并存疾病、健康状况和运动禁忌证的情况下,与其他人群相似,但了解肿瘤治疗所致的常见毒性反应是非常重要的,包括骨折风险、心血管事件、与特殊治疗相关的神经病变和肌肉骨骼的继发性病变[3]。由于癌症人群的多样性,在制定运动处方时,应根据最基本的 FITT 原则(表 9-7)进行调整,制定个性化运动处方。如果患者可以耐受且没有出现症状加重或副作用,运动处方与健康人群一样。

---

[1] Pescatello L S, Franklin B A, Fagard R, et al., "American College of Sports Medicine Position Stand. Exercise and Hypertension," *Medicine & Science in Sports & Exercise*, 2004, 36(3).

[2] Fletcher G F, Ades P A, Kligfield P, et al., "Exercise Standards for Testing and Training: A Scientific Statement from the American Heart Association," *Circulation*, 2013(8).

[3] National Comprehensive Cancer Network, "NCCN Guidelines Survivorship Version 2.2014 for Washington (PA)," *Journal of the National Comprehensive Cancer Network*, 2014(8).

表9-7 癌症患者运动处方原则

处方原则	有氧运动	抗阻运动
频率 F	3～5 天/周	2～3 天/周，隔天进行
强度 I	中等（40%～59% VO_2R；64%～75% HR_{max}；RPE 12-13）到较大强度（60%～89% VO_2R；76%～95% HR_{max}；RPE 14-17）	从低强度（如 30% 1-RM）开始，小幅度的增加
时间 T	每周 150 分钟中等强度或 75 分钟较大强度运动，或两者相结合的等量运动。在治疗期间推荐少量多次完成，已完成治疗的患者在不加重症状或副作用的情况下，可以逐渐增加运动时间。	至少 1 组重复 8～12 次/组
方式 T	动用大肌群的长时间的有节奏的活动	常规抗阻运动、功能训练

注：1. 根据文献编制而成。

2. 1-RM：1 次最大重复次数；VO_2R：储备摄氧量；HR_{max}：最大心率；RPE：主观疲劳感觉。

2. 注意事项

（1）需要特别注意保证运动安全性，不同部位的癌症需要注意的问题不同，应根据临床情况给予个体化指导。

（2）在进行拉伸或大关节活动范围的活动时，要明确因类固醇、放射线或外科手术治疗引起的关节或肌肉受限的特定区域。

（3）与健康成人相比，癌症患者的运动进度要减慢，以不加重疲劳或其他不良反应为前提。

（4）淋巴水肿患者在进行抗阻运动时，应戴压力套。

（5）乳腺癌和妇科癌症患者进行抗阻训练时，应考虑必要的医务监督[1]。

（6）发生骨转移的恶性肿瘤患者，需要调整运动处方（如：减少撞击性运动、降低强度和减少运动量）以降低骨折风险[2]。

（7）处于免疫抑制状态的患者（如：骨髓移植后使用免疫抑制剂的患者，或进行化疗或放射治疗的患者），应避免在人多嘈杂的环境运动。

---

[1] Cheema B, SKilbreath S L, Fahey P P, et al., "Safety and Efficacy of Progressive Resistance Training in Breast Cancer: A Systematic Review and Meta-analysis, *Breast Cancer Res Treat*, 2014(11).

[2] National Comprehensive Cancer Network, "NCCN Guidelines Survivorship Version 2. 2014 for Washington (PA)," *Journal of the National Comprehensive Cancer Network*, 2014(8).

(8) 体内留置导管、中心静脉置管或食物输送管的患者和接受放射治疗后的患者，应避免游泳。

(9) 化学治疗期间，由于反复出现呕吐和疲劳，应调整运动处方（根据症状周期性地降低运动强度和/或减少运动时间）。

(10) 严重贫血、病情恶化或有活动性感染的患者，在手术后不应立即进行运动。对于不同部位的癌症患者运动禁忌与注意事项应根据临床情况确定。

（五）糖尿病患者运动处方原则

1. 运动测试和运动处方

对于没有心血管疾病症状和低风险（Framingham 风险计算器评估 10 年心脏事件风险 <10%）[1] 的糖尿病患者或糖尿病前期患者开始进行低至中等强度运动之前运动测试不是必需的。但因糖尿病患者的无症状心肌缺血不易被发现，所以应每年进行心血管风险评估。糖尿病患者运动处方的 FITT 原则[2]（表 9-8）与健康成年人相同，抗阻运动和有氧运动的安全性并没有发现区别[3]。有证据显示，有氧运动联合抗阻运动的方式，比单独进行某一种运动可更好地改善血糖控制[4]。

表 9-8 糖尿病患者运动处方原则

处方原则	有氧运动	抗阻运动
频率 F	3～7 天/周，间隔不超过 2 天	2～3 天/周，隔天进行；最好 3 天/周
强度 I	中等（40%～59% VO_2R；RPE 12-13）到较大强度（60%～89% VO_2R；RPE 14-17）；中等强度中穿插短时间高强度的间歇运动有助于运动后早期血糖降低的恢复	中等（50%～69% 1-RM）到较大强度（70%～85% 1-RM）

---

[1] Colberg S R, Albright A L, Blissmer B J, et al., "Exercise and Type 2 Diabetes: American College of Sports Medicine and the American Diabetes Association: Joint Position Statement," *Med Sci Sports Exerc*, 2010(12).

[2] 同上。

[3] Yang Z, Scott C A, Mao C, et al., "Resistance Exercise Versus Aerobic Exercise for Type 2 Diabetes: A Systematic Review and Meta-analysis," *Sports Med*, 2014(4).

[4] D'Hooge R, Hellinckx T, Van Laethem C, et al., "Influence of Combined Aerobic and Resistance Training on Metabolic Control, Cardiovascular Fitness and Quality of Life in Adolescents with Type 1 Diabetes: A Randomized Controlled Trial," *Clin Rehabil*, 2011(4); Church T S, Blair S N, Cocreham S, et al., "Effects of Aerobic and Resistance Training on Hemoglobin A1c Levels in Patients with Type 2 Diabetes: A Randomized Controlled Trial," *JAMA*, 2010(20).

(续上表)

处方原则	有氧运动	抗阻运动
时间 T	1 型糖尿病：中等强度 150 分钟/周，或较大强度 75 分钟/周，或两者结合； 2 型糖尿病：中等至较大强度 150 分钟/周	至少 8～10 个不同肌群的练习动作，每组 10～15 次，重复 1～3 组；随强度增大减少至每组 8～10 次，重复 1～3 组
方式 T	持续性的、有节奏的、动员大肌肉群的运动	常规抗阻运动、功能训练

注：1. 根据文献编制而成。

2. 1-RM：1 次最大重复次数；VO_2R：储备摄氧量；RPE：主观疲劳感觉。

2. 注意事项

（1）多数糖尿病患者存在伴发疾病，且多数糖尿病前期或糖尿病患者处于心血管疾病高风险和超重、肥胖状态，制定运动处方时需统筹考虑。

（2）无运动禁忌证的患者，以提高心肺耐力为运动目标时应强调进行较大强度有氧运动。

（3）糖尿病患者因糖基化胶原蛋白累积使关节活动度受限[1]，所以循序渐进地提高抗阻运动强度可有效预防糖尿病患者的关节损伤。

（4）在有氧运动前先进行抗阻运动可能会降低 1 型糖尿病患者低血糖的风险。[2]

（5）运动过程中要特别注意避免低血糖（<3.9 毫摩/升），特别是使用胰岛素或口服胰岛素促泌剂的患者，此类患者应在运动前、中、后监测血糖，并按需适当调整饮食和药物剂量以保持血糖相对稳定[3]。使用胰岛素的患者选择适当的运动时间十分重要，调整胰岛素注射时间、减少胰岛素用量和/或增加碳水化合物摄入是预防运动时及运动后低血糖和高血糖的有效方式[4]，运动前血糖≤5.6 毫摩/升且使用胰岛素的患者在运动前需补充碳水化合物（不超过 15 克）[5]。

（6）制定运动处方时，应减少速效或短效胰岛素的用量来预防低血糖，尤其

---

[1] Abate M, Schiavone C, Pelotti P, et al., "Limited Joint Mobility (LJM) in Elderly Subjects with Type II Diabetes Mellitus," *Arch Gerontol Geriatr*, 2011(2).

[2] Yardley J E, Kenny G P, Perkins B A, et al., "Effects of Performing Resistance Exercise Before Versus after Aerobic Exercise on Glycemia in Type 1 Diabetes," *Diabetes Care*, 2012(4).

[3] Colberg S R, Albright A L, Blissmer B J, et al., "Exercise and Type 2 Diabetes: American College of Sports Medicine and the American Diabetes Association: Joint Position Statement," *Med Sci Sports Exerc*, 2010(12).

[4] Chu L, Hamilton J, Riddell M C, "Clinical Management of the Physically Active Patient with Type 1 Diabetes," *Phys Sports med*, 2011(2).

[5] Colberg S R, Albright A L, Blissmer B J, et al., "Exercise and Type 2 Diabetes: American College of Sports Medicine and the American Diabetes Association: Joint Position Statement," *Med Sci Sports Exerc*, 2010(12).

是运动时处于胰岛素峰值水平时。人工合成的速效胰岛素类似物比常规人胰岛素降糖速度更快,长效基础胰岛素较少引起运动相关低血糖,但规律运动时应对胰岛素用量进行整体调整。使用胰岛素泵的 1 型糖尿病患者,运动时应根据运动强度和运动时间减少基础胰岛素量或短时间停止使用胰岛素,减少胰岛素泵入基础量应持续到运动后 12 小时,可有效预防迟发性低血糖。

(7) 磺脲类药物和其他可增加胰岛素分泌的药物会增加出现低血糖的风险。在进行规律运动时,应监测血糖来评估是否需要调整药物剂量。

(8) 运动时血糖可能会快速下降,即使血糖水平大于 3.9 毫摩/升的患者也会出现低血糖症状;但也有些患者血糖下降时并没有明显的症状(包括颤抖、虚弱、异常出汗、神经质、焦虑、口和手发麻及饥饿;甚至出现头痛、视物模糊、反应迟钝、意识障碍、健忘、惊厥和昏迷)。运动时及运动后即刻低血糖风险较高,有时低血糖也可能发生在运动后 12 小时,对食物和/或药物进行适当的调整。频繁监测血糖是发现和预防迟发性低血糖的关键。

(9) 与常规中等强度运动降低血糖相比,晨练可能会使血糖升高[1]。

(10) 出现过运动相关低血糖的糖尿病患者,应结伴运动或在医务监督下进行运动,可减少低血糖相关事件的危险。建议患者运动时携带糖尿病医疗信息卡、手机、糖块或其他快速升高血糖的食品来预防低血糖。

(11) 糖尿病自主神经病变、长病程 1 型糖尿病及近期运动中出现低血糖,可能与肾上腺素和其他激素反应受损及无症状低血糖相关,所以频繁监测血糖是必要的。

(12) 要注意老年 2 型糖尿病患者常常同时存在无症状低血糖和认知功能受损。

(13) 血糖控制欠佳的 1 型糖尿病患者,应注意伴或不伴酮症的高血糖(相关症状包括多尿、疲劳、虚弱、口渴感增加和酮臭味呼吸)。血糖过高的患者(血糖≥16.7 毫摩/升),若感觉良好且尿酮体或血酮体阴性,可以进行中等强度的运动。但需密切监测血糖,血糖下降前应避免较大强度运动,并保证适当的饮水量[2]。血糖较高且酮体阳性时应暂缓运动。建议 1 型糖尿病患者血糖≥13.9 毫摩/升时,在运动前应检测尿酮体。

(14) 2 型糖尿病患者,若餐后 2~3 小时内血糖仍较高,在进行有氧运动时会出现血糖降低的表现,因为此时内源性胰岛素水平较高[3]。1 型糖尿病患者若餐

---

[1] Poirier P, Mawhinney S, Grondin L, et al., "Prior Meal Enhances the Plasma Glucose Lowering Effect of Exercise in Type 2 Diabetes," *Med Sci Sports Exerc*, 2001(8).

[2] Colberg S R, Albright A L, Blissmer B J, et al., "Exercise and Type 2 Diabetes: American College of Sports Medicine and the American Diabetes Association: Joint Position Statement," *Med Sci Sports Exerc*, 2010(12).

[3] MacLeod S F, Terada T, Chahal B S, et al., "Exercise Lowers Postprandial Glucose but Not Fasting Glucose in Type 2 Diabetes: A Meta-analysis of Studies Using Continuous Glucose Monitoring," *Diabetes Metab Res Rev*, 2013(8).

后胰岛素剂量较高也会在餐后运动时出现类似的血糖下降。

（15）无论运动前血糖处于什么水平，任何类型较大强度的运动都会因肾上腺素和糖原等反向调节激素释放而使血糖升高。如遇此类情况，1型糖尿病需给予小剂量胰岛素以降低运动后高血糖。多尿引起的脱水是高血糖症的常见问题，它可能影响体温调节反应。脱水也会导致血糖升高。因此，任何有较高热病风险的患者都应密切关注其脱水症状和体征。糖尿病患者在热或冷环境下的体温调节功能受损，应予以关注。

（16）注意糖尿病并发症。糖尿病视网膜病变患者存在玻璃体出血的风险，应避免急速升高血压的活动，包括较大强度有氧运动和抗阻训练、跳跃、撞击性运动、低头的运动和运动发力时屏息[1]。有自主神经病变的患者在运动中可能出现慢性不适应（如：心率反应迟钝）、摄氧量变化削弱和无汗症（如脱水）[2]，应监测其心肌缺血的症状和体征、运动前后的血压，并通过运动强度与运动自觉量表来监控运动强度。对于伴有周围神经病变的糖尿病患者，应采取正确的足部防护措施预防足部水泡、溃疡，脚要保持干燥（使用硅胶或空气夹层鞋垫，或者穿涤纶或混纺的袜子），所有患者每天都应进行足部检查以便及时发现和治疗早期的溃疡。足部溃疡未愈合的患者，应避免负重和水下运动。对于有肾脏病变的患者，虽然运动后蛋白尿短时间增加，但没有证据证明会加速肾脏病变进展[3]，而且有氧运动和抗阻训练还能改善肾病患者身体功能能力和生活质量。

（六）脂代谢紊乱人群运动处方原则

1. 运动测试和运动处方

血脂异常患者的测试同普通健康人，但要更加小心谨慎，避免运动诱发潜在的心血管疾病。对伴有其他慢性疾病和健康问题的患者应按需调整运动测试方案和方法。无伴随疾病的血脂异常人群制定运动处方的FITT原则与健康成年人或老年人的类似，不同之处在于：应强调体重管理，故在运动处方中应保持250～300分钟/周的运动量增加能量消耗以减轻体重，并配合抗阻运动和拉伸。脂代谢紊乱人群运动处方的FITT原则[4]见表9-9。

---

[1] Colberg S R, Albright A L, Blissmer B J, et al., "Exercise and Type 2 Diabetes: American College of Sports Medicine and the American Diabetes Association: Joint Position Statement," *Med Sci Sports Exerc*, 2010(12).

[2] 同上。

[3] 同上。

[4] Garber C E, Blissmer B, Deschenes M R, et al., "American College of Sports Medicine Position Stand. Quantity and Quality of Exercise for Developing and Maintaining Cardiorespiratory, Musculoskeletal, and Neuromotor Fitness in Apparently Healthy Adults: Guidance for Prescribing Exercise," *Medicine & Science in Sports & Exercise*, 2011, 43(7).

表9-9 脂代谢紊乱人群运动处方原则

处方原则	有氧运动	抗阻运动
频率F	5～7天/周	2～3天/周，隔天进行
强度I	40%～75% VO_2R 或 HRR	用中等（50%～69% 1-RM）至较大强度（70%～85% 1-RM）增加肌肉力量；用＜50% 1-RM 改善肌肉耐力
时间T	30～60分钟/天以促进或维持减重，尽量到达50～60分钟/天或更长时间，每次持续时间不少于10分钟	至少8～10个不同肌群练习动作，每组8～10次，重复2～4组；如需提高肌肉耐力，每组12～20次，重复≤2组
方式T	持续性的、有节奏的、动员大肌肉群的运动	常规抗阻运动

注：1. 根据文献编制而成。

2. HRR：储备心率；1-RM：1次最大重复次数；VO_2R：储备摄氧量。

2. 注意事项

使用降脂药物（如他汀类、烟酸类药物）的个体可能会出现肌痛，表现为肌肉乏力或疼痛。虽然较为罕见，但降脂药物可直接导致严重的肌肉损伤。当患者服用此类药物并在运动时出现异常或持续肌肉疼痛时，应找专业人士进行咨询。

（七）骨质疏松症患者运动处方原则

1. 运动测试和运动处方

骨质疏松症患者在进行运动测试时应注意：走路会引起疼痛的严重椎骨骨质疏松患者，在做心肺耐力测试时最好选用功率车而不是跑台；多椎体压缩性骨折会使脊柱缩短、脊柱变形影响通气量、导致身体重心的前移，可能会影响在跑台上步行的平衡；对严重骨质疏松患者来说，可能不适宜进行最大肌力测试；骨质疏松患者或骨量减少的患者应进行平衡能力或跌倒风险评估。

对于骨质疏松患者的运动处方，普遍认为最合适的是：负重的有氧运动和一些有一定撞击性、快速、高强度的抗阻运动相结合①。骨质疏松症患者运动处方的 FITT 原则见表 9-10。

表 9-10 骨质疏松症患者运动处方原则

处方原则	有氧运动	抗阻运动
频率 F	4~5 天/周	1~2 天/周，隔天进行；逐渐增加到 2~3 天/周
强度 I	中等强度（40%~59% VO_2R 或 HRR）；CR-10 量表的 34 级	调整阻力，最后 2 次重复要具有挑战性。如果能耐受可以进行高强度训练
时间 T	从 20 分钟开始，逐渐增加到 30~60 分钟	从 1 组 8~12 次重复开始，约 2 周后增加到 2 组；每次运动不要超过 8~10 个快速练习动作
方式 T	步行、骑车、或其他合适的有氧活动（负重运动更好）	在适当指导和安全保障下进行标准抗阻运动。对于跌倒风险较高的老年人，应进行提高平衡能力的练习

注：HRR：储备心率；VO_2R：储备摄氧量。

2. 注意事项

（1）虽然骨强度的增加通常与运动强度的增加成正比，但适宜的运动方式和模式比运动强度更重要，特别是对于过去发生过骨折的人②。

（2）应避免爆发性和高撞击性运动，还应避免需要过度扭曲、弯曲和挤压脊柱的特殊运动（如瑜伽、普拉提），尤其是对于骨量极低的患者。

（3）在健康状况允许的情况下，尽量保持体力活力以维持骨骼健康。在长时间患病时，可以进行短暂的站立或行走。

（八）慢性阻塞性肺部疾病（COPD）患者的运动处方原则

1. 运动测试和运动处方

心肺耐力测试可帮助判断 COPD 和其他慢性肺部疾病患者的运动能力、疾病预

---

① Bolam K A, van Uffelen J G, Taaffe D R, "The Effect of Physical Exercise on Bone Density in Middle-aged and Older Men: A Systematic Review," *Osteoporos Int*, 2013, 24(11); Polidoulis I, Beyene J, Cheung A M, "The Effect of Exercise on pQCT Parameters of Bone Structure and Strength in Postmenopausal Women – A Systematic Review and Meta-analysis of Randomized Controlled Trials," *Osteoporos Int*, 2012, 23(11); Giangregorio L M, McGill S, Wark J D, et al., "Too Fit to Fracture: Outcomes of a Delphi Consensus Process on Physical Activity and Exercise Recommendations for Adults with Osteoporosis with or Without Vertebral Fractures," *Osteoporos Int*, 2015, 26(3).

② Giangregorio L M, McGill S, Wark J D, et al., "Too Fit to Fracture: Outcomes of a Delphi Consensus Process on Physical Activity and Exercise Recommendations for Adults with Osteoporosis with or Without Vertebral Fractures," *Osteoporos Int*, 2015, 26(3).

后和治疗反应并协助诊断。可根据功能障碍和呼吸困难的发生时间选择测试方法并应用功率递增较小的测试方案，并根据病情的严重程度控制测试时间，中到重度患者控制在8～12分钟，重度以上患者控制在5～9分钟或采用6分钟步行实验进行测试。测试前、中、后监测呼吸困难情况，中到重度患者运动时会出现血氧饱和度下降。因此，在运动测试中，应监测血氧饱和度。此外，肺部疾病患者运动时可能出现通气障碍，故不能用年龄预测最大心率作为测试终止标准。如果需要评估日常生活活动的能力，可以在运动测试中，用峰值功率的80%～90%进行恒定功率测试。

只要能够参与运动，则鼓励各阶段COPD患者进行有氧运动以提高心肺功能；而抗阻运动可以对抗由于疾病及其治疗导致的肌肉功能障碍[1]，预防摔倒。COPD患者运动处方的FITT原则[2]见表9-11。

表9-11 COPD患者运动处方原则

处方原则	有氧运动	抗阻运动
频率F	3～5天/周	2～3天/周，隔天进行
强度I	中等到较大强度（50%～80%峰值功率或Borg CR10量表4～6分）。鼓励进行较大强度的运动，轻度患者同健康老年人；中重度患者推荐运动强度>60%峰值功率；重度或虚弱患者可采用低强度，耐受后逐渐增加强度	力量：无力量训练习惯者用60%～70% 1-RM；有习惯者≥80%；耐力：<50% 1-RM
时间T	在能耐受的前提下，中等到大强度运动20～60分钟/天（可累计完成），每持续运动≥20分钟后进行低强度活动或休息间歇	力量：2～4组，重复8～12次/组；耐力：≤2组，重复15～20次/组
方式T	常规有氧运动	常规抗阻运动

注：1. 根据文献编制而成。
2. 1-RM：1次最大重复次数。

---

[1] Langer D, Hendriks E, Burtin C, et al., "A Clinical Practice Guideline for Physiotherapists Treating Patients with Chronic Obstructive Pulmonary Disease Based on A Systematic Review of Available Evidence," *Clin Rehabil*, 2009(5); Spruit M A, Singh S J, Garvey C, et al., "An Official American Thoracic Society/European Respiratory Society Statement: Key Concepts and Advances in Pulmonary Rehabilitation," *Am J Respir Care Med*, 2013, 188 (8); Ries A L, Bauldoff G S, Carlin B W, et al., "Pulmonary Rehabilitation: Joint ACCP/AACVPR Evidence-Based Clinical Practice Guidelines," *Chest*, 2007(5 Suppl.).

[2] 同上。

2. 注意事项

（1）推荐在开始阶段进行医务监督（呼吸困难程度和血氧饱和度），并根据患者的反应和耐受能力调整运动强度和时间，保障安全性和效果。

（2）常规的一些柔韧性练习可以帮助克服体位限制导致的胸廓活动受限及其对肺功能的影响。

（3）对于有高度气道狭窄的患者，运动训练前用支气管扩张剂，可以减轻呼吸困难并提高运动耐受能力[1]。

（4）应注意某些患者在进行涉及上肢的活动（包括上半身肌群的抗阻运动）时会出现呼吸困难加重的情况。

（5）在室内运动时，氧分压（PaO_2）≤55毫米汞柱或血氧饱和度（SaO_2）≤88%的患者应进行吸氧[2]。使用移动吸氧装置的患者，在运动过程中可能需要增加气流流速以实现$SaO_2 > 88\%$。

（6）肺部疾病急剧恶化的患者，在症状缓解前应限制其运动。

（九）非特异性腰痛人群的运动处方原则

1. 运动测试和运动处方

在腰痛症状出现的一周内应进行症状限制性运动测试[3]，必要时可以进行躯干肌肉力量和耐力的测试。推荐将脊柱柔韧性的评价作为腰痛临床评价标准中的一部分[4]，但要注意辨别出现测试受限时是柔韧性本身所致还是由于腰痛症状的加重而导致的。急性腰痛两周内要谨慎推荐活动，规律步行是一种比较好的方式，不会使腰痛症状加重[5]。有氧运动被证明是有效的运动疗法，特别是步行、骑自行车和游泳，不管是对急性、亚急性腰痛，还是慢性腰痛都有效[6]。非特异性腰痛人群运动处方的FITT原则（表9-12）与普通健康人相同，但个性化非常重要，效果也最好。

---

[1] Spruit M A, Singh S J, Garvey C, et al., "An Official American Thoracic Society/European Respiratory Society Statement: Key Concepts and Advances in Pulmonary Rehabilitation," *Am J Respir Care Med*, 2013, 188(8).

[2] Qaseem A, Wilt T J, Weinberger S E, et al., "Diagnosis and Management of Stable Chronic Obstructive Pulmonary Disease: A Clinical Practice Guideline Update from the American College of Physicians, American College of Chest Physicians, American Thoracic Society, and European Respiratory Society," *Ann Intern Med*, 2011, 155 (2).

[3] Ratter J, Radlinger L, Lucas C, "Several Submaximal Exercise Tests Are Reliable, Valid and Acceptable in People with Chronic Pain, Fibromyalgia or Chronic Fatigue: A Systematic Review," *J Physiother*, 2014(3).

[4] Aune D, Saugstad O D, Henriksen T, et al., "Physical Activity and the Risk of Preeclampsia: A Systematic Review and Meta-analysis," *Epidemiology*, 2014 (3).

[5] Goertz M, Thorson D, Bonsell J, et al., *Adult Acute and Subacute Low Back Pain* (Bloomington, IN: Institute for Clinical Systems Improvement, 2012), p. 92.

[6] University of Michigan Health System, *Acute Low Back Pain* (Ann Arbor, MI: University of Michigan Health System, 2010), p. 16.

表9-12 非特异性腰痛人群运动处方原则

处方原则	有氧运动	抗阻运动	柔韧性练习
频率F	3~7天/周	2~3天/周,隔天进行	至少每周2~3次,每天练习效果最好
强度I	中等(40%~59% $\dot{V}O_2R$ 或HRR;RPE 12-13)到较大强度(60%~89% $\dot{V}O_2R$ 或HRR;RPE 14-17)	初学者以60%~70% 1-RM间歇训练提高力量;有经验的力量训练者以80% 1-RM提高力量;久坐人群和老年人以40%~50% 1-RM为起始强度提高力量;<50% 1-RM增加肌肉耐力	拉伸达到拉紧或轻微不适状态
时间T	20~60分钟/天	成年人以8~12次/组,2~4组提高力量;中老年人开始时1组重复10~15次以提高力量;重复15~20次/组,1~2组提高耐力;组间休息2~3分钟	静力性拉伸保持10~30秒,老年人保持30~60秒获益更多
方式T	持续性的、有节奏的、动员大肌肉群的运动	包含所有大肌群在内的抗阻运动,加强躯干协调性、力量性和耐力性训练①	加强髋关节和下肢柔韧性的练习,不推荐躯干柔韧性的练习

注:HRR:储备心率;1-RM:1次最大重复次数;$\dot{V}O_2R$:储备摄氧量。

2. 注意事项

(1)可通过提供保证、鼓励运动或强调"超过90%的腰痛不需要治疗可以通过运动缓解"等心理暗示,来减轻腰痛人群的恐惧心理②。

(2)应小心使用腹部支撑动作。因为腹部支撑会增加脊髓受压程度,对个体会造成进一步的损害③。

(3)某些运动或姿势会加重腰痛的症状。

---

① Delitto A, George S Z, Van Dillen L R, et al., "Low Back Pain," *J Orthop Sports Phys Ther*, 2012(4).
② MacLeod S F, Terada T, Chahal B S, et al., "Exercise Lowers Postprandial Glucose but Not Fasting Glucose in Type 2 Diabetes: A Meta-analysis of Studies Using Continuous Glucose Monitoring," *Diabetes Metab Res Rev*, 2013(8).
③ Aleksiev A R, "Ten-year Follow-up of Strengthening Versus Flexibility Exercises with or Without Abdominal Bracing in Recurrent Low Back Pain," *Spine*, 2014(13).

（4）发现加重腰痛或使腰痛出现外周化（疼痛症状会向下肢放射的现象）的运动或活动时应暂停。

五、慢性病运动处方干预效果的评价

科学的运动处方可以对多种常见慢性疾病患者和有健康问题的人群带来大量益处。通常，通过一段时间合理执行和调整运动处方后，可以从以下几个方面评价运动处方的干预效果：

（1）疾病状态评价。通过患者的症状、体征、医学检查结果、用药种类和量的变化等针对不同疾病的临床指标对疾病状态进行评价，观察是改善还是恶化，改善和恶化程度如何。

（2）体质健康测评。对体质健康的五个要素（心肺耐力、肌肉力量、耐力、身体成分和柔韧性）进行测量评价，观察这些与健康相关身体素质是否有提高及其程度。

（3）对疾病危险因素进行评估。比如，对血糖、血压、血脂、肥胖程度等心血管疾病的风险因素进行评估。

（4）心理状态评估。观察各种负性情绪是否得到改善，睡眠质量、生活质量等是否提高。

在前述的常见慢性疾病和健康问题的运动处方中，已经提及针对不同慢性疾病和健康问题所制定的运动处方注意事项，其中也提及运动与药物的相互关系。需要再次强调的是，针对不同慢性疾病和健康问题的运动处方有很多注意事项，但因每个患者的身体情况不同，即使是同一类疾病也可能出现很大的个体差异，应区别对待并针对性地给予适当的运动处方和医务监督方案，并密切观察其运动表现，适时调整运动处方。

此外，还应特别注意运动与药物之间存在协同（例如，在心肺康复中，联合进行运动干预和服用曲美他嗪比单独使用药物或运动干预对心肺耐力的提升效果更好）、一定程度替代（如糖尿病和高血压患者通过规律运动可以减少相应药物用量）和相互影响（如服用β肾上腺素能受体阻滞剂的患者在递增运动负荷试验中心率反应减弱等）的关系，在对慢性疾病患者进行运动干预的过程中要关注其用药，并及时准确调整。但是否调整用药剂量，应遵从医嘱，患者本人和健身指导人员均不应随意调整药物。多种药物在运动中对血流动力学、心电图、血糖和运动能力等的影响可参见药物说明书或相关专业书籍。

课堂练习

1. 讨论慢性病对患者身体素质的主要影响，并举例说明。
2. 讨论慢性病运动干预能带来的益处。

课后作业

1. 掌握慢性病的疾病概念并了解其流行情况。
2. 熟悉慢性病运动处方的主要特点。
3. 熟悉如何进行慢性疾病运动干预的效果评价。
4. 了解常见慢性病运动处方的 FITT 原则和注意事项。

参考文献

[1] 奥迦恩思科. 燃脂手册：找到适合你的运动与饮食方案[M]. 裴剑清, 译. 北京：人民邮电出版社, 2017.

[2] 邦帕, 帕斯古, 科内齐. 周期力量训练：第3版[M]. 李硕, 杨斌, 译. 北京：人民邮电出版社, 2018.

[3] 蔡宝忠. 终身体育的根本目标是追求长远效益[J]. 浙江体育科学, 1998, 20（6）：9-13.

[4] 曾承志. 健康概念的历史演进及其解读[J]. 北京体育大学学报, 2007, 30（5）：618-619.

[5] 陈琦. 从终身体育思想审视我国学校体育的改革与发展[D]. 北京：北京体育大学, 2002.

[6] 陈思同, 刘阳. 加拿大体育素养测评研究及启示[J]. 体育科学, 2016, 36（3）：44-51.

[7] 陈晓玫. 形体训练对服装表演专业学生身心特征变化的研究[D]. 大连：辽宁师范大学, 2015.

[8] 陈燕子, 刘莉, 付晓丽, 等. 肥胖与癌症的关系的知识图谱分析[J]. 中华疾病控制杂志, 2016, 20（6）：604-608.

[9] 陈瑶. 形体训练对职业中专女生身体自尊的影响[D]. 长春：东北师范大学, 2008.

[10] 陈永英. 对北京舍宾俱乐部形体训练系统及女性会员健身效果的研究[D]. 北京：北京体育大学, 2004.

[11] 陈卓源, 张保华, 石宏. 大学体育健康理论与实践[M]. 北京：北京体育大学出版社, 2011.

[12] 董仙兰. 论形体操教学过程中学习主体的接受[J]. 北京体育大学学报, 2005（7）：957-959.

[13] 冯静, 刘欢, 许丹, 等. 肥胖2型糖尿病患者合并血脂异常和高血压情况分析[J]. 中国全科医学, 2019, 22（S1）：64-67.

[14] 高海利, 卢春天. 身体素养的构成要素及其理论价值探微[J]. 体育科学, 2019, 39（7）：92-97.

[15] 葛欧瑟. 运动训练学[M]. 北京：北京体育大学出版社, 1983.

[16] 顾娟, 张学艳, 周文君, 等. 锻炼行为阶段改变对肥胖青少年生活质量的影响[J]. 中国学校卫生, 2015, 36（6）：864-870.

[17] 国家体育总局. 2014年国民体质监测公报[EB/OL].（2015-11-25）

[2019-12-20]. http://www.sport.gov.cn/n16/n1077/n1422/7331093.html.

[18] 国家体育总局. 国民体质测定标准手册: 成年人部分 [M]. 北京: 人民体育出版社, 2003.

[19] 国家体育总局. 科学运动 健康减肥 [M]. 北京: 人民体育出版社, 2017.

[20] 汉密尔顿. 轻断食减肥计划 [M]. 黄与琪, 译. 北京: 化学工业出版社, 2018.

[21] 胡爱本. 体育管理学导论 [M]. 北京: 高等教育出版社, 2004.

[22] 胡亮, 韩雨晴. 运动抗抑郁的神经生物学机制研究新进展 [J]. 陕西师范大学学报 (自然科学版), 2019, 47 (3): 9-20.

[23] 胡佩青, 李卫国. 脂肪细胞与代谢型肥胖症概述 [J]. 生物学教学, 2019, 44 (6): 2-4.

[24] 黄敬亨. 健康教育学 [M]. 上海: 复旦大学出版社, 2003.

[25] 季浏. 体育锻炼与心理健康 [M]. 上海: 华东师范大学出版社, 2006.

[26] 解毅飞, 张悦东. 终身体育研究概况及展望 [J]. 山东体育科技, 1994, 16 (4): 9-12.

[27] 勒费尔霍尔茨. 健身营养全书: 关于力量与肌肉的营养策略 [M]. 庄仲华, 译. 北京: 北京科学技术出版社, 2018.

[28] 李洪滋. 运动与健康 [M]. 北京: 化学工业出版社, 2004.

[29] 李鸿. 论全民健身与普通高校学生终身体育意识的培养 [J]. 武汉体育学院学报, 2003 (2): 109-111.

[30] 李进. 水下称重法测量人体脂肪百分含量 [J]. 亚太教育, 2016 (2): 126.

[31] 李跃年. 体育行为学 [M]. 哈尔滨: 哈尔滨工业大学出版社, 2004.

[32] 利伯曼. 美国健美冠军12周减脂增肌健身计划 [M]. 潘婷, 译. 北京: 人民邮电出版社, 2019.

[33] 刘涛. 大学生体质健康指导教程 [M]. 北京: 化学工业出版社, 2019.

[34] 刘秀俊. 终身体育的阶段性和影响因素 [J]. 兰州商学院学报, 1994 (2): 90-91.

[35] 卢元镇. 体育人文社会科学概论高级教程 [M]. 北京: 高等教育出版社, 2003.

[36] 罗曦娟, 王正珍, 李博文, 等. 抗阻和有氧运动对糖尿病前期人群胰岛素抵抗的影响 [J]. 成都体育学院学报, 2018, 44 (5): 66-72.

[37] 罗曦娟, 张献博, 徐峻华. 运动是良医应用实例: 美国糖尿病预防项目及其应用 [J]. 北京体育大学学报, 2016, 39 (8): 59-65.

[38] 马文军, 许燕君, 郭汝宁. 超重肥胖流行病学研究进展 [J]. 国外医学 (社会医学分册), 2002 (3): 127-131.

[39] 玛吉尔. 运动技能学习与控制 [M]. 张忠秋, 译. 北京: 中国轻工业出版

社,2006.

[40] 玛诺. 运动营养与健康和运动能力 [M]. 曹建明,苏浩,许春艳,译. 北京:北京体育大学出版社,2011.

[41] 梅尔斯. 解剖列车:徒手与动作治疗的肌筋膜经线 [M]. 关玲,周维金,翁长水,主译. 北京:北京科学技术出版社,2016.

[42] 美国国家体能协会. 美国国家体能协会体能测试与评估指南 [M]. 高炳宏,杨涛,译. 北京:人民邮电出版社,2019:255-259.

[43] 米艳. 舍宾(SHAPING)形体训练对中青年女性部分生理指标影响的研究 [D]. 兰州:西北师范大学,2005.

[44] 倪国华,张璟,郑风田. 中国肥胖流行的现状与趋势 [J]. 中国食物与营养,2013,19(10):70-74.

[45] 摩尔,韦斯特曼. 生酮饮食:低碳水、高脂肪饮食完全指南 [M]. 陈晓芮,译. 北京:中国纺织出版社,机械工业出版社.2019.

[46] 倪思贵. 北京后奥运体育功能多元化的哲学审视 [J]. 广州体育学报,2010,30(5):13-17.

[47] 彭延春,毕秀淑. 篮球运动员爆发力训练手段的应用研究 [J]. 体育科学,2000,20(6):22-24.

[48] 乔来明. 对肥胖大学生体质与心理健康状况的调查 [J]. 现代预防医学,2008(15):2912-2914.

[49] 全国体育学院教材委员会. 体育测量评价 [M]. 北京:人民体育出版社,2008.

[50] 任海. 身体素养:一个统领当代体育改革与发展的理念 [J]. 体育科学,2018,38(3):3-11.

[51] 施莱普,拜尔. 运动筋膜学 [M]. 关玲,译. 北京:人民卫生出版社,2017.

[52] 施莱普,拜尔. 筋膜健身:系统科学的筋膜训练方法全书 [M]. 张影,译. 北京:北京科学技术出版社,2017.

[53] 斯德科. 人体筋膜系统功能解剖图谱 [M]. 王行环,贺大林,魏强,译. 北京:北京科学技术出版社,2017.

[54] 阮伯仁,沈剑威. 体适能基础理论 [M]. 北京:人民体育出版社,2008.

[55] 苏静静,张大庆. 世界卫生组织健康定义的历史源流探究 [J]. 中国科技史杂志,2016,37(4):485-496.

[56] 孙晶丹. 每周两天轻断食 [M]. 南昌:江西科学技术出版社,2018.

[57] 台湾师范大学学校体育研究与发展中心. 教师体适能指导手册 [M]. 台北:台湾"教育部"印行,1987:46-59.

[58] 田珊. 体育运动与人的健康素质初探 [J]. 体育与科学.2003(2):24-25.

[59] 田雨普. 新时期体育功能的辩证认识论 [J]. 体育文化导刊. 2003（8）: 14-16.

[60] 汪晓赞, 尹志华. 美国国家体育课程标准的历史流变与特点分析 [J]. 成都体育学院学报, 2015, 41（2）: 8-15.

[61] 王德喜. 社会转型与体育功能的重构 [J]. 北京体育大学学报, 2009, 32（12）: 13-15.

[62] 王瑞元, 苏全生. 运动生理学 [M]. 北京: 人民体育出版社, 2010: 346-347.

[63] 王文绢, 王克安, 李天麟, 等. 体重指数、腰围和腰臀比预测高血压、高血糖的实用价值及其建议值探讨 [J]. 中华流行病学杂志, 2002, 23（1）: 16-19.

[64] 王欣. 从形体美的概念看我国大学生形体课的开设 [J]. 北京体育大学学报, 2003（5）: 644-645.

[65] 中国营养学会. 中国肥胖预防和控制蓝皮书 [M]. 北京: 北京大学医学出版社, 2019.

[66] 王育才, 杨景林, 李清亚, 等. 利用生物电阻抗测量人体脂肪的研究 [J]. 营养学报, 1994, 16（1）: 78-82.

[67] 王月, 成爽, 乐严严, 等. 大学生健身健美 [M]. 北京: 清华大学出版社, 2016.

[68] 王则珊. 把握体育课程教学改革的正确方向需考虑的几个问题 [J]. 哈尔滨体育学院学报, 2005（3）: 6-7.

[69] 王则珊. 学校体育应奠定学生终身体育的基础 [J]. 学校体育, 1987（1）: 44.

[70] 王则珊. 群众体育学 [M]. 北京: 人民体育出版社, 1990.

[71] 韦努托. 燃烧脂肪 喂养肌肉 [M]. 王亦飞, 译. 北京: 北京科学技术出版社, 2019.

[72] 韦远欢, 张喆庆. 双能X线吸收法和生物电阻抗法测量儿童及成人体成分一致性分析2 [C]. //中国营养学会第十三届全国营养科学大会暨全球华人营养科学家大会论文汇编. 中国营养学会, 2017: 116.

[73] 邬雪山, 孙桂平, 张晓艳. 超重、肥胖与生活方式关系的分析 [J]. 现代预防医学, 2011, 38（15）: 3031-3033.

[74] 武阳丰, 马冠生, 胡永华, 等. 中国居民的超重和肥胖流行现状 [J]. 中华预防医学杂志, 2005, 39（5）: 22-26.

[75] 谢敏豪, 李红娟, 王正珍, 等. 心肺耐力: 体质健康的核心要素: 以美国有氧中心纵向研究为例 [J]. 北京体育大学学报, 2011, 34（2）: 1-7.

[76] 阳秀英, 李新影. 青少年超重、肥胖与抑郁和行为问题的关系 [J]. 中国心理卫生杂志, 2016, 30（7）: 519-526.

[77] 杨丛学. 普通高校体育舞蹈课 "1/2课时形体训练结构" 的实验研究 [D]. 石家庄: 河北师范大学, 2010.

[78] 杨大春. 身体的神秘: 法国现象学的一个独特维度 [J]. 学术月刊, 2010,

42(10):35-38.

[79] 杨芳芳.普拉提对中年女性平衡能力影响的实验研究[D].成都:成都体育学院,2015.

[80] 杨静宜,徐峻华.运动处方[M].北京:高等教育出版社,2005.

[81] 杨晓生.21世纪体育功能的转变[J].体育学刊,2004(1):129-131.

[82] 杨亚星.我国大学体育课程改革的探究[J].当代体育科技,2017,7(33):205-206.

[83] 杨忠伟.人类健康概念解读[J].体育学刊,2004(1):132-134.

[84] 姚旋,张颖,单仕芳,等.褐色脂肪组织研究的最新进展和科学意义[J].中国细胞生物学学报,2011,33(3):227-236.

[85] 袁守龙,武文强,尹军.大学体育与健康:图解示范+视频指导[M].北京:人民邮电出版社,2019.

[86] 张积家.高等教育心理学[M].北京:高等教育出版社,2016.

[87] 张家安.普通高校健美操开展情况对终身体育行为趋势的预测性研究[D].苏州:苏州大学,2010.

[88] 张景琦,孟令超.本能减脂[M].北京:中信出版社,2017.

[89] 张钧,何进胜.运动健康管理[M].上海:复旦大学出版社,2019.

[90] 张薇,徐冬青,赵斐,等.皮褶厚度法间接测定中国人身体脂肪含量公式的初步建立[J].天津体育学院学报,1999(1):50-51.

[91] 张细谦,韩晓东,叶强华.中、日、美、英体育教学发展共同趋向研究[J].北京体育大学学报,2003(3):358-360.

[92] 张雪蓉.蔡元培的世界观教育思想及其现实启示[J].宁波大学学报(教育科学版),2003(4):45-48.

[93] 张喆,张晓莹,宋雯.浅析基本体操教学中基本姿态的训练[J].北京体育师范学院学报,2000(2):47-50.

[94] 赵连成,武阳丰,周北凡,等.体质指数与冠心病、脑卒中发病的前瞻性研究[J].中华心血管病杂志,2002,30(7):430-433.

[95] 赵连成,武阳丰,周北凡,等.不同体重指数和腰围人群的血压均值及高血压患病率调查[J].中华流行病学杂志,2003,24(6):471-475.

[96] 赵雅萍,孙晋海.加拿大青少年体育素养测评体系PLAY解读及启示[J].首都体育学院学报,2018,30(2):145-150.

[97] 郑春梅,刘铁.科学形体训练与畸形矫正方法的研究[J].山西师大体育学院学报,2000,15(1):78-79.

[98] 人民健康网.《中国城镇居民心理健康白皮书》正式发布[EB/OL].(2018-05-02)[2019-12-20].http://health.people.com.cn/n1/2018/0502/c14739-29960956.html.

[99] 中国肥胖问题工作组数据汇总分析协作组. 我国成人体重指数和腰围对相关疾病危险因素异常的预测价值：适宜体重指数和腰围切点的研究 [J]. 中华流行病学杂志, 2002, 23（1）：10-15.

[100] 中华人民共和国教育部. 教育部关于印发《国家学生体质健康标准（2014年修订）》的通知 [EB/OL]. (2014-07-07) [2019-12-20]. http://www.moe.gov.cn/s78/A17/twys_left/moe_938/moe_792/s3273/201407/t2014070 8_171692.html.

[101] 中华人民共和国卫生部疾病预防控制局. 中国学龄儿童少年超重和肥胖预防与控制指南（试用）[M]. 北京：人民卫生出版社, 2008.

[102] 钟伯光. Keep fit 手册 [M]. 香港：香港博益出版集团有限公司, 1996.

[103] 周勇, 赵霞, 张玉朝, 等. 运动减肥人体体态与血脂变化及其相关性研究 [J]. 陕西师范大学学报（自然科学版）, 2006 (4)：95-98.

[104] AADLAND E, TERUM T, MAMEN A, et al. The Andersen Aerobic Fitness Test: Reliability and Validity in 10-year-old Children [J]. PloS one, 2014, 9(10).

[105] ABATE M, SCHIAVONE C, PELOTTI P, et al. Limited Joint Mobility (LJM) in Elderly Subjects with Type II Diabetes Mellitus [J]. Arch Gerontol Geriatr, 2011, 53(2).

[106] ABEL J R, DEITZ R. Do Colleges and Universities Increase Their Region's Human Capital? [J]. J Econ Geogr, 2012, 12(3).

[107] ADAMS T, MOORE M T, Dye J. The Relationship Between Physical Activity and Mental Health in a National Sample of College Females [J]. Women & Health, 2007, 45(1).

[108] ALEKSIEV A R. Ten-year Follow-up of Strengthening Versus Flexibility Exercises with or Without Abdominal Bracing in Recurrent Low Back Pain [J]. Spine (Phila Pa 1976), 2014, 39(13).

[109] ALTUG Z, ALTUG T, ALTUG A. Research Application: A Test Selection Guide for Assessing and Evaluating Athletes [J]. Strength & Conditioning Journal, 1987, 9(3).

[110] American Association of Cardiovascular and Pulmonary Rehabilitation. The Continum of Care: From Inpatient and Outpatient Cardiac Rehabilitation to Long-term Secondary Prevention. In Guidelines for Cardiac Rehabilitation and Secondary Prevention Programs [M]. 5th ed. Champaign(IL)：Human Kinetics, 2013.

[111] American Medical Association. AMA Adopts New Policies on Second Day of Voting at Annual Meeting. Chicago(IL)：American Medical Association [EB/OL]. (2013-06-18) [2019-12-20]. http://www.ama-assn.org/ama/pub/news/news/2013/2013-06-18-new-ama-policies-annual-meeting.page.

[112] American Psychiatric Association. Practice Guideline for the Treatment of Patients

with Major Depressive Disorder [M]. 2nd ed. Washington, DC: American Psychiatric Association, 2000.

[113] ANDERSEN L B, ANDERSEN T E, ANDERSEN E, et al. An Intermittent Running Test to Estimate Maximal Oxygen Uptake: The Andersen Test [J]. The Journal of Sports Medicine and Physical Fitness, 2008, 48(4).

[114] ANDREWS G, SANDERSON K, CORRY J, et al. Using Epidemiological Data to Model Efficiency in Reducing the Burden of Depression [J]. J Mental Health Pol Econ, 2000, 3(4).

[115] ASKEW C D, PARMENTER B, LEICHT A S, et al. Exercise & Sports Science Australia (ESSA) Position Statement on Exercise Prescription for Patients with Peripheral Arterial Disease and Intermittent Claudication [J]. J Sci Med Sport, 2014, 17(6).

[116] AUERBACH R P, ALONSO J, AXINN W G, et al. Mental Disorders Among College Students in the World Health Organization World Mental Health Surveys [J]. Psychol Med, 2016, 46(14).

[117] AUERBACH R P, MORTIER P, BRUFFAERTS R, et al. WHO World Mental Health Surveys International College Student Project: Prevalence and Distribution of Mental Disorders [J]. J Abnormal Psychol, 2018, 127(7).

[118] AUNE D, SAUGSTAD O D, HENRIKSEN T, et al. Physical Activity and the Risk of Preeclampsia: A Systematic Review and Meta-analysis [J]. Epidemiology, 2014, 25(3).

[119] BALL S D. Interdevice Variability in Percent Fat Estimates Using the BOD POD [J]. European Journal of Clinical Nutrition, 2005, 59(9).

[120] BAUMGARTNER T A, JACKSON A S. Measurement for Evaluation in Physical Education and Exercise Science [M]. New York: WCB/McGraw-Hill, 1998.

[121] BILLINGER S A, ARENA R, BERNHARDT J, et al. Physical Activity and Exercise Recommendations for Stroke Survivors: A Statement for Healthcare Professionals from the American Heart Association/American Stroke Association [J]. Stroke, 2014, 45: 2532-2553.

[122] BISWAS A, OH P I, FAULKNER G E, et al. Sedentary Time and Its Association with Risk for Disease Incidence, Mortality, and Hospitalization in Adults: A Systematic Review and Meta-analysis [J]. Ann Intern Med, 2015, 162(2).

[123] BLUMENTHAL J A, BABYAK M A, MOORE K A, et al. Effects of Exercise Training on Older Patients with Major Depression [J]. Archives of Internal Medicine, 1999, 159(10).

[124] BOLAM K A, VAN UFFELEN J G, TAAFFE D R. The Effect of Physical Exer-

cise on Bone Density in Middle-aged and Older Men: A Systematic Review [J]. Osteoporos Int, 2013, 24(11).

[125] BROOKS A, BANDELOW B, PEKRUM G, et al. Comparison of Aerobic Exercise, Clomipramine, and Placebo in the Treatment of Panic Disorder [J]. American Journal of Psychiatry, 1998, 155(5).

[126] BRUFFAERTS R, MORTIER P, KIEKENS G, et al. Mental Health Problems in College Freshmen: Prevalence and Academic Functioning [J]. J Affect Disord, 2018, 225: 97 – 103.

[127] BURTIN C, HEBESTREIT H. Rehabilitation in Patients with Chronic Respiratory Disease Other than Chronic Obstructive Pulmonary Disease: Exercise and Physical Activity Interventions in Cystic Fibrosis and Non-Cystic Fibrosis Bronchiectasis [J]. Respiration, 2015, 89(3).

[128] CADORE E L, RODRIGUEZ-MANAS L, SINCLAIR A, et al. Effects of Different Exercise Interventions on Risk of Falls, Gait Ability, and Balance in Physically Frail Older Adults: A Systematic Review [J]. Rejuvenation Res, 2013, 16(2).

[129] CARLSON D J, DIEBERG G, HESS N C, et al. Isometric Exercise Training for Blood Pressure Management: A Systematic Review and Meta-analysis [J]. Mayo Clin Proc, 2014, 89(3).

[130] CARSON K V, CHANDRATILLEKE M G, PICOT J, et al. Physical Training for Asthma [J]. Cochrane Database Syst Rev, 2013(9).

[131] CASEY M M, HARVEY J T, TELFORD A, et al. Effectiveness of a School-community Linked Program on Physical Activity Levels and Health-related Quality of Life for Adolescent Girls [J]. BMC Public Health, 2014, 14(1).

[132] CHAPMAN D P G, PERRY G S. Depression as a Major Component of Public Health for Older Adults [J]. Preventing Chronic Disease, 2008, 5(1).

[133] CHEEMA B S, KILBREATH S L, FAHEY P P, et al. Safety and Efficacy of Progressive Resistance Training in Breast Cancer: A Systematic Review and Meta-analysis [J]. Breast Cancer Res Treat, 2014, 148: 249 – 268.

[134] CHO S B, LLANEZA D C, ADKINS A E, et al. Patterns of Substance Use Across the First Year of College and Associated Risk Factors [J]. Front Psychiatry, 2015(6).

[135] CHOW A, EDUMUNDS S. Physical Activity and Mental Health [M]. Champaign (IL): Human Kinetics, 2013.

[136] CHU L, HAMILTON J, RIDDELL M C. Clinical Management of the Physically Active Patient with Type 1 Diabetes [J]. Phys Sports med, 2011, 39(2).

[137] CHURCH T S, BLAIR S N, COCREHAM S, et al. Effects of Aerobic and Resist-

ance Training on Hemoglobin A1c Levels in Patients with Type 2 Diabetes: A Randomized Controlled Trial [J]. JAMA, 2010, 304(20).

[138] CLEMONS J M, DUNCAN C A, BLANCHARD O E, et al. Relationships Between the Flexed-arm Hang and Select Measures of Muscular Fitness [J]. Journal of Strength & Conditioning Research, 2004, 18(3).

[139] COLBERG S R, ALBRIGHT A L, BLISSMER B J, et al. Exercise and Type 2 Diabetes: American College of Sports Medicine and the American Diabetes Association: Joint Position Statement [J]. Med Sci Sports Exerc, 2010, 42(12).

[140] CONNEY G M, DWAN K, GREIG C A, et al. Exercise for Depression [J]. Cochrane Database Syst Rev, 2013(9).

[141] Cooper Institute for Aerobics Research. The Prudential FITNESSGRAM Test Administration Test Manual [M]. Dallas(TX): The Cooper Institute, 1992.

[142] COX R H, THOMAS T R, HINTON P S, et al. Effects of Acute 60 and 80% VO_{2max} Bouts of Aerobic Exercise on State Anxiety of Women of Different Age Groups Across Time [J]. Research Quarterly Exercise and Sport, 2004, 75(2).

[143] CRAFT L, LANDERS D. The Effects of Exercise on Clinical Depression and Depression Resulting from Mental Illness [J]. Journal of Sport and Exercise Psychology, 1998, 20: 339 - 357.

[144] CURETON T K. Physical Fitness Workbook: Fit for Democracy - Fit to Fight [M]. Champaign (IL): Stipes, 1944.

[145] CURETON T K. General Motor Fitness Characteristics and Strength of Champions [J]. Physical Fitness of Champion Athletes, 1951(2).

[146] DALTON W, SCHETZINA K E, PFORTMILLER D T, et al. Health Behaviors and Health-related Quality of Life Among Middle School Children in Southern Appalachia: Data from the Winning with Wellness Project [J]. Journal of Pediatric Psychology, 2011, 36(6).

[147] DE MOOR M H, BEEN A L, STUBBE J H, et al. Regular Exercise, Anxiety, Depression and Personality: A Population-based Study [J]. Preventive Medicine, 2006, 42(4).

[148] DEDUAL M A, WUEEST S, BORSIGOVA M, et al. Intermittent Fasting Improves Metabolic Flexibility in Short-term High-fat Diet-fed Mice [J]. American Journal of Physiology, Endocrinology and Metabolism, 2019, 317(5).

[149] DELITTO A, GEORGE S Z, VAN DILLEN L R, et al. Low Back Pain [J]. J Orthop Sports Phys Ther, 2012, 42(4).

[150] Department of Health, Physical Activity, Health Improvement and Protection. Start Active, Stay Active: A Report on Physical Activity for Health from the Four Home

Countries' Chief Medical Officers [M]. London: Physical Activity Team, 2011.

[151] D'HOOGE R, HELLINCKX T, VAN LAETHEM C, et al. Influence of Combined Aerobic and Resistance Training on Metabolic Control, Cardiovascular Fitness and Quality of Life in Adolescents with Type 1 Diabetes: A Randomized Controlled Trial [J]. Clin Rehabil, 2011, 25(4).

[152] DURSTINE J L, BENJAMIN G, WANG Z Z, et al. Chronic Disease and the Link to Physical Activity [J]. JSHS, 2013, 2(2).

[153] DURSTINE J L, MOORE G E, PAINTER P L, et al. ACSM's Exercise Management for Persons with Chronic Diseases and Disabilities [M]. 3rd ed. Champaign (IL): Human Kinetics, 2009.

[154] ECKEL R H, JAKICIC J M, ARD J D, et al. 2013 AHA/ACC Guideline on Lifestyle Management to Reduce Cardiovascular Risk: A Report of the American College of Cardiology/American Heart Association Task Force on Practice Guidelines [J]. Circulation, 2014, 129(25 Suppl. 2).

[155] EDDOLLS W T B, MCNARRY M A, LESTER L, et al. The Association Between Physical Activity, Fitness and Body Mass Index on Mental Well-being and Quality of Life in Adolescents [J]. Quality of Life Research, 2018, 27: 2313-2320.

[156] EICHENBERGER P A, DIENER S N, KOFMEHL R, et al. Effects of Exercise Training on Airway Hyperreactivity in Asthma: A Systematic Review and Meta-analysis [J]. Sports Med, 2013, 43(11).

[157] FLETCHER G F, ADES P A, KLIGFIELD P, et al. Exercise Standards for Testing and Training: A Scientific Statement from the American Heart Association [J]. Circulation, 2013, 128(8).

[158] FREIBERGER E, SIEBER C, PFEIFER K. Physical Activity, Exercise, and Sarcopenia-future Challenges [J]. Wien Med Wochenschr, 2011, 161(17-18).

[159] GALPER D I, TRIVEDI M H, BARLOW C E, et al. Inverse Association Between Physical Inactivity and Mental Health in Men and Women [J]. Medical Science Sports Exercise, 2006, 38(1).

[160] GARBER C E, BLISSMER B, DESCHENES M R, et al. American College of Sports Medicine Position Stand. The Quantity and Quality of Exercise for Developing and Maintaining Cardiorespiratory, Musculoskeletal, and Neuromotor Fitness in Apparently Healthy Adults: Guidance for Prescribing Exercise [J]. Med Sci Sports Exerc, 2011, 43(7).

[161] GIANGREGORIO L M, MCGILL S, WARK J D, et al. Too Fit to Fracture: Outcomes of a Delphi Consensus Process on Physical Activity and Exercise Recommendations for Adults with Osteoporosis with or Without Vertebral Fractures [J].

Osteoporos Int, 2015, 26: 891-910.

[162] GLENISTER D. Exercise and Mental Health: A Review [J]. J R Soc Health, 1996, 116(1).

[163] Global Initiative for Asthma. Global Strategy for Asthma Management and Prevention. Global Initiative for Asthma [EB/OL]. (2016-09-08) [2019-12-21]. http://www.ginasthma.org.

[164] Global Initiative for Chronic Obstructive Lung Disease. Global Initiative for Chronic Obstructive Lung Disease Pocket Guide to COPD Diagnosis, Management, and Prevention. A Guide for Health Care Professionals. Florence (Italy): Global Initiative for Chronic Obstructive Lung Disease [EB/OL]. (2016-09-08) [2019-12-21]. http://www.goldcopd.it/materiale/2015/GOLD_Pocket_2015.pdf.

[165] GOERTZ M, THORSON D, BONSELL J, et al. Adult Acute and Subacute Low Back Pain [M]. Bloomington(IN): Institute for Clinical Systems Improvement, 2012.

[166] GREENBERG P E, SISITSKY T, KESSLER R C, et al. The Economic Burden of Anxiety Disorders in the 1990s [J]. Journal of Clinical Psychiatry, 1999, 60(7).

[167] GUSTAVSSON A, SVENSSON M, JACOBI F, et al. Cost of Disorders of the Brain in Europe 2010 [J]. Eur Neuropsychopharmacol, 2011, 21(10).

[168] HA A S, BURNETT A, SUM R, et al. Outcomes of the Rope Skipping "Star" Programme for Schoolchildren [J]. Journal of Human Kinetics, 2015, 45(1).

[169] HAMER M, LAVOIE K L, BACON S L. Taking up Physical Activity in Later Life and Healthy Ageing: The English Longitudinal Study of Ageing [J]. Br J Sports Med, 2014, 48: 239-243.

[170] HERTEL J, MILLER S J, DENEGAR C R. Intratester and Intertester Reliability during the Star Excursion Balance Tests [J]. Journal of Sport Rehabilitation, 2000, 9(2).

[171] HEMAT-FAR A, SHAHSAVARI A, MOUSAVI S R. Effects of Selected Aerobic Exercises on the Depression and Concentrations of Plasma Serotonin in the Depressed Female Students Aged 18 to 25 [J]. J Appl Res, 2012, 1: 47-52.

[172] HEYWARD V H, WAGNER D R. Applied Body Composition Assessment [M]. 6th ed. Champaign(IL): Human Kinetics, 2010.

[173] HINDERLITER A, SHERWOOD A, GULLETTE E C, et al. Reduction of Left Ventricular Hypertrophy After Exercise and Weight Loss in Overweight Patients with Mild Hypertension [J]. Arch Intern Med, 2002, 162(12).

[174] HOFFMAN J R, RATAMESS N A, KLATT M, et al. Do Bilateral Power Deficits Influence Direction-specific Movement Patterns? [J]. Research in Sports Medicine, 2007, 15(2).

[175] HOLLINGWORTH M, HARPER A, HAMER M. Dose-response Associations Between Cycling Activity and Risk of Hypertension in Regular Cyclists: The UK Cycling for Health Study [J]. J Hum Hypertens, 2015, 29(4).

[176] HORAK F B, NASHNER L M. Central Programming of Postural Movements: Adaptation to Altered Support-surface Configurations [J]. Journal of Neurophysiology, 1986, 55(6).

[177] HUANG Y, WANG Y, WANG H, et al. Prevalence of Mental Disorders in China: A Cross-sectional Epidemiological Study [J]. Lancet Psychiatry, 2019(6).

[178] IBRAHIM A K, KELLY S J, ADAMS C E, et al. A Systematic Review of Studies of Depression Prevalence in University Students [J]. J Psychiatr Res, 2013, 47(3).

[179] JOHNSON B L, NELSON J K. Practical Measurements for Evaluation in Physical Education [M]. Minneapolis: Burgess Publishing Company, 1969.

[180] JOHNSON B A, SALZBERG C L, STEVENSON D A. A Systematic Review: Plyometric Training Programs for Young Children [J]. Journal of Strength & Conditioning Research, 2011, 25(9).

[181] KENDLER K S, MYERS J, DICK D. The Stability and Predictors of Peer Group Deviance in University Students [J]. Soc Psychiatry Psychiatr Epidemiol, 2015, 50(9).

[182] KESSLER R C, AGUILAR-GAXIOLA S, ALONSO J, et al. The Global Burden of Mental Disorder: An Update from the WHO World Mental Health Surveys [J]. Epidemiol Psychiatr Sci, 2009, 18(1).

[183] KETEYIAN S J, HIBNER B A, BRONSTEEN K, et al. Greater Improvement in Cardiorespiratory Fitness Using Higher-intensity Interval Training in the Standard Cardiac Rehabilitation Setting [J]. J Cardiopulm Rehabil, 2014, 34(2).

[184] KHAIR K, LITTLEY A, WILL A, et al. The Impact of Sport on Children with Haemophilia [J]. Haemophilia, 2012, 18(6).

[185] KOKKINOS P. Cardiorespiratory Fitness, Exercise, and Blood Pressure [J]. Hypertension, 2014, 64: 1160-1164.

[186] KOTTE E W, DE GROOT J F, WINKLER A M, et al. Effects of the Fit-kids Exercise Therapy Program on Health-related Fitness, Walking Capacity, and Health-related Quality of Life [J]. Physical Therapy, 2014, 94(9).

[187] LACY K, ALLENDER S, KREMER P, et al. Screen Time and Physical Activity Behaviours Are Associated with Health-Related Quality of Life in Australian Adolescents [J]. Quality of Life Research, 2012, 21(6).

[188] LANDERS D M, PETRUZZELLO S J. Physical Activity, Fitness, and Anxiety

[M] // BOUCHARD C, SHEPARD R J, STEVENS T. Physical Activity, Fitness, and Health. Champaign(IL): Human Kinetics, 1994.

[189] LANGER D, HENDRIKS E, BURTIN C, et al. A Clinical Practice Guideline for Physiotherapists Treating Patients with Chronic Obstructive Pulmonary Disease Based on a Systematic Review of Available Evidence [J]. Clin Rehabil, 2009, 23(5).

[190] LAWRENCE D, JOHNSON S, HAFEKOST J, et al. The Mental Health of Children and Adolescents. Report on the Second Australian Child and Adolescent Survey of Mental Health and Wellbeing [M]. Canberra: Department of Health, 2015.

[191] LÉGER L A, LAMBERT J. A Maximal Multistage 20-m Shuttle Run Test to Predict VO_{2max} [J]. European Journal of Applied Physiology and Occupational Physiology, 1982, 49(1).

[192] LIM G Y, TAM W W, LU Y, et al. Prevalence of Depression in the Community from 30 Countries Between 1994 and 2014 [J]. Scientific Reports, 2018, 8(1).

[193] LONG B C, HANEY C J. Coping Strategies for Working Women: Aerobic Exercise and Relaxation Interventions [J]. Behavior Therapy, 1988, 19(1).

[194] LONG B C, STAVEL R V. Effects of Exercise Training on Anxiety: A Meta-analysis [J]. Journal of Applied Sport Psychology, 1995, 7(2).

[195] LOPRINZI P D, LEE H, CARDINAL B J. Dose Response Association Between Physical Activity and Biological, Demographic, and Perceptions of Health Variables [J]. Obes Facts, 2013, 6(4).

[196] LUCIEN BROUHA M D. The Step Test: A Simple Method of Measuring Physical Fitness for Muscular Work in Young Men [J]. Taylor & Francis Group, 2013, 14(1).

[197] MACLEOD S F, TERADA T, CHAHAL B S, et al. Exercise Lowers Postprandial Glucose but Not Fasting Glucose in Type 2 Diabetes: A Meta-analysis of Studies Using Continuous Glucose Monitoring [J]. Diabetes Metab Res Rev, 2013, 29(8).

[198] MCDOWELL C P, DISHMAN R K, GORDON B R, et al. Physical Activity and Anxiety: A Systematic Review and Meta-analysis of Prospective Cohort Studies [J]. Mental Health and Physical Activity, 2019, 57(4).

[199] MEAD G E, MORLEY W, CAMPBELL P, et al. Exercise for Depression [J]. Mental Health and Physical Activity, 2009, 2(2).

[200] MOJTABAI R, STUART E A, HWANG I, et al. Long-term Effects of Mental Disorders on Educational Attainment in the National Comorbidity Survey Ten-year Follow-up [J]. Soc Psychiatry Psychiatr Epidemiol, 2015, 50(10).

[201] MONTERO-FERNÁNDEZ N, SERRA REXACH J. Role of Exercise on Sarcopenia

[202] in the Elderly [J]. Eur J Phys Rehabil Med, 2013, 49(1).

[202] MOORE S C, LEE I, WEIDERPASS E, et al. Association of Leisure-time Physical Activity with Risk of 26 Types of Cancer in 1.44 Million Adults [J]. JAMA Intern Med, 2016, 176(6).

[203] MORGAN W P. Affective Beneficence of Vigorous Physical Activity [J]. Med Sci Sports Exerc, 1985, 17(1).

[204] MORROW JR J R, FALLS H B, KOHL Ⅲ H W. FITNESSGRAM: The Prudential FITNESSGRAM Test Administration Manual [M]. Dallas: The Cooper Institute for Aerobics Research, 1994.

[205] MORTIER P, AUERBACH R P, ALONSO J, et al. Suicidal Thoughts and Behaviors Among First-year College Students: Results from the WMH-ICS Project [J]. J Am Acad Child Adolesc Psychiatry, 2018, 57(4).

[206] MORTIER P, CUIJPERS P, KIEKENS G, et al. The Prevalence of Suicidal Thoughts and Behaviours Among College Students: A Meta-analysis [J]. Psychol Med, 2018, 48(4).

[207] National Comprehensive Cancer Network. NCCN Guidelines Survivorship, Version 2.2014 for Washington (PA) [J]. Journal of the National Comprehensive Cancer Network, 2014(8).

[208] NELSON M E, REJESKI W J, BLAIR S. N, et al. Physical Activity and Public Health in Older Adults: Recommendation from the American College of Sports Medicine and the American Heart Association [J]. Med Sci Sports Exerc, 2007, 9(8).

[209] NORTH T C, MCCULLAGH P, TRAN Z V. Effect of Exercise on Depression [J]. Exerc Sport Sci Rev, 1990, 18(1).

[210] O'CONNOR P, PUETZ T. Chronic Physical Activity and Feelings of Energy and Fatigue [J]. Medicine and Science in Sports and Exercise, 2005, 37(2).

[211] OMOROU Y A, ERPELDING M, ESCALON H, et al. Contribution of Taking Part in Sport to the Association Between Physical Activity and Quality of Life [J]. Quality of Life Research, 2013, 22(8).

[212] PAKHALE S, LUKS V, BURKETT A, et al. Effect of Physical Training on Airway Inflammation in Bronchial Asthma: A Systematic Review [J]. BMC Pulm Med, 2013, 13(1).

[213] PALMER-MCLEAN K, HARBST K. Stroke and Brain injury [M] //DURSTINE J L, MOORE G E, et al. ACSM's Exercise Management for Persons with Chronic Diseases and Disabilities. 2nd ed. Champaign(IL): Human Kinetics, 2003.

[214] PARSONS J P, HALLSTRAND T S, MASTRONARDE J G, et al. An Official

American Thoracic Society Clinical Practice Guideline: Exercise-induced Bronchoconstriction [J]. Am J Respir Crit Care Med, 2013, 187(9).

[215] PATE R R, ROSS J G, BAUMGARTNER T A, et al. The Modified Pull-up Test [J]. Taylor & Francis Group, 2013, 58(9).

[216] PATTERSON P, RETHWISCH N, WIKSTEN D. Reliability of the Trunk Lift in High School Boys and Girls [J]. Measurement in Physical Education and Exercise Science, 1997, 1(2).

[217] PATTERSON P, WIKSTEN D L, RAY L, et al. The Validity and Reliability of the Back Saver Sit-and-reach Test in Middle School Girls and Boys [J]. Research Quarterly for Exercise and Sport, 1996, 67(4).

[218] PAUOLE K, MADOLE K, GARHAMMER J, et al. Reliability and Validity of the T-test as a Measure of Agility, Leg Power, and Leg speed in College-aged Men and Women [J]. Journal of Strength & Conditioning Research, 2000, 14(4).

[219] PAVITHRAN N, KUMAR H, MENON A, et al. MON-PO442: 24-week, Low GI Diet Decreases Truncal Fat Mass in South Indians with Type 2 Diabetes: A Randomized Study [J]. Clinical Nutrition, 2019, 38(9).

[220] PESCATELLO L S, FRANKLIN B A, FAGARD R, et al. American College of Sports Medicine Position Stand. Exercise and Hypertension [J]. Med Sci Sports Exerc, 2004, 36(3).

[221] PESCATELLO L S, MACDONALD H V, ASH G I, et al. Assessing the Existing Professional Exercise Recommendations for Hypertension: A Review and Recommendations for Future Research Priorities [J]. Mayo Clin Proc, 2015, 90(6).

[222] Physical Activity Guidelines Advisory Committee. Physical Activity Guidelines Advisory Committee Report, 2008. Washington, DC: U. S. Department of Health and Human Services [EB/OL]. (2016 - 01 - 18) [2019 - 12 - 21]. http://www.health.gov/paguidelines/Report/pdf/CommitteeReport.pdf.

[223] POIRIER P, MAWHINNEY S, GRONDIN L, et al. Prior Meal Enhances the Plasma Glucose Lowering Effect of Exercise in Type 2 Diabetes [J]. Med Sci Sports Exerc, 2001, 33(8).

[224] POLANCZYK G V, SALUM G A, SUGAYA L S, et al. Annual Research Review: A Meta-analysis of the Worldwide Prevalence of Mental Disorders in Children and Adolescents [J]. Journal of Child Psychology and Psychiatry, 2015, 56(3).

[225] POLIDOULIS I, BEYENE J, CHEUNG A M. The Effect of Exercise on pQCT Parameters of Bone Structure and Strength in Postmenopausal Women – A Systematic Review and Meta-analysis of Randomized Controlled Trials [J]. Osteoporos Int, 2012, 23(11).

[226] PRAAG H V, KEMPERMANN G, GAGE F H. Running Increases Cell Proliferation and Neurogenesis in the Adult Mouse Dentate Gyrus [J]. Nature Neuroscience, 1999, 2(3).

[227] QASEEM A, WILT T J, WEINBERGER S E, et al. Diagnosis and Management of Stable Chronic Obstructive Pulmonary Disease: A Clinical Practice Guideline Update from the American College of Physicians, American College of Chest Physicians, American Thoracic Society, and European Respiratory Society [J]. Ann Intern Med, 2011, 155(2).

[228] REBAR A L, STANTON R, GEARD D, et al. A Meta-Meta-analysis of the Effect of Physical Activity on Depression and Anxiety in Non-Clinical Adult Populations [J]. Health Psychology Review, 2015, 9(3).

[229] RAGLIN J S, MORGAN W P. Influence of Exercise and "Distraction Therapy" on State Anxiety and Blood Pressure [J]. Medicine and Science in Sports and Exercise, 1987, 19(3).

[230] RATTER J, RADLINGER L, LUCAS C. Several Submaximal Exercise Tests are Reliable, Valid and Acceptable in People with Chronic Pain, Fibromyalgia or Chronic Fatigue: A Systematic Review [J]. J Physiother, 2014, 60(3).

[231] REGIER D A, BOYD J H, BURKE J D, et al. One-month Prevalence of Mental Disorders in the United States [J]. Archives of General Psychiatry, 1988, 45(11).

[232] RETHORST C D, WIPFLI B M, LANDER D M. The Antidepressive Effects of Exercise: A Meta-analysis of Randomized Trials [J]. Sports Medicine, 2009, 39(6).

[233] RIES A L, BAULDOFF G S, CARLIN B W, et al. Pulmonary Rehabilitation: Joint ACCP/AACVPR Evidence – Based Clinical Practice Guidelines [J]. Chest, 2007, 131(5 Suppl.).

[234] ROBBINS D W, GOODALE T. Evaluation of the Physical Test Battery Implemented at the National Football League Combine [J]. Strength & Conditioning Journal, 2012, 34(5).

[235] ROCHESTER C L, FAIRBURN C, CROUCH R H. Pulmonary Rehabilitation for Respiratory Disorders Other than Chronic Obstructive Pulmonary Disease [J]. Clin Chest Med, 2014, 35(2).

[236] ROEST A M, ZUIDERSMA M, DE JONGE P. Myocardial Infarction and Generalized Anxiety Disorder: 10-year Follow-up [J]. Br J Psychiatry, 2012, 200(4).

[237] ROGER V L, GO A S, LLOYD-JONES D M, et al. Heart Disease and Stroke Statistics – 2012 Update: A Report from the American Heart Association [J].

Circulation, 2012, 125(1).

[238] ROTH D L. Acute Emotional and Psychophysiological Effects of Aerobic Exercise [J]. Psychophysiology, 1989, 25(5).

[239] ROY-BYRNE P P, DAVIDSON K W, KESSLER R C, et al. Anxiety Disorders and Comorbid Medical Illness [J]. Gen Hosp Psychiatry, 2008, 30(3).

[240] SEMENICK D. Tests and Measurements: The T-test [J]. Strength & Conditioning Journal, 1990, 12(1).

[241] SIMON D K, KOKU A M. A Comparative Study of Motor Skill Performance Levels of Students with Hearing-impairment and Students Without Hearing-impairment in the Hohoe Municipality [J]. Khel Journal, 2017(1).

[242] SKIDMORE C R, KAUFMAN E A, CROWELL S E. Substance Use Among College Students [J]. Child Adolesc Psychiatr Clin N Am, 2016, 25(4).

[243] SMITS J A J, BERRY A C, ROSENFIELD D, et al. Reducing Anxiety Sensitivity with Exercise [J]. Depression and Anxiety, 2008, 25(8).

[244] SPRUIT M A, SINGH S J, GARVEY C, et al. An Official American Thoracic Society/European Respiratory Society Statement: Key Concepts and Advances in Pulmonary Rehabilitation [J]. Am J Respir Care Med, 2013, 188(8).

[245] STEPHENS T. Physical Activity and Mental Health in the United States and Canada: Evidence from Four Population Surveys [J]. Preventive Medicine, 1988, 17(1).

[246] STEWART A D, MARFELL-JONES M J, DE RIDDER J H. International Standards for Anthropometric Assessment [M]. Wellington, New Zealand: International Society for the Advancement of Kinanthropometry, 2012.

[247] STRICKLAND J C, SMITH M. The Anxiolytic Effects of Resistance Exercise [J]. Front Psychol, 2014, 5(4).

[248] SU L Q, FU J M, SUN S L, et al. Effects of HIIT and MICT on Cardiovascular Risk Factors in Adults with Overweight and/or Obesity: A Meta-analysis [J]. PloS One, 2019, 14(1).

[249] SWINBURN B A, SACKS G, HALL K D, et al. The Global Obesity Pandemic: Shaped by Global Drivers and Local Environments [J]. The Lancet, 2011, 378 (9793).

[250] TAYLOR R S, BROWN A, EBRAHIM S, et al. Exercise-based Rehabilitation for Patients with Coronary Heart Disease: Systematic Review and Meta-analysis of Randomized Controlled Trials [J]. Am J Med, 2004, 116(10).

[251] UMPIERRE D, RIBEIRO P A, KRAMER C K, et al. Physical Activity Advice only or Structured Exercise Training and Association with HbA1c Levels in Type 2 Dia-

betes: A Systematic Review and Meta-analysis [J]. JAMA, 2011, 305(17).

[252] University of Michigan Health System. Acute Low Back Pain [R]. Ann Arbor (MI): University of Michigan Health System, 2010.

[253] VAZQUEZ F L, TORRES A, OTERO P, et al. Prevalence, Comorbidity, and Correlates of DSM-Ⅳ Axis Ⅰ Mental Disorders Among Female University Students [J]. J Nerv Ment Dis, 2011, 199(6).

[254] VINCENT H K, GEORGE S Z, SEAY A N, et al. Resistance Exercise, Disability, and Pain Catastrophizing in Obese Adults with Back Pain [J]. Med Sci Sports Exerc, 2014, 46(9).

[255] VINCENT S D, BARKER R, CLARKE M, et al. A Comparison of Peak Heart Rates Elicited by the 1-mile Run/Walk and the Progressive Aerobic Cardiovascular Endurance Run [J]. Research Quarterly for Exercise and Sport, 1999, 70(1).

[256] WANG L, GAO P, ZHANG M, et al. Prevalence and Ethnic Pattern of Diabetes and Prediabetes in China in 2013 [J]. JAMA, 2017, 317(24).

[257] WILLIAMS P T. Dose-response Relationship of Physical Activity to Premature and Total All-cause and Cardiovascular Disease Mortality in Walkers [J]. PLoS One, 2013, 8(11).

[258] WIPFLI B, RETHORST C, LANDERS D. The Anxiolytic Effects of Exercise: A Meta-analysis of Randomized Trials and Dose-response Analysis [J]. Journal of Sport and Exercise Psychology, 2008, 30(4).

[259] WOOD R. Stick Flip Coordination Test [EB/OL]. Topend Sports Website, (2018-11-12) [2020-04-04]. https://www.topendsports.com/testing/tests/stick-flip.htm.

[260] YAN S, JIN Y Z, OH Y S, et al. Effect of Exercise on Depression in University Students: A Meta-analysis of Randomized Controlled Trials [J]. The Journal of Sports Medicine and Physical Fitness, 2016, 56(6).

[261] YANG Z, SCOTT C A, MAO C, et al. Resistance Exercise Versus Aerobic Exercise for Type 2 Diabetes: A Systematic Review and Meta-analysis [J]. Sports Med, 2014, 44(4).

[262] YARDLEY J E, KENNY G P, PERKINS B A, et al. Effects of Performing Resistance Exercise Before Versus After Aerobic Exercise on Glycemia in Type 1 Diabetes [J]. Diabetes Care, 2012, 35(4).